2024—2025年
厦门发展报告

厦门市发展研究中心　编著

图书在版编目（CIP）数据

2024—2025年厦门发展报告 / 厦门市发展研究中心编著. -- 厦门：厦门大学出版社，2025.6. -- ISBN 978-7-5615-4092-3

Ⅰ. F127.573

中国国家版本馆 CIP 数据核字第 2025LP2345 号

责任编辑　李峰伟
美术编辑　蒋卓群
技术编辑　朱　楷

出版发行　**厦门大学出版社**
社　　址　厦门市软件园二期望海路 39 号
邮政编码　361008
总　　机　0592-2181111　0592-2181406(传真)
营销中心　0592-2184458　0592-2181365
网　　址　http://www.xmupress.com
邮　　箱　xmup@xmupress.com
印　　刷　厦门集大印刷有限公司

开本　889 mm×1 194 mm　1/16
印张　18.75
插页　3
字数　550 千字
版次　2025 年 6 月第 1 版
印次　2025 年 6 月第 1 次印刷
定价　128.00 元

本书如有印装质量问题请直接寄承印厂调换

厦门大学出版社
微信二维码　　厦门大学出版社
微博二维码

《2024—2025年厦门发展报告》编委会

主　任　孙建辉

副主任　李晓燕

委　员（以姓氏笔画为序）

　　　　叶　新　黄　涛　黄　海

　　　　简永丰　蔡成果

主　编　彭朝明

副主编　黄光增　彭梅芳　谢　强

编　辑（以姓氏笔画为序）

　　　　兰剑琴　李　婷　林　红

　　　　林　敏　林　智　林永杰

　　　　林汝辉　黄彩霞

在新中国成立75周年之际，2024年10月，习近平总书记到福建、厦门考察并发表重要讲话，再次为我们把脉定向、指路引航，极大激发厦门全市奋进新征程的信心决心，具有重大里程碑意义。过去一年，厦门坚持以习近平新时代中国特色社会主义思想为指导，全面贯彻党的二十大和二十届二中、三中全会精神，深入学习贯彻习近平总书记在福建、厦门考察时的重要讲话精神和致厦门经济特区建设40周年贺信重要精神，认真贯彻落实党中央、国务院决策部署和省委、省政府工作要求，全年经济运行稳中有进，新质生产力加快培育，新发展格局节点城市积极构建，两岸融合发展持续推进，民生保障有力有效，经济社会发展取得新成效。

2025年是"十四五"规划收官和"十五五"规划编制之年，也是进一步全面深化改革的重要一年。厦门要以习近平新时代中国特色社会主义思想为指导，全面贯彻落实党的二十大和二十届二中、三中全会精神，坚持稳中求进工作总基调，完整、准确、全面贯彻新发展理念，继续在加快建设现代化经济体系上取得更大进步，在服务和融入新发展格局上展现更大作为，在探索海峡两岸融合发展新路上迈出更大步伐，在创造高品质生活上实现更大突破，进一步全面深化改革，全方位推动高质量发展，在中国式现代化建设中奋勇争先。

《2024—2025年厦门发展报告》主要围绕运行分析、产业升级、动能转换、改革开放、民生福祉等方面，全面总结2024年厦门经济社会发展状况，深入分析当前面临的形势和挑战，展望2025年，提出相应的对策建议。本书旨在为读者呈现厦门高质量发展的多维图景，为有关部门研究提供参考，为厦门率先实现社会主义现代化提供智力支持。

厦门市发展和改革委员会主任
2025年4月

目 录

第一篇 运行分析篇

第一章 厦门市2024年发展述评与2025年展望 /2
  一、2024年发展述评 /2
  二、2025年发展展望 /6
  三、2025年对策建议 /10

第二章 厦门与同类型城市2024年经济运行比较分析 /16
  一、2024年同类型城市经济运行主要特点 /16
  二、2024年厦门发展的亮点与不足 /20
  三、2025年对策建议 /22

第三章 思明区2024年发展述评与2025年展望 /28
  一、2024年发展述评 /28
  二、2025年发展展望 /32
  三、2025年对策建议 /33

第四章 湖里区2024年发展述评与2025年展望 /39
  一、2024年发展述评 /39
  二、2025年发展展望 /45
  三、2025年对策建议 /45

第五章 集美区2024年发展述评与2025年展望 /49
  一、2024年发展述评 /49
  二、2025年发展展望 /54
  三、2025年对策建议 /55

第六章 海沧区2024年发展述评与2025年展望 /60
  一、2024年发展述评 /60
  二、2025年发展展望 /63
  三、2025年对策建议 /64

第七章 同安区2024年发展述评与2025年展望 /68
- 一、2024年发展述评 /68
- 二、2025年发展展望 /73
- 三、2025年对策建议 /74

第八章 翔安区2024年发展述评与2025年展望 /79
- 一、2024年发展述评 /79
- 二、2025年发展展望 /83
- 三、2025年对策建议 /83

第二篇 产业升级篇

第九章 厦门加快发展新型显示产业对策研究 /94
- 一、产业发展趋势和竞争格局 /94
- 二、厦门发展现状 /95
- 三、存在问题 /96
- 四、对策建议 /97

第十章 厦门人工智能发展方向和路径研究 /100
- 一、人工智能产业概述 /100
- 二、厦门发展人工智能产业的SWOT分析 /101
- 三、发展方向与重点 /106
- 四、发展路径 /106

第十一章 厦门建设度假型旅游城市的思路及建议 /110
- 一、旅游发展阶段层次划分及发展趋势 /110
- 二、厦门旅游业发展分析及所处发展阶段 /112
- 三、发展思路 /117
- 四、对策建议 /117

第十二章 厦门促进演艺"流量"转为城市"留量"对策研究 /121
- 一、厦门演艺流量的现状 /121
- 二、厦门演艺流量转化的基本情况 /122
- 三、存在问题和困难 /123
- 四、对策建议 /127

第三篇　动能转换篇

第十三章　厦门推动发展动能转换的路径研究　/134
　　一、深圳之痛：提出"四个难以为继"的时空背景　/134
　　二、深圳"四个难以为继"的破解之道　/135
　　三、厦门当前发展阶段与深圳提出"四个难以为继"时期的比较　/138
　　四、厦门之痛：发展动能转换面临的困境　/139
　　五、对策建议　/142

第十四章　厦门促进民营企业创新发展研究　/146
　　一、发展现状　/146
　　二、存在的问题短板　/150
　　三、对策建议　/151

第十五章　厦门大力发展"无工厂"制造企业总部的对策研究　/158
　　一、"无工厂"制造企业概念内涵和界定分类　/158
　　二、厦门大力发展"无工厂"制造企业的经济意义　/159
　　三、厦门基本情况　/160
　　四、存在问题　/161
　　五、对策建议　/163

第十六章　厦门支持龙头企业开辟"第二增长曲线"对策研究　/166
　　一、厦门龙头企业增长曲线刻画与特征描述——基于厦门上市公司的样本调查　/166
　　二、存在问题　/169
　　三、对策建议　/170

第四篇　改革开放篇

第十七章　厦门加快构建经营主体营商环境满意度动态监测机制研究　/174
　　一、构建意义　/174

二、现状及问题分析 /176
　　三、对策建议 /178

第十八章　厦门加快建立民营企业信用状况综合评价体系研究 /182
　　一、必要性和基础分析 /182
　　二、民营企业信用状况评价指标体系的构建 /183
　　三、主要应用场景 /192

第十九章　厦门推动有效降低全社会物流成本对策研究 /198
　　一、全社会物流成本概念 /198
　　二、厦门降低全社会物流成本成效 /198
　　三、存在问题 /202
　　四、对策建议 /203

第二十章　厦门进一步发挥在区域合作中的龙头带动作用研究 /210
　　一、厦门基础和优势 /210
　　二、厦门基本情况 /213
　　三、存在问题 /216
　　四、对策建议 /217

第二十一章　厦门积极稳妥推动企业"走出去"对策研究 /223
　　一、必要性和意义 /223
　　二、厦门现状 /224
　　三、厦门企业"走出去"对外投资典型案例 /227
　　四、面临的挑战与问题 /228
　　五、对策建议 /231

第二十二章　厦门提升企业应对碳关税能力研究 /236
　　一、碳关税概述 /236
　　二、欧美等主要经济体碳关税进展 /237
　　三、欧美碳关税对厦门产业影响分析及应对短板 /239
　　四、对策建议 /240

第五篇　民生福祉篇

第二十三章　厦门推动环境、社会和治理（ESG）发展思路研究　/246
　　一、ESG的概念内涵和实践价值　/246
　　二、厦门现有基础　/251
　　三、厦门面临的困境和问题　/253
　　四、国内外的先进经验和趋势　/254
　　五、思路和建议　/256

第二十四章　厦门加快碳交易市场建设研究　/259
　　一、碳交易概述　/259
　　二、碳交易市场现状　/259
　　三、厦门推进碳交易的意义　/263
　　四、厦门现状　/263
　　五、对策建议　/264

第二十五章　厦门探索城乡融合新路径研究　/267
　　一、厦门现状　/267
　　二、存在问题　/268
　　三、厦门城乡融合的新路径　/269

第二十六章　厦门推动对口支援高质量发展对策建议　/274
　　一、厦门对口支援工作成效　/274
　　二、先进城市对口支援经验做法　/276
　　三、存在问题　/281
　　四、对策建议　/281

后　记　/288

第一篇 运行分析篇

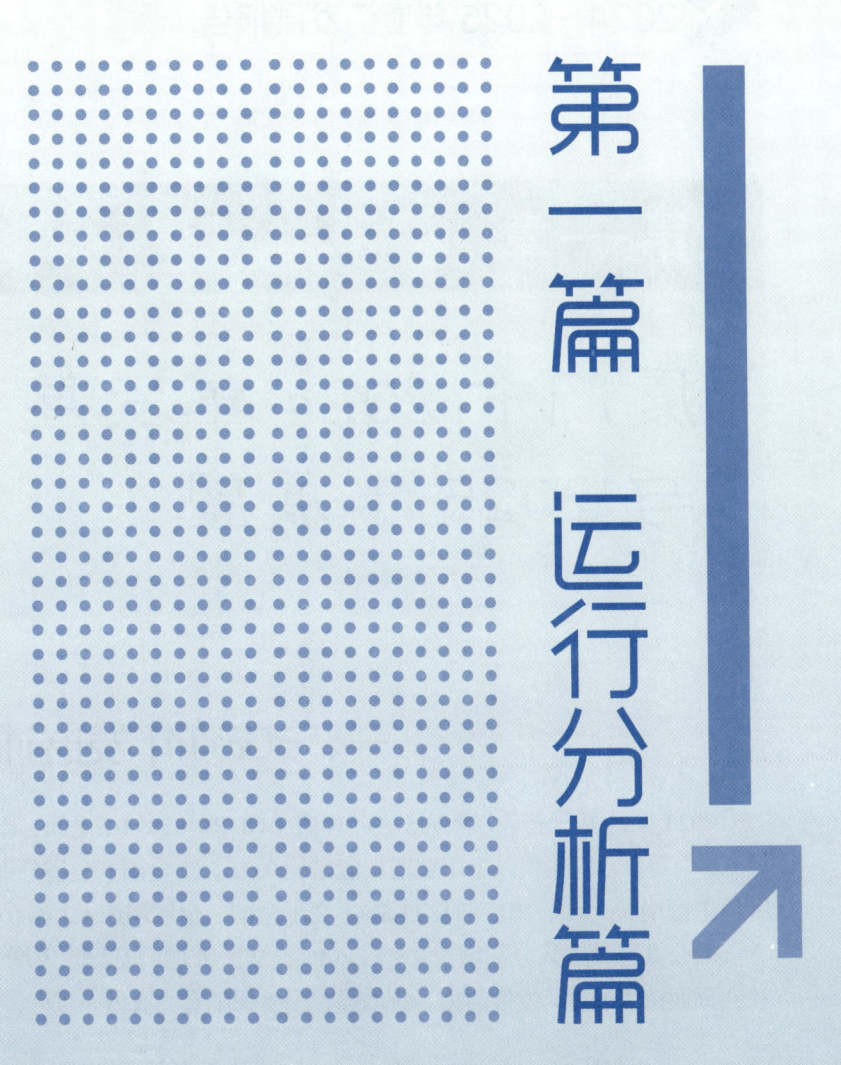

第一章

厦门市 2024 年发展述评与 2025 年展望

一、2024 年发展述评

2024 年，厦门全年实现地区生产总值（GDP）8589.01 亿元，比上年增长 5.5%（图 1-1），高于全国增速 0.5 个百分点；规模以上工业增加值增长 9.0%，比全国、全省分别高 3.2 个、3.3 个百分点；社会消费品零售总额增长 3.1%；出口增长 11.3%，高于全国、全省增速 4.2 和 6.0 个百分点；一般公共预算总收入、地方一般公共预算收入分别增长 0.5%、0.1%；居民人均可支配收入增长 4.5%。总体实现经济企稳回升向好，社会预期持续改善，发展活力不断增强，民生保障有力有效。

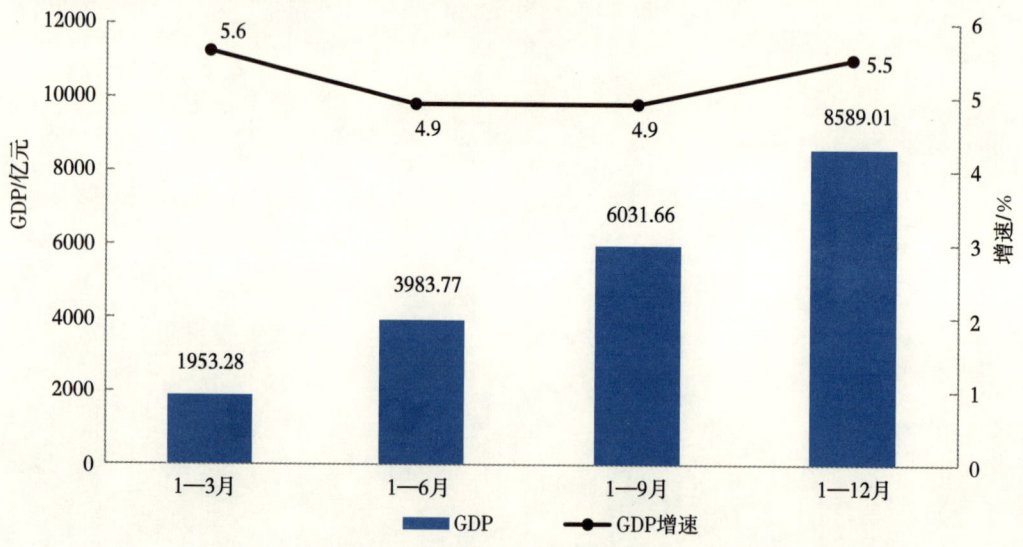

图 1-1　2024 年厦门 GDP 情况

数据来源：厦门市统计局。

（一）发展综述

1.新质生产力加快培育

一是创新成效日益凸显。全球百强科技集群排名从上年的第80位上升至第72位。新建企业研发创新中心126家，嘉庚创新实验室孵化企业28家，翔安创新实验室研发成果创造营业收入近200亿元，挂牌成立鹭江创新实验室。全年新增国家级专精特新"小巨人"企业18家、专精特新中小企业426家、创新型中小企业752家、制造业单项冠军4家，1家企业入选全球独角兽榜，全球首个鼻咽癌诊断试剂获批上市。7项成果获国家科学技术奖。新增国际化人才3566人，蝉联中国年度最佳引才城市。

二是产业动能加速转换。四大支柱产业集群总规模超2.1万亿元，平板显示综合实力全国第六，集成电路产业综合竞争力居全球百强城市第51位；四大战略性新兴产业规模超5100亿元，新能源产业产值增长19.4%，5家企业上榜全球新能源企业500强，厦门生物医药港综合竞争力居全国第13位；六大未来产业创新成果加速转化，正式启动首个未来产业园。数字经济规模超5000亿元，海洋生产总值超2500亿元、增长5.6%。

三是服务业保持较快增长。服务业增加值5415.28亿元，同比增长4.8%，其中营利性服务业增加值同比增长11.4%。举办展览193场，会展业参展人数和参展面积分别增长2.68%和8.67%，会展业竞争力居全国前十。举办各类营业性演出3.5万场次，其中大型演唱会60场次。文旅创意产业营业收入增长11%，接待游客量和游客旅游总花费分别增长16.55%和21.88%，上榜全球100强知名国际旅游目的地，获评全国游客满意度十佳城市。

2.内外需求持续复苏

一是消费市场稳步回升。线上消费持续升温，限额以上单位网络零售额增长9.1%，占限额以上社会消费品零售总额的44.6%。限额以上智能手机、新能源汽车和可穿戴智能设备商品零售额分别增长44.0%、23.7%和18.2%。以旧换新政策效果显现，"两新"（大规模设备更新和消费品以旧换新）兑现资金超16亿元，拉动消费超90亿元。

二是有效投资加速落地。策划生成30亿元以上的重特大项目143个、总投资1.27万亿元，开工入库项目1064个，总投资2799亿元。581个省市重点项目投资增长9.5%，超序时完成年度投资计划。工业投资增长5.5%，天马6代线、厦门时代等项目加快建设。基础设施投资增长40.8%，新机场工程、第三东通道等重大项目加速推进。城市建设投资（不含房地产）增长52.1%，教育、卫生领域投资分别增长35.5%、32.8%。

三是外贸动能持续释放。全年实现外贸进出口总额9326.12亿元，其中出口4980.11亿元，比上年增长11.3%。加工贸易出口增长12.2%，跨境电商出口增长51.1%，市场采购出口增长1.3倍。对RCEP（区域全面经济伙伴关系）成员国进出口占比提升三成以上，对金砖国家进出口占比提升一成以上。

3.改革开放全面深化

一是综合改革创新突破。以综合改革试点为引领，形成62项全国首创改革成果，其中29项被国家发展改革委在全国推广，改革热度指数位居全国19个副省级及以上城市首位。在全国率先出台国有企业研发准备金制度，建发、厦钨获评全国"双百企业"标杆，国贸、象屿获评全国优秀企业。推进数据要素市场化改革，升级完善"财政政策+金融工具"3.0版，落地全国首单"两岸信保通"、全国首只S母基金和全国首只CVC母基金，成立数据港产业基地。

二是营商环境迭代优化。连续出台《厦门市2024年优化营商环境工作要点》和《厦门市提升营商环境国际化水平实施方案（2024—2026年）》，城市综合信用指数居全国省会及副省级城市前列。政务服务事项100%实现网上可办，关地协同集成化改革入选全国优化营商环境创新实践十大案例，工程建设项目审批制度改革稳居全国前列，海空港通关效率全国第一。

三是新发展格局加快构建。厦门港新增国际集装箱班轮航线11条，船舶平均在港、在泊时间位列全球主要港口第一、第三位，港口连通性指数跃升至全球第11位。空港新增9条国际航线，国际中转旅客增长50.9%，入选空港型国家物流枢纽。厦门自贸片区完成32项制度型开放试点任务，获批全国首个"医疗器械全球保税维修"业务试点。通用技术金砖创新基地总部区项目开工建设，"金砖优品码"赋码量近400万个。承办首届中国—海合会国家产业与投资合作论坛等重要外事活动，"丝路海运"首条通往海合会国家的多式联运通道常态化运行，命名航线达132条。第二十四届投洽会达成688个合作项目，计划总投资额达4889.2亿元人民币（约合670亿美元），创历届新高。

四是两岸融合走深走实。新设台资项目增长19%，对台贸易总额增长12%，台商投资基金总规模突破60亿元，落地全国首单两岸融合数字人民币债券，设立全国首只数字人民币台企融资增信基金。获批台湾居民个人所得税政策，惠及台胞2372人次，补贴资金2528万元。推出两岸共通标准241项，对台海运快件增长98.4%，厦金客运航线全年运送旅客125.34万人次，占全省九成以上，增长74.9%。厦金大桥（厦门段）稳步推进，翔安机场定位"两岸交流门户"，加速构建厦金"同城生活圈"。举办378场涉台交流活动，海峡两岸图书交易会累计实现7亿元图书贸易，达成4000多项版权合作。

4.城市发展多维并进

一是跨岛发展双核赋能。岛内聚焦发展创新、金融、高端服务等核心功能，高标准推进两岸区域性金融中心等核心片区开发建设，提升本岛综合服务辐射功能。岛外组团推进新城建设，马銮湾新城建成生态三岛及环湾大道，形成滨海高端酒店群，累计建成44所学校；集美新城规划"嘉庚科艺城"，杏林湾基金聚集区基金规模占全市近30%，全省首家大悦城开业；同安新城市民服务中心封顶，岛外最大商业综合体爱琴海购物中心开业；翔安新城奥体中心、国博中心全面运营，省级海洋高新技术产业园区加速推进；同翔高新城天马8.6代显示面板产线点亮，海辰锂电二期顺利竣工投产，苏颂天文馆、火炬实验学校等公建配套有序推进。

二是乡村振兴拓产惠民。粮食生产超额完成目标，播种面积和产量均超2023年水平，耕地保护考核位列全省第三。新建高标准农田7100亩[①]，建设标准化设施农业大棚700亩以上，累计培育国家级、省级农业产业化龙头企业34家。农村居民人均可支配收入增长6.3%，"引客下乡"活动吸引65.4万人次机关企事业单位人员参与，带动重点村营收1.52亿元。新增省级"美丽休闲乡村"3个，签约乡村振兴项目4个，全年建成550户美丽乡村庭院、150处微景观、30处公共空间、10片美丽田园和12个休闲旅游点。

三是生态环境持续改善。空气质量综合指数居全国第三，主要流域国省控断面水质优良比例保持100%。完成植树造林2791亩、水土流失治理2060亩，新建改造公园绿地2193亩。建成全国首个生态环境

---

① 1亩≈666.67平方米。

分区管控应用系统，生活垃圾分类工作稳居全国第一。山海健康步道获评中国人居环境范例奖，园林植物园成功创建国家5A级旅游景区，海洋生态保护与修复在东亚海大会上获最佳实践成就奖，入选全球"生物多样性魅力城市"和"自然城市"。

5.民生保障有力有效

一是公共服务提质扩容。65个为民办实事项目全部完成。建成初中学校6个、普通高中学校4个，新增基础教育学位1.3万个，建成10所智慧校园达标学校。新增4家医院通过"三甲"评审，为适龄女性累计接种HPV疫苗26224剂次，在公共场所配置AED（自动体外除颤器）200台，医疗卫生服务满意度评价全国第五，居民平均预期寿命83.62岁，高出全国5岁。建成普惠性托育园项目49个，新增普惠性托位2287个，建成居家社区养老服务照料中心5个及农村幸福院3个，新增养老床位1900张，入选全国基本养老服务综合平台试点地区。建成保障性住房1.1万套，筹集保障性租赁住房1.3万套（间），为来厦求职和见习实习高校大学生提供"一张床"免费床位2001个，为新来厦就业的3.05万名大学生发放租金补贴2.4亿元。

二是文化体育亮点纷呈。全年举办432场公益性低票价演出，覆盖戏剧、音乐会等多种形式，并通过错时延时开放23家公共文化场馆，成功承办"飞天奖"、"星光奖"和金鸡百花电影节。嘉庚教育遗产列入中国世界文化遗产预备名单，市博物馆、华侨博物院获评国家一级博物馆。新建近邻运动场超4万平方米。成功举办CBA（中国男子篮球职业联赛）全明星周末、世界田联钻石联赛厦门站等40场高水平赛事，带动综合经济效益超26亿元，厦门马拉松获全球首个"可持续发展代表性赛事"称号。

（二）存在问题

1.产业结构升级承压，新旧动能接续不足

供给端，产业结构转型升级存在"阵痛"。一是传统产业依赖度较高且升级缓慢。电子、机械等传统支柱产业仍以加工制造为主，产业链附加值较低，且面临"产业链上下游配套不足"的瓶颈，龙头企业本地配套率较低，产业链带动作用有限。二是新兴产业尚未形成规模效应。虽然新能源等新兴产业增速较快，但缺乏具有全国影响力的"标签产业"，生物医药、数字创意等产业在全国显示度不足，且新兴研发机构数量较少，自主创新能力有待提升，新动能培育速度相对滞后。三是服务业高端供给缺口较为明显。第三产业占比虽达63.1%，但以传统商贸、物流为主，高端服务业占比不足，生产性服务业辐射力不够，工业互联网平台渗透率偏低，难以有效赋能制造业数字化转型。

需求端，增长引擎切换面临结构性断档。一是消费升级动能分化。传统家电、服装等品类增长乏力，新能源汽车、智能家居等新兴消费虽增长较快，但占零售总额比重不足；跨境电商、直播电商等新模式尚未形成全国性标杆，本地消费品牌培育相对滞后，存在一定程度的消费外流现象。二是投资结构转换迟滞。固定资产投资增速降至-5.7%，比全国、全省分别低8.9个、9.6个百分点，其中房地产开发投资大幅下降32.0%，民间投资增长乏力，增速为-10.8%。三是传统外贸承压。2024年全市规模以上工业出口主要增长点集中在新能源及配套产业、飞机维修业，而芯片半导体及传统出口行业增长仍较为乏力，企业产能向海外布局日渐增多，贸易保护政策预期进一步升级，工业出口也将面临更加严峻的考验。

2.城市发展能级有限，中心城市功能亟待增强

一是城市承载力有限。厦门全市土地面积1699平方公里，在全国副省级及以上城市中面积最小。根据国土空间总体规划，到2035年厦门城镇开发边界面积控制在589.67平方公里以内，土地资源相对稀缺。同时，厦门的人口密度较大，生态系统较为脆弱，有限的土地空间和较强的生态承载约束对厦门城市转型升级提出更高的要求。

二是城市集聚能力较弱。人才结构性短缺，软件、人工智能等前沿领域人才供给不足，本地高校毕业生留厦就业比例偏低，外部人才引进不足。金融服务实体经济能力不强，集聚国内国际资金、技术、货源等资源要素能力有限。

三是城市辐射能力不足。经济腹地不大，产业链条较短，作为龙头带动区域发展的作用有限，厦漳泉及闽西南经济协作区存在协调效能与合作深度不足、产业协同性欠缺等问题。

3.民生保障存在短板，治理效能有待提升

一是优质教育医疗资源供给不足。中小学优质教育资源主要以"名校跨岛"分校形式缓慢渗透，生源增速与优质师资下沉速度不匹配；每千人口床位数和医生数有待提升，基层医疗机构专业人才较为短缺，居民就近享受优质医疗的需求无法得到充分满足。

二是城乡区域发展不够均衡。厦门以本岛为中心的单中心格局未根本性改变，行政、教育、医疗、文化体育等高等级服务功能大多集中在岛内，岛外各新城中心功能仍需加强与完善，岛内外人口分布不均，基本公共服务均等化有待于进一步提高。

三是社会治理现代化水平有待提升。基层治理负担与数字化协同不足，尽管推行"厦门网格通"平台整合数据，但基层减负效果尚未完全落地；城中村治理智慧化覆盖不够均衡，部分区域智能化设施与公共服务尚未实现全域贯通；信用体系与基层治理融合不足，虽"信易贷"等信用创新全国领先，但信用数据与社区矛盾调解、流动人口管理等场景的深度应用尚未形成规模化效应，治理能力与"全域智能、多元共治"目标仍存差距。

二、2025年发展展望

（一）国外形势研判及影响

1.全球经济增长分化

根据国际货币基金组织（IMF）、经济合作与发展组织（OECD）等机构的最新预测，2025年全球经济增速预计为3.2%～3.3%，与2024年基本持平（表1-1），发达经济体与新兴市场及发展中经济体增长分化显著。发达经济体面临高成本、高债务、工业低迷等制约，增长普遍乏力；而新兴市场及发展中经济体受益于产业链转移、资源出口及内需扩张，呈现相对韧性。具体来看，美国经济增速预计为2.4%，欧元区仅为1.1%，德国甚至可能跌至0.2%的微弱增长；相比之下，新兴市场和发展中国家整体增速有望达到4.2%。

表 1-1 主要国际机构对 2025 年全球 GDP 增速的预测

国际机构	2025 年经济增长预测
世界银行	2.7%
联合国	2.8%
国际货币基金组织	3.2%
经济合作与发展组织	3.3%

厦门对发达经济体的贸易依存度较高，且出口以机电产品和劳动密集型产品为主，若美国、欧元区需求疲软，相关行业将面临较大的订单下滑风险。与此同时，厦门在新兴市场取得了较为显著的开拓成效，随着对"一带一路"共建国家、金砖国家、RCEP区域贸易合作持续深化，新兴市场将逐步成为拉动厦门外贸增长的核心引擎。

2. 中美经贸形势不确定性较多

在贸易政策方面，美国将通过升级贸易摩擦、调整关税体系、重塑贸易规则等方式，对全球贸易体系进行重构。英国国家经济和社会研究所（NIESR）测算，此举可能导致全球GDP 5 年内萎缩 2%，贸易量下降 6%，中美贸易或将直接收缩 15%。在产业政策方面，美国推动制造业回流和"近岸化"将导致供应链效率下降，新兴经济体短期内虽获投资增量，但长期面临技术壁垒和贸易规则碎片化挑战。在财政与货币政策方面，美国拟议的减税与住房补贴等扩张措施将使财政赤字进一步扩大，进而推高通胀水平，美联储降息节奏或因此放缓，加剧全球金融市场波动。

在这种形势下，厦门电子元器件、机械装备、纺织服装等传统优势产业将首当其冲，企业可能被迫压缩产能或转移部分低端环节至东南亚，短期内或导致就业市场承压。同时，厦门港作为全球重要的集装箱港，若中美贸易量收缩，则将直接影响港口吞吐量，物流、仓储等配套服务业或将同步受损。在金融市场方面，需警惕美联储降息放缓引发的资本波动。

3. 供应链"近岸化"重构

全球供应链正从"低成本优先"转向"安全可控"逻辑，"近岸化"成为 2025 年核心趋势。麦肯锡全球研究院数据显示，超过 60%的跨国企业计划在未来两年内将至少 20%的产能转移至邻近市场。亚洲地区供应链格局也在发生变化，越南、马来西亚等国家将凭借其较低的劳动力成本和优惠政策，吸引部分劳动密集型产业转移。全球供应链重构也将带来成本上升和效率下降等问题。企业在转移生产基地过程中，需要重新建设厂房、培训员工，增加了生产成本。根据波士顿咨询集团测算，"近岸化"将使全球制造业总成本增加 8%～12%。

供应链"近岸化"重构将对厦门的外向型经济形成"双向挤压"：劳动密集型产业外流压力加剧，纺织服装、鞋帽箱包等传统优势领域可能加速向越南、马来西亚等国转移，部分电子代工企业的低端产能则可能加速转向菲律宾；高附加值产业面临成本攀升压力，"近岸化"导致的物流延误和供应链分拆，可能致使半导体、新能源等战略产业的供应链总成本显著上升，进而压缩工业企业利润空间。但重构浪潮也催生结构性机遇：一是强化供应链韧性，通过 5G智慧港口、数字化通关等新基建提升物流效率，部分抵消"近岸化"带来的效率损失；二是强化政策对冲，借助RCEP原产地累积规则深化与东盟的中间品贸易，逐渐形成"厦门总部＋东南亚制造"的产能备份体系。

（二）国内形势研判及影响

1.更加积极有为的宏观政策

2025年，我国将坚持稳中求进工作总基调，实施更加积极有为的宏观政策。财政政策基调由"积极"调整为"更加积极"，财政赤字率升至4%左右，赤字规模5.66万亿元，超长期特别国债规模1.3万亿元，特别国债5000亿元，新增地方政府专项债4.4万亿元，合计新增政府债务总规模达11.86万亿元，比2024年增加2.9万亿元，财政支出强度明显增大。货币政策基调从"稳健"转向"适度宽松"，据相关机构预测，2025年有望降准1个百分点，下调政策利率50个基点，引导贷款市场报价利率（LPR）下降25个基点，释放3万亿元以上的流动性。

更加积极有为的宏观政策基调预计将对厦门经济发展产生较为强劲的拉动作用。一方面，增加发行超长期特别国债和地方政府专项债券发行使用，为厦门向上争取债券额度提供更大空间，随着国家化债政策的逐步落地，厦门市地方政府再融资专项债券发债规模将进一步扩大。另一方面，适时降准降息，有利于进一步降低企业融资成本，发挥"财政政策+金融工具"的联动效应，助力企业降本增效。

2.新质生产力驱动下的产业革命

新质生产力将成为2025年我国产业升级的核心驱动力，总体呈现"技术突破引领、数智绿色融合、全要素生产率提升"三大特征。一是高新技术产业延续高增长，2024年高技术制造业增加值增速达8.3%，2025年有望突破9%，成为工业增长主引擎；二是产业融合深化，传统制造业通过"数智化+绿色化"改造焕发活力，实现效率与低碳双提升；三是新质生产力将推动全要素生产率持续提升，对冲人口老龄化压力，使中国经济潜在增速维持中高速水平。

目前，厦门已前瞻布局人工智能等六大未来产业、新型显示等5个未来风口产业。随着"人工智能+"行动的实施，厦门人工智能产业以及第三代半导体等未来产业将迎来发展机遇。随着数智技术赋能、绿色技术的改造运用，食品加工、水暖厨卫等传统产业竞争力将进一步提升。

3.消费升级与新型业态培育

2025年消费市场将呈现"传统修复"与"新型爆发"双轮驱动格局。在传统消费方面，汽车、家电以旧换新政策延续，叠加地产止跌回稳，耐用品消费有望温和复苏，社会消费品零售总额增速预计达5.5%。在新型消费方面，即时零售、直播电商规模将迎来持续扩张，绿色消费（如新能源汽车）、健康消费（如远程医疗）、文化消费（如非遗市集）占比将提高。

这种消费结构的螺旋式升级，将推动厦门从"外向依赖型"向"内外循环协同型"经济模式加速转型。在传统消费领域，汽车、家电以旧换新政策将激活存量市场，企业可通过"置换补贴+金融分期"组合撬动消费潜力，同时，房地产市场止跌回稳预计将带动新一轮建材、家具类消费。在新型消费领域，依托跨境电商综合试验区与自贸片区政策优势，跨境电商交易额可能在2025年迎来新突破，新能源汽车渗透率有望进一步提升，高端消费加速向SM三期、万象城等商圈集聚，社区便利店数字化改造提速也将激活"15分钟便民圈"潜力。

（三）2025年厦门经济增长预测

HP滤波法的厦门经济潜在增长率实证研究显示，厦门市经济增速中枢呈现较为明显的下移态势，从2005年16.2%的高位逐步收敛至2024年的4.3%（表1-2）。值得关注的是，厦门经济展现出较强的抗风险韧性：从3次重大经济周期波动看，2008年国际金融危机和2015年国内经济机构调整期间，实际经济增速和经济潜在增长率虽出现明显偏离（最大缺口分别为-5.1个和-1.8个百分点），但均在短期内实现缺口回补；2021年以来，尽管厦门GDP实际增速波动幅度达5个百分点，但至2024年已成功修复至潜在增速上方（图1-2），印证了厦门经济的强劲内生动力。根据趋势外推模型测算，2025年厦门经济潜在增长率预计回升至5.67%，对应GDP总量将突破九千亿大关，达到9077.86亿元。

表1-2　基于HP滤波法测算的2005—2024年厦门经济潜在增长率

年份/年	实际增速/%	潜在增长率/%	年份/年	实际增速/%	潜在增长率/%
2005	16.0	16.2	2015	7.2	9.0
2006	16.8	15.4	2016	7.9	8.4
2007	16.6	14.6	2017	7.6	7.9
2008	11.1	13.8	2018	7.7	7.4
2009	8.0	13.1	2019	7.9	6.9
2010	15.1	12.4	2020	5.7	6.3
2011	15.1	11.7	2021	8.1	5.8
2012	12.1	11.0	2022	4.4	5.3
2013	9.4	10.3	2023	3.1	4.8
2014	9.2	9.7	2024	5.5	4.3

数据来源：课题组整理测算。

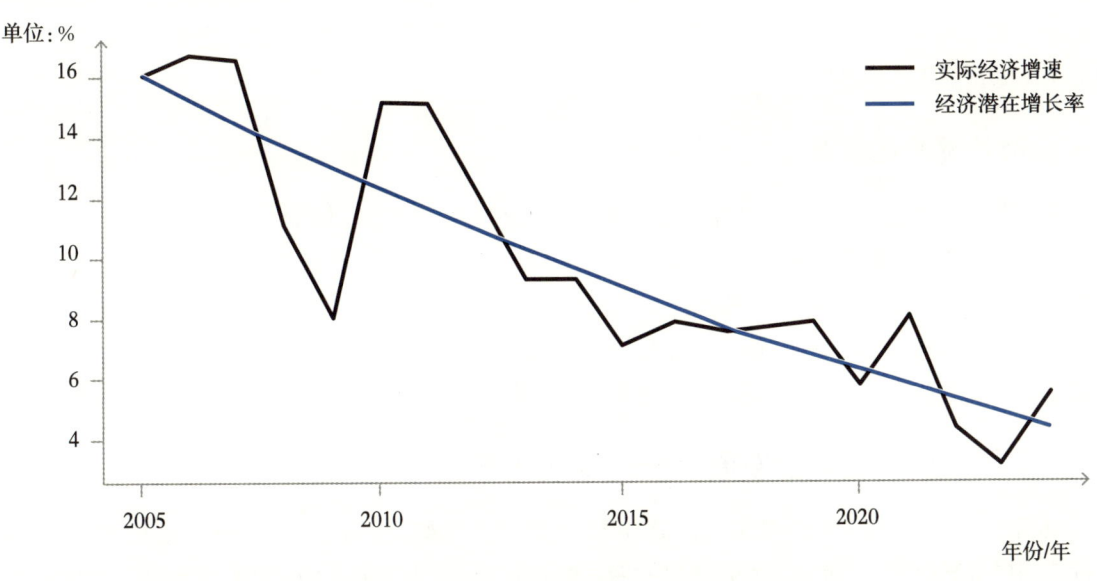

图1-2　2005—2024年厦门实际经济增速与经济潜在增长率走势

三、2025年对策建议

2025年是"十四五"规划的收官之年，要以内外需协同构建双循环新发展格局，以科技创新和产业创新推动新质生产力发展，以高水平对外开放打造新发展格局节点城市，以跨岛发展促进区域协调和城乡融合，以人民为中心构建全龄友好型城市，在中国式现代化建设中奋勇争先。

（一）推动内外需协同发力，构建双循环新发展格局

积极扩大有效投资，着力激发国内消费市场潜力，推动外贸稳定增长，构建内外需协同发力的双循环新发展格局。

1.着力扩大有效投资

结合"十五五"规划编制，持续策划谋划一批基础设施、产业、城市建设、社会事业领域重大、特大、超大型项目，为厦门市后续发展提供坚实支撑。深入研究中央政策导向，用好用足政策工具，积极争取厦门市项目，特别是城市地下管网等基础设施建设领域项目获得超长期特别国债、中央预算内投资等中央资金支持，深入研究地方政府专项债政策，力争厦门市更多项目纳入专项债支持范围。适度超前布局建设产业、科技和新型基础设施，提高产业项目建设用地规划许可证等审批效率。积极争取设备更新和技术改造再贷款、设备更新贷款财政贴息等政策支持。健全民间资本项目推介平台，引导民间资本投入新基建、城市更新等领域，推动晋同高速等政府和社会资本合作新机制项目落地。

2.提振消费助推扩大内需

创新"补贴+金融"以旧换新模式，依托本地产业扩大高品质消费品支持范围。持续开展"厦门文旅消费月""非遗展演销"等活动，联动景区、酒店推出消费券等惠民举措。升级传统商圈夜间消费场景，刺激夜间消费活力。开发海洋文化少儿研学、老年康养文旅等特色产品，打造影视赛事主题旅游线路。拓展餐饮住宿、家政服务等基础消费，壮大数字、绿色、健康等新兴消费。发展首发经济、银发经济，支持直播电商、即时零售等新业态发展。

3.推动外贸平稳发展

深化内外贸一体化试点，推动船舶、二手车等出口品牌化、规模化发展，拓展中间品贸易、离岸贸易、易货贸易等新业态。开发跨境电商供应链金融服务平台，完善"直播+平台+跨境电商"融合发展模式，培育"跨境电商赋能产业带"链式发展标杆。支持企业建设海外仓、分拨中心，提升跨境物流能力。优化"跨境一锁"快速通关模式，提升跨境贸易便利化能级。发挥文化、数字等国家级特色服务出口基地作用，建设数字内容出海基地，开发文化艺术品保税展示交易系统，壮大游戏出海等特色服务贸易规模。

（二）科技和产业融合发展，推动现代化产业体系升级

推动科技创新和产业创新深度融合，着力提升支柱产业集群核心竞争力，积极发展壮大战略性新兴产业，前瞻布局未来产业，推动数字经济蓬勃发展，推动现代化产业提质升级，加速新质生产力的形成。

1. 推动科技创新和产业创新深度融合

试点"拨改投"及科技成果"先用后转"机制,推行科技成果转化"零门槛准入+收益分成"模式,建立中小微企业延期支付许可费制度,实施技术交易与资本市场对接机制。构建覆盖投融资、建设运维、成果转化的全流程统筹体系,打造政产学研用协同创新网络。开放概念验证中心、中试基地等设施,探索技术入股反哺平台运维模式。优化"科创飞地"布局,在创新资源集聚城市设立离岸孵化器,建立"飞地研发—厦门转化"产业承接通道。创新人才评价体系,设置市场价值、技术实效、产业带动等指标,推行"基础研究长周期考核+产业化应用即时奖励"制度。

2. 着力提升支柱产业集群核心竞争力

重点培育电子信息、机械装备等龙头企业,推进"强链补链延链",构建"领军企业+配套园区+创新平台"生态圈,实施关键共性技术"揭榜挂帅"行动。建设服务贸易数字基建平台,打造"信用保险+跨境结算+数据安全"服务体系。鼓励会展场馆、酒店与上下游企业联动开发项目,打造会展旅游产业链。建立金融机构数字化转型评估模型,打造数字金融创新联合体,支持核心企业搭建产融协同平台。

3. 积极发展壮大战略性新兴产业

加快公共技术服务平台和CXO新型应用平台建设,形成"研发—中试—产业化"生物医药产业全链条协同发展格局。做优做精先进半导体材料、新型显示材料等关键战略材料,推动火炬翔安新材料产业园建设成为绿色智能高端园区。依托厦门时代、中创新航等龙头项目,优化新能源产业布局,打造"新能源产业创新之城"。深化"文旅+"与"+文旅"双向赋能机制,构建"文化遗产数字化+文旅场景元宇宙化"创新体系,打造"XR+全息投影+数字光影"沉浸式文旅综合体,开发"AI剧本游+文博元宇宙+数字藏品"交互式产品矩阵。

4. 前瞻布局未来产业

重点培育第三代半导体、氢能与储能等前沿领域骨干企业,强化前沿技术研究和应用,加快培育人工智能、新型显示等未来风口产业。推进第三代半导体全链条平台建设,推动关键设备制造等技术创新发展;策划、生成、开放低空经济、车联网等重点领域应用场景,支持空天地海通信、自动驾驶等示范应用;支持重点企业联合厦门大学产业技术研究院新材料研究平台等,攻关前沿技术;创建国家级储能科创平台,组建氢能科创基地,支持新型储能及氢能技术应用和落地;支持基因和细胞技术及产品的临床研究、临床试验;瞄准深海空天产业关键核心技术,稳定支持一批优秀青年人才长期开展探索性、原创性研究;实施"人工智能+"行动,拓展智慧交通、智慧医疗等场景;加快省级人工智能产业园建设,支持企业开展大模型和智能算法研发,构建人工智能典型应用场景。加快构建未来产业先导区及场景促进中心,吸引企业落户。

5. 推动数字经济蓬勃发展

建立数字产业化与产业数字化协同机制,制定集成电路、工业互联网等专项政策包,配套"技术攻关+场景开放+金融支撑"扶持模式。强化数字基建支撑,在翔安数字经济产业园布局6G试验网、高速光网骨干节点及PB级城市算力调度中心。深化"星火·链网"超级节点应用,拓展工业互联网标识解析二级节点覆盖范围。依托国家中小企业数字化转型试点平台，推进传统制造业"智改数转"。培育数据要素市场，搭建跨境数据流通沙盒试验区，开发垂直领域数据产品交易专区。推进翔安数字经济产业园三期建设，实施园区"数字孪生"管理。设立数字经济产业引导基金，重点投向工业软件、智能传感器等关键领域，建立"研发投入-税收返还"联动机制。

（三）提升开放水平，加快打造新发展格局节点城市

积极扩大高水平对外开放，深化自贸区提升战略，加速建设高能级开放载体，推进两岸融合发展，更大力度吸引外资，加快构建新发展格局节点城市。

1. 实施自贸区提升战略

争取厦门自贸片区扩区试点，构建"一区多园"格局，探索赋予新型离岸贸易、数字服务等领域更大改革自主权。深化对接国际高标准推进制度型开放试点工作，探索重点行业再制造产品进口"厦门模式"、数据出境负面清单管理等先行先试举措。推进象屿、海沧港综合保税区改造提升，力争空港综保区获批。壮大航空维修、融资租赁等优势产业规模，实现全产业链发展。

2. 建设高能级开放载体

加快金砖创新基地建设，推动金砖创新中心法定机构实体化运作，筹划中国—金砖国家合作项目展示交流中心。强化国际集装箱枢纽港功能，完善货源腹地布局；加速翔安机场建设，争创国际航空枢纽；提升中欧（厦门）班列运营能力和服务水平，深化与班列集结中心和节点城市合作，构建陆海空综合立体国际运输大通道。推进"丝路海运""丝路飞翔"建设，加速海丝中央法务区建设，打造国际商事海事争端解决优选地。

3. 更大力度吸引外资

深化链企商侨联动招商模式，探索以投带引、科创招商、场景招商等新模式。建设"数字招商大脑"，集成全球企业数据库与产业热力图，开发虚拟现实招商系统，重点推介第三代半导体产业园等特色载体。构建重点外资企业及项目"政策扶持+服务机制+专班保障"综合服务体系，加速项目落地及产能释放。紧抓制造业领域外资准入负面清单"清零"等重要机遇，在航空维修、医疗设备等领域建设跨境协同创新基地。

4. 探索两岸融合发展新路

高质量筹办厦门工博会、海峡旅博会等涉台经贸活动，高标准推进国家台商投资区升级，高起点规划涉台产业园区。深化两岸优势产业合作，依托联芯、友达等台企龙头强化两岸双链融合。设立厦台高校联合研究基金，支持厦台重点企业就共同面临的技术难题组建创新联合体，建立"知识产权共享-风险共担-收益分配"合作机制。推动五通码头和国际邮轮中心码头打造成为对台旅检标杆口岸和对台服务示范口岸，打造闽西南—金门生态旅游圈。以大嶝岛为试点，建立两岸共同市场先行区，探索闽台投资贸易"厦门模式"。推动台胞居住证与大陆身份证同频同效，扩大台湾地区职业资格采认范围，将在厦台胞纳入大陆社保体系覆盖群体，以对等权益促进台胞来厦就业创业。

（四）强化协调联动发展，构建区域中心枢纽城市

深入实施跨岛发展战略，积极推进本岛功能完善、品质提升，促进跨岛布局优化、格局拓展。深入落实乡村振兴战略，加速构建宜居宜业和美乡村。全面推进区域协调发展，将厦门建设成为区域中心枢纽城市。

1.提升岛内功能品质

统筹推进本岛岸线景观提升，优化滨水公共空间，布局艺术装置与沉浸式光影秀场，试点"潮汐式"岸线管理。优化停车泊位规划，强化市容绿化环卫管理，推动"城市家具"标准化更新，融入闽南文化元素设计；加速老旧片区改造提升，加强低效用地再开发及收储用地项目策划，提高用地效率。完善城市大脑"1个中枢平台+4个核心应用"功能，提升城市宜居性和智慧度。

2.推动岛外品质跃升

推广"一新城一策"差异化考核体系，设置产业集聚度、人口吸引力、配套完善率等核心指标，强化新城特色发展导向。马銮湾新城打造"环厦门湾两高两化新极点"，推进TOD（公交导向型发展）综合体与智慧物流港联动开发，建设"15分钟产城服务圈"，打造SM马銮湾城市广场等产城融合地标，布局跨境电商体验中心与跨国公司区域总部集群；翔安新城打造台胞台企登陆首站，建设两岸产业协同创新园，试点台企"准入即准营"改革，设立台青创业加速器与两岸技术转移中心，配套台湾人才公寓与台商子弟学校；同翔高新城创建先进制造示范园区，重点引进产业链头部项目；集美新城、同安新城构建宜居宜业宜游新城，推动教育、医疗、住房、商业等配套建设成为岛外标杆。

3.建设宜居宜业和美乡村

开展古厝修缮与公共空间活化利用，形成具有闽南文化特色的精品动线。培育"育繁推一体化"种业龙头，引领种子种苗业规模化、标准化、产业化发展。串联古村落、农业园区与非遗工坊，打造沉浸式农耕体验场景；开展乡村民宿星级评定，培育"民宿主理人"职业队伍，配套建设旅游驿站与智慧导览系统。推出"乡村味道"预制菜，构建"电商直播+社区直供"营销网络；建设农事研学基地，开发自然教育、康养疗理等复合业态。

4.推动区域协调发展

落实厦漳泉都市圈规划，设立厦漳泉都市圈合作发展基金及跨区域合作创新平台；加快城际铁路R1线、轨道交通6号线角美延伸段等建设。依托闽西南城市开发协作集团等区域性组织，深化"总部经济+飞地园区"合作模式，优化电子信息、新能源等产业链跨区域布局。对接长三角、长江经济带、粤港澳大湾区等国家区域重大战略，推动要素流通、优势互补、战略融合。构建以翔安港区、厦金大桥、翔安机场等为核心的海陆空一体化综合交通枢纽体系。争取昌福厦高铁、渝长厦高铁（赣州至厦门段）、厦安铁路（厦门港后方通道）等纳入国家中长期铁路规划，推动厦沙高速（复线）、晋同高速等入厦高速项目开工建设。

（五）持续改善民生福祉，建设全龄友好型城市

坚决贯彻以人民为中心的发展思想，全面保障和改善民生，进一步提升人民群众生活质量，推动实现高质量充分就业，发展人民满意的教育事业，全方位守护人民健康，推进社会保障体系提标扩面，促进养老托育事业向高品质发展。

1.持续促进高质量充分就业

实施产业导向技能培训，建立企业用工与职校课程动态匹配机制，开展新业态数字技能培训；强化高校毕业生、退役军人、农村劳动力等重点群体就业服务。试点"创业保险+信贷担保"模式，对初次创业失败者给予基本生活补贴；建设返乡创业孵化基地集群，提供场地租金减免、产品展销对接等专项服务。支持多渠道灵活就业和新就业形态发展，加强灵活就业和新就业形态劳动者权益保障。深化"无欠薪"城市建设，构建全方位、多层次、立体化"治欠"体系。

2.构建人民满意的教育体系

建立"人口-教育"协同模型，动态调整学位供给，确保学位资源高效利用。深入实施名校跨岛、名师出岛战略，加强岛外优质教育资源供给，促进岛内外教育均衡发展。巩固学校教育主阵地作用，提升课堂教学质量和课后服务品质，拓展"双减"成效。支持在厦高校"双一流"建设，推进优质本科扩容，培养拔尖创新人才；提升职业教育水平，推进产教融合、科教融汇、职普融通，加强高水平高职学院建设。

3.完善高水平健康服务

推进国家区域医疗中心试点工作，重点加快国家心血管医学研究分中心、传染病医院杏林医院等项目建设。强化重大疫情防控救治和医疗应急能力建设，构建全生命周期慢性病健康管理服务体系。加强儿科、精神心理、康复护理等专科建设，推动中医药事业高质量发展。促进优质医疗资源下沉，推进跨省市紧密型医联体建设，提升基层医疗机构服务能力，完善基层服务网络。创新跨境医疗模式，打造"商业保险直付—国际转诊"服务体系，建设国际医疗中心。

4.持续加强社会保障体系建设

深化全民参保专项行动，依托动态数据平台精准识别未覆盖群体，建立"政策找人"主动服务机制，推动灵活就业、新业态从业人员等重点群体应保尽保。构建"三支柱"养老保障体系，推广企业年金覆盖中小微企业，探索个人养老金账户与商业保险对接机制。推进普惠型商业健康险开发针对重大疾病、罕见病的高赔付补充险种。完善困难群众基本生活保障标准动态调整机制，打造社会救助"厦门模式"。构建"梯度化"住房保障体系，公租房重点覆盖低收入家庭，保障性租赁住房向青年科技人才倾斜，配售型保障房探索"先租后购"弹性机制。

5.加快构建养老托育服务体系

完善城乡养老服务体系，推进"医康养护"一体化发展，深入实施长护险制度。扩大居家养老服务供给，培育星级养老服务机构，构建以"居家+社区机构+智慧养老"为核心的家门口养老模式。依托厦门旅游资源建设"候鸟式"康养示范基地，创新"旅居养老—文化体验—健康管理"复合业态；整合高端酒店

资源打造医养结合高端社区，开发中医养生等特色服务。深化生育支持政策，完善普惠托育体系，支持企业办托、社区嵌入式托育、家庭托育点等多元化模式，打造一刻钟便民托育圈，建设儿童友好型城市、生育友好型城市。

参考文献

[1]厦门市人民政府.2025年厦门市人民政府工作报告[R/OL].（2025-01-28）[2025-02-28]. https://www.xm.gov.cn/xmyw/202501/t20250128_2915494.htm.

[2]厦门市发展和改革委员会.关于厦门市2024年国民经济和社会发展计划执行情况与2025年国民经济和社会发展计划草案的报告[R/OL].（2025-02-25）[2025-02-28]. https://dpc.xm.gov.cn/xxgk/xxgkml/ghjh/202502/t20250225_2918703.htm.

[3]厦门市统计局.2024年全市主要经济指标快报[R/OL].（2025-01-23）[2028-02-28]. https://tjj.xm.gov.cn/tjzl/tjsj/jdsj/sjyb/202501/t20250123_2914685.htm.

[4]中华人民共和国中央人民政府.政府工作报告——2025年3月5日在第十四届全国人民代表大会第三次会议上[R/OL].（2025-03-12）[2025-02-28]. https://www.gov.cn/yaowen/liebiao/202503/content_7013163.htm.

课题指导：彭朝明　彭梅芳
课题组长：张　彦
课题组成员：彭梅芳　林　智　王成龙
　　　　　　黎雪洁
课题执笔：张　彦　王成龙

第二章

厦门与同类型城市2024年经济运行比较分析

一、2024年同类型城市经济运行主要特点

（一）整体形势稳固向好

2024年以来，面对外部压力加大、内部困难增多的复杂严峻形势，全国15个同类型城市坚持稳中求进工作总基调，完整、准确、全面贯彻新发展理念，主动服务和融入新发展格局，经济运行总体平稳、稳中有进，呈现前高、中低、后扬的态势。

2024年，全国有9个同类型城市GDP增速高于全国5%的平均水平，15个同类型城市的GDP总量占全国总量的18.9%，在国内经济发展中占据关键地位，是推动全国经济增长的重要力量。详见图2-1。

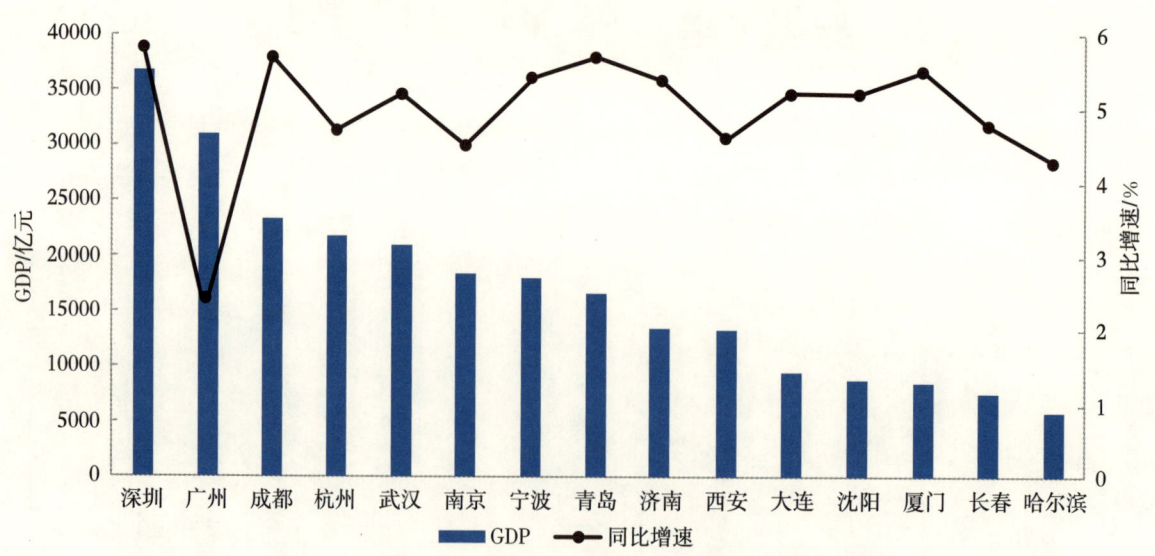

图2-1　2024年15个同类型城市GDP及其增长情况

数据来源：各城市统计局网站。

（二）区域经济分化明显

1.东部地区城市经济增长持续领跑

在8个东部地区城市中，除杭州、南京、广州外，其余5个同类型城市的GDP增速均高于全国平均水平。其中，深圳在高基数基础上，实现GDP同比增长5.8%，增速比全国高0.3个百分点，表现最为亮眼。详见表2-1。

表2-1 2024年东部地区同类型城市GDP及增长情况

城市	同比增速/%	GDP/亿元
深圳	5.8	36801.9
青岛	5.7	16719.5
厦门	5.5	8589.0
宁波	5.4	18147.7
济南	5.4	13527.6
杭州	4.7	21860.0
南京	4.5	18500.8
广州	2.1	31032.5

数据来源：各城市统计局网站。

2.中部地区城市经济增速回落

成都、武汉经济总量规模继续保持在2万亿元以上，且GDP增长继续保持较快发展势头，但与2023年相比，增速分别回落0.3个、0.5个百分点。西安受固定资产投资增长滞后、消费提振乏力、服务业增速不高等因素影响，全年地区生产总值增长速度比成都、武汉分别低1.1个、0.6个百分点，比2023年低0.6个百分点。详见表2-2。

表2-2 2024年中部地区同类型城市GDP及增长情况

城市	同比增速/%	GDP/亿元
成都	5.7	23511.3
武汉	5.2	21106.2
西安	4.6	13317.8

数据来源：各城市统计局网站。

3.东北地区城市经济低位徘徊

从总量看，4个东北地区城市GDP总量持续位居同类型城市末尾；从增速看，仅沈阳、大连的经济增速高于全国平均水平，哈尔滨2024年GDP增速虽比上年提高1.2个百分点，但受工业增长较为乏力等因素影响，GDP增速排名持续垫底。详见表2-3。

表2-3 2024年东北地区同类型城市GDP及增长情况

城市	同比增速/%	GDP/亿元
大连	5.2	9516.9
沈阳	5.2	9027.1
长春	4.8	7632.2
哈尔滨	4.3	6016.3

数据来源：各城市统计局网站。

（三）工业经济承压前行

15个同类型城市中，仅7个城市规模以上工业增加值增速超过了全国5.8%的平均水平，广州市的规模以上工业增加值增速甚至出现负增长（图2-2）。主要原因在于，受计算机通信、电气机械、汽车等重点行业增加值增速下降拖累，整体工业经济发展走势削弱。例如，在广州的支柱产业中，由于处于动能转换的深度调整期，汽车制造业增加值同比下降18.2%；杭州的重点产业电气机械制造业与上年相比，增加值增速慢10个百分点以上；南京的电器机械、黑色金属冶炼加工等重点行业增幅减少2个百分点以上。

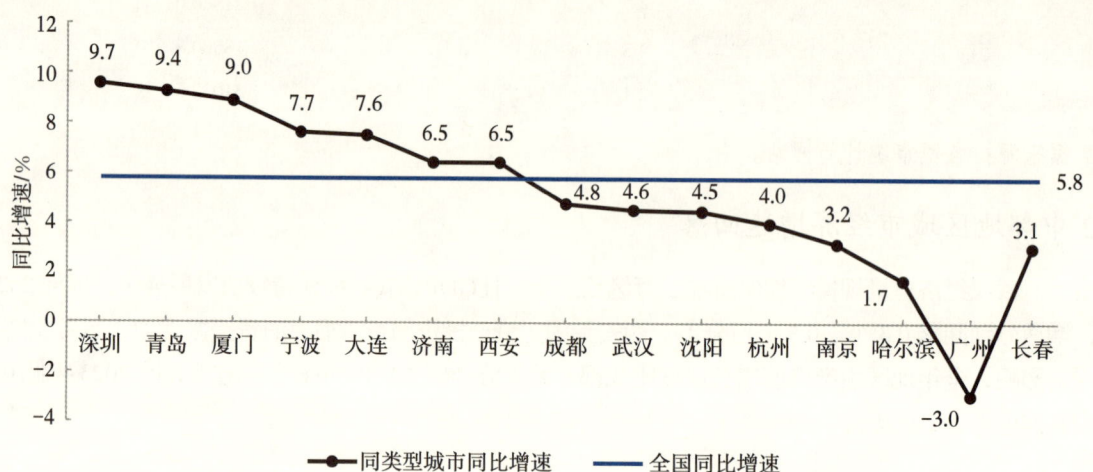

图2-2 2024年15个同类型城市规模以上工业增加值增速

数据来源：各城市统计局网站。

（四）固定资产投资低迷

15个同类型城市中，除哈尔滨、成都、沈阳、武汉4个城市外，其余城市全年固定资产投资增速均低于全国3.1%的平均水平（图2-3）。主要原因在于房地产开发投资增速下降，如厦门、长春等城市，房地产开发投资增长与上年相比负增长超过25个百分点。

第二章 | 厦门与同类型城市2024年经济运行比较分析

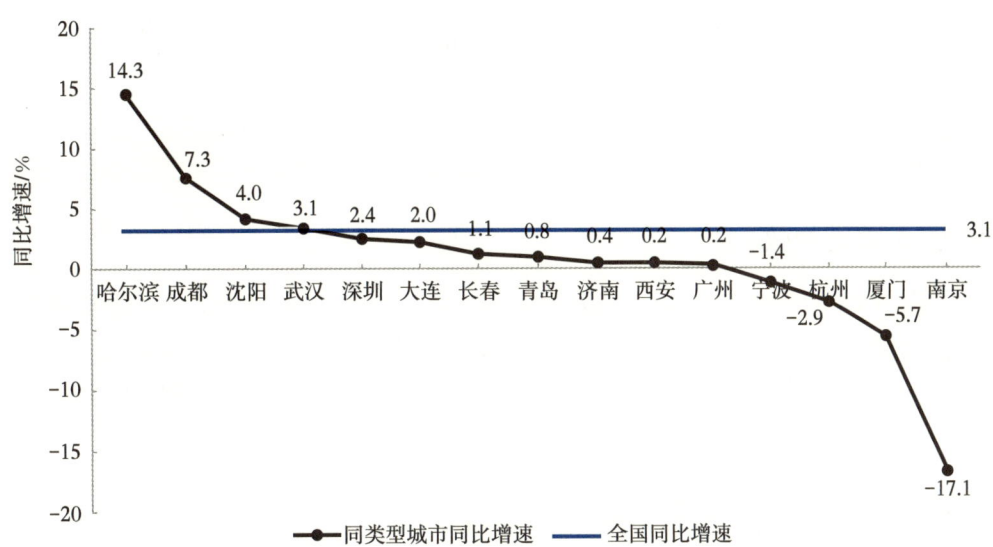

图 2-3　2024 年 15 个同类型城市固定资产投资增速

数据来源：各城市统计局网站。

（五）社会消费需求不振

2024 年，9 个同类型城市的社会消费品零售总额同比增速低于全国平均水平 0.2~3.5 个百分点，仅武汉、南京、青岛等 6 个城市的社会消费品零售总额增长达到或超越了全国 3.5% 的平均水平（图 2-4）。其中，广州和深圳的社会消费品零售总额分别零增长和增长 1.1 个百分点，均比上年低 6.7 个百分点。主要原因在于，广州、深圳等经济发展水平较高的同类型城市，其城镇居民的股票、基金和房产等财富占比相对高于全国平均水平，在经济复苏进程缓慢、房地产市场波动以及就业市场变化对个人可支配收入影响等多重因素综合影响下，居民收入波动和资产缩水对消费降级的影响更为明显，导致消费市场萎靡，社会消费品零售总额增速放缓。

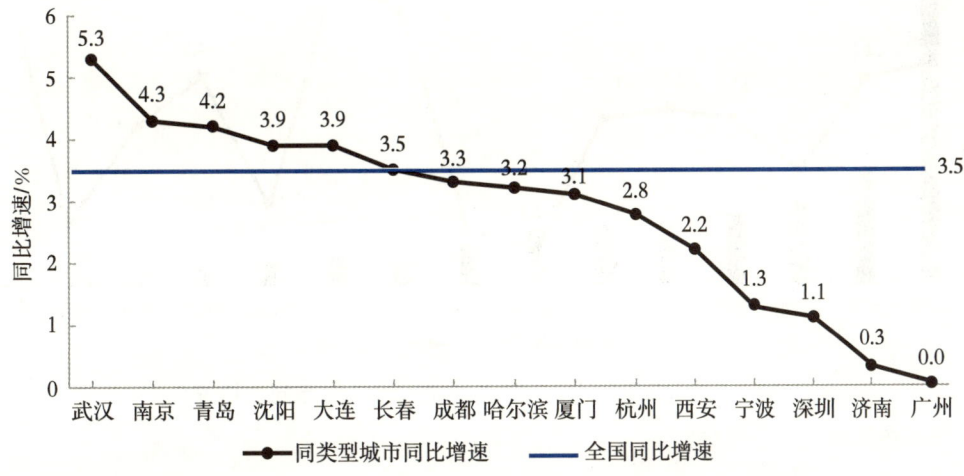

图 2-4　2024 年 15 个同类型城市社会消费品零售总额增速

数据来源：各城市统计局网站。

二、2024年厦门发展的亮点与不足

（一）主要亮点

1. 经济总量增速加快

2024年，厦门GDP同比增长5.5%，增速比上年高2.4个百分点，在15个同类型城市中居第四。主要得益于，一是工业增长势头强劲，2024年规模以上工业增加值增速较上年高9个百分点；二是拉动经济增长的"三驾马车"中，出口贸易额较上年高15个百分点以上，净出口额较上年大幅增加，推动全市经济加快增长。

2. 规模以上工业增加值增幅领先

2024年，厦门规模以上工业增加值增长9.0%，增幅在全国同类型城市中居第三；工业对GDP增长贡献达41.4%，成为全市经济增长的有力支撑。工业支柱行业稳健增长，全年规模以上工业支柱产业产值比上年增长8.9%，其中，机械装备制造业产值比上年增长13.1%。

3. 外贸出口较快增长

2024年，厦门外贸出口总额实现4980.1亿元，同比增长11.3%，增幅比全国7.1%的平均水平高出4.2个百分点，在全国同类型城市中排名第八（图2-5）。主要得益于，一是机电等主要商品出口增幅提高，机电和农产品合计占全市出口总值超过五成，2024年出口额及其增速较上年分别提高3.5个和1.9个百分点；二是市场采购等新业态出口活力增加，2024年厦门市场采购出口增长1.3倍，增势迅猛。

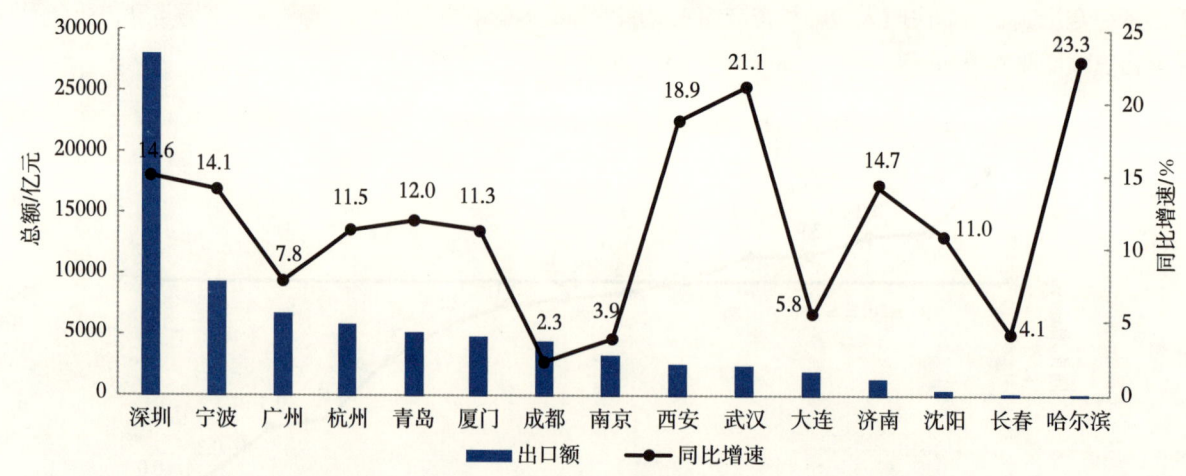

图2-5　2024年15个同类型城市出口额与同比增速

数据来源：各城市统计局网站。

（二）主要不足

1.服务业增速放缓

2024年厦门服务业增加值同比增长4.8%，与同类型城市及全国相比较，在全国同类型城市中仅并列第十，低于全国5%的平均水平0.2个百分点（图2-6）；与上年相比，增幅减少2.2个百分点。

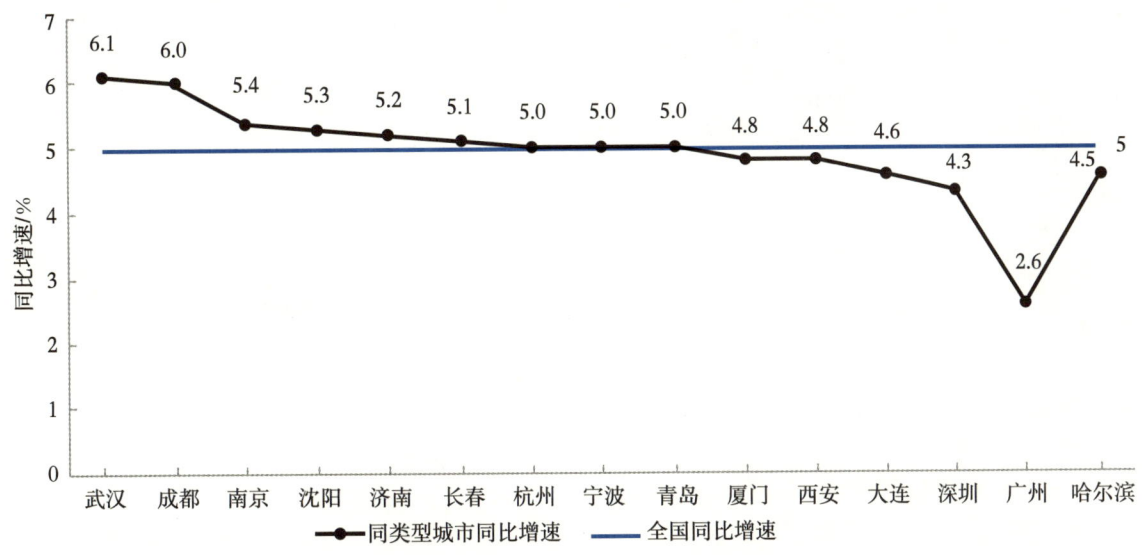

图2-6　2024年15个同类型城市服务业增加值同比增速

数据来源：各城市统计局网站。

2.固定资产投资降幅较大

2024年，厦门固定资产投资同比下降5.7%，在同类型城市中居第十；落后固定资产投资增长最快的哈尔滨20个百分点，与全国3.1%的平均水平相差8.8个百分点。主要原因有，一是民间投资增速回落，全市民间投资同比下降10.8%，降幅比上年扩大5.4个百分点。二是房地产开发投资大幅下滑，2024年全市房地产开发投资同比负增长32%，对全市固定资产投资形成较大拖累。三是工业投资增长不快，全年工业投资同比增长5.5%，增幅比上年少1.7个百分点；与成都、沈阳等固定资产投资增速较高的城市相比，工业投资增幅相差10个百分点以上。

3.社会消费持续疲软

2024年，厦门社会消费品零售总额同比增长3.1%，已连续两年增幅低于全国平均水平（图2-4）。全市社会消费持续疲软的主要原因在于，汽车、体育娱乐、金银珠宝等非必需品消费降幅较大，新能源汽车、可穿戴智能设备等升级类消费增幅还不够高，社会消费总体动力较为不足。

4.外贸进口额大幅下滑

2024年，厦门外贸进口额实现4346.0亿元，同比下降13.0%，较全国2.3%的平均水平低15.3个百分点，增速在15个同类型城市中排名第13（表2-4）。主要由于占比超过30%的能矿产品进口降幅较大，1—

11月降幅近27%，成为拖累整体外贸进口的主要因素。

表2-4 2024年15个同类型城市进口额及增速

城市	进口额/亿元	排名	同比增速/%	排名
深圳	16926.1	1	19.6	2
宁波	4747.2	2	5.6	4
厦门	4346.0	3	−13.0	13
广州	4232.9	4	−4.0	8
青岛	3798.5	5	−6.2	10
成都	3748.7	6	27.1	1
杭州	2599.9	7	−3.5	7
大连	2296.5	8	−7.2	12
南京	1996.5	9	−14.3	14
武汉	1410.9	10	−2.1	6
西安	1342.2	11	6.2	3
长春	930.3	12	4.0	5
沈阳	883.3	13	−6.5	11
济南	748.8	14	−5.1	9
哈尔滨	220.9	15	−22.0	15

数据来源：各城市统计局网站。

三、2025年对策建议

2025年是"十四五"规划收官之年，同时也是厦门市努力率先实现社会主义现代化的关键之年。为高质量完成"十四五"规划目标任务，推动努力率先实现社会主义现代化取得新突破，在中国式现代化建设中奋勇争先，厦门应继续坚持稳中求进工作总基调，完整、准确、全面贯彻新发展理念，扎实推动经济高质量发展，激发活力，推动全市经济持续回升向好。

（一）加快壮大现代服务业

1.大力发展生产性服务业

一是做强商贸物流，加快建设厦门万弘冷链智慧物流等重点项目，引导物流企业嵌入制造业采购、生产、仓储、分销、配送等全环节，发展零库存管理、生产线边物流等新模式，积极发展多式联运、低空物流、供应链物流等新业态。二是深化会展与产业深度融合发展，持续做优石材展、海鲜展、茶博会等专业展会以及工业互联网大会、中国材料大会、肿瘤大会等专业品牌会议，力争引进中国粮油展、中国材料大会等重大会展项目落户，打造国际性专业展会名城。三是提升金融赋能科技创新、先进制造、绿色发展及中小企业发展水平，壮大科技金融、供应链金融、绿色金融、全生命周期私募基金等领域企业。四是加快培育科技服务业，大力引进一批高水平的科技研发、工业设计、检验检测、标准认证、成果转化及知识产权服务企业，推动法律、咨询、人力资源等商务中介服务体系功能不断完善。五是加快发展节能、环保、降碳等绿色低碳服务业，鼓励企业积极开展碳资产管理、碳排放核算核查、产品碳足迹认证、绿电绿证交易等新兴服务领域。六是加快探索低空应用服务，鼓励率先在治安防控、城市消防、巡检巡查、交通物流等公共领域拓展和开放低空应用场景。

2.增加高品质生活性服务业供给

一是广泛利用新媒体加大"海上花园 乐动厦门"文旅IP宣传推广，策划推出一批非遗体验游、玩海度假游、"演艺时尚+"旅游、低空游等产品，打造全时全季全域度假旅游城市。二是办好2025年厦门国际时尚周、金鸡百花电影节等系列活动，完善明星演唱会及品牌音乐赛事演出举办服务，促进"时尚+演出+演唱+文旅"发挥乘数效应，实现联动发展。三是发展闽南特色餐饮服务，加快培育壮大宴遇、味友等一批闽南特色餐饮服务业经营主体，支持本地闽菜企业参与"中国餐饮100强""中华老字号"等评选活动，推动更多厦门闽菜企业入选"米其林""黑珍珠""金梧桐"等权威美食品牌榜单。四是发展健康与养老服务，培育高端医美、基因检测、健康体检、互联网医院、高端护理等高端健康服务，加快完善老年人信息大数据库和"邻安康"长者守护平台，积极探索人工智能、大数据、物联网技术在养老服务中的应用。五是推动家政服务业转型升级，探索发展"养老+家政"模式，鼓励家政服务与社区老年助餐、养老照护床位等融合发展，引导中小家政企业与生活服务平台深化合作，发展"互联网+家政""直播+家政"等新业态。

（二）加快扩大有效投资

1.深入推进产业项目攻坚

一是完善产业投资项目策划生成机制，聚焦"4+4+6"现代化产业体系，持续完善细分领域关键环节的产业图谱，借鉴合肥组建专业化产业研究团队的经验，联合高校、智库、龙头企业开展产业链"卡点"分析，按图索骥建立强链补链策划项目动态清单，生成一批技术含量高、带动性强的产业投资项目。二是优化空间供给，推行工业用地增存并举，加快建设时尚消费品产业园等特色产业园，加大力度推动低效用地"腾笼换凤"，借鉴苏州"产业用地更新"政策，推动"标准地+定制厂房"供应模式，优先保障重点产业项目用地需求。三是加快建设智慧化"产业大脑"系统平台，强化数字赋能，整合发改、商务等多部门数据，实时监测产业链动态、技术趋势与投资热点，生成可视化招商热力图，辅助开展精准产业项目策划与招商。四是持续优化全生命周期管理机制，构建"线索—对接—签约—投产"全链条项目跟踪机制，优化项目全流程服务，对重点产业项目实施"一个项目、一位领导挂帅、一套方案"的保姆式服务，对重大产业项目推行"早餐会"等提级协调机制，推动企业诉求"直通车"式解决。

2.鼓励扩大工业投资

一是鼓励支持工业企业技术改造投资，瞄准产业规模扩容和技术迭代，激励龙头企业等实施重大技术改造项目、增资扩产项目，支持工业企业采用先进、成熟、适用的技术设备淘汰老旧设备，加大技术改造投入。坚持"小技改不停步"，引导中小型工业企业常态化开展技术改造，实现以投资拉动产能提升和促进产业链升级的目标。二是大力支持企业智能化改造，鼓励企业积极部署工业机器人、智能传感与控制等智能制造装备，支持企业加大对大数据、物联网、人工智能等新一代信息技术的应用力度，对产品设计、技术开发、生产工序、加工制造、仓储配送、售后服务等生产经营管理活动进行全流程数字化、网络化、智能化改造升级。深化工业互联网创新应用，打造一批工业互联网标杆示范项目和5G工厂。三是积极推动工业企业全方位绿色化转型，对重点用能单位实施节能降碳绿色化改造项目给予一定奖励或资金补助。四是完善中小企业数字化转型公共服务平台功能，夯实咨询诊断、人才培训、资源数据共享、工业设计赋能等方面基础支撑，赋能更多中小企业数字化转型。

3.大力支持民间投资

一是持续拓宽民间投资行业领域，严格按照国家最新版市场准入负面清单，清单之外的行业、领域、业务等，各类市场主体皆可依法平等进入。对照落实交通、水利、清洁能源、新型基础设施、先进制造业、现代设施农业等领域中鼓励民间资本参与的细分行业目录，完善支持政策，引导民间投资落地生根。二是支持民间投资参与重大基础设施建设，支持民营企业参与铁路、高速公路、港口码头及相关站场、城市基础设施、公共服务设施项目，加大交通基础设施建设市场开放力度，除国家明确的条件要求外不提高门槛。支持民营企业公平参与能源项目开发建设。三是支持民间投资参与科技创新项目建设，鼓励民间资本积极参与市级以上产业创新中心、技术创新中心、工程研究中心、企业技术中心等创新平台建设，鼓励民营企业通过混改方式参与新型研发机构建设，鼓励民营企业牵头组建创新联合体承担重大科技战略任务和科技示范工程。四是引导民间资本发展种苗繁育、投资高标准农田建设及参与建后管护、发展优势特色农业和乡村富民产业等乡村振兴建设。五是支持民间投资参与基础设施领域不动产投资信托基金（REITs）试点、盘活国有存量资产、参与城市老旧小区更新改造等项目，并给予相应价格、土地、金融等支持。

4.维持房地产投资稳定增长

一是优化土地供给与开发模式，实施"一地一策"差异化供地策略，推出轨道TOD、城中村改造等片区优质地块，吸引优质房企参与。完善教育、道路等配套资源，积极推进盘活存量闲置用地，通过返还购地款差额、返还土地增值税等降低房企拿地成本。二是强化房企资金支持与政策创新，扩大"白名单"项目覆盖范围，加大贷款投放力度，优化预售资金监管比例，允许房票作为融资工具抵扣土地出让金。支持房企开发高品质住房，推广第四代住宅产品，放宽面积等限制，激发创新投资。三是刺激市场需求与稳定市场预期，实施购房契税补贴、多孩家庭购房定向补贴等政策，优化房票制度，提升兑付效率。规范自媒体舆论，成立房企保价联盟，稳定房价信心，营造健康的房地产市场环境。

（三）全力提振消费增长

1.切实提高居民消费能力

一是持续优化教育、医疗、住房、养老等基本公共服务供给质量，加快完善农村低收入群体帮扶机制，切实有效减轻居民生活负担。二是落实落细就业优先政策，为吸纳高校毕业生就业达到一定数量的中小企业提供一定额度的小额担保贷款及部分财政贴息，实施乡村振兴志愿者计划，下大力气促进青年就业。三是加快发展都市现代农业，加大保障农民创业用地需求，大力促进农民增收。

2. 提振高品质的传统消费

一是大力举办鹭岛美食节、啤酒节、"嗨吃厦门"、美食嘉年华等主体餐饮消费促进活动，发布"寻味厦门"鹭岛美食榜单，促进餐饮消费。二是充分发挥国家区域医疗中心建设优势，发展在线问诊、远程医疗等新业态，吸引闽西南及武汉、重庆等中部地区居民前往厦门开展高品质医疗服务消费。加大国内外知名医疗美容、康复治疗等领域招商力度，建设"旅居+康养""山海+康养"等康养消费场景，打造厦门国际康养旅游消费目的地。

3. 挖掘新型消费潜力

一是发展绿色消费，开展绿色智能家电以旧换新等促进绿色消费活动；利用山海步道、筼筜湖慢行步道、五缘湾湿地公园、园博苑等生态设施，植入水岸市集、书店、运动场、美术馆、亲子项目等消费业态，打造露营、餐饮、户外亲子乐园等层次丰富、类别多样化、舒适休闲的户外消费载体。二是发展银发消费，引导社会力量兴办专业化、连锁化、品牌化高品质养老服务机构，积极培育旅居养老、文化养老、健康养老、智慧养老等新型消费业态。三是发展数字消费，顺应"Z世代"消费潮流，大力发展"网上菜场""网上超市""网上市场"等即时消费，加快发展一批智慧商圈（街区）、智慧商店、智慧社区。

4. 打造多元化的消费场景

一是打造科技沉浸型消费场景，依托厦门电子信息及特色产业优势，建设一批以智能运动器械、智慧厨房、智能健康卫浴、智能穿戴设备等为主题的体验馆，将厦门打造成为自动驾驶、人形机器人等未来产业智能产品消费体验地。二是打造多元融合型消费场景，挖掘"国潮"、"二次元"、电竞、元宇宙等"Z世代"兴趣点，推动传统商圈向文化时尚创意中心、产品和服务设计中心升级，形成一批集图书连锁超市、文化艺术展示、创意文化展示销售等多功能于一体的复合型零售业态和文化综合体。三是打造夜间全时型消费场景，依托中山路步行街、曾厝垵文创街区、集美新城核心区3个国家级夜间文化和旅游消费集聚区，推动再创建一批标杆性的厦门夜间消费地标和多个夜间消费集聚区。提升鹭江夜游、环鼓夜游等服务品质，编制发布《2025鹭岛夜市消费指南》，丰富和完善夜间"娱、游、食、景、购、秀"等多功能体系。

（四）促进外贸稳定增长

1. 全力支持外贸企业开拓国际市场

一是深入实施"厦企出海"三年行动，加大对东南亚、非洲等新兴市场，以及"一带一路"共建国家、RCEP成员国的高技术产品外贸项目支持力度，充分挖掘新兴市场外贸出口增长潜力。二是强化机电、纺织服装等传统出口优势产业竞争力，用好外贸转型升级基地引领优势，促进外贸产品在技术革新、标准化构建、品质管控、品牌塑造、营销网络优化及服务体系建设等方面进行全链条创新升级，全方位提升产品技术内涵与附加值，带动外贸企业向价值链高端跃升。三是鼓励外贸企业利用大数据平台进行目标市场需求新态势跟踪，以及数字化营销管理、专业买家精准投放等参展实操培训，提高外贸企业抢抓订单的能力。

2. 做大做强一批贸易主体

一是推动出口型企业实现规模与实力双提升，支持制造型出口企业围绕技术创新、产品研发、关键零部件与成套设备等领域构建价值链，鼓励企业加强与境外产业链上下游企业合作，强化供需保障与互利共赢模式。二是遴选并重点支持一批进口规模大、国际资源丰富、行业影响力强的进口型龙头企业，给予政策倾斜和资金扶持，鼓励其进一步拓展国际市场，提升进口业务规模和效益。对企业进口国内急需的能源、原材料等重要资源性产品给予一定的补贴或奖励，强化对国内产业链供应链的资源稳定保障。三是支持建发、国贸、嘉晟等流通型企业积极拓展进口业务，通过搭建进口商品交易平台、优化供应链管理等方式，提升进口商品的市场竞争力和占有率。大力鼓励贸易供应链龙头企业通过资源整合、重组兼并及强强联合等战略手段，全面提升综合竞争力。四是瞄准对外贸易500强企业及民营外贸龙头企业，大力引进一批与厦门优势产业高度关联、科技含量高、具备强大带动与辐射能力的贸易综合型企业，提供落户奖励、租金补贴等政策支持，吸引其来厦设立区域总部或分支机构。

3.积极发展贸易新领域新业态

一是加快推动数字贸易和贸易数字化，全面对标《数字经济伙伴关系协定》（DEPA）等国际高标准经贸规则，聚焦国家数字服务出口基地产业特色，积极向上争取国家和省级支持，争取数字贸易领域扩大开放试点，在数据开放、数字身份、数字包容性、网络安全等领域培育数据跨境服务新业态。充分发挥金牌厨柜、"国贸云链"、"屿链通"等贸易数字化转型典型案例的示范引领作用，持续发掘一批贸易数字化转型典型案例，支持企业通过虚拟现实打造云工厂、云展示、云直播、云洽谈，加快贸易全链条数字化赋能，开展一批市级数字服务出口基地认定，支持企业创建省级、国家级数字服务出口基地，大力推动新的贸易数字化转型模式探索实践，重塑厦门贸易竞争新优势。二是推动绿色贸易加快发展，加大绿色电力资源分配力度，优先保障本地重点外贸企业的绿电需求。鼓励厦门企业进口国内急需的节能降碳技术、环境保护设备及生态治理服务，以及有助于提升本地产业绿色转型的技术和服务等。支持扩大绿色节能技术及服务出口，鼓励企业向国际市场推广先进绿色节能技术及服务，进一步提升厦门在外贸领域的绿色竞争力。三是积极培育新型离岸贸易，鼓励进一步拓展软件许可、云计算服务、数字内容等新型离岸贸易商品种类，支持扩大海上石油交易等新品类业务量，允许更多符合条件的民营和外资企业参与新型离岸贸易。积极向上争取对新型离岸贸易实行优惠税制，积极探索"离岸+供应链""离岸+法务""离岸+服务贸易"等业务模式创新。

参考文献

[1]国务院办公厅.国务院办公厅关于以高水平开放推动服务贸易高质量发展的意见[EB/OL].（2024-09-02）[2025-01-13].https://www.gov.cn/zhengce/zhengceku/202409/content_6971880.htm.

[2]山东省人民政府办公厅.山东省人民政府办公厅印发关于推动外贸外资稳规模优结构高质量发展的若干措施的通知[EB/OL].（2023-07-27）[2025-01-13].http://www.chengyang.gov.cn/zfxxgk/bmfdgknr/zscjzx/fdzdgknr/gwfg/202312/t20231207_7703328.shtml.

[3]福建省商务厅.厦门：产业基金平台和离岸贸易服务平台的亮点[EB/OL].（2024-04-23）[2025-01-13].https://swt.fujian.gov.cn/xxgk/jgzn/jgcs/zmsyq/zmzhc_tpxw/202404/t20240423_6438353.htm.

[4]东莞市人民政府办公室.东莞市人民政府办公室关于印发《关于壮大战略性新兴产业集群和培育未来产业加快发展新质生产力的实施方案》的通知[EB/OL].（2024-09-20）[2025-01-13].http://www.dg.gov.cn/zwgk/zfgb/szfbgswj/content/post_4305895.html

[5]重庆市人民政府办公厅.重庆市人民政府办公厅关于印发《重庆市未来产业培育行动计划（2024—2027

年)》的通知[EB/OL].（2024-09-30）[2025-01-13].http://www.cq.gov.cn/zwgk/zfxxgkml/zdlyxxgk/ghjh/zxjh/202409/t20240930_13680911.html.

[6]厦门市人民政府新闻办公室,厦门海关.2024年厦门市外贸进出口情况[EB/OL].（2025-01-17）[2025-03-04].https://www.xm.gov.cn/jdhy/xwfbh/2024xmswmjckqk/.

课 题 指 导：彭朝明　黄光增
课 题 组 长：李　婷
课题组成员：姚厚忠　曾　峰
　　　　　　龚小玮　牛永青
课 题 执 笔：李　婷

第三章

思明区 2024 年发展述评与 2025 年展望

一、2024 年发展述评

（一）发展综述

1. 经济运行量质齐升

思明区深入实施"深学争优、敢为争先、实干争效"专项行动，服务企业、扩大投资、做强产业、激发消费，推动经济稳增长、提质量。2024年全年地区生产总值达到2913.7亿元，增长5.5%；固定资产投资419亿元，增长3.7%；财政总收入达到417.3亿元，增长1.8%；社会消费品零售总额达到1126.72亿元，增长4.3%。详情参见图3-1至图3-3。发放消费补贴6145万元，带动汽车、家电、家装等大宗商品消费超4亿元。

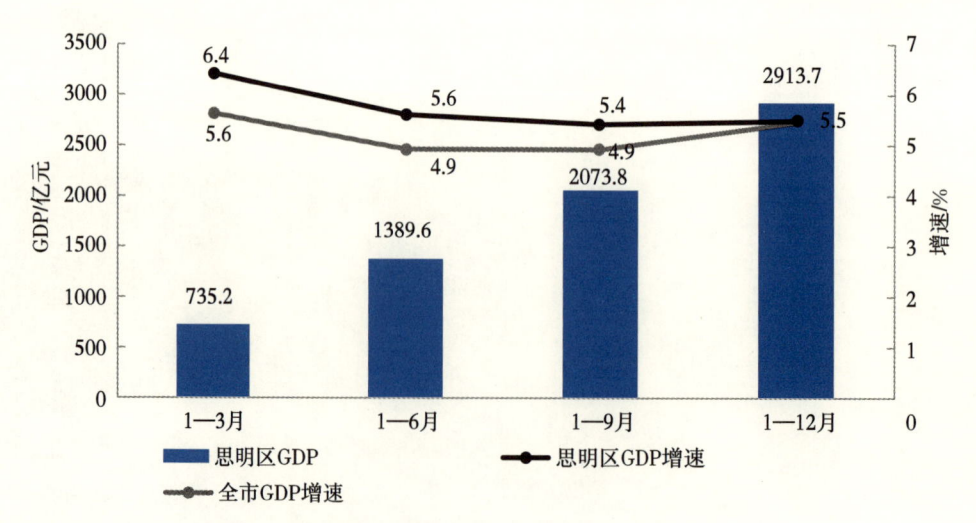

图 3-1 2024 年思明区 GDP 及增速与全市增速比较

数据来源：思明区统计局、厦门市统计局。

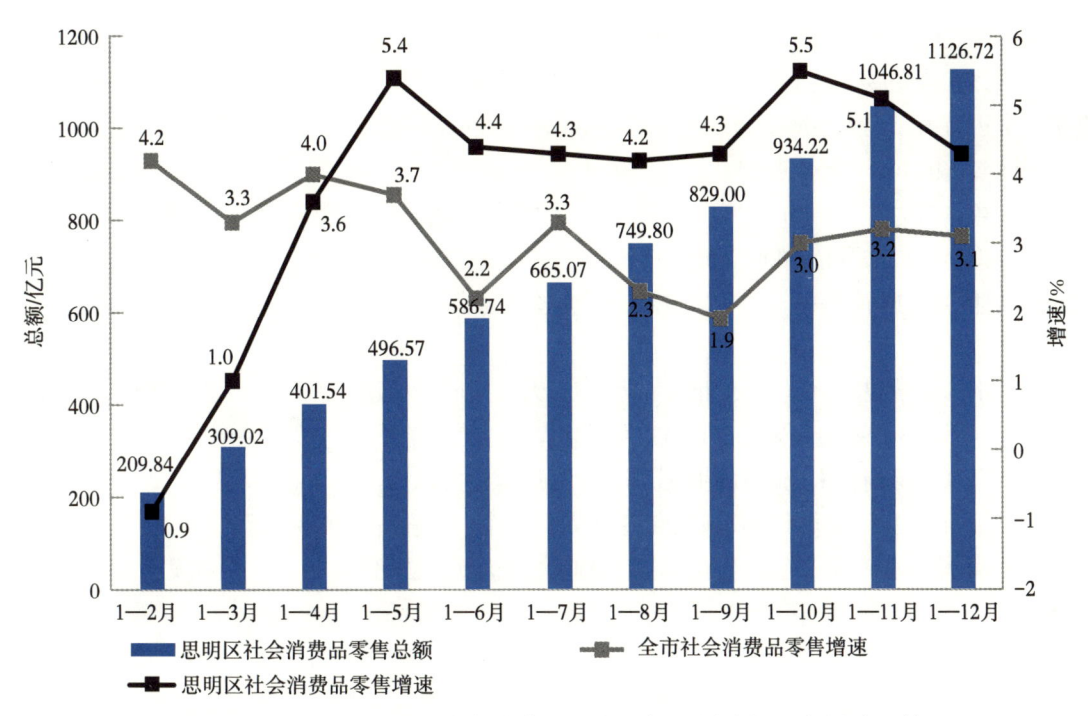

图 3-2　2024 年思明区社会消费品零售总额及增速与全市增速比较

数据来源：思明区统计局、厦门市统计局。

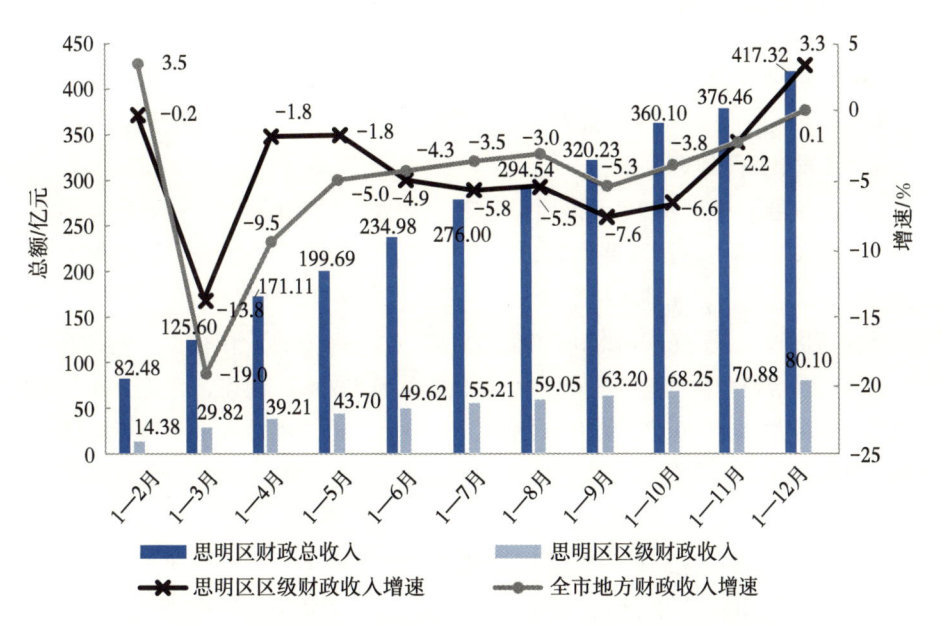

图 3-3　2024 年思明区财政收入及增速与全市增速比较

数据来源：思明区统计局、厦门市统计局。

2.现代化产业体系加快构建

一是产业体系提质升级。软件信息业规模以上企业营收连续两年保持两位数以上增长。美图、四三九九、吉比特、众联世纪入选中国互联网企业百强，国投智能入围中国网络安全企业二十强，优迅芯片获评国家级制造业"单项冠军"。商贸业连续4年保持万亿规模，安踏、特步、朴朴等企业实现两位数以上增长。文旅体融合发展，在全国市辖区旅游综合实力百强榜单中位列第三。举办国际沙滩排球赛等大型体育赛事，引进万人以上大型演唱会，前3季度接待游客4903.9万人次，旅游消费731.2亿元，拉动规模以上文旅指标增长超10个百分点。

二是助企惠企有力有效。"千企万户大走访"，助力解决小微企业融资难问题。扩大"免申即享"覆盖面，惠及356家企业，涉及超5000万元扶持资金。率先全省实现营业执照"自助办、就近办、多点办"。"政务智能办赋能'数据最多采一次'""创新知识产权全链条保护协同机制"两个案例入选全市"十佳"营商环境创新举措。

三是招商引资成效显著。坚持大招商、招大商、大员招商，构建"1+N+10"招商模式，全链条保障项目落地见效。形成6个基金集聚区，1—11月新增落地金融招商项目75个，注册资本497亿元。与火炬高新区、自贸区联动招商，引进威宁特医药等21个项目。"九八投洽会"签约项目98个，总投资规模超400亿元。金鸡百花电影节文化影视产业招商签约项目49个，总投资达91.8亿元。

四是创新潜能加速释放。连续4年入选"赛迪全国创新百强区"，每万人有效发明专利拥有量增长12.6%。新培育5家国家级专精特新"小巨人"企业、44家专精特新中小企业、86家创新型中小企业。人工智能头部创新赋能载体汇聚思明，引入百度、华为、北京大数据研究院等，建成320P的智算中心，1000P智算中心建设加快。企业创新活力不断增强，已发布4个大模型和31个算法，并有13个典型应用场景获评国家级或省级典型应用案例并予以推广。

3.城区环境品质持续提升

一是重大片区开发加速推进。前埔片区改造项目进入实质性阶段。何厝岭兜、泥窟石村安商房基本竣工，湖滨片区迎来返迁。启动厦港片区轨道3号线沙坡尾段征收工作。厦门国际商务核心区创新分层出让模式，推动地上统筹开发、地下互联互通。

二是基础设施加快完善。推进479个老旧小区改造，惠及居民7.1万户。打通前埔西路，打造松柏路等9条示范道路，推进湖滨等片区配套路网建设。完成狐尾山公园等5处公园适儿化改造，建成傅厝巷等2个精品口袋公园。盘活闲置边角地块和小区公共空间，增加停车位621个。

三是生态环境保持优良。厦门东南部海域"美丽海湾"优秀案例在全国推广。持续开展"守护蓝天百日攻坚"行动，空气质量优良率位居全市前列。大力推进污水"两高"建设，完成248个建筑小区、44条道路排水管网改造，新建垃圾屋40座。强化入海排放口整治，近岸海域3个国控点均达到一二类水质标准。利用街旁绿地再打造4个口袋公园。开展绿色低碳体系建设，鼓浪屿近零碳创建项目入选全国绿色低碳典型案例。

四是城中村现代化治理再提速。积极整治提升城中村人居环境，拆除违建1.4万平方米，腾出空间3.4万平方米，推动20个基础设施项目建设，总投资2.5亿元。前埔片区城中村改造项目正式启动，黄厝城中村改造成为全市首个实现"入户全覆盖+智能"消防技改的城中村。

4.民生社会事业再上新台阶

一是优质教育均衡发展。大力推进国家级信息化试验区等5项省部级教育改革试点任务，新改扩建8个学校项目，增加学位2570个，"一校一策"推进118所校园校舍改造提升。创新"区属市办"模式，开办厦门一中图强校区。打造3个研究型教育共同体，创建科学教育实验校等特色学校47所，推进优质学校集群发展。

二是医疗水平稳步提升。切实加大公共卫生投入，优化完善15分钟健康服务圈，全省首个无人机"空中速递"医疗模式落地鼓浪屿，建成投用厦港街道社区卫生服务中心。2024年公民健康素养水平达到40.46%，高于全国全省平均水平。阳台山社区的零工驿站与第三方医疗健康企业合作，针对部分群众就医陪诊、短期护工等需求，招收具有相关技能的零工求职人员，提供免费的岗前培训。

三是文体事业融合发展。创新打造全省首个"风潮共海生"新时代文明实践带，即"鹭江潮涌·国潮风起""百年风云·红色力量""循迹世遗·鼓浪屿""向海而生·玉沙坡""老城印记·烟火气""文明新风·最美蝶变"六大文明实践新场景。建成全市首个道德模范馆，承办闽南文化非遗周，改造提升城记侨批馆等。全民健身场地设施加快建设，打造金榜山体育公园，改造群众身边运动场地22处，形成"15分钟健身圈"。思明区全民健身中心及老年服务综合体项目开工建设。

四是社会保障不断健全。设立全省首个区级新就业形态劳动者权益保障服务中心。打造零工驿站，促进"家门口就业"。实现新增就业3.5万人、城镇失业人员再就业9964人，兑现就业补贴2413万元；向3077名新引进人才兑现生活补贴7456万元，发放"5年5折"租房补贴1.14亿元，惠及2.9万人次；发放社会救助惠民资金，惠及13.7万人次。建成塔埔社区养老服务照料中心及4家社区食堂，全区83个老年助餐点服务人数达116万人次；完成403户居家适老化改造，新增家庭养老床位354张；新增爱邻护幼托育点17个，街道未成年人保护工作站实现全覆盖，希望社区等5个社区入选厦门市首批儿童友好示范社区。思明区老年大学顺利通过全国老年大学标准示范校验收。

5.改革开放释放新活力

一是体制机制改革不断创新。深化数实融合改革，利用人工智能技术推进企业"智改数转"，打造笔杆子智慧教育等133个产品及应用。深化投融资体制改革，获特别国债10.4亿元、中央预算内投资补助1.68亿元、全国首批城中村改造专项借款授信额度167亿元。创建"同心·向前"政企银对接长效机制，为800余家企业提供融资支持超20亿元。首个低效工业用地再开发试点项目——软件园二期拓展区的国贸思明科创园开园，入选"2024全国城市微更新特色产业园项目优秀案例"。

二是营商环境持续优化。打造"街道—部门—区"领导三层协同服务体系，坚持重大招商项目落地推进工作机制，精准、高效、细致地为企业提供立体式优质服务。全面挖掘梳理可利用招商空间资源、产业扶持政策，为企业提供信息最全、跨市区两级的《厦门市思明区投资指南》。

三是开放合作深入发展。建设海丝司法大数据联合创新实验室，引领法务科技产业向新发展。积极融入两岸融合发展示范区建设，落实台青就业创业扶持资金900余万元，全力服务保障厦金大桥（厦门段）项目。厦金首次同办海峡两岸（厦门）风筝节以及首届"两岸有戏"青少年戏迷交流体验营，举办纪念郑成功诞辰400周年系列活动等70余场民间交流活动。深化对口协作，签订思明武平新时代山海协作协议书，闽宁电商帮扶入选全球最佳减贫案例。

四是基层治理更加完善高效。社会治理更加智慧高效。"一网统管"平台上线文明创建"四办协同"模块，"采派处督"机制提速增效。事件智能派发率近50%，处置率提升至99%以上。"智慧思明"获评市社会治理暨平安建设智能化"创新应用优秀项目"。探索运行"街道搭台、企业登台、村企同台"的大物业管理模式，形成工作联动、资源联享、难题联解的治理格局。群众安全感率保持全市前列。

（二）主要问题

1.新旧动能转换有待加快

传统动能遭受冲击，新兴动能尚未充分释放，数字经济、智能经济、人工智能等新动能有待培育。全区研发经费投入强度不高，关键核心技术研究机构不够多，人工智能等前沿科技高端人才研究力量不够，产学研结合不够紧密，技术创新能力有待提升。

2.城区功能有待强化

人口规模逼近城区空间承载上限，人口老龄化开始显现。旧城旧村改造和未利用地等低效空间仍然存在，土地资源二次开发利用的整体效率和质量有较大提升空间。城区治理智能化、绿色化转型推进还不够深入，交通拥堵等现象依然存在。

3.公共服务不够均衡优质

学前教育办园质量有待进一步提升，基础教育学位还存在缺口。基层医疗水平有待提升，疾病预防控制、监测预警等方面还存在短板。养老设施、托育设施、健身设施还有缺口，基层公共服务能力有待提升。文化资源充分利用不够，高品位文化城区建设有待加快。

二、2025年发展展望

（一）有利因素

一是新质生产力新要求。发展新质生产力是推动高质量发展的内在要求和重要着力点，只有掌握新质生产力发展的主动权，才能掌握高质量发展的主动权。新质生产力新要求有利于思明区激活科技创新核心要素，为构建现代化产业体系提供创新动能，同时也有利于思明区加快培育战略性新兴产业和未来产业。

二是城市更新新要求。将城市更新作为推动经济社会发展的重要手段，完善城市空间和功能，以产促城、以城兴产，提升城市机能活力，以城市更新促进共同富裕。城市更新新要求有利于思明区加快老城区和城中村改造提升步伐，也有利于思明区更好地实现历史文化保护传承与城市更新协调发展。

三是海洋经济发展新要求。厦门全力推进全国海洋经济示范区建设，加快构建现代海洋产业体系，着力提高全要素生产率，高质量发展海洋经济，建设海洋强市。海洋经济发展新要求有利于思明区高质量推进海洋经济发展。

（二）不利因素

一是经济增长后劲不足。经济运行稳中有变、进中有缓、好中有忧，产业体系依然存在短板弱项，创新活力有待进一步增强，新增长点的培育力度亟须加强，保持经济平稳健康发展需要付出更艰辛的努力。以传统服务业为主导的产业结构业态单一，缺乏增长后劲，难以支撑经济保持高速增长。

二是消费潜力有待进一步释放。餐饮、住宿等生活性服务业的品质有待进一步提高，商圈布局仍然存在薄弱点，整体有效需求不足以及居民消费能力有待提升等问题依然存在，保持消费市场增长势头，仍需进一步采取针对性措施。

三是重大项目支撑不足。房地产投资项目下滑加剧，产业投资项目支撑乏力，民间投资项目增长不快，重大项目谋划能力不足，大项目、好项目不多，重大项目储备不足。

三、2025年对策建议

根据思明区政府工作报告，2025年思明区经济社会发展的主要预期目标：地区生产总值增长5.5%左右，财政总收入增长3%，固定资产投资达到300亿元。综合国内外宏观经济形势和上述影响因素，要完成上述目标，思明区需以更加积极主动的姿态稳增长提质效，持续推动经济实现质的有效提升和量的合理增长，加快建设独具韵味的国际化现代化共同富裕典范城区。

（一）聚力产业强区，打造创新思明

坚持产业为基，巩固存量，扩展增量，积极培育优质产业，谋深谋实产业赛道，促进产业链、创新链、资金链、人才链有机融合，加快形成新质生产力，让创新之花更好地结出产业之果。

1.打造总部经济高地

聚焦全球经济、产业和前沿技术动态，加强总部项目策划，建立总部企业招商清单，实施项目首报首谈制和信息共享制。鼓励楼宇运营主体加大总部企业招引力度，提供优质配套服务，打造一批集聚效应明显、效益贡献突出的总部楼宇。对总部企业的重大建设项目实行容缺受理、弹性流程、特事特办、急事先办，确保项目早落地、早建设、早投产。支持总部企业参与各类政府引导基金和产业基金合作。鼓励总部企业与境内外知名股权投资基金管理公司合作，发起设立符合产业规划方向的行业性投资基金。鼓励金融机构创新总部经济金融产品，支持总部成员企业融资需求。

2.打造动漫游戏产业高地

积极鼓励优质原创动漫游戏作品，包括漫画、电视动画、网络动漫、网络游戏、手游等原创项目。鼓励动漫游戏企业与演艺、旅游、教育、艺术品、金融等融合，开发动漫演艺、动漫主题旅游、动漫教育等产品和服务。支持动漫游戏企业开拓海外市场，尤其是"一带一路"共建国家和周边国家市场。鼓励优秀企业扩大对外贸易，通过境外投资并购、联合经营、设立分支机构等方式开拓海外市场。鼓励本区动漫游戏企业开发适合海外目标市场的动漫游戏产品。

3.打造人工智能产业高地

绘制细化人工智能产业链图谱，采用定向招商、场景招商等方式，引进国内外人工智能领域领军企业、知名企业等来思明区设立区域总部、研发总部、功能型总部和子公司。支持龙头企业、专精特新"小巨人"企业拓展人工智能应用市场，引导中小企业深耕人工智能细分赛道，不断扩大特色优势领域竞争力。鼓励人工智能企业在政务、交通、安防、环境保护等重点领域先行先试，提供更多智能化产品和解决方案。加快人工智能在旅游、文创、游戏、体育、医疗、教育等面向C端消费市场上的多元场景应用，推动商业模式和消费形态革新，满足个性化服务定制，提升消费体验和服务效率，催生新的消费业态和增长点。

4. 打造海洋经济高地

全面完善沿海岸线的功能定位，在岸线及相邻陆域配套上优先满足滨海旅游业和海洋新兴产业的需求。围绕海洋产业链锻造，重点抓好产业链招商、产业监测评估、产业信息共享、产业联盟建设等推进措施。绘制海洋产业链招商图谱、产业招商目标企业目录，聚焦龙头企业和产业链薄弱缺失环节、价值链高端环节的核心企业、关键项目，精准开展招商合作。全面整合思明区丰富的滨海旅游资源和文化资源，串联山、海、湖、城特色风光，融合思明区红色文化、闽南文化、海洋文化、华侨文化，围绕滨海旅游主题，以海洋生态为依托，以休闲度假、滨海运动、健康养生和文化体验旅游为重点，开发设计精品旅游线路。重点培育和引进一批高层次、高技能海洋人才，打造一支符合新质生产力发展要求的海洋人才队伍。深入推进近岸海域综合治理，持续改善海域环境质量，坚决守好入海生态门户。

5. 提升科技创新策源能力

支持以企业为主体建设新型研发机构，引导企业建立技术中心、技术研究中心，不断提升企业创新实力和核心竞争力。聚焦支柱产业和战略性新兴产业领域，争创软件信息、网络通信、人工智能等国家技术创新中心。鼓励区内高校院所、企业等创新主体联合参与、发起国际科创项目，与海外科研机构、高校、科技企业建立合作关系。着力打造创新街区。

6. 健全创新创业生态系统

加强关键技术联合攻关、科技人才培养和公共技术服务平台建设等全方位合作。完善创新平台人才建设，建立联合研发中心、技术转移中心等，加快技术创新成果转化为生产力。健全金融支持、科研经费支持、人才培养与引进、科技成果转化、鼓励创新创业等全方位政策体系。开展创新创业教育、科技竞赛、创新文化活动等，激发全社会的创新创业热情，营造浓厚的创新创业文化氛围。提供一站式创业服务，鼓励科技人才创办科技型企业、科技服务机构。发挥区内高校院所力量，加强创新型人才后备力量培养，吸引国际高端科技研究人才，打造"科学家+工程师"团队。聚焦产业创新人才需求，培育科技经纪人，开展精准化产业端科技人才引育培训。

（二）聚力品质提升，打造绿色思明

坚持人民城市人民建，因地制宜开展城区有机更新，全面优化城区肌理和功能风貌，促进城区功能品质提升。

1. 着力提升城区功能品质

优化城市设计，强化城市空间立体、平面、风貌、文脉及生态环境等全方位管控，保护好城市历史风貌。对城区存量空间进行更新开发，以市场化方式植入多元体验业态，打造充满活力的城市空间。引进培育有实力的综合运营商，通过一体运营、设施更新、功能导入、盘活存量资产等方式，对城市片区进行高能级运营管理和综合更新改造。在包容性中彰显城市温度，从打通堵点断头路入手，改善市民出行条件，推进城市品质提档。推动城区经济密度、建筑密度、人口密度不断优化提高，使城区的经济属性、功能属性和生态属性等不断增强。统筹推进城区内涝治理，加强易涝点排查整治，打造新型"海绵城市"，全力推进韧性安全城区建设。

2.着力推进城市更新

稳步开展城中村改造提升,衔接房票制度推进前埔片区征拆。力促开元创新社区B08、数智产业园等成熟地块出让。优化滨北超级总部城市设计方案,稳步推进同文顶、厦港、将军祠片区的各项工作,完成何厝岭兜、泥窟石村等片区返迁,打造湖滨片区幸福新家园。

3.着力提升城区精细化管理水平

紧扣群众需求,完善重点片区配套路网、公共停车场建设。优化垃圾分类投放点布局,完善农贸市场、背街小巷等标准化管理模式。深化近邻党建引领基层治理,全面推进社区标准化建设,持续夯实"智慧思明"数字底座,打造高水平智慧赋能城市治理示范平台,优化"智慧近邻·思民入户"模块。探索构建"大物业管理+多元共商共治"治理模式,提升城中村现代化治理精细化、智慧化水平。

4.着力提升生态环境质量

将鼓浪屿建成"电气岛、无废岛、生态岛、智慧岛",打造为绿色低碳建设新样板。加快筼筜湖南、北岸片区正本清源改造,持续推进辖区入海排放口整治、推动海漂垃圾日产日清及污染防治。加快推进污水"两高"建设,强化入海排放口巡查,构建全方位、多层次低碳试点体系,拓展低碳社区、零碳景区创建。大力推进串联山、海、河、湖的鼓浪屿、筼筜湖、万石植物园、南部滨海旅游区的生态绿色丝带建设。推进海岸线、海域、海岛、海岸带一体化保护和修复,加快生物多样性恢复,不断提升海洋生态系统质量和稳定性。

(三)聚力融合发展,打造开放思明

依托强大的国内市场,着力扩大内需,促进内外需协调发展,最大限度地激发市场主体活力和内生发展动力。

1.积极扩大有效投资

树立"大抓项目、抓好项目"工作导向,围绕重点领域、重点环节,统筹要素资源,全力保障重大项目建设提量、提质、提速、提效。坚持市场化融资为主,采用权益性融资、TOD、EOD(生态环境导向的开发)等模式加快推动项目落地,积极推动基础设施领域不动产投资信托基金(REITs)试点、资产支持票据等,加快成立公募基金管理公司,更大力度集聚头部基金、专业基金、天使基金。支持政策性银行、开发性金融机构以及商业银行设立新基建优惠利率信贷专项,鼓励社会资本加大新基建投入力度。推动交通、物流、能源、市政等领域智慧化改造,推动城市道路、公用设施、地下管网等物联网应用和智能化改造。打好"财政政策+金融工具"组合拳,全力支持企业增资扩产,推动扩大有效投资,加快构建现代化产业体系,促进经济高质量发展。

2.持续激发消费潜力

大力发展区域首店、行业首牌、品牌首秀、新品首发"四首"经济,支持国际知名商业品牌、知名零售品牌和连锁便利店品牌在思明区设立品牌首店、旗舰店、体验店和概念店。大力提振汽车、家居等大宗消费,支持和引导各种形式的汽车促销和商品促销等活动。围绕生态康养旅游、闽南文化旅游等主题,推出特色自驾游精品线路和产品。支持旅游企业与酒店民宿、餐饮名店、购物中心等消费场所聚合营销。鼓励举办美食文化节、美食展销会、烹饪技能大赛等促销活动。推广直播带货、短视频营销等电商新模式新业态应用，抓住重大节庆、新品发布等时机，广泛开展各类线上促消费直播活动，打造多元化线上消费场景。聚焦年轻消费群体个性化、定制化的潮流消费观，策划举办潮流嘉年华、数字生活节、咖啡文化周、动漫节等一批时尚消费活动。丰富夜购、夜宴、夜娱、夜游、夜演、夜健等消费业态，举办系列夜间主题促消费活动，更好地满足百姓个性化、多层次、品质化的夜间消费需求，激活城市夜经济。

3. 打造对外开放高地

积极引进国内外大型企业在思明区设立外贸公司，实施"一企一策"支持重点领域外贸龙头企业稳定发展、做大做强。鼓励企业主导或参与数字化、智能化高水平海外仓建设。建设电商产业聚集区，吸引跨境电商上下游企业，培育跨境电商品牌。突出扩增量、稳存量、提质量，鼓励和引导外资更多投向高新技术产业、现代服务业等领域，吸引日韩等软件和信息技术企业在思明区设立区域总部和创新基地。支持国际一流企业、高校、科研机构等创新主体来思明区设立研发型实体，鼓励外资研发中心与本土创新主体开展人工智能等重点领域合作，更好地融入本土创新体系。支持符合条件的外商投资企业及其设立的研发中心承担科研攻关项目。加强与国际金融中心城市在科技金融、绿色金融、数字金融等领域合作，支持更多"一带一路"共建国家金融机构加大在思明区布局。扩大重要原材料和优质农产品进口，更好地满足思明区发展和消费需求。大力开拓以RCEP区域、"一带一路"共建国家、中国自贸伙伴为重点的新兴市场，积极拓展中亚、西亚、南亚、非洲、拉美等市场。

4. 打造对台融合示范区

着力加强思明区与台湾在文化旅游业、专业服务业等现代服务业的合作。对台胞子女在思明区中小学和公立幼儿园就读实行"欢迎就读、一视同仁、就近入学"的政策。支持思明区与台湾两地中小学校加强校际交流，开展青少年特色体育项目合作。支持在思明区各类企业特别是台企聘用更多的台湾员工。支持台胞深度参与思明区当地社区建设、基层治理等实践活动。鼓励台胞担任仲裁员、调解员、人民陪审员、人民监督员、检察联络员及司法辅助人员等，参与思明区法治建设。加强两岸仲裁机构交流合作，允许台湾民商事仲裁机构在思明区设立业务机构，开展涉港澳台和涉外仲裁业务。

5. 打造国际一流营商环境

引导思明区金融机构通过设立海外代表处、开设分支机构或直接并购境外金融机构等方式持续优化海外布局，加大对"走出去"企业在境外放款（含银团贷款）、内保外贷等方面的金融服务力度，满足企业在境外的基础金融服务需求。针对企业个性化跨境服务诉求，聚集专业机构、企业、税局三方力量，提供境外税收争议解决的辅导、相互协商、预约定价安排，助力企业解决跨境税收难题。引导企业发展高增值型服务外包业务，支持先进技术服务进口，加快发展平台分包、云外包、众包等服务外包新模式新业态。围绕"食、住、游、购、娱、医"等场景，构建优质、高效的外卡受理、移动支付、现钞支付、账户服务、数字人民币等支付服务体系，为境外来思明区人员打造安全、便捷、高效的消费支付环境。

（四）聚力共同富裕，打造幸福思明

坚持以人民为中心，高标准办好民生实事，把最好的资源留给人民，用优质的供给服务人民，不断满足人民群众对美好生活的需要。

1.打造现代化教育强区

建立教育资源配置与人口增长联动机制，推进公办学位增量扩容。推进市级托育综合实践示范园建设，推进"国家级幼儿园保育教育质量提升实验区"试点工作。推进学前教育优质普惠建设，提升办园质量和声誉，加大等级幼儿园建设力度，完善区、街道、园三级学前教育质量监测体系。深化义务教育办学模式改革，大力推行学校联盟、集团化办学、学区化管理、委托管理等多种形式的办学模式改革，扩大优质教育资源。加强小初衔接共同体建设，确保厦门一中思明分校等项目顺利完工，推动双十中学思明分校扩建等项目如期开工。鼓励社会力量新建优质民办学校，推动民办教育优质特色发展。探索区域内教师编制统筹制度，积极推进名优教师轮岗交流，促进教育资源均衡分布。推动大数据、云计算、5G技术、物联网、人工智能等新一代信息技术在智慧校园建设中的创新应用。

2.打造更高水平"健康思明"

实施品牌学科、优势学科、特色学科、潜力学科计划，促进传染病、精神病、急诊急救、重症医学、心脑血管、妇产科、儿科等医学重点学科的快速发展。促进中西医融合发展，建设中西医结合"旗舰"医院、"旗舰"科室。健全社区卫生服务中心与街道的协同联动机制，提高突发公共卫生事件应急处理和紧急医疗救援能力，推动基层医疗机构在医疗服务范围、诊疗能力、管理水平等方面的持续改进。持续加强基层全科医师队伍建设。力促鼓浪屿医院病房楼综合改造、鹭江街道社区卫生服务中心开工，建成投用观音山、一里社区卫生服务站等医疗基础设施。深化"医疗、医保、医药"联动改革，强化"医院、西医、中医"统筹发展，加快建立维护公益性、调动积极性、保障可持续的运行机制。推进"数字影像"工程，深化检验检查和医学影像互通共享，扩展检验检查报告类型和接入范围，加强数据治理，提升数据质量，提高数据使用效能。

3.打造社会主义文化强区

着力打造音乐广场区域文旅融合核心示范样板，带动环岛路业态整体提升。持续放大"金鸡效应"，延伸拓展影视产业链条。举办百场演唱会、音乐节、体育赛事等活动，激发多元消费新活力。打造区非物质文化遗产展示中心，擦亮鼓浪屿诗歌节、音乐季等特色文化名片，打造一批"小而优"的剧场演出新空间，推进"书香思明"建设。加快建设群众身边全民健身场地设施。探索打造文明实践街区，用好厦门破狱斗争旧址等革命遗址，传承红色基因。统筹保护历史环境和街巷肌理，推动历史文化资源创造性转化和创新性发展。加强文化遗产保护传承，完成第二轮不可移动文物集中保护修缮，以敬畏之心守好城市历史文脉。

4.推进社会保障均衡化

健全基层公共就业服务载体，打造就业创业服务优质社区，建设基层劳动关系公共服务站点。打造中山路退役军人服务驿站，推动实现"物质+服务"综合救助模式。推动街道养老服务综合体建设，完善社区养老服务设施，推进社区老年人日间照料机构全覆盖。支持社会资本投资养老机构，提高对护理型、连锁型民办养老机构的扶持力度，鼓励养老机构探索各类跨界养老商业模式。健全灵活就业人员社保制度。动态调整城乡低保、特困人员、低收入家庭认定等标准，统筹推进扶老、助残、救孤、济困等福利事业，提高优抚安置保障水平。

参考文献

[1]厦门市思明区人民政府.2025年思明区政府工作报告[R/OL].（2025-02-10）[2025-02-20].https://www.siming.gov.cn/zfxxgkzl/qrmzf/zfxxgkml/zfgzbg/202502/t20250210_1088950.htm.

[2]厦门市人民政府.2025年厦门市政府工作报告[R/OL].（2025-01-28）[2025-02-20].https://www.xm.gov.cn/xmyw/202501/t20250128_2915494.htm.

[3]福建省人民政府.2025年福建省政府工作报告[R/OL].（2025-01-23）[2025-02-20].https://www.fujian.gov.cn/xwdt/fjyw/202501/t20250123_6706794.htm.

课题指导：彭朝明　黄光增　彭梅芳
课题组长：刘飞龙
课题组成员：林汝辉　林　静　陈国清
课题执笔：刘飞龙

第四章

湖里区2024年发展述评与2025年展望

一、2024年发展述评

2024年，湖里区加快推进科技创新和产业创新融合发展，加快推动城市更新，着力推进改革开放，持续提升民生保障，发展态势持续向好，发展效益持续提升，发展品质持续优化，获评中国城区经济高质量发展百强区第54位、厦门市唯一同时入选中国创新和工业百强区。

（一）发展综述

1.经济发展稳中向好

全年完成地区生产总值1782.31亿元，同比增长2.6%；规模以上工业增加值同比增长3.4%；实际利用外资2.1亿美元，同比增长235.1%；社会消费品零售总额570亿元，同比增长4.0%；区级一般公共预算收入60.22亿元，同比增长1.3%；城镇居民人均可支配收入74383元，同比增长4.0%。详情参见图4-1至图4-4。

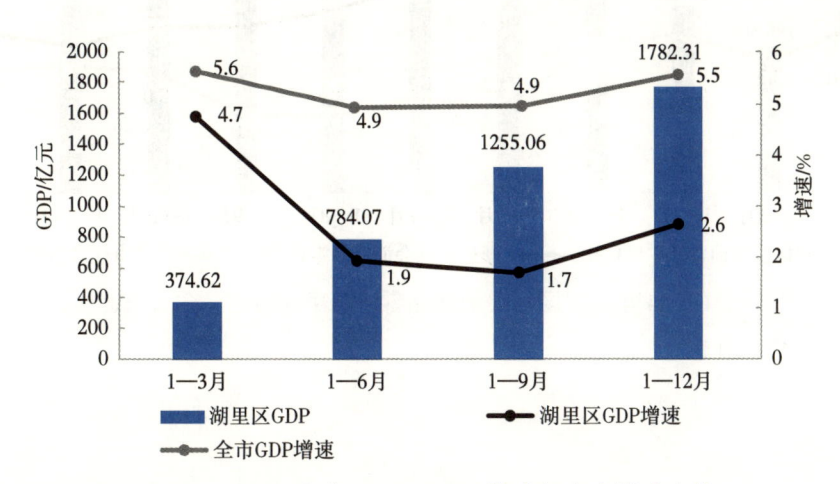

图4-1　2024年湖里区GDP及增速与全市增速比较

数据来源：厦门统计月报。

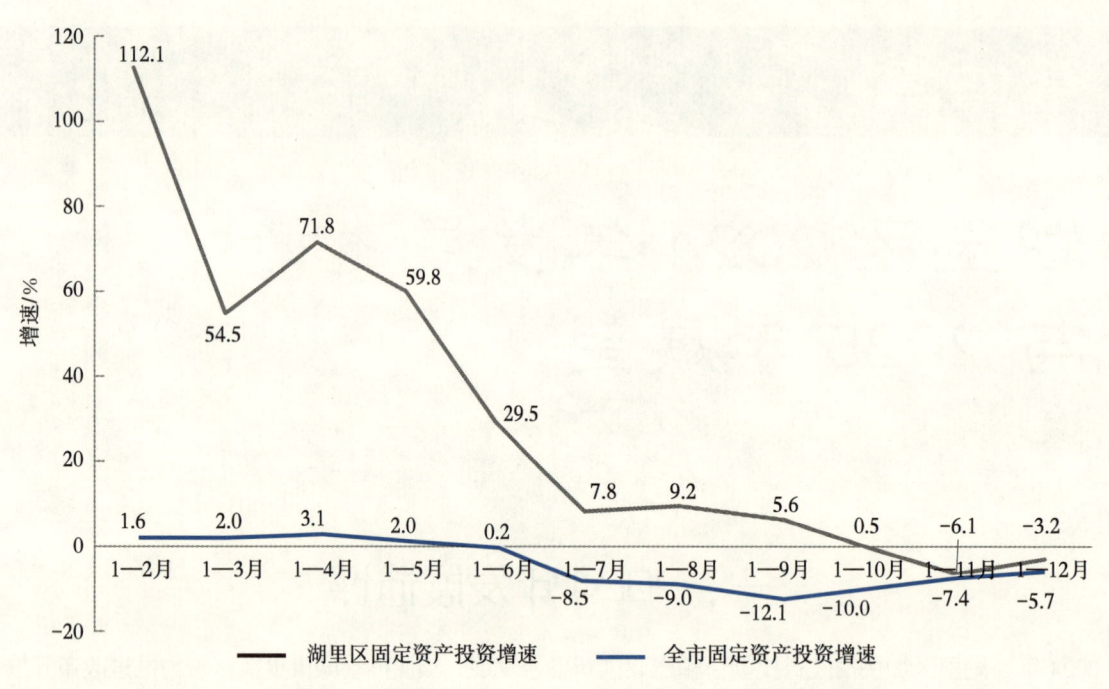

图 4-2　2024 年湖里区固定资产投资增速与全市比较

数据来源：厦门统计月报。

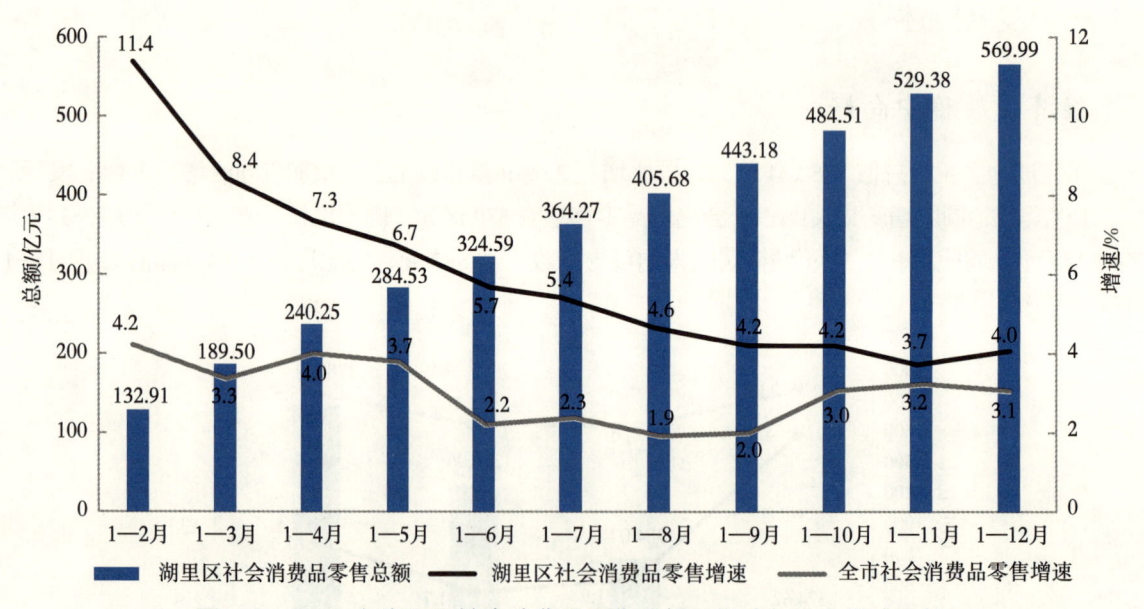

图 4-3　2024 年湖里区社会消费品零售总额及增速与全市增速比较

数据来源：厦门统计月报。

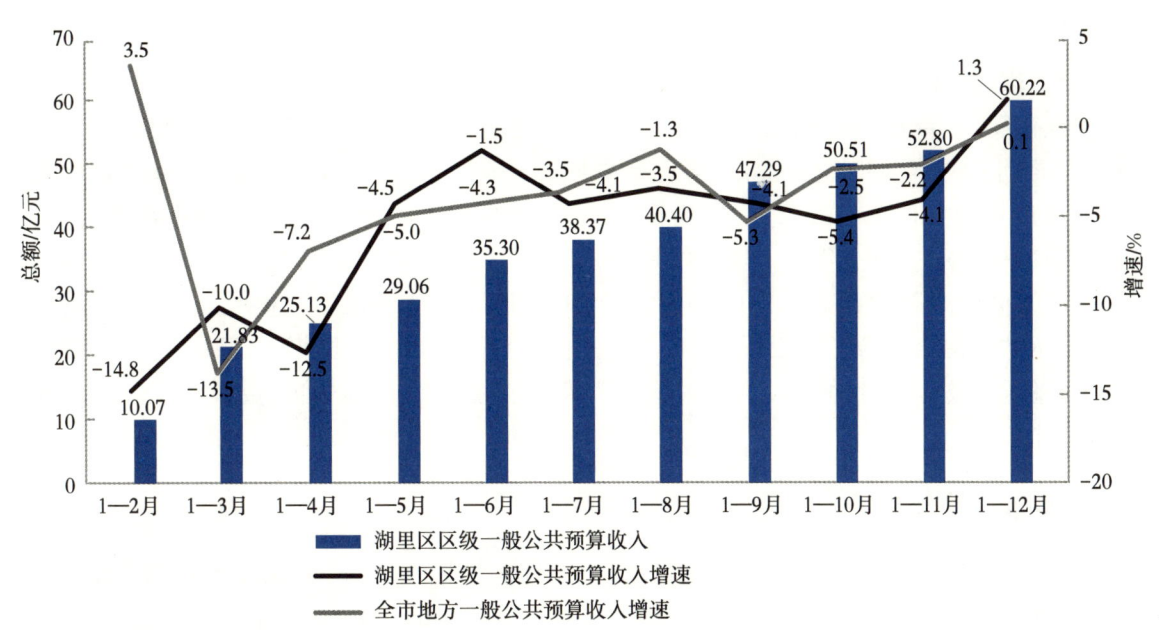

图 4-4　2024 年湖里区区级一般公共预算收入及增速与全市增速比较

数据来源：厦门统计月报。

2. 产业升级持续推进

出台"3+2"主导产业工作方案，梳理 5 条产业上下游发展规划和 12 个产业招商图谱。推进产业结构向"优二进三"转变，三产占 GDP 比重较上年提升近 4 个百分点。

一是先进制造业稳步发展。高技术制造业增加值占规模以上工业增加值比重达 66.3%，居全市第一。区属规模以上工业产值增速实现 12.4%，位列全市第一。以不到全市 10% 的规模以上工业企业和不足 5% 的工业用地面积，贡献全市 13% 以上的规模以上工业增加值。2024 年，厦门航空维修产业实现总营收 161 亿元，同比增长 33%，进境维修飞机数量和货值居全国第一。集成电路设计产业集群系全市唯一入选 2024 年度国家级中小企业特色产业集群。

二是现代服务业平稳发展。在商贸物流方面，打造全市首个航运服务要素产业园，集聚宁德时代、中远等 170 家航运上下游企业，推动谷歌全球首个跨境电商加速中心入驻。培育市级供应链创新与应用试点企业 27 家，落地全市唯一供应链联合会。在金融服务方面，落地首笔贸易结算背景下的跨境数字人民币创新业务试点，实现数字人民币在新能源贸易领域跨境结算的突破。设立首期 20 亿元金砖科创基金，促成时代之星、通招基金等 9 个金砖元素项目落地。完善区级产业引导基金机制，参投 100 亿元科创母基金，入驻投资类企业 12 家，自贸国际基金港进驻全国首只上市公司 CVC 母基金、全省首只 S 母基金等 15 只基金。在文旅创意方面，培育海上休闲旅游业态，邮轮母港接待邮轮艘次比增 82%、旅客吞吐量比增 320%，均迈进国内邮轮港口前三。五缘湾游艇港获评中国体育旅游精品景区。建设"屿见时光"文旅城，加速打造沉浸式"文旅+演艺"高端品牌。举办中国数字音乐产业大会，加速打造中国数字音乐产业（厦门）基地，影视企业增至 920 家，占全市超 1/3。

三是创新生态持续完善。2024 年，国家级高新技术企业、专精特新企业、创新成长型企业分别新增 72 家、35 家、60 家。省、市级重点实验室增至 21 家，各级企业技术中心增至 31 家，市级工程技术研究中心增至 7 家。引育市级以上高层次人才 81 名，安排科技创新和产业发展领域政策资金超 1.7 亿元，累计专利授权1.2万个。成立科技创新服务联盟，嘉庚实验室科创产业加速器、华中科大智能感知与工程实验室建成运营，京东方聚智科创中心落地。生成25个"智转数改"项目，支持27个科研及产业化项目立项，引进38个科创项目，带动企业研发投入1.1亿元，亿联网络成为全省唯一入围工信部大数据试点示范项目。

四是招商引资成效明显。出台稳增长等政策37条，安排政策资金13亿元，免申即享政策21条，实现惠企政策100%线上申报，182家企业获得银行授信约4.8亿元。招商引资实绩竞赛排名跃升至全市第二，完成投资率121%，为全市第一。创新"3+3+3+3"招商模式，开发"湖里招商一张图"小程序，导入295幢、144万平方米招商楼宇空间、51幅可供出让地块；联合国航科技国际交流中心、国防科工局建设全省首个航天人才产业园，集聚航空工程、新能源汽车出口等领域149家企业集群入驻；依托数字峰会等高能级平台，签约省级重大项目13个，"九八投洽会"期间签约重大项目141个、金额467亿元，落地京东MALL福建首店。

3.城区品质持续提升

一是城市更新加快推进。全面铺开城中村现代化治理，完成19个城中村八大提升，3个城中村获评全市十佳样板示范村，率先全市启动城中村经营性场所"1+1"行动，4个全覆盖筑牢安全防火墙，探索"EPC+O"（设计+采购+施工+运营管理一体化公开招投标）建设模式，提升产业业态，增强造血能力，推动城市更新高质量发展。

二是城市品质全域提升。23.6公里的"蓝丝带"环岛慢行道全线贯通，灯塔公园、时光海岸、高崎渔港等十多处美景"串珠成链"，建成文体旅商融合的滨海活力带。基础设施建设有序推进，打通钟宅西三路等3条"断头路"，完成金湖路等7条市政道路提升，建成8个口袋公园，改造雨污水管网26公里。

三是城市管理持续优化。开展"百姓金点子·幸'湖'金钥匙"活动，升级"城市大脑"，完成35个应用场景建设，接入数据7.4亿条，共享数据423万次，日均受理事件近2000件，办结率98%。探索12345六大工作机制，反馈率和办结率均达100%，满意率99.9%。公共安全管理平台及城市精细化管理考评位列全市第一。

四是平安湖里扎实推进。全力开展安全隐患大排查大整治，率先引入第三方技术推动网格排查全覆盖，安全风险指数排名全省第三、全市第一。扎实推进信访工作法治化，申诉求决类一次性化解率99.4%，全市第一。全区刑事类警情、电诈财损数、涉诈"两卡"降幅全市第一，群众安全感率达99.6%。

4.改革开放深入推进

一是重点领域改革持续加快。主动融入全市综合改革试点大局，积极承接厦金养老服务、涉台劳动关系等方面综改应用场景，谋划推进数字人民币跨境贸易结算、大宗商品进口等多项综合改革任务。印发《中共湖里区委全面深化改革委员会2024年工作要点》，建立低效工业用地"一个窗口、一条龙"再开发服务机制，持续深化区属国企国资改革，推进文体旅商融合发展体制机制改革，建立各类闲置资产资源临时利用机制。探索基层治理新路径，自主推进生态文明建设、"城中村"改造提升，加快推进多层次养老服务体系建设等一批改革经验做法被新华网、人民网、改革网、《福建日报》等省级以上媒体宣传报道。

二是进口示范区建设加快推进。联合自贸委、市商务局等部门共同推动创建工作，指导企业做大做强大宗贸易，形成国贸、象屿等本土国有企业为代表的大宗贸易供应链领域的核心企业，在钢铁、煤炭、纺织品、橡胶、粮食等大宗商品供应链领域位居全国前列。大力推进金砖数字街区建设，出台《厦门金砖数字街区实施规划（2024—2029年）》，明确四大目标、十大任务，梳理形成首批164个支撑项目。

三是闽宁山海协作持续深化。探索"输血+造血"和"扶智+扶志"闽宁发展共兴路径，闽宁产业园投入运营，落户企业达39家。探索"总部+基地"和"研发+制造"山海协同共惠模式，在海上世界打造山海协作"科创飞地"和"联合招商"示范窗口，带动14个山海协作项目落地连城。

四是两岸融合发展成效明显。设立全国首个台胞登陆"近便利"服务专区，提供12个高频"一件事"服务，出入境客流110万人次，比增76.1%。全市首批推出台生来厦实习、见习、研学政策，海西MCN两岸青年三创基地获评省级台青就业创业基地，惠和石文化园入选全市首批两岸青少年研学基地。创新"台胞枫桥"机制，成立全国首个以台胞为主的涉台纠纷化解中心。

5.生态文明持续深化

一是生态环境持续优化。深入开展"守护蓝天"百日攻坚专项行动，全市率先建立24小时餐饮油烟在线监测系统，梳理扬尘、渣土管理"一张图"，空气质量综合指数同比改善5.4%，空气质量优良率99.1%。深入落实河湖长制，水环境功能区达标率100%。持续巩固和提升入海排放口整治，近岸海域水质优良比例100%。有效管控土壤污染风险，土壤环境质量保持稳定，2个地下水省控点位水质均达标。持续推进"静夜守护"，声环境功能区达标率100%。

二是生态机制持续创新。湖里区国家环境健康管理试点工作在生态环境部法规司试点工作会上受到表扬。创新建立五缘湾涉海资源开发利用管理服务机制体制，五缘湾入选全省首批"美丽海湾"，作为"厦门实践"典型案例获得多家媒体集中宣传推广。五缘湾帆船游艇港入选国家级休闲度假旅游高质量发展典型案例。辖区金安社区落地全国首宗垃圾分类碳减排量交易项目，垃圾分类全民行动案例入选国家《全球冷暖 中国之道》纪录片。

6.社会民生加快发展

一是教育供给持续优化。高水平创建全国义务教育优质均衡发展区，53所中小学"校校达标""班班达标"。顺利通过学前教育普及普惠省级督导评估。投入教育经费超18.5亿元，占财政支出超1/5。建成投用双十中学湖里分校、湖里创新实验学校等3所学校，新增公办学位6480个、高中寄宿床位1238个。省义务教育质量监测取得历史最好成绩，学科学业监测成绩均位列全省样本县第一，所有学科星级评定均为最高水平10星。

二是医卫资源持续充实。新开工区公共卫生综合楼等6个基层医疗项目，医疗机构增至475家，全市率先推动"3+1+2"社区卫生服务中心管理制度改革，常住人口家庭医生签约服务签约率全市第二。

三是社会保障有力有效。实现新增就业3.1万人、失业再就业9214人。投入养老托育领域超7亿元，新增养老服务照料中心11家，建成长者食堂17家，发布全国首个长者食堂食品安全团体标准。社区居家养老服务站保持100%覆盖，千名老人养老床位数全市第一，幸福安康险覆盖6万名60周岁以上户籍老人。新增社区型普惠托育服务机构、托幼一体化试点园14家。全市唯一入选全国加强困境儿童关爱试点项目，4个社区入选全省儿童友好社区。

（二）主要问题

1. 经济发展动力不足

经济体量相对较小，2024年实现GDP 1782.3亿元，较全省、全市平均增速均落后2.9个百分点，仅为思明区的65.3%，深圳南山区的19.5%。建筑业、房地产业、批零业3个指标对GDP产生负拉动，分别为-0.1、-0.8、-1.2；工业、非营利性服务业、金融业、住宿和餐饮业4个指标对GDP拉动效果不明显，仅为0.8、0.4、0.2、0.1（详见表4-1）。工业GDP占比首次降至20%以下，近两年工业产值平均下降23.7%。其中火炬（湖里）工业持续下滑，近两年产值平均降幅达31.2%。

表4-1　2024年各主要指标GDP占比及拉动情况

序号	指标名称	2024年占比/%	2023年占比/%	GDP拉动
1	其他营利性服务业	23	15.0	1.9
2	交通运输、仓储和邮政业	13.4	11.3	1.2
3	工业	19	24.1	0.8
4	非营利性服务业	6.1	4.5	0.4
5	金融业	6.9	8.3	0.2
6	住宿和餐饮业	1.3	1.3	0.1
7	建筑业	11.5	13.1	-0.1
8	房地产业	5.9	6.4	-0.8
9	批零业	12.9	16.0	-1.2

数据来源：湖里区发改局。

2. 城区功能有待提升

旧村、旧区改造面临不少瓶颈制约，空间资源未得到高效利用，城区建设和环境有待于进一步改善。老旧城区及城中村数量众多，基础设施不完善，道路环境及居住环境较为落后，城市形象提升压力较大。非核心功能区疏解不够有力，空间资源优势尚未完全转化为发展潜力优势。湖里人均公园绿地面积低于全市人均公园绿地面积，仅为全市的73%。

3. 民生保障亟待完善

公共服务配套的标准等级较低，总量不足，结构和布局不能满足多层次的不同需求。教育学位不足，教育资源难以匹配教育需求，优质教育资源相对短缺；完善的医疗服务市场尚未建立，基础医疗服务机构数量较少、质量不高、覆盖面不足；大型文体设施不足，缺乏区级"一场两馆"，人均体育场地面积2.61平方米，仅为全市的87.9%。

二、2025年发展展望

（一）有利因素

在产业发展方面，中央和省市经济工作会议强调加快发展新质生产力，大力提振消费、提高投资效益，以科技创新引领新质生产力发展，推动科技创新和产业创新深度融合，建设现代化产业体系等政策措施，为湖里发展现代化产业体系提供了重要机遇。人工智能、量子计算、生物制造、卫星互联网、人形机器人等产业革命的深化推进，有利于湖里加快产业转型升级，推动战略性新兴产业和未来产业发展。同时厦门金砖数字街区加快打造和金砖创新基地加快建设，有利于湖里区发展国际贸易、科技创新、航运物流、高端制造、文化创意、金融服务等产业，推动湖里区产业基础高级化，产业链现代化。

在城市建设方面，中央经济工作会议提出更加积极的财政政策等政策举措，增加发行超长期特别国债，持续支持"两重"项目和"两新"政策实施。增加地方政府专项债券发行使用，扩大投向领域和用作项目资本金范围等一系列重要政策举措，预计带来5万亿元规模以上市场机遇，将有利于湖里区主动融入国内大市场，建设"两高两化"中心城区。闽西南协同发展区联席会议第六次会议的召开，为湖里区加快发展飞地经济提供了新的平台。湖里区加速盘活低效闲置用地，西部港区整合加快推进，湖边水库东片区旧村改造、后坑城中村现代化治理等城市更新项目的有序推进，以及湖里北部高崎机场片区等重点区域的开发和功能提升，将为湖里新一轮发展提供重要的战略储备空间。

在进出口方面，金砖创新基地加快建设，全国进口贸易促进创新示范区深入推进，有利于湖里区引进民生改善类产品及消费品等重点商品，打造进口通道优势，加快形成以国内大循环为主体、国内国际双循环相互促进的新发展格局，构建区域性消费中心城区。

（二）不利方面

在产业发展方面，当前及未来一段时期，我国面临有效需求不足、产能过剩、社会预期偏弱、摆脱房地产依赖等结构性问题、周期性矛盾交织叠加带来的困难，给湖里高质量发展和产业升级带来挑战。区内以太古为代表的一些航空配套企业伴随机场搬迁转移到岛外，将对湖里的航空产业造成较大不利影响。创新主体动力不足，研发与创新载体偏少，创新型人才不足，对湖里区发展高新技术产业带来不利影响。

在城市建设方面，地方财政及固定资金投资增长有限，且受制于老旧城区、城中村和老工业区改造等城市更新的进程，将对湖里区城区建设和管理带来较大挑战。

在进出口方面，全球经济增长压力较大，金融贸易体系加速演变，全球产业链、创新链加快重塑，国际经贸形势复杂多变，将对湖里的外向型经济产生剧烈冲击，对湖里利用外资和外贸发展产生新挑战，以出口导向型为主的湖里区经济，仍将承受较大的增长压力。

三、2025年对策建议

根据湖里区政府工作报告，2025年湖里区经济社会发展主要预期目标：地区生产总值增长5.5%，区级财政收入增长3.5%，区属规模以上工业产值增长10%。结合国内外宏观经济形势及上述影响因素，要完成上述目标，湖里区需抢抓全市综合改革试点重大机遇，加快推动经济稳中向好，努力建设高质量发展引领示范城区。

（一）加快建设现代产业体系

一是做优做强重点产业。加快打造新型显示、集成电路、航空及输配电重点产业链。联动火炬、自贸围绕强链补链延链，"一产一策"深入实施制造业倍增计划。助推亿联网络新产品、视源教育信创产品等开拓市场，鼓励宸鸿科技加快技术迭代升级，培育亿芯源等光通信、功率器件、显示驱动设计及下游应用环节，引进北京君正等储存芯片企业。支持太古发动机、新科宇航等增资扩产，补强发动机、机载设备等深度维修能力。与厦门大学航空航天学院合作共建中小微型飞行器研制平台，打造航天工业"政产学研用"综合服务平台。推进数字经济与实体经济深度融合，与厦门联通、软通动力合作共建智算中心和算力调度平台，联合京东、雨果跨境推动AI与辖区万亿级供应链产业深度融合。运用数智技术、绿色技术改造提升传统产业，实施35个工业技改、30个"智改数转"项目。鼓励"研发+总部+委外制造"模式和研发设计、检验检测等生产性服务业提质扩面。做优"建筑之乡"湖里品牌，修订促进建筑业发展实施办法。

二是梯度培育创新型企业。健全梯度培育机制，探索实施"投资者+发明人+转化人"的"3个1/3"知识产权利益共享机制，研发经费投入分段补助机制。强化与市科技局、火炬、专精特新协会等合作，成立专精特新梯度培育中心。加强产学研用融合，引导企业参与国家和省市重大科技计划，联合上下游企业、高校、科研院所开展协同创新，支持龙头企业组建创新联合体。深化与华中科大国创中心、中关村信息谷等创新平台合作，与厦大共建科技成果转化中心。力争全年国家高新技术企业新增70家以上，专精特新企业新增40家以上。

三是抢抓新兴产业赛道。大力推进以科技创新为核心的全面创新，发展基于新一代信息技术的细分产业领域，开展"人工智能+"行动，争创第三批国家人工智能创新应用先导区，加快引进百川智能、智谱华章等AI大模型领域龙头企业落地。加快出台区级算力补贴等相关政策，开展政务数据归集整合，打通壁垒。提升智慧交通产业园，培育发展电化学储能设备、材料、光储一体化的新型电力系统产业，鼓励圣元绿能等核心企业布局绿色多元的新能源体系，加快惠科电源、量子芯片等产业化项目落地，开工建设同致汽车电子智能工厂、新质智造产业园。构建智慧医疗器械产业生态，加快推动忠仑科创产业园与北大生物产业园建设，聚焦发展数字诊疗设备、体外诊断、可穿戴智能设备等领域。发展壮大数据产业，推动厦门联通、软通动力合作共建智算中心和算力调度平台。引入高德时空、英视睿达等探索空间数据在交通组织和城市管理等领域应用，争创北斗规模应用示范区。

四是深化招商机制。深化"3+3+3+3"招商机制，用好"招商一张图"和"补链强链图"，变"地毯式"撒网招商为"地图式"精准招商，持续推进楼宇招商、智算招商、园区招商、基金招商、以商引商、链主招商、金砖街区招商，力争落地100个优质项目，储备170个"三促"招商项目。聚焦航空维修业强链延链招商，依托法国赛峰等航空业龙头及艾德工业园区、航材保障中心等空间载体，吸引相关产业链企业落地。加大建筑业招商力度，支持上下游企业设立区域总部。加快优质空间供给，力争推动全区产业空间载体面积达到80万平方米。东部深度开发金砖数字街区，加快推动产业用地出让，金砖数字工业智谷二期、忠仑科创产业园等园区规划建设。中西部全面铺开低效用地再开发，加快松川精密等一批试点项目，谋划推进长城工业、金鹭特种合金等实现"工业上楼"。北部推进机场北片区10万平方米空间开发，在空间扩容、土地年限延期、资金支持等方面持续加大低效工业用地再开发政策扶持力度。重点攻坚枋湖长途客运站、混凝土搅拌站等搬迁，以"缝合式"开发思路提升100公顷非核心功能空间的城市规划。

（二）提振消费扩大内需

一是充分激发居民消费潜力。继续做好以旧换新工作，提升京东"厚礼汇"、万翔网商等平台引流能级，探索"房票送家电"福利模式。推动华为等车企落地、汽车交付中心集聚。抢抓网红潮品、"演唱会+酒店"、夜经济等新消费增长点，推动K11项目、山姆二店落地、京东MALL福建首店开业。促进银发经济发展。开展促消费活动，通过区街联动、政企合力，举办多场年货节、市集活动，营造浓厚消费氛围。

二是力促文旅商融合发展。编制五缘湾国家级旅游度假区创建规划，推进"蓝色海湾"综合整治，支持邮轮公司开发"海上丝绸之路"、过境免签游等特色航线。办好中国数字音乐产业大会、金鸡电影节配套活动，加快中国电影资料馆闽南分馆、腾讯影视科技文化产业基地、海峡新岸音乐街区等项目建设，力促安踏体育公园、五缘体育文化中心开工建设。

（三）持续深化改革开放

一是创新投融资机制。持续拓宽中央预算资金、特别国债、国开行专项借款等融资渠道。完善"财政+金融"渠道，撬动更多社会资本投入辖区重点项目和重点产业。完善区级产业引导基金机制，引导金融机构丰富科创金融产品供给，用好100亿元中金启元科创母基金、20亿元金砖基金、5亿元科创直投基金支持企业研发创新。推动下湖安商房等8个楼盘车位、8个楼盘底商处置，探索与市属国企合作通过REITs模式盘活存量资产路径。

二是激活企业活力。落实民营经济强省战略，围绕强化科技创新引领等主题主线，出台或修订惠企政策12个，安排15亿元专项资金。发挥古地石基金小镇"招、投、落、服"联动效应，联动沪深交易所厦门基地推动专精特新及"三高"企业上市融资。建立重点企业银企对接专员机制。实施国有企业改革深化提升行动。梳理涉企服务"一类事"清单，深化信用修复"一件事"改革，优化线上线下"一站式"服务，完善"亲清一家人"、社区劳动综合服务基地等建设。加快建立窗外事"诉求收集—归口服务—跟踪督办"联动模式。

三是拓展开放新路径。高位布局金砖数字街区"三片区一外环"空间，建立"指挥部+平台公司"运营机制，加快首批重点支撑项目分类分期落地。持续深化联动自贸，积极参与大宗商品交易、全球集散分拨、国际物流枢纽3个中心建设。设立雨果跨境厦门选品中心，打造"跨境电商+产业带"新模式。加快推进航运服务要素产业园建设和政策出台。

四是深化两岸合作交流。探索湖里—金门旅游圈建设，打造"来厦门、住湖里、逛金门"旅游IP。建设台胞求学研习集聚地，成立台青基地服务联盟。打造两岸经济融合示范样板，提升两岸集成电路产业园、两岸金融中心等建设，办好厦金同城生活圈论坛、海峡两岸文化交流等活动。

（四）推动城区高品质发展

一是建设"厦门实践"先行区。深化五缘湾涉海资源管理利用体制机制创新。深化国家生态文明建设示范区建设，推进湖里区国家环境健康管理试点工作，一体推进中央和省生态环保督察反馈问题整改，持续整治噪声扰民、油烟扰民等群众反映强烈问题。开展守护蓝天百日攻坚专项行动；严格落实河湖长制。推广碳交易"金安模式"。推进"无废城市"建设，支持太古可口可乐等企业创建绿色制造、循环经济、"无废工厂"示范企业；严格执行绿色建筑建设标准，力争新建民用建筑绿色建筑占比达100%。

二是建设韧性城市样板区。持续推动高崎、县后等7个"三提升"项目落地，探索后浦、卢厝、古塘垅等城中村差异化"三提升"路径。推进"一村一特色"街区建设。深化散租统管、统租统管，规范二房东租赁行为。谋划推动塘边社片区、湖里社片区城市更新改造项目，推动8条道路开工、5条道路建成投用、启动3座公园建设。

三是建设城市管理示范区。提升"城市大脑"算力，持续打造精细化管理样板街、广告招牌精品路段。探索推进党建引领综合网格标准化建设，持续打造城中村"N+X+1+1"智慧管理，深化"大物业"建设，加快破解无物业小区管理难题。

四是建设兴业富民标杆区。鼓励村集体以自主开发、村企联手等方式发展特色产业，壮大集体经济。推进围里、钟宅社区发展中心建设，推动蔡塘爱琴海购物中心、坂尚社区发展中心、江村二期发展中心开业运营。修订村集体"三重一大"事项处置程序，促进农村集体资金、资产、资源管理阳光透明。

（五）加大民生保障力度

一是促进高质量充分就业。鼓励重点领域、行业和中小微企业稳岗拓岗吸纳就业。优化零工市场、零工驿站建设，升级完善智慧就业平台，加强高校毕业生、进城务工人员等群体就业创业服务工作。加强新业态、新就业群体服务保障，加大力度规范人力资源市场秩序，从源头上抓实农民工工资支付保障，促进劳动关系稳定和谐。

二是提质扩容教卫文体。推进厦门一中湖里分校、湖边中学等11个项目建设，持续推进"两个实验区"建设，落实落细"十大行动"和"十大重点工程"。加快5个市级医疗项目、8个基层医疗项目建设。推进"15分钟公共文化服务圈"全覆盖，创新打造"10分钟体育健身圈"。

三是倾力守护"一老一小"。持续提升"一老一小一中心"服务能级，促进医养康养深度融合，建设3个照料中心，2025年社区居家养老床位达到300张，新增长者食堂和助餐点20家，覆盖率达70%。推进居家适老化改造。鼓励企业参与照料中心、长者食堂等社区助老服务设施建设运营。保障关爱妇女儿童，推进全国困境儿童关爱服务试点项目。

参考文献

[1]厦门市人民政府.2025年厦门市人民政府工作报告[R/OL].（2025-01-28）[2025-02-25].https://www.xm.gov.cn/xmyw/202501/t20250128_2915494.htm.

[2]厦门市湖里区人民政府.2025年湖里区人民政府工作报告[R/OL].（2025-02-14）[2025-02-25].http://www.huli.gov.cn/zwgk/zfxxgkzl/zfxxgkml/41922/zfgzbg/202502/t20250217_1089606.htm.

[3]厦门市统计局.厦门统计月报[Z].2024年1—12月.

课题指导：黄光增
课题组长：张振佳
课题组成员：林　红
课题执笔：林　红　张振佳

第五章

集美区2024年发展述评与2025年展望

一、2024年发展述评

2024年,集美区立足区位优势,深耕人文底蕴,通过强创新、优产业、提质效、增福祉,推动经济发展呈现稳中有进、进中提质的良好态势,地区生产总值首破千亿元大关,以产城融合高质量发展为厦门跨岛发展战略赋能加速。

(一)发展综述

1.经济运行企稳向好

2024年,集美区全年实现地区生产总值1064.27亿元,同比增长6%,高于全市增速0.5个百分点,增速分别比1—6月、1—9月回升0.4个、0.8个百分点。固定资产投资、社会消费品零售总额、全体居民人均可支配收入分别增长11.5%、14.2%、5.3%,指标增幅排名全市第一。集美区一般公共预算总收入134.8亿元,其中区级一般公共预算收入38.5亿元。详情参见图5-1至图5-4。

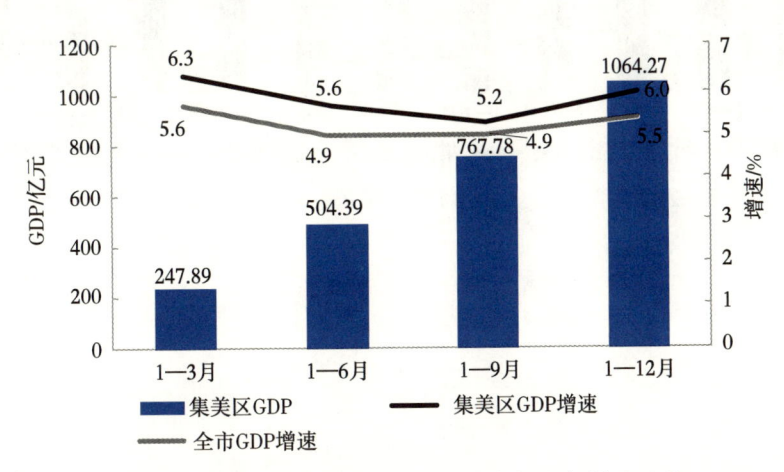

图5-1 2024年集美区GDP及增速与全市增速比较

数据来源:厦门统计月报。

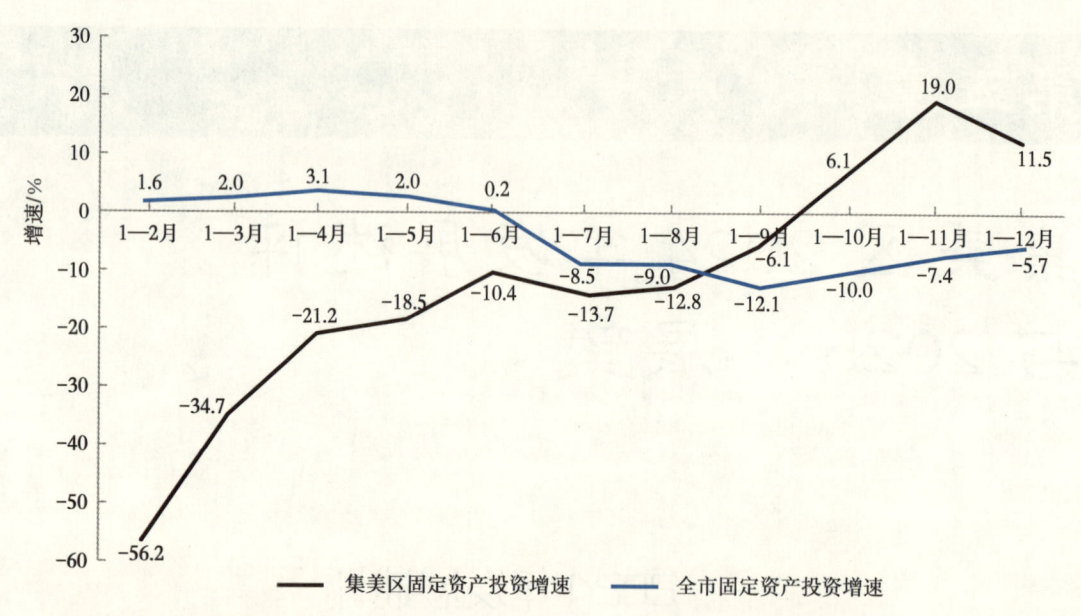

图 5-2　2024 年集美区固定资产投资及增速与全市增速比较

数据来源：厦门统计月报。

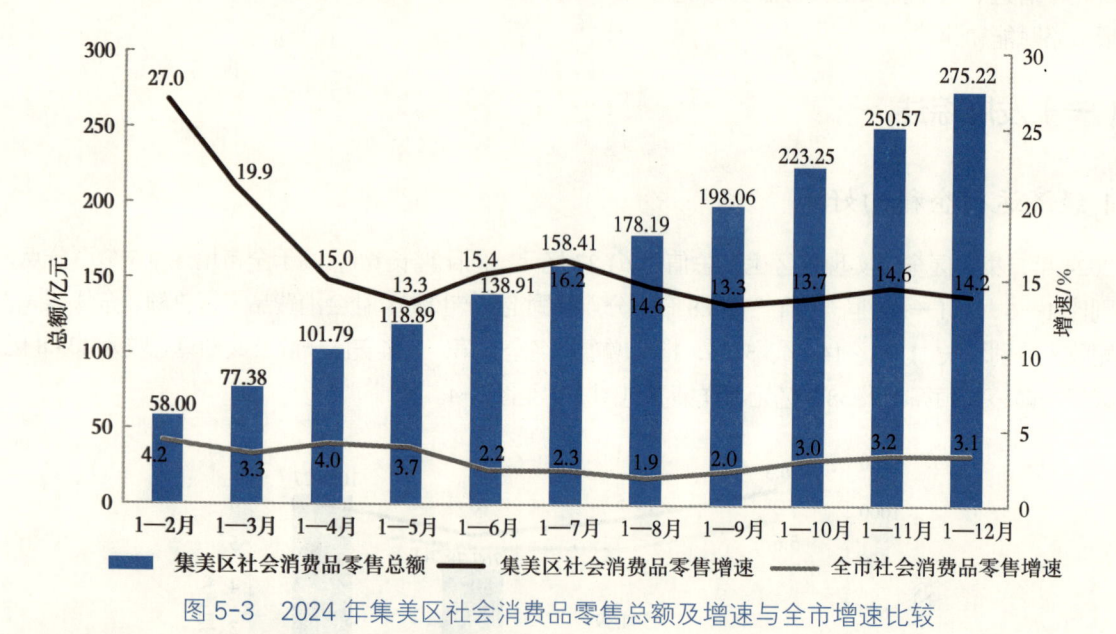

图 5-3　2024 年集美区社会消费品零售总额及增速与全市增速比较

数据来源：厦门统计月报。

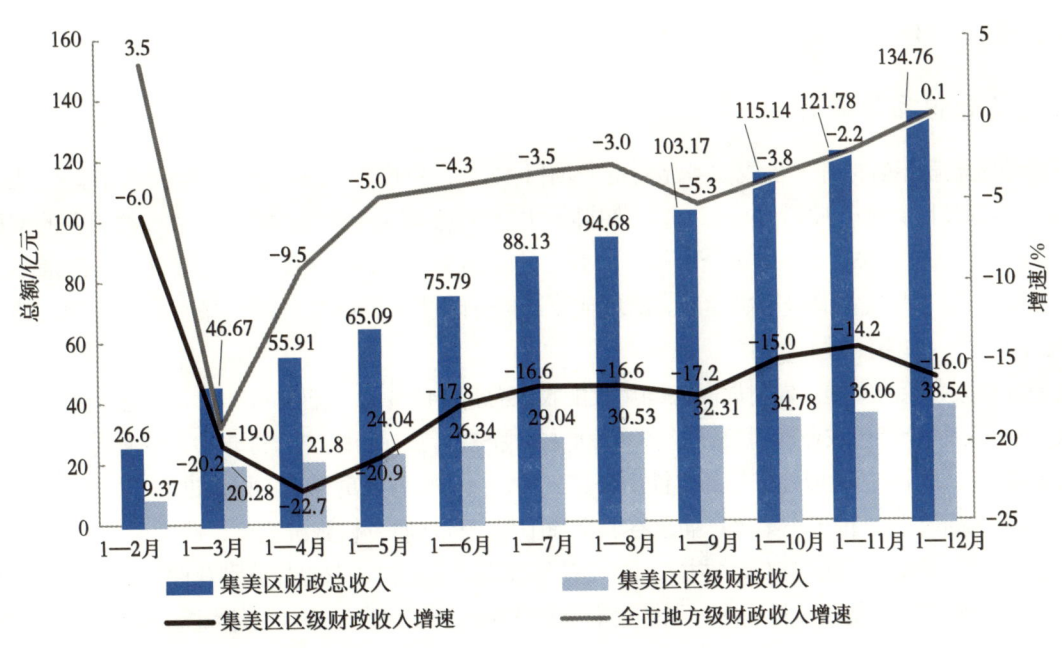

图 5-4 2024 年集美区财政收入及增速与全市增速比较

资料来源：厦门统计月报。

2. 产业升级步伐稳健

一是创新创业活力释放。高技术产业增加值同比增长 7.9%。新增国家级专精特新"小巨人"企业 7 家，占全市增量的 38.9%。新培育创新型中小企业 151 家，新增市重点工业企业 48 家，新增市级重点上市后备企业 7 家。新增商事主体 2.9 万户，同比增长 18.9%，增幅全市第一。国内专利授权量 7525 件，居全市第一。"双百"特聘岗位、创新团队、创业人才数量均位居全市第一。推动校企搭建 21 个"创新发展共同体"，推动"共同体"签订校企合作项目 18 个。

二是工业发展更加有力。实现规模以上工业总产值增长 5.3%、增加值增长 7.8%，行业增长面达 71%，同比提高 37.6 个百分点。汽车制造业、电子信息制造业均实现两位数以上增长。加强处置低效闲置土地，大力盘活工业用地资源，累计 16 个项目提出提容增效申请，合计新增建筑面积约 132.7 万平方米，提高容积率 1.0 以上。谋划建设新能源产业等专业园区。

三是现代服务业集聚起势。软件信息业和互联网服务业完成营收 327.6 亿元，同比增长 41.5%。2024 年 1—11 月现代物流业营收 47 亿元，同比增长 35.2%。产业投资基金设立规模超 800 亿元，居全省各区（县）第一，连续 4 年上榜清科榜单，规模超 80 亿元的厦门先进制造业基金落地。2024 年全区共接待游客 2894.6 万人次，实现旅游收入 194.5 亿元，分别同比增长 1.9% 和 5.3%。厦门大悦城、杏林万达广场、集美软件园 TOD·锦悦里等商业体开业，新增商业面积 20 万平方米。

四是产业新蓝海加速布局。以"3+1"主导产业为基础，推动"五创五美"细分领域聚链成群、集群成势，加快布局商业航天、低空经济、卫星互联网、新一代半导体、新型显示等未来产业。锚定细分领域精准招商，科技创新类落地货拉拉创新业务总部、芯睿数智科技、追觅储能总部、中科原动力等 39 个项目，美好生活类落地海尼美妆总部、中文在线研学总部、方式设计等 40 个项目，未来产业领域落地深蓝航天、智联安、芯瞳半导体等 6 个项目。区新能源产业创新发展中心和数字经济创新发展中心围绕"五创"产业积极谋划园区、组建联盟、服务企业。

3. 城乡面貌品质提升

一是城区品质不断提升。生成城乡品质提升项目 17 个，总投资 22.6 亿元。高标准治理 9 个城中村，实施 91 个治理项目。抓牢抓实消防技改、积涝排除和危房改造等民生安全建设，探索成片运营的整村开发模式。新增停车泊位 3350 个，增量全市第一。开工建设集美中学新校区配套道路等 7 条市政道路。地铁 4 号线上线调试，6 号线集同段加快建设。新增或改造提升园林绿地 66.7 公顷、绿道 10.1 公里，建设美丽乡村小公园 6 个、口袋公园 4 个。

二是乡村振兴深入实施。农村居民人均可支配收入总量 44194 元、增幅 6.7%，均排名全市第一。加快发展城郊型高附加值特色农业和村集体经济，黄地村（脐橙）获评省级"一村一品"专业村，全市首个村民小组集体发展项目霞梧大厦建成招商，铁山公寓三期、溪西数智公寓开工。积极推进"引客下乡"，规划 6 条乡村旅游精品动线，推出小集美、猫之谷、文源山等一批优质乡村旅游景点，接待游客逾 250 万人次，"集美秋色满园采摘游"入选国家级乡村休闲旅游精品线路，田头村、双岭村分别获评省级"金牌旅游村"、高级版"绿盈乡村"。严格落实耕地保护和粮食安全责任制，恢复耕地近千亩，超额完成粮食生产任务。

三是生态环境持续升级。空气质量优良率 99.5%，全市第一。九天湖试验区水环境治理工程基本完成，后溪流域和杏林湾治理加快推进，坂头—石兜水库、芒溪桥和许溪上庄鱼鳞闸等国省控断面水质均达 II 类标准。"正本清源"累计改造管道 692 公里。积极创建"绿水青山就是金山银山"实践创新基地，持续开展低碳社区等系列试点，落地全国首宗居民社区低值可回收物分类碳交易项目，交易碳减排量 2450 吨。启动"电动集美"三年行动，实现全区新能源环保型公交车全覆盖。

4. 民生保障稳步发展

一是基础教育更加优质。新建中小学、幼儿园 8 所，新增建设学位 9000 个，公办园在园幼儿占比首次超过 60%。全市第一所区属高新学校开工。"双减"工作卓有成效，柔性引进 37 名高层次教育人才，新增 2 名正高级教师。连续 3 年在全市班主任岗位练兵竞赛中获得第一。义务教育优质均衡发展和学前教育普及普惠区创建工作通过省级评估验收。中考成绩与全市分差缩小 3.7 分，连续 5 年取得进步。

二是健康事业再谱新篇。市妇幼保健院集美院区开诊在即，北站社区卫生服务中心建成交付，杏林街道、杏滨街道社区卫生服务中心改造工程先后完工，灌口镇中心卫生院恢复产科，基层医疗卫生机构建设标准化达标率 100%。建立健全慢性病综合防控示范区长效机制，辖区居民期望寿命逐年递增，达到 83.6 岁。完善社会心理服务体系，6 家基层医疗单位全部开设心理门诊，与仙岳医院共建心理危机干预机制。

三是社会保障兜牢底线。优化就业生态，建立"1+4"零工服务体系，城镇新增就业超 31000 人，同比增长 2.5%。率先全市成立高校就业指导专家团，离校未就业高校毕业生就业率 89.6%，留集率同比提升 2 个百分点以上。织密兜底保障网，救助各类困难群众 6000 余人，发放各类救助金超 5500 万元。完善住房保障体系，新增 2504 套安置房源，4 个安商房项目建成交付。

四是"一老一小"倾心呵护。太保家园社区高端养老项目正式运营，杏林街道（宁宝）和杏滨街道（三秀）养老服务照料中心建成，提供上门"六助"服务 11.1 万次。全力办好"社区四件事"，推进托育服务进社区，在全市率先制定公办幼儿园托班建设方案，50 家幼儿园托班提供托位 2160 个，数量全市最多、保育费全市最低；新增普惠托位 1645 个；全市首家"两岸托育合作服务基地"落户。

5.社会治理安定有序

一是基层治理更加有序。社会治安综合治理中心实体化运行，强力打造区—镇（街）—村（社区）三级协同、高效联动的综合治理体系。着力破解基层治理"小马拉大车"突出问题，建立镇（街）履职事项清单，核减9项网格员工作职责，新吸纳7000余名"集美热心人"。有序探索"大物业"管理等无物业小区治理新路径。持续推进"大城管"工作机制17项重点任务工作落地见效，5种常见问题的非现场执法领域经验做法在全市示范推广。系统推进镇（街）综合行政执法改革，划分五大片区，科学统筹执法力量，实现统一指挥、统一标准，力推高效执法、柔性执法。

二是城市运行更添智慧。持续升级完善"智慧集美"平台功能，整合全区3万多路视频监控，实现城区主干道、重点单位、人流密集区域和治安复杂区域可视化全覆盖。搭建城市安全平台，构建起行业安全员、第三方队伍、企业安全服务队伍、网格员队伍、村（社区）安全员队伍、社会志愿者队伍、社会救援力量7支安全队伍的统筹指挥机制，对全区近30万个安全基础点位实施智能化、全领域、全流程安全管理。

三是安全底线更增韧性。纵深推进安全生产治本攻坚三年行动，聚焦道交、消防、燃气等重点领域，排查整改隐患2.8万条。从严打击各类突出违法犯罪，每万人刑事警情发生数持续保持全市最低，盗窃、接触性诈骗等民生小案破案率提升至92.9%。率先建成岛外首个省级标准数字仲裁庭，庭审时长缩短30%以上。信访总量和信访人次双下降，53件中央信访联席办交办的信访积案全部化解。

6.改革开放活力迸发

一是综改领域改革攻坚。成立改革推进专班，目前已落地实施130项，推出"一件事"集成套餐57个。巩固拓展省级县域集成改革试点成果，先行先试一批推进两岸融合举措，台胞台企"一件事一次办"应用场景改革做法在全市推广；新增台企103家，台胞驿站服务台胞4200余人次，建成台商创业展示馆"台商之家"。开发全省首个市场监管窗口智能虚拟数字人"小美"，全省首创窗口看件"沙漏计时制"，设立全市首个跨部门"个转企一站式服务绿色通道"。

二是项目建设提速加力。推行工业项目容缺审批机制，在全市首创流程图工作法，引入代建竞争机制并建立考核积分制，全面推行项目工作科级干部直接责任制，每月开展红黑榜晾晒，狠抓工作任务落实。把项目服务提前到招商环节，全区首次实现"交地即交证"，时限由40天压缩至1天，助力佳智科技产业园项目提前9个月开工。实施建设项目领域区级财政资金竞争性分配改革，提高财政资金使用效率。引入代建竞争机制并建立考核积分制，强化政府投资项目的建设效率和质量。

三是对外开放深化拓展。以东南亚和金砖成员国为主要目标区域，与市金砖办共同打造集金融、园区、商务、人才、行业、标准六大服务平台于一体的国际合作服务平台，建立覆盖全球五大洲16个国家的出海服务体系，向辖区企业推介出海资源超40项，引入海外商务服务机构11家。组建化妆品、新能源与电力系统、家居建材产业、新能源汽车、数字经济产业等优势行业出海联盟，帮助企业组团在海外拓展市场、获取资源。

（二）主要问题

1.稳增长面临较大压力

财政收支长期处于紧平衡状态，可用财力与资金需求存在较大差距，财源建设有待进一步加大力度，区级财政收入持续承压，全年负增长16%，低于全市增速16.1个百分点。社会投资潜力有待进一步挖掘，社会资本参与规模小。商品房销售面积、限上批零销售额呈负增长趋势。新零售业态发展尚处于起步发展阶段，总量低，占社会消费品零售比重小。

2.产业发展动能亟待加强

制造业竞争力不强，缺乏具备产业牵引力的龙头企业，厦工、金龙等传统龙头企业产值下滑局面尚未有效扭转，机械装备产业结构仍以中低端制造业为主。服务业支撑力不足，软件信息产业细分领域较为分散，中小型企业较多，企业之间缺乏有效的合作和协同；区域商业能级有待提升；物流业规模化程度亟须提高；旅游产品存在一定的同质化现象，缺乏具有鲜明特色和吸引力的创新产品。"五创五美"产业和未来产业尚处培育期。

3.产业发展要素供给水平不足

低效工业用地亟待盘活，全区优质工业用地趋于饱和，低效用地问题突出，杏林工业区闲置用地数十宗，北部工业区内容积率低于1.0的工业用地93宗，部分企业对"工改工"持观望态度。人才供给与产业需求存在结构性错配，技能型劳动者总量短缺，对高端人才吸引力不足，招才引才工作仍然面临诸多挑战。

4.民生保障仍有提升空间

教育还存在一定程度的不平衡、不充分，教育的城乡、校际发展还不够均衡，城乡学校教育教学质量差异仍客观存在，优质教育资源总量不足。医疗资源布局不均衡，区属基层医疗卫生机构网点不足，基层医疗机构业务用房紧缺，20分钟就医圈尚未全覆盖。保障性住房占比低于全市平均水平。推进重点群体就业帮扶面临痛点难点，就业补助资金压力较大。

二、2025年发展展望

（一）有利因素

一是新一轮科技革命和产业变革加速演进。前沿颠覆性技术层出不穷、迭代演进，人工智能多模态大模型已具备跨模态推理与任务执行能力，具身智能技术从实验室迈向规模化应用，人形机器人作为具身智能的高阶形态在工业领域率先落地。人工智能、具身智能等新一代信息技术的革命性突破，为集美优化提升"3+1"主导产业、培育壮大"五创五美"新兴产业集群提供了新机遇。

二是国家"两新"政策红利力度更大。2025年超长期特别国债资金对"两新"政策的支持规模较2024年大幅增加，为设备更新和消费品以旧换新提供了更为坚实的资金保障。2025年"两新"政策覆盖了更广泛的消费品和设备类型，国内大循环主导作用进一步强化，政策红利通过"消费升级—产业转型"双向联动释放。这有利于集美加快谋划引领性、支撑性的重大产业项目，以及激活集美常住人口消费潜力，带动集美智能家居、新能源、电子信息等产业消费动能。

三是全市强力推进产业项目攻坚行动。厦门市依托"4+4+6"现代化产业体系，精心编制每条产业细分领域的产业图谱，搭建产业链招商平台，围绕产业链强链补链延链，强力实施产业图谱招商。这有利于集美区根据自身资源禀赋，围绕产业图谱抓好项目策划，加大重点目标企业招商力度，加快推动优质产业项目落地。

（二）不利因素

一是外需萎缩。全球供应链重构风险加剧，大国博弈进入战略相持阶段。俄乌冲突等地缘冲突跌宕起伏，给集美区拓展国际经济发展空间和发展外向型经济带来更多的挑战和压力，出口导向型企业面临订单减少、产能过剩的风险。

二是内需不振。结构性矛盾与周期性压力交织，居民消费能力和意愿疲软，商品房市场库存去化周期长，政府投资撬动社会投资仍存制约，辖区内缺乏快速增长的龙头企业，部分企业经营困难，市场预期走弱，预计2025年集美将持续处于财政紧平衡状态。

三、2025年对策建议

根据集美区政府工作报告，2025年地区生产总值增长5.5%左右，规模以上工业增加值增长9%，固定资产投资增长7%，一般公共预算总收入、地方一般公共预算收入分别增长10.5%、3%，全体居民人均可支配收入与经济增长基本同步。结合国内外宏观经济形势和上述影响因素，要实现上述目标，集美区要牢牢把握市委、市政府赋予集美"跨岛发展标志区、动能转换主战场"这一发展定位，进一步推进产业升级、提升城区品质、增进民生福祉、探索社会治理、深化改革创新，加快实现发展动能转换和发展模式转型，塑造集美现代化建设新优势。

（一）以产业升级筑基，加强产业项目攻坚力度

1.推动产业创新互促双强

一是深化"创新共同体"建设。建成各领域"创新共同体"，加快打造1~2个"创新共同体"示范样板。聚焦产业发展需要和学科人才培养需求，围绕人才双聘、专业设置、课程体系、实习就业、继续教育、骨干培训六大方面，推动企业与高校在政府的支持和专业机构的运营下实现深度合作。二是促进科技成果转化。围绕校企合作需求搭建信息化对接平台，通过引入技术经纪服务、校校联合等形式加快关键技术攻关、科技成果转化与产业化，树立一批有较大影响力的优质项目。三是深化专精特新企业引育。健全专精特新企业梯度培育体系，完善专精特新中小企业培育库，各级别专精特新企业数量同比显著增长，引进或培育各级别专精特新企业60家以上。

2.推动产业迭代跃升

一是构建富有集美特色的"3+1"主导产业及"5+5+X"产业新赛道构成的现代化产业体系。巩固"3+1"主导产业，推动机械装备存量企业转型升级，力促产值转移、行业转换、规下转规上，加快从价值链低端向价值链高端转变；重点瞄准人工智能、数字文创、产业互联网、信创等电子信息细分领域深耕布局；提升核心区商业业态和品质，培育多元消费场景；加强商文旅协同，实施品牌孵化和主理人培育计划，构建环杏林湾文旅核心圈，力争引进至少一家超五星级酒店。二是培育壮大"五创五美"产业，持续推进

新能源商用车整车及核心零部件、补能配套的补链强链；着力引进八大菜系连锁品牌，吸引米其林、黑珍珠类餐饮企业落地；引导美妆企业向制造业上下游延伸，形成完整产业生态；加强美妙试听、美满身心类项目应用场景供需对接。启动智能网联商用车试点和低空经济试点基地建设。

3.加大招商引资力度

一是强化产业图谱招商，聚焦"5+5+X"产业新赛道的关键环节和缺失环节，标出行业龙头企业，全年围绕全产业图谱形成招商目标企业不少于100个。落实市级招商引资"1+X"政策，做好项目策划储备、接洽谈判、落地推动等工作。二是发挥基金招商效能，引进10个以上未来产业项目。落实场景招商，扩大智能网联商用车试点、低空经济试点范围，持续梳理文旅、医疗、养老等美妙视听、美满身心类项目应用场景，不断开放供需对接，推动城市级全域多元应用场景开放。三是强化重点目标招商，密切与工信部产业促进中心合作，瞄准全国范围内有出海业务的1100多家专精特新"小巨人"企业开展重点招商，争取落地一批优质企业的国际总部或国际业务出海总部。

4.强化空间要素保障

一是增强优质园区承载力，开工建设新能源商用车产业园、新型能源与系统产业园、智能制造产业园、专精特新产业园、软三北站片区、空天产业园6个先进制造业专业园区。推动至少15个"工改工"项目。二是深化园区标准化建设，加快推动园区投资公司向市场化建设管理平台、专业化产业服务平台、集成化资源运营平台转型。三是盘活存量土地资源，提高土地利用效益，探索创新预收储土地和储备土地管理利用机制，通过市场化出租、临时使用等方式对其加以利用，统一交由国有企业、有实力的民营企业或村集体经济承包管理。上线区级经营性空间信息平台，整合全区楼宇、厂房、土地等资源要素信息，为意向企业提供便捷、全面的空间资源服务。

（二）以城区品质塑形，打造宜业宜居魅力新城

1.持续提升城区品质

一体推进10个试点城中村改造工作，逐步淘汰高危低效产业，在后溪村试点"以修代租"模式盘活古厝老宅。完善路网体系，推动仙灵旗隧道（厦门段）、嘉庚大桥、金龙南路等24条道路建设，加快灌口西路、集美大道提升改造，谋划"杏林湾—十里长堤—龙舟池"连通工程。做好金龙南路、滨水中三路等4条断头路项目前期工作。新增1300个停车泊位。编制市政绿化导则，推动市政服务体系标准化、品质化、智慧化。

2.推动乡村振兴增效

建设区级农业科技产业园，发展"小、精、高"精品科技农业，打造具有"1+X+N"特色的农业全产业综合体。在软件园三期周边配套打造100亩智慧农业试验田，探索智慧农业应用新场景。开工建设三社阳光公寓、东部新城村集体地块，加快凤林美集体发展中心、乐安里综合发展中心等项目建设，推进村集体闲置资产活化利用和闲置收储用地临时利用。因地制宜发展生态旅游、田园采摘、休闲体验等农旅融合产业，升级"五乡情缘"旅游线路，力争一二三产融合发展用地取得实质性进展。抓好粮食和重要农产品

3.坚持绿色生态发展

巩固空气质量达标成果，持续开展工地扬尘、工业排放、餐饮油烟等污染专项治理。强化水环境治理，完成杏林湾生态环境整治提升一期工程，建设后溪工业组团水污染预警溯源系统和坂头—石兜水库饮用水源地隔离防护网工程。扎实推进土壤污染风险管控，加强重点企业周边土壤环境监管。逐步建立和完善垃圾管理和资源化利用体系，推动建筑垃圾资源化。持续清理整治高污染、高耗能"散乱污"企业，大力发展循环、绿色、低碳经济，不断拓宽"两山"转化路径。

（三）以民生福祉凝心，提升人民群众幸福指数

1.加速教育事业升档升级

推进省基础教育教学研究基地建设，建立学位供给动态调整机制，探索逐步扩大免费教育范围。新建、改扩建中小学4所，新增建设学位6690个。推进集美科艺实验学校开工，加快厦门五中集美校区等建设进度。深入实施大中小学思政课一体化改革，加快构建"全域五育"协同育人格局。深化"高位嫁接、名校引领、深度合作"办学模式改革，强化与省内外高校、名校合作共建办学。深化"1+X"合作办学体制改革，扎实开展城乡义务教育优质均衡发展行动。

2.推动卫健服务提标强能

创新医防协同、医防融合机制，做好突发传染病应对处置，加强重大慢性病健康管理。加大优质医疗资源供给，加快杏林医院及血站分中心建设。提升基层医疗服务能力，推动区妇幼保健院综合楼、北站社区卫生服务中心适应性改造和侨英街道社区卫生服务中心分中心等项目建设。加快布局康养和心理产业，与华西医院合作打造华西健康产业园，与清华大学、北京师范大学、中国科学院心理研究所、中国心理学会等合作共建全国第一个心理产业基地。

3.促进社会保障提质增效

深化"社区四件事"改革，聚焦生育困境和养老痛点，以服务嵌入为路径，在全区各社区全面铺开养老、托育、健康、课后"社区四件事"。促进高质量充分就业，积极落实精准匹配就业、靶向扶持创业、公益性岗位安置托底等措施，统筹抓好高校毕业生、退役军人、农民工等重点群体就业工作。积极筹建软件园三期人力资源服务产业园。支持居民刚需和改善性住房需求，建成交付西滨、陈井、三社等安置房，有序推动安置房转房票试点工作。持续关爱"一老一小"，投用侨英街道、杏滨街道养老服务照料中心和太保源申康复医院，全面推动开设长者食堂。增加普惠托育服务供给，建成区级托育综合服务中心，试点幼儿园"一园两制"，持续推进国企托育服务机构建设工作。

（四）以多元共治聚力，探索社会治理新路径

1.提升基层治理水平

依托覆盖全域的"智慧集美"平台，落实多元调解融合，实现精准管控安置帮教对象，建成全区矛盾纠纷调解专家库。持续推动三级综治中心实体化、实战化运行，着力构建功能突出、高效运转的基层治理体系。践行"四下基层""枫桥经验"，坚持预防在先、调解优先，推进领导干部下访和信访工作法治化。

2.筑牢安全防线

深化安全生产工作改革，出台全区安全生产工作体系改革实施方案，组建安全治理大队，构建"队伍排查检查＋镇（街）综合执法＋片区联合执法"的安全监管模式，确保重点区域、重点领域、重点企业、重点时段监管全覆盖。强化应急基础，加快建设城市安全风险综合监测预警平台、应急救援力量管理信息系统平台和应急救援培训实训基地，推动针对重大安全风险的一批"人防、技防、工程防、管理防"措施落地见效。强化源头监管，印发重点行业领域日常检查事项清单，加强动火作业、高处作业和有限空间作业等高风险作业巡查监管，抓实各类专项整治闭环见效。强化科技赋能，搭建城市安全"空天地"立体化感知监测网，打造城市安全风险综合监测预警集美样板。

3.防范化解潜在风险

强化专项债全生命周期管理，确保违规举债不发生、隐性债务不新增、"三保"①资金不断链。严厉打击金融违法犯罪，持续开展涉众型金融领域专项整治行动，牢牢守住不发生系统性金融风险底线。做好"保交楼"工作，促进房地产市场平稳健康发展。

（五）以改革创新破题，激发发展活力动力

1.深化财政综合改革

注重"开源"，搭建股权财政框架，加快推动高质量发展基金及产业促进基金实现专业高效运作，强化与光源资本等知名FA（财务顾问）机构合作，深挖优质标的，加大跟投力度；丰富基金矩阵，重点招育高质量创投企业、耐心资本、长青基金。合理"节流"，通过优化评审机制、突出绩效导向、完善支出标准、硬化支出约束等途径，推进零基预算改革，重塑预算管理机制。全面梳理部门预算项目，完善支出分类清单；优化区对镇财政管理体制，实现镇级财权与事权相统一；探索引入城市建设基金支持重点片区开发；完善国企差异化分类考核评价体系，强化国企经营业绩与工资总额考核，推动区属国企降本增效。

2.探索城市更新新模式

探索以城市经营反哺财政新路径，打造区级空间信息平台，动态显示全区可投资、可经营空间资源，招引优质投资方、运营商进行市场化投资、专业化运营，从而助推社会投资增长、城市品质提升、出租收

---

① "三保"指保基本民生、保工资、保运转。

益增长。加快城中村和农村发展方式转变，鼓励村集体和村民以土地入股与社会资本合作建设产业园区、学生公寓等新集体产业。探索政策性住房体系新突破，全面借鉴新加坡组屋模式发展配售型保障房，搭建起政策性商品房、政策性长租房、高校长租房、大学生周转房4类房源的政府公共住房体系。

3.持续提升政务服务效能

以"我为群众办实事"实践活动为载体，深化"政务服务提升三年行动"，推动15分钟便民服务圈全面铺开。在行政大厅落地实体化运作的"企业服务中心"，形成"企业落地一件事"。做实做细政务服务进校园，延伸到学校的创新创业基地，深挖、跟踪、培育高校孵化项目，助力高校科研和创业成果更好地落地成长。进一步强化规模以下样本企业服务工作，针对本地成长性好的企业，纳入样本村居企业范围，为规模以下工业经济注入新增长点。推动政务服务台胞台企"一件事"申报为国家级为台服务特色案例，加大台胞台企服务和宣传工作。创新对台金融产品，提供对台金融服务便利化窗口，为台资企业转型升级和台青创新创业提供金融支持，推动税收同等待遇落实。

参考文献

[1]厦门市集美区人民政府.2025年政府工作报告[R/OL].（2025-02-06）[2025-03-03].https://iqb.jimei.gov.cn/xxgk/xxgk/gzbg/F398/202502/t20250206_1088497.htm.

[2]厦门市人民政府.厦门统计月报[R/OL].[2025-03-03].https://www.xm.gov.cn/zwgk/tqjj/xmsj/xmhgyb/.

课题指导：彭朝明　黄光增
课题组长：肖凌欣
课题组成员：谢　强　林　智
课题执笔：肖凌欣

第六章

海沧区2024年发展述评与2025年展望

一、2024年发展述评

2024年，面对外部压力加大、内部困难增多的复杂严峻形势，海沧区经济运行呈现总体平稳、稳中有进态势。全区地区生产总值接近1100亿元，规模以上工业产值突破2000亿元，第三产业增加值增速位居全市第一，全年生产供给稳定，新动能加快形成，高质量发展扎实推进。

（一）综合评述

1.经济运行向上向好

2024年，全区地区生产总值增速超过全省、全市平均水平，年均增速呈现先降后稳步回升的向好态势。其中，海沧区区级财政收入增速呈现小幅增长后平稳再下降最后稳步回升的态势，自3月份至8月份和后2个月的增速均高于全市地方级财政收入增速水平，经济发展的总量和质量整体向好。详情参见图6-1至图6-3。

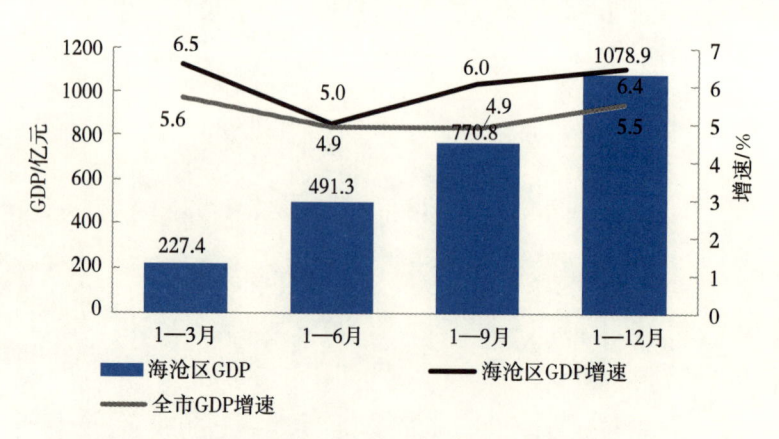

图6-1 2024年海沧区GDP及增速与全市增速比较

数据来源：厦门统计月报、海沧区统计局。

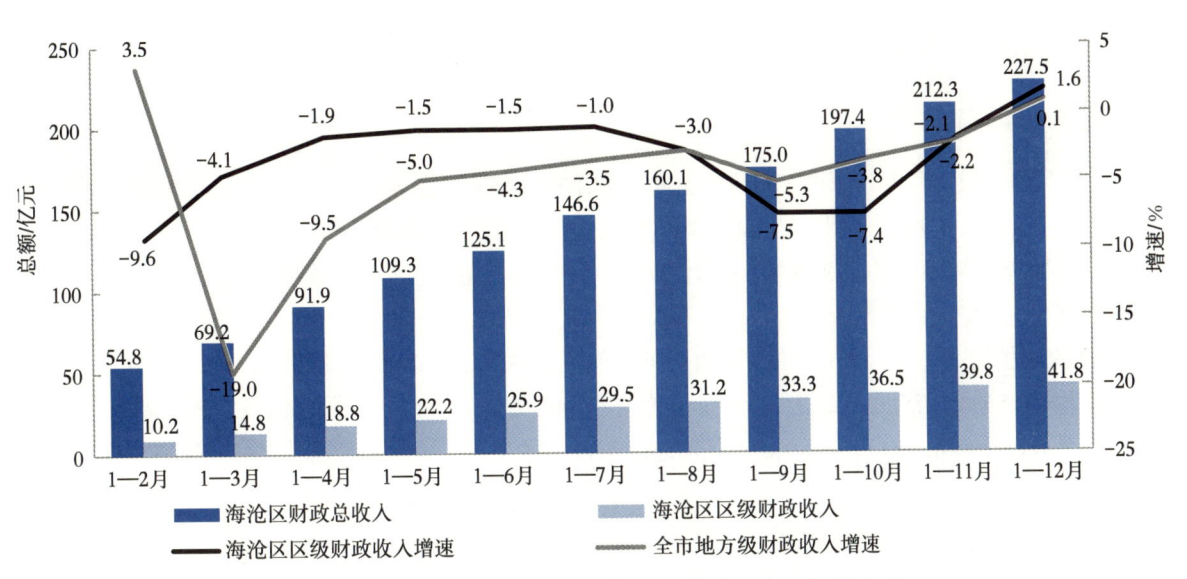

图 6-2　2024 年海沧区财政收入及增速与全市增速比较

数据来源：厦门统计月报、海沧区统计局。

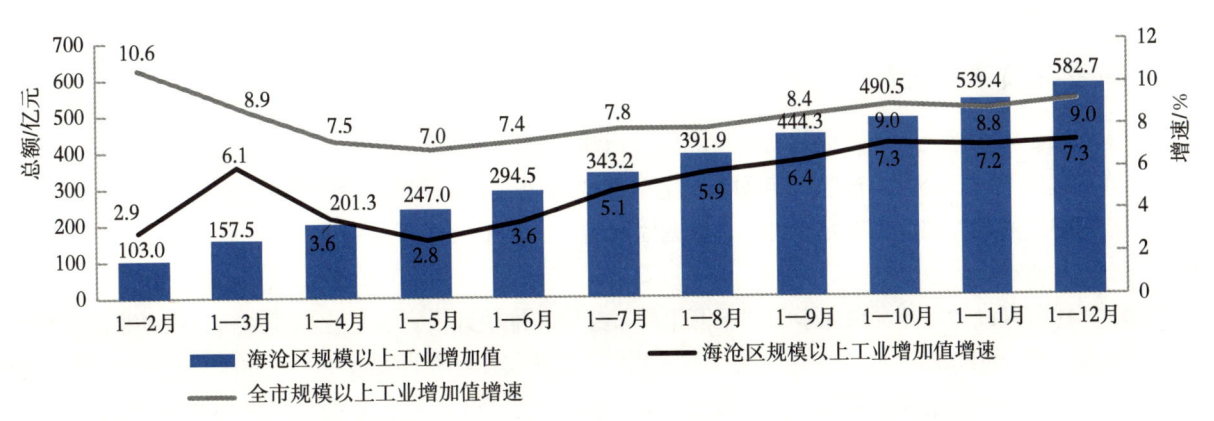

图 6-3　2024 年海沧区规模以上工业增加值及增速与全市增速比较

数据来源：厦门统计月报、海沧区统计局。

2.现代产业提质增效

一是先进制造业蓄势升级。全区规模以上工业增加值增速呈现稳步增长态势，62 家企业入选全市先进制造业倍增计划，中仑新材在创业板成功上市，艾德生物、厦钨新能成为国家级制造业单项冠军，戴尔乐高尔夫球车在个人用途市场占有率世界第一。招商实绩竞赛排名保持全市前列。总投资 120 亿元的士兰集宏 8 英寸碳化硅项目落地开工，在库增资扩产项目 228 个、总投资 488 亿元。

二是现代服务业扩容提质。新兴业态持续壮大，市场活力持续迸发，商业品质持续提升。中国（厦门）智能视听产业基地海沧拓展区引进企业 93 家、注册资本金达 10.5 亿元。开展购车节、家电以旧换新等促消费活动，加快发放消费券和补贴，撬动销售额 10 亿元。以文旅创意为特色的城市交通商业综合体 3Q 城开业在即，SM 马銮湾项目即将完工，全市首个五星级海洋酒店宏东渔旅酒店加快建设。

三是营商环境持续优化。企业服务不断深化，新增商事主体 1.1 万户，总量达 7.8 万户。在全省创新成立企业"进不了窗口"事项综合服务中心服务生物医药产业发展分中心，开创政医企协作新格局。政务服务拓面提效，全流程网办事项占比75%，排名全市各区第一。

3.发展势能持续增强

一是创新势头强劲有力。深入实施科技创新引领工程，建立"张榜选帅、揭榜挂帅"机制，海沧区全社会研发投入强度达5.09%，企业研发投入增长18.2%。净增国家级高新技术企业64家、累计530家，新增国家级专精特新"小巨人"企业1家、累计29家，深化与上海交通大学等高校产学研合作，科技创新为培育新质生产力注入不竭动能。

二是有效投资不断扩大。96个省、市重点项目建设全面加速，投资完成率超125%。士兰集宏项目从拿地到开工仅用55天，鑫朋工贸项目实现全市首例"四证同发"。持续加强项目储备，新策划2000万元以上项目92个，总投资增长115%。产业项目加速投资，全区在建亿元以上产业项目数和投资额均排名全市各区第一。

三是改革开放协同发力。以综合改革试点引领全面深化改革，低效工业用地再开发、环保数字化监管、跨海峡支付新机制3个项目被列为全市"三争"改革示范案例。开放步伐越迈越大，海沧港集装箱吞吐量达889万标箱，占厦门港总量超七成；中欧（厦门）班列开行52列、货值超17亿元。开通首条跨境电商对台直航航线。

4.城乡品质不断进阶

一是基础设施日趋完善。交通路网不断优化，新建、改造道路6.5公里，海沧鳌冠大道开工建设，石囷路等道路建成通车，公共停车位、电动车充电口加快布局。海沧新城综合交通枢纽项目荣获2024年中国土木工程詹天佑奖。加快实施城市更新，改造提升老旧小区19个，惠及居民超4000户，居住环境大为提升。

二是乡村振兴成效显著。深入学习"千万工程"经验，加快建设宜居宜业和美乡村。推动整治农村房前屋后环境问题，持续推动40个乡村振兴试点示范项目，古楼农场获评福建省美丽休闲乡村。持续壮大农村集体经济，19个集体经济发展项目有序推进，祥露祥禾广场商业综合体开业。率先全市建设引客下乡综合服务平台，带动农文旅产业实现增收。

三是生态环境持续改善。高质量完成厦门西海域省级"美丽海湾"创建。空气质量综合指数位居全市首位。地表水功能区达标率、土壤安全利用率均达100%。新增（改造）园林绿地87.4万平方米，建成4个"口袋公园"，实施海沧湖环湖景观提升及清淤工程，完成体育中心南、北侧公园改造升级，为市民打造家门口的湖光绿岸。

5.民生福祉殷实普惠

一是教育质量稳步提升。入选首批"全国中小学科学教育实验区"，为全市唯一。华东师范大学附属中学四期等5个项目建成投用，学位数持续增加，海沧职业中专扩建项目也开工建设。高考特殊控制线上线人数创历史新高，中考学业评估值保持岛外各区第一。

二是健康海沧加快建设。复旦肿瘤厦门医院开业运营；海沧医院完成病房改造提升，改扩建一期工程同步获批开工，建成后病房床位数达1000张。国家基本公共卫生服务考核蝉联全市各区第一。

三是社会保障提质增效。民生社会事业投入占财政支出超七成。城镇新增就业1.87万人。加大"一老一小"保障力度，第二社会福利中心项目封顶。区托育综合服务中心开工建设，新增普惠托育机构4家。每千人托位数达4.34个，数量全市各区最高。有序推进过坂社区综合服务中心等便民服务场所建设改造。

（二）主要问题

1.经济增长面临压力

经济稳增长基础还不牢固，产业结构转型升级亟待加速，新旧动能转换尚未完成，龙头项目、头部企业偏少。生物医药、新能源、新材料等主导产业实力不强、规模偏小，现代服务业发展相对滞后，对经济的拉动作用较弱。传统出口外贸行业受外部环境影响较大，外贸新动能有待培育。民间投资意愿不强，发展后劲仍需进一步夯实。

2.城区品质有待提升

海沧湾新城和马銮湾新城发展较为成熟，但沧江新城、鳌冠新城等发展有待加快，产、城、人融合发展不足。交通骨干路网与海沧港区、铁路的衔接仍需优化，基础设施辐射带动功能有待提升。城中村的基础设施相对老旧，环境卫生相对薄弱，对城区环境和品质提升造成影响。

3.公共服务有待完善

公共服务供给不足，文化、教育、医疗、养老服务对满足不同层次人口的需求仍存在差距。优质教育资源不足，特别是优质基础教育资源较为紧张。优质医疗卫生资源稀缺与居民需求存在一定差距。城乡基础设施和公共服务配套仍存在明显差异。

二、2025年发展展望

（一）有利因素

在产业方面，2025年全球产业发展将呈现数字化转型加速、分散制造模式兴起、智能化与自动化水平提升、绿色转型、科技创新加快以及半导体产业复苏等趋势，将给海沧产业发展带来新机遇。国内将继续致力于科技创新突破和应用加快，产业将朝着高端化、智能化、绿色化方向深入发展，从而为海沧新兴产业、未来产业发展提供机遇。

在消费方面，国内将推进提振消费专项行动，加力扩围实施消费品以旧换新、优化消费结构、发展新型消费等，持续释放消费潜力，大力提振消费，全方位扩大国内需求。海沧将把消费作为拉动内需的重要引擎，推动SM等城市消费综合体加快建成投用，充分挖掘滨海岛屿等特色文旅资源，大力培育消费新业态，加快培育和壮大新型消费，持续增强消费对海沧经济增长的拉动作用。

在投资方面，国内将加快推动"两重"建设，扩大有效益的投资，统筹用好中央预算内投资、超长期特别国债、新增地方政府专项债等各类建设资金，持续推动重大项目引入民间资本。海沧将持续做大做强项目盘子，全力推动储备项目促落地，同时结合产城融合发展需要，加快征拆工作，为产业发展腾出更大空间。海沧区四大新城、港区集疏运体系建设、轨道交通、城市更新等重大项目将助推投资加快增长。

（二）不利因素

2025年，全球经济增速放缓、贸易保护主义抬头等将导致出口市场萎缩，进而影响海沧区的出口导向型产业。国际金融市场的不稳定也将影响外资流入，对海沧区的投资环境造成挑战。海沧区传统产业的转型升级仍需要时间和资源投入，高端人才和创新型人才的缺乏将制约海沧区在新兴产业和高科技领域的发展。区域竞争加剧，其他区域在吸引投资、优化营商环境、发展新兴产业等方面更加积极，对海沧区的经济发展将构成挑战。

三、2025年对策建议

根据海沧区政府工作报告，2025年海沧区地区生产总值增长6%左右，规模以上工业增加值增长10%左右，固定资产投资、地方一般公共预算收入、居民人均可支配收入等稳定增长。结合国内外宏观经济形势和上述影响因素，要实现上述目标，海沧区需进一步全面深化改革，扩大高水平对外开放，推动经济持续回升向好，不断提高人民生活水平，保持社会和谐稳定，在更高起点上建设高素质高颜值国际一流湾区。

（一）扩大有效需求，推动经济运行稳中向好

一是提高投资效益。加强项目谋划储备，全力争取中央预算内资金、专项债、特别国债等政策性资金。围绕"3+3+4"产业规划布局，着力扩大产业投资，支持企业增资扩产和技术改造，全力推进和保障省、市重点项目建设。更大力度推进"两重"等项目建设，鼓励工业、交通、建筑等领域设备更新，深入实施城市更新，积极扩大有效投资。创新招商引资，强化财政金融协同，推进政府主导招商与市场化招商双轮驱动，注重以政府投资有效带动社会投资。

二是激发消费潜力。大力提振消费，挖掘餐饮、住宿等基础型消费潜力，激发文化娱乐、体育健康、旅游等改善型消费活力，培育壮大数字、绿色、直播电商等新型消费，全方位扩大消费需求。加大力度落实"两新"政策，用好消费券、优惠券等撬动工具，释放更多消费潜能。推动阿罗海等成熟商圈焕新升级，力促SM马銮湾项目开业，培育打造品质型、提升型"城市一刻钟便民生活圈"。积极发展首发经济，大力引入国内外知名品牌，支持首店、首展、首秀，培育壮大"互联网+"新型消费。

三是提升外贸能级。积极应对国际外贸新形势，健全企业精准帮扶机制，稳住外贸基本盘。帮助企业稳订单拓市场，精心组织企业参加国内外重点展会，促进市场对接、渠道对接、品牌对接。加快跨境电商产业布局，支持头部跨境电商平台在海沧区设立区域性、功能性总部，推动传统企业转型，推动建设若干个产业特色鲜明、功能配套完善的跨境电商产业园。积极发展服务贸易、绿色贸易、数字贸易，着力发展更高水平的外向型经济。

（二）加快转型升级，推动产业发展提质增效

一是培育壮大产业集群。构建动能持续、梯次发展的"3+3+4"现代化产业体系。推动电子信息、机械装备、商贸物流三大支柱产业持续壮大，引导生物医药、集成电路、新材料与新能源三大战略性新兴产

业融合集群发展，瞄准第三代半导体、基因与生物技术、低空经济、氢能与储能4个未来产业，加强新技术新产品新场景应用，建设未来产业先导区。同时，大力发展特色产业推动智能家居、食品加工、视讯等传统优势产业转型升级，着力提品质、创品牌，打造区域特色产业集群。加速培育具有产业链整合能力的制造业领航企业、集群龙头企业，引导产业链上同类型企业集聚发展，加快形成产业链、创新链、人才链、资金链融合发展的产业生态。持续完善产业园区功能配置，提升市场化、专业化运营水平，加快打造产业集聚、定位鲜明、配套完善、功能完备的产业园区。

二是提升科技创新能力。加强企业技术中心、重点实验室等平台载体，积极打造创新平台，新增一批省、市重点实验室。全面落实科技创新五年专项规划，建立企业梯度培育机制，构建国家级高新技术企业、国家级专精特新"小巨人"企业、国家级科技型中小企业等创新型企业群体。鼓励企业主动对接国内外高校院所，深化产学研合作，促进科技成果转化应用。深入实施"国际一流人才湾区15条"，培养一流科技领军人才和创新团队，建设一流产业技术工人队伍。

三是加速"智改数转"步伐。推进人工智能赋能新型工业化，实施新一轮"智改数转网联"行动计划，推动"数字画像诊断"向中小企业延伸，加速制造企业"上云用数赋智"，建设"数实融合"强区。聚焦电子信息、高端装备、食品等重点行业，打造一批智能制造典型示范场景，力促安井三厂、宏发临港工厂等创建"黑灯工厂"。推动网络、数据、算力等新型数字基础设施建设，加快数据要素市场培育，布局建设算力中心。

（三）提升功能品质，打造宜居韧性智慧城市

一是完善基础设施配套。加快城区路网建设，完善轨道规划线网建设，加快推进轨道交通4号线和8号线海沧段、城际轨道R1线（厦门段），推动轨道站点及周边开发。加强供水、供电、燃气、通信等设施的建设和改造，全面提升污水和生活垃圾处理能力，大力发展海绵城市。加快绿道、跑步道、口袋公园建设，着力拓展群众休闲空间。大力实施城市更新，加快推进老旧小区、老旧商业综合体、老旧厂房的改造提升。

二是加强城区精细管理。开展城市交通微治理，整治非机动车乱停乱放，规范设置便民潮汐摊区，加快建设地下停车场、立体停车场、充电基础设施，着力改善停车难、充电难问题。持续提升市政管养、绿化养护、环卫保洁水平。提升住宅小区管理水平，加强业委会规范化建设，提高物业服务品质。加快智慧城区建设，运用大数据、云计算、人工智能等技术手段赋能城区治理，全面提升物业、医疗、交通等领域智慧化程度。

三是加快乡村全面振兴。绘就乡村振兴新图景，让农业更优，让农村更美，让农民更富，在推动区域协调发展和城乡融合发展上做出示范。大力发展城郊型高附加值特色农业，高质量推动特色花卉产业转型升级，高标准打造良种繁育基地。学习运用"千万工程"经验，持续推进乡村振兴精品示范建设，深化人居环境综合整治，加快美丽乡村建设，打造宜居宜业和美乡村。推进农民收入倍增计划，通过盘活低效资产、发展特色产业等方式，不断提升农民收入。

四是提靓区域生态环境。牢固树立和践行绿水青山就是金山银山的理念，协同推进降碳减污扩绿增长。深化环境污染防治，积极融入国家生态文明试验区建设，深入打好蓝天、碧水、净土保卫战。营造优美宜居环境，大力推进城市绿地开放共享，加快海沧湖环湖景观提升二期建设，持续提升重要节点景观品质。加快绿色低碳转型，培育壮大绿色环保产业，深化低碳社区建设。

（四）增进民生福祉，提升群众生活幸福指数

一是做优教育服务供给。积极应对学龄人口变化，优化学校结构和布局，扩大优质教育规模。开展基础教育扩优提质行动，深化集团化办学改革，构建良好的教育生态和育人环境。推进南岛九年制学校等项目建成，加快海沧职业中专扩建等项目建设。加快智慧校园、智慧课堂建设，打造教育信息化制高点。开展新时代立德树人工程、教师素质提升工程，探索家校社协同育人新模式，努力打造教育强区。

二是做好卫生健康服务。加快海沧医院改扩建一期工程建设。做优辖区医院优势学科、中医院特色专科品牌，推进基层中医特色专病专科建设，不断提升中西医发展质量。实施新一轮社区卫生服务中心标准化建设，推动硬件升级和功能优化，依托医联体和三级医院，大力开展"名医工作室""护理工作室"等建设，提升社区卫生服务水平。加强传染病监测预警能力，提高重大公共卫生风险防范能力。

三是做实民生基本保障。深入实施就业优先战略，统筹做好高校毕业生等重点群体就业服务。建立健全社会救助监管体系，动态监测预警低收入家庭、零就业家庭等困难群体，兜牢民生底线。健全养老服务体系，深化"物业＋养老""近邻养老""医养融合"等服务模式，支持民间资本兴办养老机构、老年餐厅。提升托育服务质量，发展多种形式的普惠托育服务，推动区托育综合服务中心竣工交付。

四是做活文体旅融合文章。推动文化传承发展，创新传播手段和载体，打造保生大帝、颜思齐等文化IP，精心做好新垵古厝片区活化利用。丰富优质文旅产品供给，加强与行业商协会、头部企业等深度合作，着力提升天竺山景区品质，加快开发一批特色主题旅游线路和文旅产品。积极促进体育消费和赛事经济，广泛开展群众健身活动，加大全民健身场地和配套设施供给，办好厦门海沧半程马拉松等赛事。

（五）深化改革开放，持续激活发展动力

一是增强对外开放优势。持续推进港口高质量发展，优化港区集疏运体系，加快海沧南大道（马青路—沧江路段）、港北路等道路建设，完善集卡停车场及配套服务。促进港口与贸易、物流、金融等产业有机结合，加强与自贸试验区联动合作。提升中欧班列运行品质，支持跨境电商、保税研发和维修等新业态发展。深度拓展"一带一路"共建国家、金砖国家市场，深化开展多层次多领域务实合作。

二是打造最优营商环境。持续升级优化营商环境，让各类市场主体在海沧运营成本更低、办事效能更高、贸易投资更便利、发展预期更稳定。深入推进"放管服"改革，提高企业"进不了窗口"事项综合服务中心效能。深化营商环境企业诉求办理机制，着力降低企业融资、物流、用工、能源等成本，鼓励促进现有企业转型升级。探索建立企业优质产品目录，支持重点产品推广使用。加快园区标准化建设，进一步规范涉企执法监管行为。

三是深化两岸融合发展。围绕集成电路、生物医药等重点领域，密切两岸行业协会对接交流，落地一批优质台资企业和项目，引进一批科研人员及专家人才，打造高端产业聚集区。加快推进海峡两岸交流基地项目建设，办好海峡两岸保生慈济文化等系列交流活动，打造温馨暖心生活区，深化落实同等待遇，加力优化行政审批、就医就学、权益保障等服务。鼓励引导台胞台企深度融入乡村振兴、社区治理等公共事务，打造交流交往融合区。

参考文献

[1] 厦门市海沧区人民政府.2025年海沧区政府工作报告［R/OL］.（2025-02-10）［2025-03-02］.https://www.haicang.gov.cn/xx/zdxxgk/jbxxgk/ghjh/zfgzbg/202502/t20250210_1088981.htm.

[2]厦门市海沧区人民政府.海沧区国民经济和社会发展第十四个五年规划和二〇三五年远景目标纲要[R/OL].（2021-04-23）[2025-03-02].https://www.haicang.gov.cn/xx/zfxxgkzl/zfxxgkml/hcqrmzfgwh/jgzn/202104/t20210429_781784.htm.

[3]海沧区统计局.2024年海沧区主要经济运行情况[R/OL].（2025-02-10）[2025-03-02].https://www.haicang.gov.cn/xx/zdxxgk/jbxxgk/tjxx/ndsj/202502/t20250210_1088755.htm.

课题指导：彭朝明　彭梅芳
课题组长：陈国清
课题组成员：彭梅芳　林汝辉
　　　　　　刘飞龙　林　静
课题执笔：陈国清

第七章

同安区 2024 年发展述评与 2025 年展望

一、2024 年发展述评

2024 年，同安区在经济发展、城市建设、民生保障等方面取得较好成绩。经济运行稳中蓄势，地区生产总值迈上新台阶，规模以上工业增加值增幅排名全市第二，工业强区效应逐步凸显，新能源、机械装备等主导产业链持续完善，数字经济与先进制造业深度融合，文旅消费持续回暖，全区接待游客、旅游收入均实现两位数增长。交通基础设施建设稳步推进，洪新路等 4 条市政道路建成通车，新城建设与老城更新并行推进，西湖片区综合开发启动，古城片区功能升级。民生保障持续加码，基础教育提质扩容缓解学位压力，新建医院投用提升医疗水平，养老床位和普惠托育机构增量扩面织密社会保障网，人民群众的生活质量和幸福感进一步提升。

（一）发展综述

1. 经济运行平稳回暖

2024 年，全年完成地区生产总值 801.27 亿元，同比增长 7.2%，全区第一季地区生产总值为全年最低，此后逐季回升，呈现向好趋势。财政总收入 112.99 亿元、区级财政收入 22.56 万元，居民人均可支配收入平稳增长。完成固定资产投资 383 亿元，建筑业总产值增长 23.2%。三次产业结构优化为 1.3∶57.8∶40.9，工业支撑更加有力，规模以上工业总产值占全市比重达 18%，规模以上企业增产面较上年提升 21.2 个百分点，规模以上工业增加值增幅较上年提升 15.5 个百分点，工业对地区生产总值的贡献率超 80%。全年社会消费品零售总额实现总量 403.51 亿元。地区生产总值、规模以上工业增加值等 6 个指标基本完成年初预期计划。详情参见图 7-1 至图 7-4。

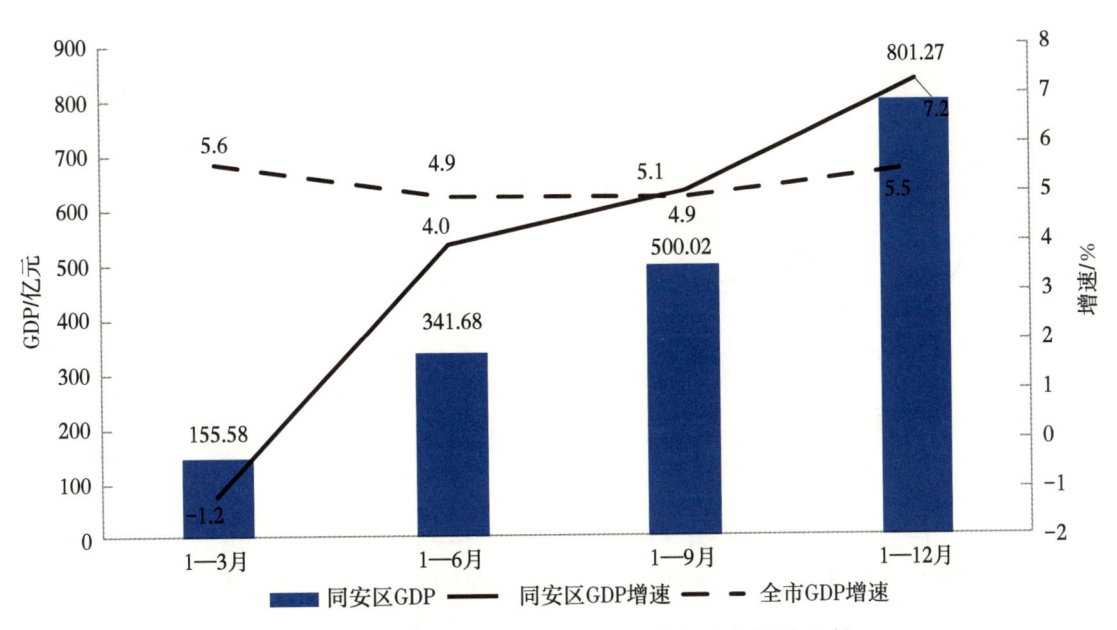

图 7-1　2024 年同安区 GDP 及增速与全市增速比较

数据来源：厦门市统计局、同安区统计局。

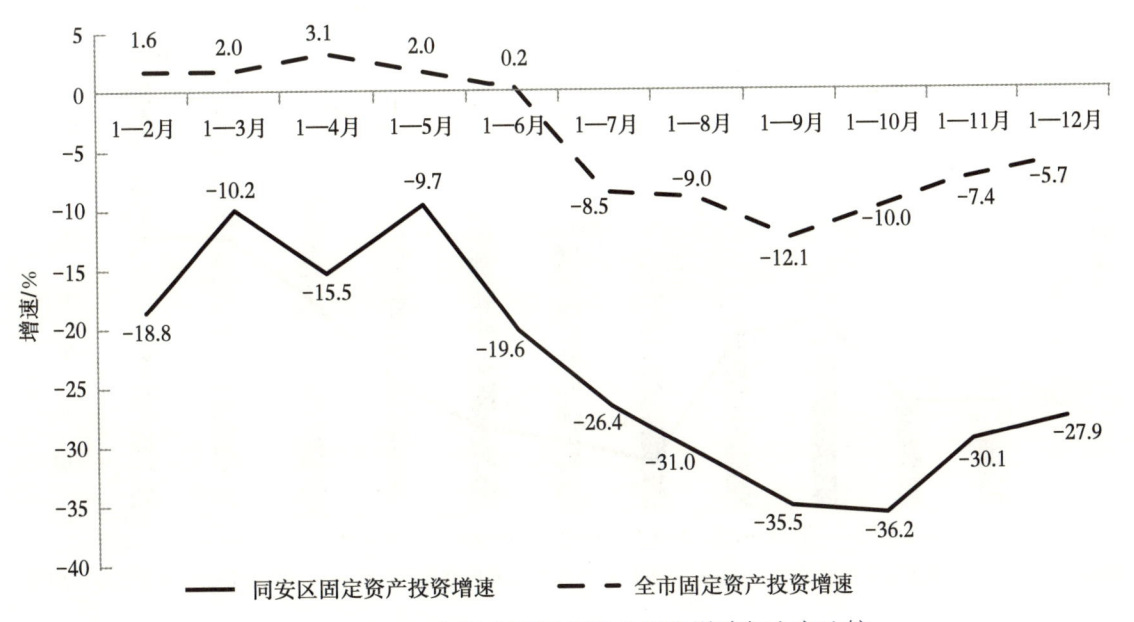

图 7-2　2024 年同安区固定资产投资增速与全市比较

数据来源：厦门市统计局、同安区统计局。

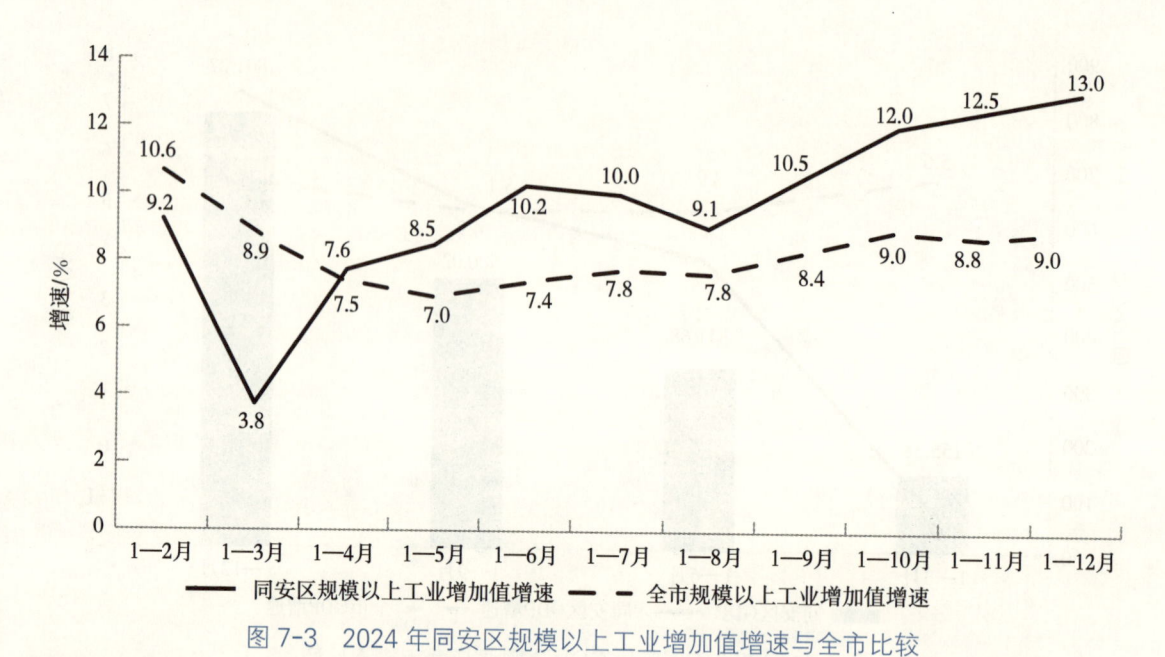

图 7-3 2024 年同安区规模以上工业增加值增速与全市比较

数据来源：厦门市统计局、同安区统计局。

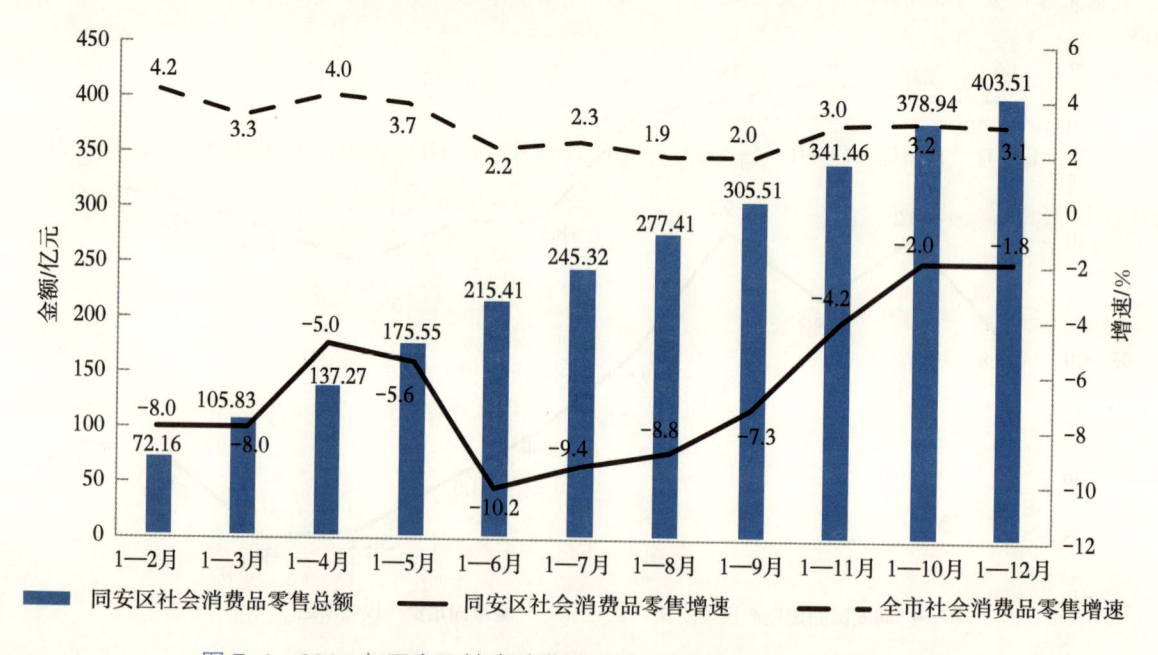

图 7-4 2024 年同安区社会消费品零售总额及增速与全市增速比较

数据来源：厦门市统计局、同安区统计局。

2.发展动能不断增强

一是投资招商同步发力。坚持可用空间优先保障产业项目，推动新增、盘活产业空间 2400 亩，工业用地出让面积位居全市第一。围绕重点产业链群和重大产业项目上下游开展精准招商，推动实证储能研究院等 68 个重点项目签约和落地。深化校友招商，成立同安一中企业家校友联盟，实际到位外资增长 9.7%。

二是消费文旅加快回暖。消费环境持续优化，成立全省首个消费环境协同治理中心，兑现消费品以旧换新补贴超 4 亿元，拉动家电、汽车等领域消费超 20 亿元，2024 厦门国际啤酒节主会场落地同安，带动"啤酒+"消费近亿元。文体旅加快融合，设立全市首只文体旅产业基金，打造银城文旅季、环东风情季、时尚运动季等文旅主题，举办百场文旅活动，10 余部影视剧在同安取景拍摄，25 个文化影视产业项目顺利签约，成功举办铁人三项、马拉松、帆船等系列体育赛事，全年接待游客、旅游收入分别增长 16%、17%。

三是营商环境持续优化。全国首创"集成式办税云枢纽"，全市首推公安领域综合窗口，这一模式被评为市"十佳"营商环境创新举措。葛兰瑞克产业基地实现"交地即开工"。京东东和等 5 家企业入选 2024 年福建省民企 100 强。全市首创国际化人才创新创业基地，引育高层次人才 150 名。

3.产业结构转型升级

一是工业强区加快推进。举办制造业发展大会，规模以上工业增加值同比增长 13%，增幅排名跨越式突破至全市第二。新能源产业产值同比增长 46%，新能安系成为区内第二个百亿级企业，海辰储能获评全国供应链创新与应用示范企业，储能电池入选全省产业链供应链质量赋能重点项目。新型显示加快发展，思坦科技率先迈入 Micro-LED 高速量产时代。预制菜产业加快壮大，燕之屋、海福盛等预制菜产业项目投产，全国首个以地区冠名的"东南预制菜产业发展指数（同安指数）"正式发布。

二是服务业潜能持续释放。爱琴海购物中心正式开业。举办文旅经济发展大会，草莓音乐节落地环东云谷。宁德时代溥泉碳中和基金、赛富金钻二期基金、旺旺中金产业基金签约落地，科学城基金湾区落地基金规模超 350 亿元，较上年翻一番。

三是现代农业高质量发展。都市现代农业产值增长 12.5%，完成全年粮食播种总面积 3.27 万亩，建成高标准农田 3470 亩。农业品牌更加响亮，同安凤梨穗龙眼入选全国名特优新农产品，"褒美进士芋"地理标志证明商标获准注册，实现厦门近 10 年来地理标志商标增长"零"的突破。成功创建国家级台湾农民创业园，全省闽台产业园建设成效评估连续 3 年排名前三。

四是创新驱动能级跃升。全年净增国家级高新技术企业 143 家，增量位居全市第二，国家级专精特新"小巨人"企业增至 24 家，有效发明专利同比增长 36.2%，增幅位居全市第一。创新载体加快建设，厦门科学城未来产业园建成投用，I 号孵化器新增入驻科技企业、科研机构 41 家，转移转化关键技术 23 项。新质生产力加速培育，建潘鲲鹭物联网技术研究院上榜全国首批新质生产力企业榜单，保沣集团荣获国家数字化转型标杆认定，全市首创国际化人才创新创业基地矩阵，组建全市首个驻村博士选调生服务团，全年引育高层次人才 150 名。

4.城乡建设步伐提速

一是片区建设提质升级。同安滨海新城和同翔高新城（同安片区）全年完成固定资产投资 240 亿元，占全区比重近六成；同安滨海新城移交承接工作顺利，爱琴海购物中心开业运营，片区常住人口超过 20 万人，"产城人"进一步融合；同翔高新城（同安片区）中燕之屋产业园等 5 个产业项目竣工投产，苏颂天文馆等 28 个公建项目加快建设，洪新路等 4 条市政道路建成通车，片区规模以上工业产值突破 350 亿元，增长 35%。同安工业集中区策划推进 35 个总投资 23.9 亿元的基础设施提质升级项目，西湖片区综合开发规划方案加快推进。

二是城乡面貌日益完善。市容环卫、建筑渣土等重点领域治理效果明显，获评省生活垃圾分类示范片区。城中村现代化治理提速，启动第二批 9 个试点村建设，推进项目 108 个，完成投资 8.5 亿元。地铁 6 号线（同安段）进度提前过半，古庄二路等 5 条市政道路顺利打通，新改建燃气管道 11.3 公里，建成区正本清源改造完成 85%。

三是乡村振兴全力推进。推广"土地流转+优先雇佣""订单收购+分红"等强村富民路径，农村居民人均可支配收入增长 5.9%左右，城乡居民收入比缩小至 1.9。打造"稻香上陵""乡水隘头"等乡村旅游品牌，三秀山村获评省"金牌旅游村"，莲花镇上陵村、五显镇四林村获评福建省美丽休闲乡村，全区乡村旅游人数、旅游收入分别增长 9%、11%，市级乡村振兴实绩考核位居全市第一。

5.民生福祉不断增进

一是公共服务量质齐升。教育质量不断提升，厦门实验中学（祥平校区）正式开办，兴贤学校等 6 所学校竣工，新增学位 9540 个，高考目标完成率连续 6 年保持全市前列，中考进步值连续两年位居全市第一，竹坝学校首夺全国中学生排球联赛初中组季军。公共医疗持续改善，市第三医院绩效考核位列岛外第一，苏颂医院基础学科全面开诊，汀溪镇获评国家卫生乡镇。文体事业繁荣发展，全市率先启动第四次全国文物普查，活化利用文物建筑 20 处，踩街表演时隔 24 年再次重启。完成紫荆国家级体育公园及 29 处近邻体育场建设，举办 23 场全民健身运动会。

二是社会保障更加健全。保障民生支出占一般公共预算支出比重超 80%，发放各类社会救助帮扶资金 1.14 亿元，惠及群众 1.6 万人次。就业服务持续发力，举办线上线下招聘会 126 场，累计提供就业岗位 3 万余个，兑现援企稳岗资金超 4700 万元，城镇新增就业 2.1 万人。住房保障加力推进，龙泉公寓一期保障房完工，提供房源 3250 套。"一老一小"保障加强，发放养老补助 1800 万元，祥和街道养老服务照料中心投用，农村幸福院三星达标率 100%；建成 6 家普惠性托育机构，改造 6 个幼儿园托班，新增托位 625 个。

三是社会治理不断改善。社会更加安全稳定，深入开展安全生产治本攻坚三年行动，海上船舶安全专项整治稳步推进，保持较大及以上生产安全事故、森林火灾和因灾死亡"零事故"。信访事项一次性化解率达 98.9%，矛盾纠纷调解成效好评率排名全市第一。做强"议理堂"品牌，化解矛盾纠纷 6695 件。常态化开展扫黑除恶，刑事警情下降 24.2%。重点领域风险防控持续加强，房地产领域风险整体可控，政府债务率保持绿色等级，食品药品安全工作稳定向好。

四是生态治理成效显著。生态文明实践深入推进，军营村绿色致富、埭头溪治理、环东浪漫线生态修复等案例成为"厦门实践"的重要组成部分获全国推广。水环境持续改善，6 个国省控断面水质连续 9 年 100%达标，西溪入选省级美丽河湖，同安湾入围国家级美丽海湾提名案例。绿色电力加快建设，抽水蓄能电站全面投产发电，每年可减少二氧化碳排放 44 万吨。园林绿化成效明显，完成植树造林 7250 亩，新改建郊野公园 39.2 公顷、绿道 11.1 公里。

（二）主要问题

1.经济发展较缓

一是经济总量规模靠后。2024 年，同安区已连续第四年在全市各区经济总量排名靠后。二是经济增速仍需提升。2024 年，同安区地区生产总值同比增速虽超过全市平均水平，但上半年地区生产总值增速依旧低于全市平均（图 7-1），全年落后于翔安区。总体看，当前全区面临较为严峻的经济总量不足与经济增速缓慢的双重挑战，经济稳增长压力较大。

2.新旧动能转换不快

一是产业转型不够彻底。同安区传统产业占比较高，高端家居智造等产业企业多数仍以代工型为主，整体竞争力不强，中小企业智能化、绿色化、数字化转型信心不足，新材料、人工智能等新兴产业尚处起步阶段，高能级创新平台和高技术产业企业数量较少。二是消费动能不足。社会消费零售总额增速远低于全市水平，全区市场活力不够；居民整体消费意愿不强，叠加城镇与农村的居民人均可支配收入（增速）均低于省市平均水平因素，制约了居民消费能力进一步提高。三是有效投资不足。固定资产投资增速全年负增长，且低于省市平均水平，项目建设拉动经济增长作用不明显。财政税收收入受到房地产行业影响，整体呈下降趋势，全区项目建设资金保障压力增大。

3.城乡融合发展仍需深化

城乡二元结构依然明显。一是城乡差距需进一步缩小，城镇居民人均可支配收入是农村居民的近两倍，农村与城镇在教育、卫生、养老、托育等基础设施和公共服务水平上差距较大，在城乡一体化、实现共同富裕等方面还需更大力度推进。二是乡村振兴需进一步加强，农业现代化程度不高，农村一二三产业融合不深，乡村建设缺少规划和特色，农村环境仍需改善。

4.公建配套建设有待提升

一是老旧设施亟待改建，工业集中区的部分道路、排水管网、电力等基础设施老旧，亟待开展新一轮升级改造。二是新城设施亟待优化，同安滨海新城常住人口已超过20万人，随着人口增长和居民需求多样化，对教育、文化、体育等公共服务设施的数量、种类、服务质量以及空间布局都提出了更高要求。三是交通出行便捷性亟待改善，新能源汽车充电桩等配套设施建设需加快步伐，地铁线路建设进度和覆盖范围仍有待提升，新城片区公交首末站建设较薄弱且站点分布不够平衡，偏远山区的公交线路和班次有待优化，老城片区停车场数量不足、停车难问题依旧存在。

二、2025年发展展望

（一）有利因素

一是全球和我国经济增长面整体向好。随着世界主要国家货币趋于宽松和通胀压力缓解，全球经济恢复向上的动能将逐渐积聚，有望迎来较为平稳的增长。国际货币基金组织（IMF）最新发布的《世界经济展望报告》预测2025年全球经济增速在3.2%左右，我国经济增速在4.5%左右。我国经济发展形势随着存量政策和增量政策协同发力，推动经济运行回升向好的有利因素不断增多，经济发展新动能不断涌现，为同安区经济社会发展创造了良好的宏观经济环境。

二是产业项目发展的政策保障进一步加强。2025年伊始，厦门市委办、市府办联合印发《厦门市2025年产业项目攻坚行动方案》，营造全市上下抢抓机遇、大抓项目、抓实项目的浓厚工作氛围。同安区作为全市老工业区，建设用地和工业用地资源丰富，自身处于产业结构调整的关键期，加上产业基础良好，在新能源、预制菜等领域已形成重点产业链，且拥有厦门科学城核心区，科技创新氛围浓厚，为优质产业项目落地提供了坚实基础，有助于推动全区产业项目在2025年实现高质量发展。

（二）不利因素

一是美欧等传统市场外贸出口和招商引资面临较大挑战。全球经济形势依然严峻复杂，地缘政治冲突的不确定性较高，贸易保护主义、单边主义持续抬头，以国家安全为导向的产业链供应链本土化、区域化调整趋势不断强化，未来同安区面向美国、欧盟等传统市场的产品出口面临更大下行压力。同时，跨国公司以及大型企业集团生产多基地布局的趋势将进一步强化，企业"走出去"对外投资进程进一步加速，给同安区招商引资带来较大挑战。

二是结构性矛盾和周期性问题更加突出。国内有效需求不足，固定资产投资受房地产投资拖累持续低迷，消费需求明显不振，需求走弱逐步向供给端传导，一定程度上影响了市场恢复的预期和信心。企业尤其是中小微企业生产经营困难，面临生产成本上升、市场需求不稳定、融资压力大等困难。就业增收压力大，部分行业如教育、房地产、游戏软件、互联网等行业用工需求收缩明显，居民可支配收入增速下行，制约消费市场进一步复苏。这对同安拉动项目投资、引导企业增资扩产、带动居民消费等形成较大阻力。

三、2025年对策建议

根据同安区政府工作报告，2025年地区生产总值增长5.5%左右，规模以上工业增加值增长10%以上，固定资产投资增长25%以上，财政总收入增长4%，社会消费品零售总额实现正增长，居民人均可支配收入增速高于经济发展水平。全面分析内外部条件，要实现上述目标，同安区需充分发挥"大、乡、古、工"比较优势，聚力推进"四区一基地"建设，加快构建"一圈一轴双翼"城市发展格局，全面深化综合改革试点，大力发展民生和各项社会事业。

（一）推动经济持续稳步提升

1.提振发展内生动力

一是加速挖掘消费潜能。持续打造宝龙广场等高端消费商圈，培育发展首店经济、夜间经济等新兴消费业态，持续举办同安消费节、汽车消费节等系列活动；加力实施"两新"政策，全面提振数码产品、家电、汽车等传统消费，同步发展养老托育、家政服务等新型消费。二是突出项目带动作用。围绕城中村改造、城市更新和"平急两用"等重点领域持续策划实施一批优质项目；紧扣"两重"等政策导向，就应急救援、低空安全保障、人工智能等方面策划一批重特大项目。三是积极扩大有效投资。针对新能源、新材料、新消费等重点产业链群实施精准招商，全力推动电化学储能等大项目建设；依托"三谷"加大总部企业招引力度，谋划数字创新（人工智能）产业园建设。

2.激发经营主体活力

一是坚持打造一流营商环境。加快服务和融入全国统一大市场建设，积极构建公平透明法治环境，进一步推动存量政策和一揽子增量政策红利释放。二是优化民营经济发展环境。持续完善民营企业常态化沟通交流机制，举办企业家座谈会等活动，继续深化"益企"服务，为民营企业提供创新柔性执法。三是提升中小企业融资服务水平。常态化高效运行支持小微企业融资协调机制，依托"信易贷"、市区两级技术创新基金和增信基金等平台工具助力企业增产增效。

3. 深化重点领域改革

一是深化投融资体制改革。积极策划专项债作为资本金的项目，统筹用好保障性住房再贷款、专项借款等政策性金融工具拓宽资金来源。二是深化财政体制改革。推广专项资金竞争性分配，加快盘活存量资产，提高财政资金资产绩效，有序推进房票制度落实。三是深化国企国资改革。推动国企开展评级和发债，有效盘活闲置安置房以及古城片区资产，探索以"社区＋国企"模式激发国有农场经营活力。四是深化政务服务改革。进一步推进"高效办成一件事"改革，全力推进一体化公共数据体系建设。

4. 持续扩大对外开放

一是推进高水平对外交流合作。加强与"一带一路"共建国家、"金砖＋"国家产业合作、人文交流，办好世界同安联谊大会，鼓励年轻一代侨胞回乡发展，引导更多同安籍侨胞侨亲参与家乡建设。二是做好服务外资内企工作。优化外商投资企业服务工作机制，积极吸引和利用外资，支持区内企业外出参展参会，助力企业抢抓订单，积极开拓"一带一路"共建国家、RCEP国家以及东南亚、非洲等新兴地区的外贸出口市场。三是促进两岸融合发展。拓展两岸经贸合作，引进优势台资项目落地同安，促进在同台企发展壮大；增进两岸同胞心灵契合，密切同金民俗文化联系交流，不断扩大孔子文化节等两岸文化交流活动规模与影响力；持续优化涉台服务保障，主动融入厦金同城生活圈建设，大力拓展台湾居民居住证在同安应用场景。

（二）加快壮大现代化产业体系

1. 强化科技创新引领

一是打造科技创新能级平台。加强厦门科学城"创新核"功能建设，支持龙头企业与科研机构组建创新联合体，培育创建省级以上重点实验室和新型研发机构。二是加强企业技创新主体地位。大力培育一批国家高新技术企业、专精特新"小巨人"企业及技术创新示范企业；支持厦门科学城Ⅰ号孵化器、未来产业园等园区引进更多科创企业。三是全面完善产业创新生态。发挥厦门科学城平台优势，加快引进布局一批高能级研发机构和科研装备，转化落地一批关键技术成果；全面落实人才新政实施细则，做好人才安居、子女就学等保障，持续增强人才吸引力。

2. 加快新型工业化建设

一是培育壮大新兴产业和未来产业。加快发展新能源、新材料等战略性新兴产业，推动宁德时代的实证储能科技研究院、和储能源等一批新能源项目落地建设；依托凤南片区、火炬石墨烯产业园等园区，引育一批新材料创新企业。积极开拓新领域新赛道，前瞻布局人工智能等未来产业，因地制宜发展低空经济，科技创新赋能海洋经济。二是推进传统产业转型升级提速。推动水暖厨卫、鞋服箱包、健身器材、机械制造等传统优势产业数字化升级改造，打造产业智能化、绿色化、融合化发展的国家示范标杆。出台鼓励企业开展设备更新的支持政策，全面提升工业设计能力，做优"一企一品"特色。

3. 提质发展现代服务业

一是促进先进制造业和现代服务业融合发展。以服务先进制造、智能制造为重点，提高工业设计、检验检测、管理咨询等生产性服务业专业化、高端化水平，加快研发服务、工程设计等科技服务业创新集聚发展，推进服务型制造综合发展。二是推进文旅深度融合发展。优化古城游、美食游、滨海游项目，拓展工业旅游、赛事旅游、水上运动等新业态，持续举办新春灯会踩街等系列文旅活动，推动美图美术馆等文旅项目实质落地，打造特色鲜明的夜市街区、夜游景区等"夜经济"场景，激发餐饮、零售、娱乐等行业消费新动能，持续扩大环东浪漫线知名度，提升厦门国际啤酒节知名度、美誉度，打响"千年银城·四海同安"文旅品牌。三是提升金融服务实体经济质效。打造"一产业一基金"体系，以科学城基金湾区为载体做优金融服务，联合市区产业引导基金等多元资本，构建匹配重点产业布局、覆盖企业发展全周期的基金矩阵。

4.扎实发展现代都市农业

一是持续加快发展预制菜产业。发挥预制菜"同安指数"行业风向标影响力，加快建设时尚消费品（食品）产业园，支持古龙、绿进等同安预制菜头部企业提速发展，推动"闽味"特色产品拓展国内外市场。二是打造乡村旅游新业态。构建"以绿生金"发展模式，发挥厦门北部越野赛事带动作用，实施森林抚育和林相改造，做优本地茶产业，规范发展林中温泉业，壮大菌菇、中草药等林下产业；推进东西溪溯游线建设，拓展"溪游同安"新场景，谋划水上赛事活动。

（三）推进城乡融合能级提升

1.统筹推进新城片区建设

一是深化"两个新城"产城人融合。有序推进同翔高新城（同安片区）扩区，加快推进体育中心等项目建设；推动滨海新城市民服务中心建成，加密新城片区停车站，进一步完善片区内综合服务中心、幼儿园、环卫设施等公共服务配套。二是完善交通基础设施建设。力促晋同高速、集隆路（同宏南路—同集路段）提升工程等开工建设，推动地铁4号线、5号线、6号线加快施工进度，推动新324国道（灌新路—凤南七路段）等项目竣工通车，进一步完善新建学校、新兴片区市政配套道路。三是力促新旧园区建设改造。加快大健康、数字创新产业园布局，推动祥平西智能制造产业园基本建成投用，探索片区综合开发新模式，试点开展西湖片区城市更新；提升改造传统园区，促进传统工业园区标准化改造，加快专精特新产业园开工建设。

2.提升完善老城品质功能

一是加快古城更新项目建设。抢抓全市争创国家历史文化名城契机，盘活闲置资产，积极引入社会资本参与古城文旅开发建设。二是改善老城交通微循环。加紧推进华润地块等市政配套道路建设，打通城北小区三号路等一批"断头路"，围绕居民出行需求动态优化公交线网。三是持续完善公建配套设施。推动老城片区新增停车泊位、新能源充电桩、"口袋公园"等配套设施；加速推进城中村现代化治理，推动实施城中村大物业管理，抓紧谋划第三批试点村项目。

3.深入推进乡村全面振兴

一是推动乡村产业发展。夯实农业生产基础，大力推进凤梨山养殖场改建扩产，持续推进一批高标准农田、设施农业建设；推进闽台农业融合发展，推动更多国内外优质育种育苗资源导入闽台农业融合发展（种子种苗）产业园。二是不断壮大村集体经济。鼓励村集体依托可支配的资源、资产、资金，创办农业生产经营服务、文旅康养、农产品精深加工等农民专业合作社，并探索多元化集体发展用地开发建设。三是全力提升乡村面貌。推动27个行政村空中缆线和房前屋后整治提升，加快改造农村老旧水管网，推动汀溪镇创建省级乡村振兴示范镇。

（四）巩固拓展"厦门实践"经验

1.持续改善生态环境质量

一是继续打好蓝天、碧水、净土保卫战。加大建筑工地、道路扬尘督促巡查，力争空气质量综合指数保持全市前列。加快入河排污口溯源整治，确保水环境质量稳定达标，突出推进汀溪、莲花水库环境综合整治等工作，开展海漂垃圾常态化保洁，全力创建国家级美丽海湾。持续强化建筑渣土监管，推进建筑废土消纳场所规范建设。二是扎实推进"无废城市"建设。提升固废治理能力，强化危废处理能力，从严抓好危险废物、医疗废物、废蓄电池规范化管理。

2.深化绿色低碳转型

一是加快生产方式绿色低碳转型。推动工业领域向低碳、零碳发展模式转变，梯度培育一批绿色、零碳工厂和园区。发展绿色能源产业，推进"抽水蓄能＋文旅康养"产业融合发展，新建一批利用分布式光伏发电的新能源充电站点。深入挖掘碳汇资源，持续打造农业碳汇服务驿站，开启"以绿色凭证促进农村绿色交易、以绿色交易促进农民绿色增收"的新模式。二是大力倡导绿色生活。在辖区各镇街开展好全国生态日、海洋宣传日等活动，全力倡导绿色低碳生产生活方式。

（五）全力抓好社会民生福祉

1.完善社会保障体系

一是多措并举稳岗就业。完善落实就业帮扶机制，举办线上线下招聘会，强化高校毕业生、失业人员、农民工等重点群体就业帮扶，完善零工市场（驿站）建设，多渠道支持灵活就业和新就业形态，增强对新产业工人的吸引力；稳妥推进渐进式延迟法定退休年龄改革。二是健全"一老一小"服务体系。加快推进一批养老服务照料中心建设和农村幸福院改造提升，建设社区普惠托育机构，推动幼儿园拓展托育服务。三是持续完善社会救助体系。加强弱势群体临时救助、应急过渡等保障工作，推进政府救助与慈善帮扶有效衔接，稳步提高困难群众基本生活保障水平，不断优化低收入人口动态监测。

2.加快社会事业发展

一是推动教育优质均衡发展。力促五缘实验学校（同安校区）等7所学校竣工投用、新增学位数超万个，持续创建"全国学前教育普及普惠区"和"全国义务教育优质均衡发展区"。二是提升医疗服务水平。进一步推动市第三医院全方位嫁接市第一医院优质医疗资源、苏颂医院逐步开放业务科室，试点开展肿瘤免费筛查服务，全覆盖开展村（居）医疗健康义诊，持续推进慢性病综合防控工作。三是推动文体事业蓬勃发展。办好"书香银城"、全国青少年帆船俱乐部联赛等各类文体活动，做好第四次全国文物普查工作，推进同安古城第二轮不可移动文物修缮和活化利用，持续办好苏颂、朱子等文化节庆及踩街等民俗活动，打造高质量文化品牌。

3.提升社会治理质效

一是健全基层社会治理体系。坚决兜牢基层"三保"底线，推动美林、西柯等人口新聚集地的基层社会治理机构随人口而优化设置、布局，强化党建引领基层治理"近邻模式"，探索社区基层自治标准化体系建设。二是深化平安同安建设。持续深入开展治本攻坚三年行动，从严从实从细抓好安全生产，强化食品药品安全监管；强化各领域矛盾纠纷排查化解，用好"议理堂"公证调解制度。三是夯实粮食安全根基。守牢粮食安全底线，严格落实粮食安全党政同责，统筹抓好"米袋子"和"菜篮子"，完成粮食播种面积和粮食总产量任务。

参考文献

[1]厦门市同安区人民政府.厦门市同安区第十八届人民代表大会第四次会议政府工作报告[R/OL].（2025-02-10）[2025-02-12].http://www.xmta.gov.cn/zc/zfxxgkzl/zfxxgkml/zfgzbg/202502/t20250210_1088905.htm.

[2]厦门市同安区人民政府.厦门市同安区2024年国民经济和社会发展计划执行情况与2025年国民经济和社会发展计划草案[R/OL].（2024-02-24）[2025-02-26].http://www.xmta.gov.cn/zc/zfxxgkzl/zfxxgkml/ghjh/ndjhzj/202502/t20250224_1090359.htm.

[3]厦门市同安区人民政府.稳中求进添动能 奋发有为拓新路[EB/OL].（2024-12-26）[2025-01-20].http://www.xmta.gov.cn/zc/gzdt/tayw/202412/t20241226_1083648.htm.

课题指导：彭朝明　黄光增
课题组长：曾　峰
课题组成员：黄光增　李　婷
　　　　　　姚厚忠　龚小玮
课题执笔：曾　峰　李　婷

第八章

翔安区 2024 年发展述评与 2025 年展望

一、2024 年发展述评

2024 年，翔安区持续挖潜力、促改革、稳增长、惠民生，经济社会发展持续稳中向好，已成为全市跨岛发展的主战场、改革开放的新窗口、高质量发展的增长极。

（一）发展综述

1.经济运行持续向好

2024 年，翔安区坚持稳中求进工作总基调，全面落实上级一揽子稳经济增量政策，接续推出"稳增长 28 条""推动两新 14 条"等配套措施，完成地区生产总值 948.56 亿元，同比增长 7.7%，增幅连续 3 年蝉联全市首位（图 8-1）。规模以上工业总产值首次突破 1800 亿元，总量稳居全市第二。固定资产投资完成 684 亿元，同比增长 3%。批发零售业销售额增长 8.4%，消费品以旧换新等活动拉动汽车家电、餐饮旅游等消费超 40 亿元。财政总收入 100.67 亿元，区级财政收入 23.34 亿元。全体居民人均可支配收入增长 5%。地区生产总值、规模以上工业增加值等 8 项指标增速排名全市前列，经济向好态势持续巩固。

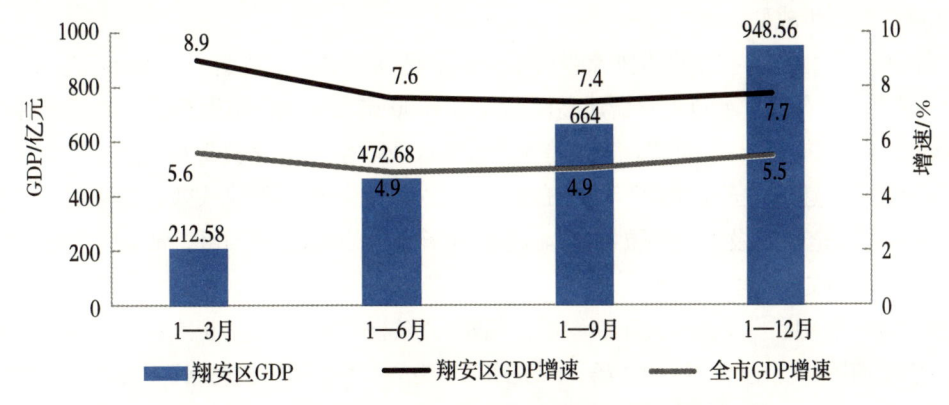

图 8-1 2024 年翔安区 GDP 及增速与全市增速比较

数据来源：厦门市统计局。

2.产业体系持续完善

一是创新动能加速积蓄。新增国家高新技术企业75家、国家级专精特新"小巨人"企业2家,企业研发经费投入强度达3.6%,10项成果荣获省、市科学技术奖,新增高层次人才50名。创立科技创新产业服务联盟,引进自然资源部厦门海洋中心、上海张江高校协同创新研究院等科研院所。打造"环厦大科技创新圈",翔安创新实验室、海洋三所翔安基地建成启用,翔安创新实验室获批设立国家博士后科研工作站,国内首个面向储能产业的智慧储能大型科研基础设施成功落地,嘉庚创新实验室建成国内首个面向高分子材料的无人智能研发实验室。

二是产业发展步伐坚实。三产比例为0.97∶65.47∶33.29,规模以上工业增加值增加13.3%,连续3年领跑全市,第三产业比重增创近年新高。连续5年入选全国工业百强区,新增先进制造业项目30个、规模以上工业企业56家,电子信息、机械装备等四大主导产业保持两位数增长,天马8.6代新型显示面板、Micro-LED两条产线投产,冠捷科技通过国家智能制造能力三级评估。现代服务业提质增效,华润文体、腾讯音乐投入运营,奥体中心、国博中心举办演唱会、赛事、展会等各类重大活动60余场,推出9条旅游精品路线,打造荻花洲、十里桃源等网红点,接待游客人数、旅游收入分别增长29.7%、49.8%。

三是要素保障更加有力。"四个三"产业链群培育机制入选省、市深化拓展"三争"行动典型。招商引资势头良好,新增签约项目148个,协鑫储能、中科华联等一批重大项目签约落地,招商实绩竞赛综合排名全市第二。完成土地征收4603亩,获批建设用地139公顷,处置批而未供用地201公顷,均为全市第一。新出让产业用地31宗,创历史新高。认定3宗低效工业用地,有序开展低效用地再开发试点。区产业引导基金管理规模突破160亿元,组建首只区属国企市场化基金,投资集团信用评级预评"AA+",社会信贷规模超700亿元。推出企业用工"168行动"方案,提供就业岗位超10万个。

3.城乡面貌持续改善

一是重大片区加快建设。各大片区新开工项目140个、落地产业项目80个,完成投资565亿元,占全区投资总量85%。新机场建设如火如荼,航站区基本成型,空管塔台、飞行跑道等通航配套加速建设,空港综合保税区一期开工动建;翔安新城实现新提升,各类配套加速完善,国博奥体中心全部开馆,翔安港区集装箱泊位工程前期工作加快;翔南片区四大组团全面铺开,厦门航空产业园建成投用,未来产业科技园开工建设,片区入驻科创企业超200家;同翔高新城(翔安片区)产业集群壮大,产业规模突破230亿元,市头、东寮片区逐步成型。

二是乡村振兴全面推进。有序推进国家乡村振兴示范县创建工作,新增1个省级示范村、5个市级精品村。获评全国"平安农机"示范县,新建高标准农田4000亩,建成全市面积最大的玉米种植基地。加快后山岩现代农业产业园建设,引进鸿森养殖等4个现代农业项目,16家农业龙头企业产值增长8.7%。推进房前屋后整治提升,建成"五个美丽"项目125个,西岩山都市田园初见成效,古宅村上榜省级"金牌旅游村"、黄厝村入选全省高级版"绿盈乡村"。建成30个农村集体经济项目,带动9个城中村经济增收800万元,农民可支配收入增速全市第一。

三是城乡融合成效初显。交通路网不断织密,翔安西路、机场高速公路正式通车,地铁4号线全线车站封顶,刘五店航道桥开工动建,打通4条"断头路",建成9条"四好农村路"。市政配套扩容提质,启动26个村(居)自来水管网改造,建成区正本清源改造完成82%,新铺设燃气、排水管网11.8公里,新增优化公交线路31条、5G基站93座、充电桩345个、公共停车位1252个。大力实施第二批城中村现代化治理项目，3个社区施行大物业管理模式，建立全市首个垃圾分类智慧管理平台，智能监控实现城乡全覆盖。

4.改革开放持续发力

一是深化改革硕果累累。主动融入翔南片区开展制度性改革探索，落地实施首批综改试点授权项目清单86项，协同形成翔南片区改革创新成果18项。深入实施国有企业改革深化提升行动，出台翔安南部片区开展国企平台促进科技成果转化改革试点方案，促进高水平前沿科技成果转化应用。深化城市建设投融资体制改革，创新混合产业用地成片综合开发模式以及"财政政策+金融工具"投融资机制，安和云璟、欣安雅苑成为岛外唯一落实国家首批城中村改造专项借款融资的项目。深化系统集成式财政管理改革，以基金、贴息、保险等市场化方式开展扶持，撬动更多社会资本和金融资金参与现代产业体系建设，签约全省首笔环境信用评价结果利率挂钩绿色贷款，社会贷款余额增长6.6%。深化特色改革，开具全市首张产权调换安置房票，"四创合一"学前教育发展机制获全省基层体制机制改革创新案例二等奖，改革热度指数居全市第一。

二是开放合作纵深推进。积极融入高质量共建"一带一路"，新增外资企业90家，外贸出口增长2.9%，外资到资4446万美元。对台融合亮点纷呈，落地两岸导演创作交流基地和闽南话影视译制中心，第三届海峡两岸种业交流会吸引35家台湾种业企业参展交流，实际利用台资增长109%；翔金对台物流通道重新恢复，大嶝对台小额商品交易市场进口额增长117%；举办两岸文学论坛、动漫配音大赛、青少年棒垒球联赛等大型特色活动15场；新增1家省级台青创业基地、2家市级对台交流基地，接待来翔交流台胞1.2万人次。区域协作走深走实，扎实推进新时代山海协作，打造优势互补的协作产业集群，加强改革互鉴、开放共融，多渠道助力宁夏彭阳、龙岩永定等协作地区发展。

三是营商环境持续优化。设立翔南片区"一站式"企业服务中心，聚焦"全流程""保姆式""专家式"服务，打造涉企改革应用场景的综合功能平台、对台服务的协同创新平台和"一站式"企业综合服务平台三大板块。全省率先应用电子证照"免证办"，梳理"免证办"事项清单829项，100%实现全流程电子证照应用，平均办理时长压缩50%，平均等候时间压缩80%。全市率先取得内资有限责任公司注册资本无限额登记权限，实施"高效办成一件事"服务30项，平均办理时限压缩72.7%，率先建立"NQI（国家质量基础设施）+"企业伙伴服务计划，将食品、药品、知识产权、注册审批等职能同NQI有机统一，为企业提供定制化政策服务。

5.民生福祉持续增进

一是民生保障精准兜实。坚持就业优先，落实稳就业补助近千万元，启用4个零工市场（驿站），城镇新增就业2.7万人，离校未就业毕业生就业完成率97%。抓实社会保障，全市首创社会救助流动驿站进村（居）机制，发放困难群众补助1亿元、被征地人员养老保障4亿元，城乡居民养老保险参保率连续6年超99%。关爱"一老一小"，新增2家长者食堂、745个普惠托位，全市唯一入选全国县域养老服务体系创新试点地区，千人托位数达4.07个，居全市第一。强化住房保障，新增保障性住房4888套，审批农村宅基地3412宗，会展嘉园二期安置房源转换全面完成。

二是公共服务量质齐升。教育扩容提质，开工建设上海师范大学附属翔安实验学校等8个项目，新开办中小学幼儿园5所，全省质量监测首次获评"优秀"等次，中考成绩进步幅度全市第一，顺利通过国家学前教育普及普惠和省级义务教育优质均衡区实地评估。医疗布局优化，新建2个社区卫生服务中心、5家示范性村（居）卫生所，创新打造医联体"云诊所"诊疗模式，翔安医院成功晋升三甲医院，结束翔安无三甲医院历史。文体欣欣向荣，成功举办世界杯亚洲区预选赛等国际大赛，区图书馆入选全国基层公共阅读服务推广项目，爱国主义教育纪录片《战地红花》感动全网，41部文艺作品在省市大赛获奖。

三是社会治理协同抓实。深化基层减负赋能，优化编制村级组织工作事项、镇街履职事项清单，规范基层机构挂牌管理制度，形成基层减负监测点"2+N"矩阵，村（居）标牌标识减量48%、区级议事协调机构精减87%。加强信访法治建设，创新打造特色信访评理室，建成10个社会治安综合治理中心，信访事项一次性办结率98.8%，初件办理质量排名全省前列。深入推进平安翔安建设，常态化开展扫黑除恶斗争，严密筑牢海上安全防线，刑事警情持续下降，群众安全感率、扫黑除恶好评率均进入全省前十。

（二）主要问题

1. 经济增长面临压力

2024年，全区经济增速7.4%，较2023年只增长0.3个百分点。工业对GDP增长支撑作用减弱，全市规模以上工业增速平均水平与翔安差距逐步缩小。实体经济发展压力加大，企业面临订单萎缩、成本增加等困难，如台资企业因订单减少直接影响辖区30%的规模以上企业。在服务业方面，从2023年下半年起批零等行业增速放缓，全年增速较上半年回落3.2个百分点。经济各主要指标总量在全市排名基本靠后。

2. 产业升级有待加速

翔安在推动科技创新和产业融合上还存在着原始创新要素不足、科技成果转化不明显、企业投入研发主动性不强等问题。产业生态成熟度还需进一步提高，翔安区各产业孤立发展，制造业与服务业深度融合不够，企业之间的协同创新效应还未充分发挥，一定程度上制约了产业集群的整体竞争力。三产总量偏小，比重、层次偏低，远远落后于全市整体水平。农业现代化水平还有待提高，产业升级任重道远。

3. 城区品质亟待提升

新城区、工业区混而不融，新城由点到线的产业链群和由线到面的产业格局仍有待于片区开发建设的不断完善。新城各片区建筑风貌特色不足，现有村庄与城市建设风貌不协调且拆迁难度大，与城市建设矛盾突出。基础设施有待完善，给排水、天然气、电力等市政设施建设仍较为滞后，公共交通相对滞后，公交场站、公共停车场等建设仍存在不足。

4. 改革开放尚需深化

投融资体制改革需进一步加速，过度依赖政府财政投入与银行贷款的融资模式已难以为继。财政管理体制改革有待进一步深化，翔安区正面临着财权上收、事权下放的困境，区级财政收支矛盾日益尖锐。国企改革需进一步走深走实，民营经济发展环境有待进一步优化。翔金融合发展，受深层次体制机制制约因素较多。区域协调发展，产业融合创新机制有待进一步突破。

5. 公共服务仍需改善

在医疗方面，仍缺乏群众普遍认可、在全市有影响力的医院，基层医疗卫生机构量和质都有待提升，医疗专业人才的储备尚不能完全满足需求。在教育方面，学校数量不足、学位紧张难以满足快速增长的人口需求，部分区域学位缺口依然存在。在交通方面，内部的微循环交通系统不够完善，道路交通设施在高峰时段应对能力不足，进出岛易形成拥堵，影响居民正常出行和企业生产经营便利。

二、2025年发展展望

（一）有利因素

一是国内环境。党的二十届三中全会部署的300多项改革举措加快落地，将持续激发全社会内生动力和创新活力。创新驱动发展战略深入实施，实体经济与数字经济、先进制造业与现代服务业融合发展，培育新质生产力，推动新旧动能加快转换。另外，中国的整体城镇化率还有很大的提升空间，城镇化进程的推进将带动基础设施建设、公共服务等方面发展。2025年是"十四五"规划收官之年，中央将实施更加积极的财政政策和适度宽松的货币政策，加大对科技创新、绿色经济等领域的投资支持，并对消费市场愈加重视。以上，将为翔安区经济社会发展提供良好的宏观环境。

二是区域环境。2024年6月，福建省人民政府印发《厦漳泉都市圈发展规划》，将规划"泉州南翼国家高新区—厦门翔安"片区，有利于翔安区联合厦门火炬（翔安）产业区、同翔高新城推动泉州南翼国家高新区建设，开展新能源、化合物半导体与集成电路、新一代人工智能等产业协作。当前全省、全市加快建设两岸融合发展示范区，全方位推动与台湾、金门融合发展，以翔安南部片区为核心，布局建设厦漳泉金"同城生活圈"，国家、省、市将会推出更多对台融合创新举措，将有利于具有对台门户优势的翔安主动服务和融入两岸融合发展示范区建设，在两岸融合发展中发挥更大作用。

（二）不利因素

一是国际层面。2025年，外部环境复杂性、严峻性、不确定性仍将持续，国际市场需求疲软，国际贸易壁垒高筑，全球贸易活跃程度持续下降，全球产业链供应链加速分化重构，企业订单转移、产能外迁仍可能持续。

二是国内层面。国内有效需求不足、行业产能过剩、社会预期偏弱、风险隐患较多，将影响企业投资意愿。部分企业经营困难，账款拖欠问题仍较突出，会影响翔安企业的资金周转和生产经营效率。群众就业增收面临压力，可能导致居民消费能力有限，进而影响经济的良性循环。这将制约翔安经济的发展。

三、2025年对策建议

根据翔安区政府工作报告，2025年地区生产总值增长6%，规模以上工业增加值增长10%，批发零售业销售额增长5%，财政总收入增长5.5%，区级财政收入增长5.2%，居民收入保持平稳增长。综合考虑内外部环境因素，要实现上述目标，翔安区需加快推动科技创新与产业融合、持续构建"4+3+3"[①]现代化产业

[①] 指平板显示、半导体和集成电路、新能源新材料、机械装备4个传统优势产业，航空临空、海洋高新、生物医药3个特色重点产业，旅游会展、文创体育、数字经济3个新兴潜力产业。

链群，加速建设翔南片区、翔安新城、同翔高新城（翔安片区），着力探索翔金融合新路，不断完善教育、医疗等公共服务，为中国式现代化建设贡献翔安力量。

（一）巩固经济回升向好态势

1.促进消费增长

一是丰富消费供给。推动产业融合，用好奥体中心、国博中心流量优势，整合联动文旅商贸资源，打造更多独具特色的文旅项目，促进农文旅体展商融合发展。发展新兴消费，加快壮大航空临空、海洋高新等新兴产业，布局生物医药、低空经济、氢能等新赛道，发展养老、育幼、家政等服务消费，培育新的消费增长点。

二是激发消费活力。举办促消费活动，围绕汽车、家电、家装、数码产品等重点消费品落实消费品以旧换新政策，启动翔安缤纷购消费补贴活动，联动各大商圈，举办线上消费满减促销活动。加快高端商圈布局，推进商业综合体项目建设，用好城市更新商业载体，引进高端商业品牌，构建家门口的消费圈。

三是优化消费环境。提升商圈品质，进一步完善吾悦广场等商圈的基础设施建设，鼓励商圈内商家进行店铺升级和环境美化，提升消费者购物体验。完善消费投诉举报处理体系，优化投诉举报流程，提高消费处理效率和满意度。

2.扩大有效投资

一是突出政府投资引领。强化投资扩大趋势，更好地发挥政府投资带动作用，大力争取专项债、特别国债等资金支持。围绕"4+3+3"现代化产业体系，持续开展重点产业链群研究，精心编制产业图谱，加快战略性新兴产业和未来产业投资布局，支持以传统产业"智转数改网联"为代表的产业设备更新。深入开展重大项目特别是"十五五"重点工程谋划，力争完成固定资产投资710亿元。

二是创新项目管理模式。支持金融机构通过贷款授信、资产证券化等方式推动存量增量并举，提升全社会资产运营能力。聚焦重点领域技术改造、设备更新、产能提升，提升投融资综合效应。鼓励企事业单位与科研院所联合攻关，探索自主技术创新投资、项目联合创新基金投资、私募基金注资孵化等投资管理创新模式，成立联合创新基金，健全逆向混改机制，加速创新资本积累。

三是破除民间投资障碍。建立鼓励民间投资参与重大项目建设机制，全面梳理吸引民间资本项目清单，支持民间投资参与盘活国有存量资产、更新改造城中村和城市老旧小区。支持民营企业参与国有资金投资工程建设，鼓励招标人免除民营企业投标担保。区财政工程项目，招标人可结合工作实际规定一定比例的民营企业入围资格审查和评标环节。

3.强化动能储备

一是强化招商引资力度。加强产业链招商，围绕天马、ABB、中创新航等主导产业龙头和企业引入科技产业上下游配套项目，争取引进更多总投资10亿元以上项目。深化基金招商，以投带引，形成科技产业培育合力。推动场景招商，率先以氢能和储能、低空经济等重点产业培育为导向，规划设计可开展、有带动性、有示范效应的场景项目，发布场景机会清单。培育联合招商，协同各市级片区指挥部、市属国企，发挥政策叠加的"乘数效应"、资源整合的"协作优势"，推动项目快速落地。力争新增签约项目100个、企业增资扩产50家。

二是培育壮大市场主体。实施中小企业成长工程，落实税收减免和社保补贴等政策，做好"四上企业"①培育，鼓励"个转企""小升规"。支持中小企业做精做专，着力打造单项冠军企业。支持大型企业做优做强，引导大型企业牵头组建产业联盟，与产业链上下游企业共同开展技术研发、标准制定、市场拓展等活动。

三是持续强化要素保障。推进新一轮园区标准化建设，深化工业用地"标准化"改革，突出用地提效，统筹开展工业用地提容增效、批而未供处置、闲置空间盘活等工作，力争2025年出让工业用地900亩、新建通用厂房30万平方米、盘活低效空间650亩。加强产融协作，举办政银企对接会，引导企业用足用好各项金融惠企政策，扩大金融惠企政策受益企业覆盖面。

（二）推动科技创新与产业融合

1.强化科技创新引领

一是打造高能级产学研协同创新平台。加快嘉庚创新实验室电化学储能产品制造和储能系统集成等领域核心技术攻关，推进建设国家标准化研究中心。推进翔安创新实验室生物药物创新平台建设，加快全球首个鼻咽癌高通量自动化检测试剂盒、九价HPV疫苗等产品上市。建设提升科学城Ⅱ号孵化器，健全运营管理机制，加强知识产权保护、投资融资、团队组建、技术需求对接等服务。

二是培育发展新型研发机构集群。提升厦门市未来显示技术研究院，推动厦门时代新能源研究院落地建设，加快洽谈"珞珈聚芯（厦门）集成电路研究院"、北京科技大学厦门新材料创新研究院、季华实验室鹭岛半导体装备研究院等一批重点项目。促进产学研合作，推动新型研发机构开展跨学科、跨领域协同创新。环厦大科技创新生态圈累计落地新型研发机构和技术转移机构10家，核心载体入驻项目超过100个。

2.加快推进新型工业化

一是焕新主导产业。实施产业链提升行动，平板显示产业加力布局新型显示、面板配套领域，半导体和集成电路产业主攻高端半导体方向，新能源新材料产业有序发展，致力于动力电池、新型储能领域，机械装备产业向电力电气、数控装备等高端制造发力。推动企业技术改造，通过加大研发经费补助、技术改造补助等优惠政策，引导企业加大研发和技术创新投入，提升传统产业的智能化、数字化、绿色化水平。

二是壮大特色产业。搭建以"互联网+智慧医疗"为核心的"健康翔安"全民健康管理创新平台，加快推进以健康医疗大数据为主要发展方向、以高通量超算中心为重要基础设施的数字经济产业园建设和厦门大学国家大学科技园建设。加快发展临空高技术产业，重点发展信息技术、海洋高新、智能装备等航空指向性强、附加值高的产业。加快厦门海洋高新技术产业园建设，重点布局海洋科研创新中心、海洋科考基地、重点实验室及海洋科研成果转化平台，推动以海洋生物医药与功能制品、海洋高端装备、高优渔业种苗和水族产业、海洋文创研究、研学为代表的产业项目或科研成果在翔安落地。

---

① 指规模以上工业企业、有资质的建筑业、限额以上批发和零售业、限额以上住宿和餐饮业、有开发经营活动的全部房地产开发经营业、规模以上服务业这6类法人单位的统称。

三是培育未来产业。聚集新能源新材料、第三代半导体、基因与生物技术、深海空天开发等未来产业，结合嘉庚创新实验室、翔安创新实验室、智慧储能大型科研基础设施等成果中试及产业化需求，加快厦门航空产业园项目进驻，推动新兴科创产业园、未来产业科技园、未来产业创新基地等园区尽快建设、投产，健全"新型研发机构+概念验证中心+小试中试平台+标杆孵化器+未来产业园"全链条产业育成服务体系，推动转移转化中心尽快入驻科技园设点办公。

3.推动服务业提质升级

一是发展旅游会展业。以"山海田园 闽韵翔安"为主题，通过举办灯光节、香山庙会、乡村旅游季、火龙果文化旅游节、旅游推介会等节庆活动进一步宣传推介翔安旅游资源。打造一批具有翔安特色的文化旅游产品。优化全域旅游布局，大力推动和完善3个乡村生态休闲旅游圈构建，帮扶指导大帽山境、香山乡苑、面前埔七彩田园等做大做强乡村旅游品牌。做大会展产业，依托厦门国际博览中心等载体，进一步优化会展业软硬件环境，增强专业化运作能力。积极开展城市与会展品牌国际营销，打造一批具有国际知名度的品牌会展项目。

二是推动文体融合发展。发展文化影视产业，支持网络微短剧的创作与制作，培育一批微短剧全产业链聚集园区（基地）。鼓励营业性演出单位、演出经纪机构引进大型演唱会、音乐节，支持聚焦文娱、电商、旅游、文创等领域的直播产业发展，建设一批文化旅游直播园区、基地。引进一批品牌知名度高、市场前景广的国际顶级赛事，鼓励网球等有条件的运动项目举办职业赛事和青少年赛事，打造更多个性化多样化的赛事活动和国际化赛事IP。

三是推进数字产业发展。依托翔安数字经济产业园、八方通用厂房等载体，做大做强数字经济。加紧布局5G通信、大数据中心等新型基础设施，打造一批数字平台、数字走廊，发展基础硬件、基础软件、应用软件等产业，推动形成集"硬件+软件+服务"为一体的产业生态。实施应用场景建设工程，率先在凤翔新城、厦门科学城、航空新城等区域建设一批数字经济示范应用场景。

（三）构建产城人融合发展格局

1.全面提速新城建设

一是同翔高新城（翔安片区）同步抓好产业建设与园区配套完善，打造现代产业发展新高地。加快推进火炬智能制造产业园五期、全磊光电化合物半导体外延片研发及产业化等产业发展项目建设，围绕天马等企业推动其上下游配套商项目落地。完善片区配套项目建设，加快推动市属火炬高新实验学校等项目建成投用，加快推动停车场、临时摊位点等生活配套落地。

二是翔安新城发力推动重点区域开发，带动人口集聚与增长，加速产城人深度融合。研究推动凤翔新城中轴综合开发，围绕国博中心、奥体中心招引相关商务策划机构，快速形成辐射带动效应。高起点高标准建设东山公建群，提升公共能级，打造高品质城市空间。促进海洋高新技术产业园区加速成型，加快推进海洋创新产业园（一期）项目等项目建设，推动厦门都市水产种业园等项目开工。

三是翔南片区加速启动区运营建设，打造厦门"未来之城"。推动刘五店古街开发、马巷古镇更新，全力保障新机场基本建成，配合厦金通桥等工程建设，保障地铁4号线轨通电通。加快翔南启动区B片区B1未来产业科技园一期的新能源新材料组团和生物医药组团建设，推动厦门空港综保区一期先进智造中心项目竣工。

2.全面提升城区品质

一是提高城中村治理水平。新增10个城中村现代化治理项目，实现城中村治理全覆盖。坚持党建先行，充分发挥各类社会组织专业特性，精准对接城中村居民各类需求，激发居民主观能动性，构建多元共治体系。坚持理念创新，把城中村改造与投融资体制改革、项目谋划推进等重点工作有机结合起来，加快农村集体发展用地开发，做强农村集体经济，探索城中村产业融合发展。坚持人民至上，下沉政务便民服务，推动文化乐群服务，强化老幼关爱服务。

二是不断完善城区基础设施。畅通交通路网，加快第三东通道、溪东路二期建设，力促滨海浪漫线三期、民安大道、舫山北路动工，打通3条"断头路"。优化公共交通，深化公交"六进"①服务，新增3条"六进"线路。完善市政设施，全面完成建成区正本清源改造工作，加快翔安北水厂建设，打通8条污水断头管，争创省级生活垃圾分类示范区。提升城市绿化，建设扬帆体育公园、翔安市民公园，新增园林绿地40公顷。

三是提升管理智能化水平。建设智慧翔安综合管理运营数字化平台，围绕固体废弃物、市容市貌、共享单车、工地噪声、户外广告等场景开展专项精细化治理应用。运用智慧信息系统，开展翔安市政基础设施普查，运用数字化手段及时跟踪消除隐患风险点。推动公安技防建设，实现公安监控视频资源分网改造，提高视频数据的有效利用。利用翔安区"谁执法谁普法"动态智能管理平台，推进数字化普法。

3.全面推进乡村振兴

一是提升农业效益。做优做强种子种苗、休闲农业等城郊型高附加值特色农业，建设西岩山都市田园二期，打造"闽地翔安"品牌，举办特色农文旅活动，培育精品民宿，打造农文旅融合发展新地标。严格落实耕地保护和粮食安全责任制，守牢耕地保护红线，实施高标准农田建设项目，抓实粮食油料生产。

二是增强农村活力。学习运用"千万工程"经验，以房前屋后整治和产业振兴为抓手，加快创建国家乡村振兴示范县，争创更多省市示范村。推进"绿盈乡村"建设，推进造林绿化，严控辖区露天焚烧，开展海漂垃圾巡查，实施化肥、农药减量行动。以培育文明乡风为目标，加强乡村治理，深化移风易俗。

三是促进农民增收。做精培优"一村一品"，有序推进土地流转，加大龙头企业引育，完善农业生产性服务业。提升壮大新型农业经营主体，全面落实税收减免、资金支持等优惠政策，推进"五新"②工程示范推广，拓展市场渠道。大力培育农村创业创新带头人，积极发展新型农村集体经济，促进农民增收致富。

4.全面提升生态环境

一是持续提升生态环境质量。持续推进辖区空气质量持续改善行动，深化挥发性有机物污染防治和锅炉炉窑整治。强化扬尘污染防治，定期开展联合执法检查，针对问题突出的工地项目，坚决从严查处。持续优化河流、海域生态环境，实施翔安南部海域生态修复、九溪流域综合整治工程，争创大嶝海域国家美

---

① 指公交车开进小区、园区、学校、医院、商圈、企业。
② 指在农业生产过程中推广应用新品种、新技术、新肥料、新农药、新机具。

丽海湾、九溪省级美丽河湖。

二是加快推进碳达峰碳中和。推进能源绿色低碳转型，推动工业、交通等多领域节能降碳，全面推进光伏应用，做好屋顶分布式光伏发电项目备案工作，新增和更新公共汽电车、机关单位公务用车中新能源和清洁能源车辆比例。持续深化低碳试点创建，协同厦门市同翔高新城指挥部推动一批公建充电桩等绿色低碳典型项目落地翔安。

三是构建生态保障支撑体系。依托翔安区庄家宝尾菜叶就地资源化项目，探索资源化产品利用途径，形成尾菜叶就地资源化利用"厦门样板"。鼓励辖区银行机构向上争取绿色金融产品，促进绿色信贷增量扩面。加强生态文化教育，在各中小学广泛开展生态文明建设和环境保护教学活动，安排超过12课时的生态环境教育。

（四）推进改革开放向纵深发展

1.深化重点领域改革

一是深入融合综合改革实践。坚持高位借势，更加深度融入翔南片区改革实践，积极承接新一轮综合改革试点授权清单实施，大力争取规则、规制等制度性改革落地。

二是深化投融资体制改革。探索实施政府与社会资本合作新机制，拓宽TOT（转让—经营—转让）、EOD等市场化融资渠道，更大力度争取超长期特别国债、专项债资金和政策性开发性金融工具，保障重点项目资金需求。

三是深化财政管理体制改革。优化财政投融资项目管理机制，提升项目决策科学性和资金使用有效性。健全区对镇街财政管理体制，激发基层抓经济、促招商、协护税积极性。

四是深化国企改革提升。实施国企发展赶超计划，鼓励国有企业加大研发投入，支持其参与原创性引领性技术攻关和产业化项目，增强区属国企核心功能和核心竞争力。完善市场化经营体制，推行经理层任期制契约化管理，开展骨干员工股权激励计划等中长期激励探索。

2.加力翔金融合发展

一是扩大两岸经贸融合。深化产业合作，加强电子信息、现代农业等重点领域投资合作，提升海峡两岸种业交流会影响力，动建欧厝对台渔业基地渔港工程。深化科技协作，依托厦门科学城搭建两岸科研交流平台，鼓励共建产学研联合体，开展共性技术研究。深化货贸发展，全力推动大嶝对台小额商品交易市场转型发展，争取商品种类调整扩大、金门货物便利通关等改革政策，丰富台湾特色产品业态，巩固提升大嶝市场在两岸经贸交流中的独特作用。

二是建设共同生活圈。编制翔金共同生活圈发展规划，推动基本公共服务向金门覆盖，配合厦金通桥、通气等工程建设，便利金门同胞来翔居住。建设社会融合区，探索台胞共建共治共享机制，支持台胞参与乡村振兴、社会治理各项事业，打造东园等一批两岸融合示范社区。建设台青集聚地，推进台湾人才职业资格便利化管理，支持台青就业创业基地建设，打造两岸青年融合发展友好型城区，吸引更多台青人才、"首来族"来翔逐梦发展。

3.深化对外开放交流

一是打造对外枢纽。全力保障翔安港区集装箱泊位工程开工，优化完善翔安港区集疏运体系。建设开放平台，加强与自贸片区协同联动，争取空港综合保税区设立。稳定外资外贸，深化与金砖、"一带一路"共建国家地区经贸往来，拓展利用外资方式，打好新时代新"侨牌"，精心筹办第十二届世界大同安联谊大会，积极引进更多外资。

二是深化区域协作。主动融入闽西南协同和厦漳泉都市圈发展，保障城际铁路R1线建设，探索建设厦门翔安——泉州南翼科技创新走廊，围绕创新要素、载体、设施等领域，建立健全"成本共担、收益共享"共赢机制。深化新时代山海协作，扎实做好闽宁协作、援藏援疆工作，助推产业发展，促进乡村振兴、民族团结和帮扶解困。

4.持续优化营商环境

一是打造统一开放的市场环境。落实全国统一大市场建设标准指引，推进实施市场准营承诺即入制改革，推广公平竞争审查第三方独立审查机制。实施工程建设审批数字化申报、审批结果电子化改革，完善水电气网联合报装机制。完善歇业备案制度，推动歇业备案"一口办理"，实现经营主体在办理歇业备案的同时，同步办理税务、人社等部门的相关业务。

二是打造公平公正的法治环境。落实厦门市促进民营经济23条措施，严肃查处各类违法违规行为，集中整治乱收费、乱罚款、乱检查、乱查封行为，有效平等保护民营企业和企业家合法权益。优化监管执法模式，涉企行政检查推行"综合查一次"，实现执法标准互通、信息共享互认、经营主体可查可评，消除重复多头执法、执法过度、执法扰企、创收执法等问题。

三是打造便捷高效的政务环境。重点围绕企业全生命周期、产业全链条，持续优化政务服务，以区政务服务中心企业综合服务专区为载体，打造线下"企业之家"，推动涉企服务从便捷服务向增值服务升级。深化政务服务"一网好办""高效办成一件事"等改革，推动"免证办""集成办""园区办"等便民服务扩面增效，建设"无证明城市"，切实让群众少填报、数据多跑路。

（五）织密民生保障安全网络

1.兜牢民生底线

一是着力促进充分就业。完善稳岗扩岗等就业支持政策，健全多元就业公共服务体系，推动翔安职校新校区开办，规范提升零工市场（驿站），全链条深化根治欠薪，推动高校毕业生、农民工、失地失海农渔民等重点群体充分就业，力争城镇新增就业1万人。

二是着力打造教育强区。有序推进11个中小学幼儿园项目建设，新增学位2160个。深化教育综合改革，打好教育质量提升三年行动收官战，争创全国学前教育普及普惠区、义务教育优质均衡发展区。健全优秀教师培养、师德师风建设机制，优化师生心理健康教育。

三是着力建设健康翔安。深化构建紧密型医联体，全力推动市第五医院创"三甲"，新建3个镇街卫生服务中心、4家示范性村（居）卫生所，促进优质医疗资源扩容下沉。完善公共卫生管理体系，加强卫生应急处置和医疗救治能力建设，做好全周期健康服务。

四是着力关爱"一老一小"。启动县域养老服务体系创新试点工作，新建3家养老服务照料中心、长者食堂，推动国寿嘉园完工投用。积极完善生育支持政策，加快普惠托育服务体系建设，确保每千人口3岁以下婴幼儿托位数达4.5个，加强留守儿童关爱服务。

2.繁荣文化事业

一是提升城区文明水平。坚持以文化人，培育践行社会主义核心价值观，营造"德者受尊"的社会氛围。持续开展"文明素养十大提升行动"，加强人居环境整治。巩固文明创建常态长效机制，每周巡查、每月考评，确保问题及时整改。

二是挖掘传承本土文化。传承弘扬红色文化、闽南文化，加强文化遗产和革命文物保护利用，推出《翔安红色记忆》系列连环画，开展打卡红色印记主题教育，举办宋江阵、南音大会唱活动，收集、整理、编印《香山文化丛书》，保障闽南佛学院投用。

三是丰富文化惠民活动。实施文化惠民、文艺精品工程，持续开展百场文艺下乡演出活动，深化提升全民阅读等特色品牌，兴建区档案馆。发展体育事业，接续引进苏迪曼杯等国际赛事，持续办好"村BA"等区级活动，推动全民健身运动提质增效。

3.创新社会治理

一是坚持党建引领。深化"近邻"党建引领基层治理，通过城中村联合党委等创新机制，整合非公企业党支部、社会组织、商会等资源，大力推进新兴领域党的建设，开展党旗在基层一线高高飘扬实践活动，深入破解基层治理"小马拉大车"突出问题。

二是坚持枫桥经验。坚持和发展新时代"枫桥经验"，完善矛盾纠纷"三合一"诉前导分机制，推进信访工作法治化，充分发挥社会治安综合治理中心阵地作用，打造特色信访评理室，积极运用信访评理、"四门四访"机制，促进矛盾就地化解、事心双解。

三是坚持智慧治理。实施数字翔安三年行动，完善数字中台、政务信息平台等基础底座，拓展数字化应用场景，深入开展"智改数转""人工智能+"行动，推动数字深度赋能千行百业。推动"平安家园·智能天网"和"雪亮工程"项目升级，构建智慧社区。

4.防范重点风险

一是抓好安全生产。纵深推进安全生产治本攻坚三年行动，健全道路交通、建筑施工、渔业船舶、城乡房屋等重点领域安全体检和隐患整治机制，坚决遏制重特大事故发生。立足防大汛、抓强台、抢大险、救大灾，推动基层防灾减灾能力标准化建设全覆盖。

二是防范经济风险。综合施策推进"保交楼"，优化实施房票制度，加快建设大嶝公寓等保障性住房项目，促进房地产市场平稳健康发展。健全地方金融组织监管机制，严厉打击非法金融活动，护好居民"钱袋子"。全力兜牢基层"三保"底线，坚决遏制政府新增隐性债务，确保风险安全可控。

参考文献

[1]厦门市翔安区人民政府.厦门市翔安区人民政府2025年政府工作报告[R/OL].（2025-01-24）[2025-02-08].http://www.xiangan.gov.cn/zwgk/zfgzbg/202501/P020250124638618184331.pdf.

[2]厦门市翔安区人民政府.关于印发翔安区国民经济和社会发展第十四个五年规划和二〇三五年远景目

标纲要的通知［EB/OL］.（2021-07-27）［2024-12-31］. http://www.xiangan.gov.cn/zfxxgk/qrmzfjgzb/XM06102/zfxxgkml/11/00/202107/t20210727_795397.htm.

［3］厦门市发展研究中心.翔安区"十五五"时期经济社会发展基本思路研究［R］.2024-12-31.

［4］厦门市统计局，国家统计局调查队.厦门统计月报［R］.2024.

课 题 指 导：彭朝明　黄光增
课 题 组 长：兰剑琴
课题组成员：彭朝明　黄光增　彭梅芳
　　　　　　张林雄
课 题 执 笔：兰剑琴　张林雄

第一篇 产业升级篇

第九章

厦门加快发展新型显示产业对策研究

新型显示产业是国民经济和社会发展的战略性、基础性和先导性产业，是新一代信息技术产业的核心领域，也是面向智能互联时代的人机交互的重要窗口。新型显示产业跨越化工、材料、半导体、设备等多个领域，产业链主要包括上游的原材料、元器件制造以及装备生产与供应，中游的面板、模组生产，下游的整机装配及系统集成应用，具有产业链长、专业化程度高、辐射带动能力强的特点，市场规模巨大。同时，新型显示技术与5G、人工智能、物联网等新兴产业加速融合，为各行业提供数字化、智能化转型的新机遇，也带来新的增长点。

厦门作为国家光电显示产业集群唯一试点城市，新型显示产业是全市首个超千亿产业链，基本实现全产业链布局，具备较好的发展基础。今后一段时期，要对标合肥、深圳、成都等先进城市，锻长补短，进一步优化产业生态，将新型显示产业打造成为厦门最具显示度的首位产业。

一、产业发展趋势和竞争格局

（一）发展趋势

从行业周期看，TFT-LCD（液晶显示）已处于成熟期，市场供需变化导致产能过剩、利润减少，2017年起市场规模维持在1300亿美元左右，在大尺寸领域占据绝对优势。OLED（有机发光二极管）则处于成长期，特别是占据主体地位的主动式AMOLED面板销售额从2014年的83亿美元增至2017年的220亿美元、2020年的342亿美元，预计2025年将进一步达到547亿美元。

从技术路线看，当前随着电子、材料等科技创新迭代，OLED、Micro-LED（微米量级发光二极管）等技术出现并实现产业化，与TFT-LCD共同成为市场主流。一是OLED，具有快速响应、高色彩饱和度等优势，质量、厚度较TFT-LCD更轻薄，可实现柔性显示、透明显示功能，适用于智能手机等小尺寸领域；但在大屏化过程中面临技术路线不确定、良品率偏低等瓶颈。二是Micro-LED，具有高发光效率、高清晰度、高亮度等优势，适用于可穿戴设备应用，2024年市场规模为14亿美元，2030年将达93亿美元；但面临技术成熟度不高、良品率低、成本偏高等瓶颈。

从未来趋势看，TFT-LCD、AMOLED、Micro-LED、QLED（量子点显示）等多种显示技术将长期共存、相互竞争，以满足应用领域不断扩展、显示需求多样化的需求。大尺寸领域，仍以TFT-LCD为主流；

中小尺寸领域，OLED、Micro-LED渐成主流，特别是OLED柔性化功能成为新潮流。

（二）竞争格局

1. 国际格局

2023年，全球新型显示行业全产业链市场规模1876亿美元，其中核心显示器件规模1045亿美元。目前，已形成韩国、中国、日本"此消彼长"的竞争格局。一是韩国现阶段实力最强，以三星、LG为代表，掌握OLED和Micro-LED核心技术。二是中国大陆企业近年发展迅猛，在产能规模上跃居全球第一，以出货面积计算，液晶显示产品全球占比高达75%，OLED产品全球占比超过50%，多条8.6代高世代OLED产线加快开工建设；头部企业为"两大一小"，大尺寸面板企业京东方、TCL华星光电产能占据全球前两位，小尺寸面板企业天马在LTPS（低温多晶硅）智能手机、车载显示领域出货量上多年保持全球第一。台湾企业如友达在OLED等新型显示技术上已布局，在大陆布局高世代产线趋向保守。三是以JDI为代表的日本企业发展势头趋缓，已放弃面板制造业务，转向上游原材料、核心设备。

2. 国内格局

从区域看，我国新型显示产业已形成京津冀、长三角、东南沿海、中西部四大产业集聚区。一是以北京为核心的京津冀，技术创新能力较强，形成了高端面板等一批产学研基地。二是以合肥、苏州、南京为代表的长三角，产业链上游基础良好，在偏光片、掩膜版等原材料方面初具规模。特别是合肥以京东方项目为依托，探索出"引进专业团队—国有资本投资引领—项目落地—通过上市通道退出—循环支持新项目发展"产业运作模式，为新型显示产业持续注入发展动能。三是以深圳、广州、厦门为代表的东南沿海，具有贴近下游用户的优势，面板企业纷纷落地建设模组产线，带动智能终端产业发展。四是以成都、武汉、重庆为代表的中西部，具有鲜明的政府主导特征，通过持续产线建设，已成为新增长极，同时跨区域产业协同取得实效，已分别形成"成都—绵阳—眉山"产业生态圈，以及"研发在武汉、制造在黄石"产业分工协作格局。

从城市看，根据2024年12月赛迪发布的《中国新型显示产业高质量发展指数（2024年）》[①]，合肥、深圳、成都、广州、武汉、北京、厦门、苏州、重庆、南京入选"中国新型显示产业高质量发展十大城市"，厦门排名全国第七。

二、厦门发展现状

（一）综合竞争力较强

新型显示是厦门市首个产值超千亿的产业，2024年产值增速接近两位数。厦门市是国内新型显示产业发展较为迅速的城市之一，是国家光电显示产业集群唯一试点城市、全球触控屏模组最大研发生产基地，不仅拥有天马、宸鸿、宸美、友达、冠捷等一批中游面板模组行业龙头，还布局凌阳华芯、三安光电、乾

---

① 该指数由中国电子信息产业发展研究院（简称"赛迪"）2024年12月19日在成都发布，港澳台除外。

照光电等上游驱动芯片、LED芯片业界龙头，在Mini/Micro-LED前沿领域核心技术研发方面已取得突破，整体处于全国前列，天马新型显示技术研究院实现Micro-LED显示技术完全自主开发和量产技术储备。

（二）集聚效应较为明显

厦门是国内覆盖TFT-LCD、AMOLED、Micro-LED等主流显示技术的城市之一。一是在TFT-LCD领域，已形成覆盖上游玻璃基板，中游面板及模组，下游液晶显示器和整机应用等较为完整的产业链布局，特别是中游面板及模组企业规模优势明显，集中了本市多数百亿龙头企业。上游玻璃基板环节，龙头企业是日本电气硝子，作为全球三大玻璃基板制造商之一，其10.5/11寸液晶玻璃基板是新型显示上游最核心的材料。中游面板及模组环节，天马主要从事中小尺寸面板生产，并带来了近100家上下游配套企业；友达光电是世界第三大TFT-LCD模组厂，宸鸿科技是全球触控屏模组最大研发生产企业，达运精密等企业在背光模组、TFT组件封装方面拥有独特技术。下游整机应用环节，拥有冠捷等整机企业，其液晶显示器出货量位列全球第一，以及戴尔等中小尺寸显示器终端应用企业。二是在OLED领域，天马投资布局的6代AMOLED项目处于量产爬坡阶段，项目达产后将带动引进上游芯片设计、发光材料、光刻胶、高端装备等高能级技术配套企业。三是在Micro-LED领域，拥有天马新型显示技术研究院Micro-LED中试线、三安光电、乾照光电等创新资源和代表性企业。四是在激光显示领域，超旋光电在成像、视觉等方面拥有比较成熟的技术体系。五是在QLED领域，玻尔科技具有高性能量子点材料设计、合成和批量生产能力。

（三）两岸共同产业的样板

厦门市新型显示产业源于积极承接台湾产业转移，推进双方在市场拓展、产业配套、技术研发等方面的合作，迄今已引进了友达、宸鸿、冠捷等多家台湾百大企业，台企工业产值约占厦门市新型显示产值的八成，是两岸产业合作的重要领域。近年来，这些台资龙头企业逐步加快转型升级步伐，友达积极拓展车载显示屏、工业用显示屏等领域；宸鸿向上游材料渗透，已建成纳米银柔性导电薄膜和导电触控薄膜生产线。

（四）"以投带引"的生动实践

2011年3月以来，天马先后在厦门市投资建设5.5代LTPS项目（满产满销）、6代LTPS项目（满产满销）、6代AMOLED项目（量产爬坡）、8.6代a-Si和IGZO技术双轨TFT-LCD项目（实现首批量产交付），以及天马新型显示技术研究院从巨量转移到显示模组全制程Micro-LED中试线，总投资超1000亿元。厦门国贸集团、金圆集团、火炬集团、象屿集团等市属企业，累计为上述项目出资约500亿元。天马在厦门市的发展，基本遵循专业技术厂商集中经营、地方政府产业基金投入相结合的模式。

三、存在问题

（一）从发展态势看：增长出现波动

从近年发展总体态势看，厦门市新型显示产业产值在2021年达到峰值1606亿元后，2022年和2023年连续两年出现负增长，2024年又实现接近两位数的增长，产业发展稳定性和持续性需要进一步增强。这主要有两方面原因：一是TFT-LCD传统主流技术市场趋于饱和、产能过剩，而OLED、Micro-LED等新技术受制于成熟度、良品率不高等因素仍处于爬坡阶段，产能释放还不充分。二是与先进城市比较，厦门新型显示产业没有形成多个龙头企业集聚、多条技术路线同时演进的产业生态，天马是厦门显示产业唯一的生态主导型企业，而深圳集聚了TCL华星光电、天马两家龙头企业，武汉则吸引了京东方、TCL华星光电、天马3家国内巨头投资布局。

（二）从产业链配套看：链而不群

一是补链强链亟待推进。上游偏光片、光刻胶、液晶材料等关键环节缺失；下游应用企业偏少，缺乏本土成长起来的全球全国知名终端品牌。二是本地上下游未真正打通。产业链各环节衔接不足，龙头企业大多是生产组装在本地，而采购、销售在外地，局限于集团内的垂直配套，本地化配套率不足20%。比如，天马微面板产线与电气硝子玻璃基板没有形成直接配套。三是周边左右岸未协同。厦门市与周边泉州等邻近城市，尚未形成类似成都与绵阳、眉山引进偏光片等共性配套项目的跨区域产业生态圈。

（三）从价值链分布看：附加值不高

一是以加工组装为主。厦门市新型显示产业以附加值较低、劳动力密集的加工组装环节为主，自主核心技术较少，台资、外资龙头企业根不在厦门，较少布局研发设计、品牌中心等高增值环节。二是关键核心技术缺失。特别是产业链上游的玻璃基板（美日占87%）、偏光片（日韩台占94%）、液晶材料（德国默克占55%）等核心材料被境外企业控制，曝光机、蒸镀机、成膜设备、刻蚀设备、激光剥离设备等关键设备高度依赖进口。三是专利布局不足。相对于其他高技术产业，加强在新型显示领域的专利布局，对企业掌握国际市场的定价权、话语权尤为重要。截至2023年底，从Micro-LED在巨量转移、芯片结构、全彩显示等方面的专利分布看，三星、LG、京东方、华星光电等国内外巨头基本垄断了相关专利技术，厦门市相关企业申请的专利较少，或参与申请的核心专利主要由其母公司而非厦门子公司掌握。

（四）从创新链协同看：支撑待加强

一是龙头企业创新活动与本地高校院所创新资源要素之间融合度较低，缺乏充分联结。比如嘉庚实验室等科研院所虽有开展新型显示领域的科研活动，但成果转化率还不够高。相形之下，成都不仅拥有微细加工光学技术国家重点实验室等3个国家级创新平台，而且京东方已牵头建设智慧系统创新中心等共享型创新平台，通过整合京东方的全球战略生态伙伴资源，为链属企业提供创新孵化等多维赋能服务。

二是新型显示是典型的技术密集型产业。近年厦门市龙头企业引进台湾技术人才虽取得一定成效，但全要素服务保障工作仍有提升空间。同时自主培养实用技能人才的步伐不够快，与成都依托京东方—成都职业技术学院等项目推进工作存在差距。

四、对策建议

（一）基本思路

把新型显示产业作为发展新质生产力的重要领域，坚持建圈强链，以天马等本土龙头企业为依托，以技术工艺的创新研发和产业化为核心，以重大项目建设为抓手，以场景应用为牵引，聚焦新产品研发，促进创新链产业链资金链人才链深度融合，构建"芯屏端网"一体化的产业生态体系，带动整体产业能级提升，打造具有全球竞争力的新型显示产业创新高地。

（二）对策措施

1.做强主体，构建梯度化企业矩阵

一是提升龙头企业能级。支持天马等龙头企业，加强技术攻关，带动三安光电、乾照光电等协作企业，增强产业链供应链韧性。加快释放天马第6代柔性AMOLED、8.6代新型显示面板等新项目产能。支持宸鸿、友达等台资企业转型发展，开发激光雷达、车载显示等新产品，保持规模优势。

二是鼓励企业加码投资。推进电气硝子五期项目建设，引导企业在厦布局新的业务产线。争取冠捷将液晶电视模组等关键生产环节留在厦门。推动达运精密等生产经营较好的重点企业策划实施一批增资扩产项目。

三是壮大成长型科创企业。关注在细分领域具有核心竞争力的高成长性、初创型科创企业，如专注Micro-LED技术开发、一期项目投资15亿元建设小屏显示模组产线的思坦科技，及时出台适合其发展的专项扶持政策，帮助企业成长为专精特新企业、上市企业。

2.补链强链，完善产业链供应链配套

一是促进供应链本地化发展。推动祥福兴偏光片项目尽快动工建设，进入天马供应体系。推动天马、友达等龙头企业加大本地采购，对在市域范围内为新型显示企业生产首次提供自主研发的原材料或零部件产品，形成有效供应链的，按照供需方销售合同总额按一定比例予以奖励。

二是围绕龙头引进配套项目。对天马产业链进行再梳理，加强政企联手招商，力促液晶材料、高端微型驱动器、驱动芯片、掩膜版等配套项目签约落地。

三是深入推进产业链招商。根据产业发展路线图，针对关键领域和缺失环节，争取偏光片等领域目标企业落地，促进强链延链补链。加强对可穿戴设备、虚拟设备（VR）、医疗器械、教育教学等下游企业的招引力度，提升需求端对产业链的牵引效应。

3.创新引领，提升技术研发能力

一是建设创新平台。支持嘉庚创新实验室将未来显示技术作为三大主攻方向之一，依托未来显示技术研究院，加强材料、器件、工艺的科技攻关和前瞻性研究。推进三安牵头建设芯颖科技公司，深耕面向移动终端、车载显示等多应用领域的高分辨Micro-LED显示技术。支持天马争创国家制造业创新中心或工程研究中心。

二是促进协同创新。推动天马新型显示技术研究院建设，牵头组建创新联合体，加大与厦门大学等本地高校院所及乾照光电、冠捷科技等企业的技术协同和产学研合作，并联合国产材料、设备企业，开展体系化攻关，加快推进Micro-LED量产化进程，实现技术研发和产业化与国际先进水平同步。

三是加强前瞻布局。鼓励和引导企业积极布局发展OLED、Micro-LED、激光显示等新一代显示技术，开展专利布局，加强知识产权储备，掌握未来产业发展主动权。支持企业、高校院所、行业组织等参与新型显示国际标准制定。

4.开放合作，共建产业生态圈

一是提升显示度。发挥"会展+产业"融合效应，积极承办国际显示技术大会（ICDT），ICDT首届于

2017年在福州成功举办，后相继在广州、武汉、南京、合肥等城市举办，已成为每年一度的国际显示技术盛会。策划举办会展活动，培育专业化会展IP，扩大影响力，给予举办方一定补助支持。支持天马牵头建设全国首个显示产业博物馆，该馆定位为国家创新平台，展示显示产业创新成果、未来技术与应用场景的城市产业会客厅，先进制造和科技创新研学及教育基地。

二是深化对台合作。抓住国家支持厦门开展综合改革试点的机遇，鼓励两岸厂商在显示产业设备、材料等领域展开密切合作，共同发掘新的应用场景，助力产业升级和创造多元化未来商机。针对友达等企业需求，研究制定企业开展ESG（环境、社会和治理）、节能减碳等鼓励措施，支持企业加快绿色转型。鼓励友达、冠捷、宸鸿等龙头企业加快立体化机器换人，打造一批新型显示智能工厂样板。积极吸引台湾显示领域高端技术人才，加强薪资补助、住房保障和子女就学等全方位服务保障力度。

三是协同联动周边。围绕与新型显示产业配套的光刻胶、清洁剂等电子化学品关键材料，加强与漳州、泉州等周边城市的分工协作。

5.配齐要素，健全产业发展保障体系

一是加大政策扶持力度。借鉴深圳、成都等地出台的专项政策，在技术研发、产业链建设、要素保障等方面加大扶持力度，降低企业的经营成本。落实好国家、省市的税收、技改、创新基金等政策，支持产业更好发展。

二是提升公共服务水平。充分利用国家半导体发光器件（LED）应用产品质量检验检测中心、国家平板显示产业计量测试中心（厦门）等国家级平台，联合宸鸿等企业建立触控与显示计量测试联合实验室，在质检、计量等专业领域提供优质服务，帮助企业发展。

三是推进新型显示配套产业园建设，为中小企业落地提供空间载体和较低成本的用地。

四是培养实用技能人才。深化产教融合，推行以"招工即招生、入企即入校、企校双师联合培养"为主要内容的企业新型学徒制培训，共同培养行业企业急需的技能人才。

五是加强资金支持。依托厦门产业发展引导基金，设立新型显示专项子基金，为前期研发投入大、成长性好的招商项目落地、产能爬坡提供资金支持。鼓励发展科技信用贷款等金融产品，采用投贷联动等专业化金融服务支持企业创新。

六是提供场景支持。梳理轨道交通、机场、码头、学校、医院等领域应用场景，特别是要结合翔安新机场、金鸡百花电影节等重大设施建设、重大文化活动，挖掘多元化的新型显示应用场景，促进供需有效对接，树立厦门作为国内新型显示产业先锋城市的品牌形象。

参考文献

[1]张黎明.积极锻造新型显示长板 抢占高质量发展主动权[J].中国经贸导刊，2024（1）：44-47.

[2]欧阳钟灿.中国新型显示技术发展之路[J].科技导报，2023，41（19）：92-95.

课 题 指 导：彭朝明　戴松若　黄光增
课 题 组 长：谢　强
课 题 组 成 员：戴松若　林　智　肖凌欣
　　　　　　　黄彩霞　许丽娟
课 题 执 笔：谢　强

第十章

厦门人工智能发展方向和路径研究

近年来，以大模型为代表的新一代人工智能技术飞速发展，人工智能已成为提升国家竞争力、维护国家安全的重大战略，驱动新质生产力的重要引擎。厦门具备发展人工智能产业的良好基础，已在部分垂直领域推出一批行业大模型，但也面临算力、技术、场景、人才等瓶颈制约，应从技术发展、企业培育、要素集聚、场景创新、生态营造等方面入手，着力推进人工智能数据链、技术链、产业链、人才链、机制链"五链融合"。

一、人工智能产业概述

（一）人工智能产业的定义与产业链图谱

人工智能产业，是以人工智能技术与算法为核心，借助计算机系统与机器人等装置，旨在模拟、拓展人类智能的新兴领域。此产业包括人工智能技术的研发、应用、推广与服务等多个方面，对于提升生产效率、优化产业结构、提升生活质量等方面，具有深远影响。人工智能产业因其创新性、高技术性与高附加值性，被视为未来经济发展的关键引擎之一。随着技术的持续进步与应用领域的不断拓展，人工智能产业将逐步融入各个行业，成为推动社会进步与发展的核心力量。

人工智能产业链涵盖 3 个层次：基础层、技术层与应用层（图 10-1）。3 个层次相互依赖、相互促进，共同推动人工智能技术的持续发展与创新。

人工智能产业链

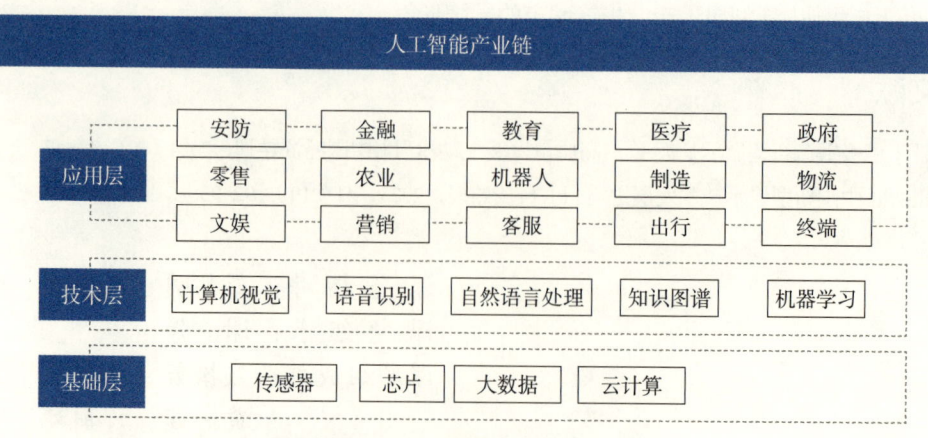

应用层	安防	金融	教育	医疗	政府
	零售	农业	机器人	制造	物流
	文娱	营销	客服	出行	终端

技术层	计算机视觉	语音识别	自然语言处理	知识图谱	机器学习

基础层	传感器	芯片	大数据	云计算

图 10-1 人工智能产业链图谱

第十章 | 厦门人工智能发展方向和路径研究

基础层：为人工智能产业之基石。基础层主要涵盖大数据服务、智能芯片等硬件设备以及系统软件等平台的研发，为人工智能提供数据与算力支持，对产业链的完整性与延伸具有至关重要的作用。

技术层：为人工智能产业的核心。技术层致力于模拟人类智能特征，构建技术路径，其包括机器学习、大模型等通用技术，以及计算机视觉、自然语言处理等专门技术，它们共同构成人工智能的核心技术体系，使人工智能系统能够理解自然语言、识别图像与声音，以及进行复杂决策与推理。

应用层：人工智能产业的拓展。应用层将各种人工智能基础应用技术集成，针对特定应用场景需求，提供软硬件产品或解决方案。应用层的产品与服务种类繁多，涵盖智能机器人、智能移动终端等智能产品与服务，以及智能家居、智慧医疗等多个行业应用。

（二）人工智能产业未来发展趋势

一是多模态。Sora的推出标志着多模态生成式AI的崛起。这种新型的AI模式不仅打破了传统AI文本输入输出的局限，还能对视觉、文本、听觉等多元化数据进行综合处理，模拟自然世界和物理规律，从而实现对现实世界的精准再现。面对未来更加复杂多样化的交互场景，多模态模型将更加注重各种形式的信息融合，推动AI技术的发展和应用。

二是协同化。自ChatGPT推出以来，AI已迅速成为受欢迎的工作助手，显著提升了人类工作效率。目前，AI已在医疗、金融等领域得到广泛应用，与人类协同完成各项工作。展望未来，AI的应用领域将进一步拓展，掌握与AI相关的新技能将成为未来的必然趋势。AI也将从单纯的工作助手逐渐转变为不可或缺的工作伙伴。

三是量子化。量子化作为AI研究的前沿领域，正吸引着老牌科技巨头和新兴初创企业的广泛关注。量子AI能够充分利用量子计算机的特殊性质，加速机器学习和优化算法进程，从而提升AI应用的效率和准确性。随着量子计算技术的不断发展，量子AI有望在未来发挥更大的作用。

四是法治化。法治化是规范人工智能产业发展的必然选择。面对AI产业面临的"黑箱"困境、虚假信息、意识渗透、数据泄漏等挑战，制定全面的AI政策至关重要。目前，包括欧美在内的主要经济体都在积极制定AI政策，如欧盟的《人工智能法案》和美国前总统拜登签署的关于AI的行政命令。这些举措旨在确保AI技术的健康发展，为人工智能产业的可持续发展提供有力保障。

二、厦门发展人工智能产业的SWOT分析

（一）发展基础

1. 产业规模持续扩大

近年来，厦门着力打造人工智能先锋城市，厚植人工智能发展沃土。全市数字经济规模超5000亿元，占经济总量约60%。2024年厦门市人工智能产业产值突破336亿元，产业规模持续扩大。

2. 企业主体加快集聚

厦门作为"中国软件特色名城"，其人工智能产业的发展势头强劲，开创出一批有特色、有代表性的

"厦门品牌"。厦门软件园已聚集各类人工智能企业超 200 家，基本实现产业链基础层、技术层和应用层的全覆盖。基础层涵盖人工智能芯片、大数据以及数据平台等领域，集聚了云知声、算能科技等代表企业。云知声凭借其自主研发的"山海大模型"，成功推出了门诊病历生成系统，减轻了医生的工作负担，为患者带来更加便捷和高效的医疗服务。技术层集聚了一批自然语言处理和图像处理相关企业，代表企业有美图、瑞为、快商通、唯你网、渊亭等。渊亭科技不仅在人工智能领域拥有众多发明专利和软件著作权，还积极参与了 30 多项国际和国内人工智能标准的制定工作，为行业的规范化发展贡献了力量；瑞为技术推出"机场智助登机方案"，该方案目前已经覆盖全国三分之二的千万级机场和三分之一的民用机场，极大地提升了旅客的出行体验和机场的运营效率。应用层涵盖智能机器人、智能穿戴设备、无人驾驶、智能医疗、元宇宙等领域，集聚了熵基、星速机器人、农芯数科、麦克奥迪、纳龙、黑镜科技等代表企业。金龙客车与百度公司研发的"阿波龙"无人驾驶小巴，已在全国 25 个城市、30 个应用场景实现商业化运营，累计运行总里程近 6 万公里。云知芯的人工智能芯片植入奥佳华按摩椅、科牧智能马桶盖等企业产品，实现产品的智能语音交互等智慧化提升。

3. 技术创新与研发加强

在政府的坚定支持和企业的积极响应下，厦门积极汇聚高端创新资源，推动人工智能技术的创新与研发工作。一是各层级创新平台加快建设。厦门已建立导航与位置服务技术国家地方联合工程研究中心、健康医疗大数据国家研究院等 5 个国家级科研平台；拥有水声通信与海洋信息技术教育部重点实验室、福建省智慧城市感知与计算重点实验室、数字福建城市交通大数据研究所、数字福建健康医疗大数据研究所等 10 个省部级科研平台；培育了金龙汽车、美亚柏科等 10 家国家级企业技术中心，近日，百度飞桨在厦门成立"人工智能公共技术服务平台"，在人工智能领域展现出显著的技术优势。二是研发实力日益增强。厦门大学"思源"大模型在腾讯多模态大模型评测总榜中位列第五；清华海峡研究院在厦门设立了人工智能研究中心，专注于机器人、智能家电、智能汽车、智能教育等领域的智能化解决方案研发；华侨大学、集美大学、厦门理工学院等高校也在人工智能领域进行了深入的探索和实践，形成了各具特色的应用模式。三是积极引入外部科技资源。引进天津大学脑机交互与人机共融海河实验室设立"厦门脑机接口与智慧健康创新研究院"，打造高水平脑机接口与智慧健康技术研发中心及产业基地；引入华中科技大学国家数字建造技术创新中心设立"智能感知工程物联网与大数据服务厦门实验室"。

4. 产业载体加快建设

福建省人工智能产业园厦门园区正式揭牌，设在软件园三期F片区，产业园将充分发挥周边厦门人工智能超算平台、华为鲲鹏超算中心等超算平台，以及中国科学院数据智能研究院、华侨大学、集美大学等高校院所的技术支撑作用，助力产业集聚发展园区。园区已落地华为、腾讯优图、IBM等国内外知名企业，以及西安交通大学国家技术转移中心、中国科学院计算所等高端创新资源，还将通过基金招商、场景招商等方式，持续引进百度、腾讯、阿里等人工智能头部企业，以及高水平科研院所，打造人工智能技术协同创新服务生态，为企业提供低成本、高质量的算法、算力、数据、人才等资源支持。

5. 产业生态日益完善

一是产业政策支持力度日益加大，制定出台了《厦门市促进人工智能产业发展若干措施》等相关扶持政策。厦门市政府围绕"算力""算法""数据""场景"等人工智能发展的关键要素，从强化算力供给、支持提质增效、创新场景应用、加强要素保障等多个方面，推动了厦门人工智能产业的高质量发展。二是公共服务平台加快建设。厦门吸引了工信部信通院（东南）创新发展研究中心、产业发展促进中心、电子标准院等国家级产业服务平台的加入，与厦门市的相关政策形成了有力互补，为厦门的人工智能产业发展提供了优质的生态环境。

（二）存在问题

1. 相较于一线城市产业规模较小

2024年，上海人工智能产业规模突破4000亿元，成为全国范围内的领军者。北京的人工智能核心产业规模预计突破3000亿元。尽管厦门在人工智能领域也有所发展，但其产业规模相对较小，2024年厦门市人工智能产业产值约336亿元，与一线城市在人工智能产业发展上存在显著差距。

2. 企业综合竞争力不强

根据福布斯中国公布"2024福布斯中国人工智能科技企业TOP 50"评选结果，北京以18家企业的优势稳坐中国"AI第一城"的宝座，位列中国人工智能科技企业TOP 50榜单的企业数量最多，其次是上海17家，南京、合肥、宁波、青岛各有一家企业入选，而厦门则无企业上榜。厦门的人工智能企业以初创型企业为主，规模相对较小，缺乏具有行业引领作用的独角兽企业和领军企业，对产业链的带动作用有限，综合竞争力亟待提升。

3. 算力基础设施短缺

国家算力枢纽节点和国家数据中心集群均未涉及厦门，因此厦门在算力建设上缺少国家政策支持，导致其建设进度相对滞后。根据中国信息通信研究院最新发布的《中国算力发展指数白皮书（2023年）》，厦门未跻身中国算力二十强城市之列，而省内仅福州一座城市成功入选。前二十的城市中，上海表现出色，算力总规模高达14000 PFLOPS；紧随其后的是北京，算力总规模达到12000 PFLOPS。相比之下，厦门目前本地化部署的算力规模较小，与北京、上海等算力强市之间存在显著的差距。在赛迪工业和信息化研究院（集团）四川有限公司正式发布的《2023—2024中国算力服务企业综合竞争力50强研究报告》中，厦门仅科华数据一家企业上榜。综上所述，从算力基础设施建设和企业实力来看，厦门的算力建设水平与全国算力前沿城市存在明显的差距。

4. 核心技术和原始创新有待加强

首先，厦门的人工智能企业多聚焦于应用层面，基础层和技术层企业较少，人工智能芯片、通用大模型研发等仍是薄弱环节。在人工智能产业的核心技术研发上，厦门的深度和广度尚不足以应对当前和未来产业的发展需求。其次，厦门的高校和科研院所在人工智能领域的研究能力与清华大学等处于领先地位的高校院所相比，仍存在一定的差距，这导致厦门在人工智能领域的原始创新成果相对较少，缺乏具有自主知识产权的核心技术，在一定程度上限制了厦门人工智能产业的发展潜力和竞争力。

(三)发展机遇

1.发展人工智能是维护国家安全的重大战略

人工智能作为继蒸汽技术、电力技术、计算机及信息技术革命之后的第四次科技革命的核心驱动力，正在推动经济社会各领域实现从数字化、网络化向智能化的快速跃升。这一技术对于提升国家竞争力、维护国家安全具有至关重要的战略意义。鉴于此，世界主要发达国家纷纷将发展人工智能作为提升国家竞争力、维护国家安全的重大战略，并加速出台相关规划和政策，力求在新一轮的国际科技竞争中掌握主导权。我国也积极响应这一全球趋势，陆续出台了《"互联网+"人工智能三年行动实施方案》《国务院关于印发新一代人工智能发展规划的通知》《关于加快场景创新以人工智能高水平应用促进经济高质量发展的指导意见》等一系列政策文件。这些政策旨在抢抓人工智能发展的重大战略机遇，构筑我国在该领域的先发优势，为国家的长远发展奠定坚实的基础。

2.技术进步为人工智能产业带来技术突破的可能

随着技术的持续进步，人工智能产业迎来了前所未有的发展机遇。深度学习技术的崛起使人工智能能够模拟人脑的工作方式，对图像、语音、自然语言等多元信息实现深度解析。云计算、高性能计算以及专用AI芯片的出现，大幅提升了人工智能处理大规模数据集的能力，复杂模型的训练时间大幅缩短。大数据技术的成熟和应用，为人工智能提供了丰富的数据源，使其在金融、医疗、教育等领域的应用更加广泛。自然语言处理技术的突破，使得人工智能在理解和生成人类语言方面取得了显著进步，为智能客服、智能写作等领域提供了有力支持。计算机视觉技术的创新，使得人工智能能够更准确地识别和理解图像和视频信息，在自动驾驶、安防监控、医疗影像分析等领域发挥着重要作用。此外，强化学习和迁移学习等先进学习方法的出现，为人工智能提供了更加高效的学习方式，不断提升其性能。迁移学习技术使得人工智能能够将已有知识应用于新任务，实现快速学习和适应。随着边缘计算与物联网技术的融合，人工智能将与更多设备实现实时交互和协同工作，推动人工智能在智能家居、智能制造、智能交通等领域的广泛应用。展望未来，随着技术的不断进步和应用领域的不断拓展，人工智能将在更多领域发挥重要作用，为人类社会的发展贡献更多力量。

3.人工智能技术的应用需求日益增长

随着人工智能技术的持续革新与深化拓展，其在众多行业中的融合应用正逐步成为主流趋势。智能化与数字化转型不仅助力企业优化运营流程、提升生产效率，还显著降低了运营成本，进而增强了企业的核心竞争力和市场地位。无论是智能制造、智慧金融、智慧医疗，还是智能交通、智能家居等领域，人工智能都扮演着日益关键的角色。旺盛的市场需求为人工智能产业的蓬勃发展提供了广阔天地。

(四)面临挑战

1.城市竞争日益激烈

人工智能作为当今最具颠覆性的技术之一，正逐渐成为未来经济社会发展的核心引擎。为把握先机、增强竞争优势并推动创新发展，众多城市纷纷积极布局人工智能产业。北京、深圳、成都等城市已率先发布相关政策文件，以支持人工智能产业的蓬勃发展，北京制定了《北京市加快建设具有全球影响力的人工智能创新策源地实施方案（2023—2025年）》及《北京市促进通用人工智能创新发展的若干措施》，深圳发布了《深圳市加快推动人工智能高质量发展高水平应用行动方案（2023—2024年）》，成都出台了《成都市进一步促进人工智能产业高质量发展的若干政策措施》。这些城市在资金扶持、税收优惠、人才引进与培育、产业生态构建及应用示范推广等方面采取了一系列措施，以加速当地人工智能产业的进步，提升产业竞争力。厦门在人工智能领域的人才储备与吸引力、产业生态、市场应用拓展及创新能力等方面仍有待提升，在当前激烈的城市竞争中，厦门必须全面提升其人工智能产业发展环境及产业生态，以在未来的人工智能浪潮中占据有利地位。

2. 高端人才流失风险

在这一轮大模型热潮中，人才稀缺问题首当其冲。《麻省理工科技评论》认为，在以人才、数据、资本和硬件为四大因素的人工智能生态系统中，人才的重要性是最为突出的。他们是算法和硬件创新的主要推动力，并且从长远看，人才比数据更重要。在AI的迅速发展和应用下，目前市场上呈现出AI人才供不应求的现象。根据脉脉高聘发布《2023泛互联网行业人才流动报告》，2023年上半年，泛互联网行业最紧缺的岗位主要集中在AI方向，运营岗位人才求职竞争激烈，算法研究员以0.47的人才供需比位居人才紧缺度榜首，平均2家公司争夺1位人才，人工智能工程师、自然语言处理、深度学习等AI方向人才供需比分别为0.61、0.66、0.73，人才供不应求。厦门的人工智能产业起步较晚，企业数量少且规模不大，这种相对较小的产业规模，无法为高端人才提供充足的发展空间和机会，且与一线城市相比，厦门在薪资待遇和福利水平方面存在差距，面临较大的人工智能人才流失风险。

3. 地缘政治环境的不确定性

地缘政治对全球合作与治理构成障碍，在人工智能领域，不同法律制度正在形成，国际合作在获取半导体、制定技术标准以及监管数据和算法方面面临更大困难，这阻碍了全球人工智能治理体系的形成。此外，地缘政治加剧了技术封锁与竞争，部分国家通过限制出口高算力芯片和加强技术审查等手段，试图遏制中国在人工智能领域的发展，导致中国人工智能产业链出现芯片短缺问题，影响其供应链和生态系统。另外，地缘政治也阻碍了人工智能技术的国际传播与应用。某些国家可能限制人工智能技术的出口和应用，或限制其他国家在本国市场上使用人工智能技术，限制了全球人工智能技术的应用场景，不利于其创新和发展。

4. 数据安全和伦理等问题日益突出

随着人工智能技术的日益精进与广泛应用，数据安全与伦理等问题逐渐浮出水面，成为人工智能产业亟待解决的关键议题。在处理和分析海量数据时，人工智能会触及个人隐私、商业机密等敏感信息，可能侵犯隐私权。若这些数据未得到妥善管理和保护，则可能面临泄露、滥用的风险，对个人、企业乃至整个社会造成巨大损失。此外，由于训练数据的不完整或存在偏见，人工智能系统可能滋生歧视和偏见，对特定群体造成不公平待遇。

三、发展方向与重点

（一）着力突破人工智能软件

鼓励企业、高校、科研院所加强人工智能协同认知智能基础理论、人工智能核心算法等研究。实施人工智能软件"揭榜挂帅"，推进自主的人工智能框架、算子等根技术和AIGC（人工智能生成内容）等关键技术研发。瞄准智能网联汽车领域，加快培育智能座舱、自动驾驶等人工智能软件。围绕智慧政务、智慧教育、智慧医疗等领域，着力研发一批人工智能软件产品。发布人工智能重点产品目录，培育具有全国影响力的"拳头"产品。

（二）加快培育人工智能硬件

鼓励企业、高校、科研院所加强神经网络处理器芯片、图像处理芯片、语音处理芯片等研发和场景应用，促进高端智能芯片发展。聚焦智能制造、智能网联汽车、智慧交通等应用场景，推进图像传感器、惯性传感器、超声波雷达、导航定位雷达等智能传感器研发，提升本地智能传感器供给能力。

（三）拓展人工智能在工业制造、服务业、城市治理等领域的应用

一是人工智能+制造。依托百度飞桨等人工智能公共技术服务平台，打造工业智能技术与解决方案供给体系，围绕电子信息、生物医药、高端装备制造等支柱产业智能化升级需求，提供自主可控的智能制造"厦门方案"。在全市打造一批标杆工厂、智能化改造示范项目。

二是人工智能+公共服务。实现智慧医疗多场景协同。积极开展手术机器人、可穿戴生命体征检测系统、人工智能医疗影像设备等人工智能首台（套）产品研发。推进智慧医院建设，深入开展多渠道预约挂号、预约检查、诊间支付、检验检查自助查询共享、居民电子健康档案等应用示范。深度利用人工智能大模型、数字人等新技术，加快深度高阶批改、个性化练习、AI英语教育、AI心理陪伴等应用场景推广，加快基于多模态技术的智慧教学质量评价系统的研制与应用。依托口岸、机场、高铁站、地铁站、政务活动场所、科技文化体育场馆、公园、旅游景区等公共场所，搭建人工智能体验场景。

三是人工智能+城市治理。完善城市大脑中枢平台功能，开放人工智能中枢，吸引企业将算法和算力接入城市数据大脑，开展算法训练。持续推动智慧城市基础设施与智能网联汽车协同发展。在市容巡查、环境卫生领域适度超前布局市容巡查机器人、扫地机器人等应用。在消防监管、食品安全监管、建筑施工安全等领域，开展图像识别、视频分析、监测预警等人工智能应用。推进建筑信息模型（BIM）和城市信息模型（CIM）在城市规划中的应用，探索开展城市全要素数字化和虚拟化、城市全状态实时化和可视化的数字孪生城市建设。

四、发展路径

从技术发展、企业培育、要素集聚、场景创新、生态营造等方面入手，着力推进人工智能数据链、技术链、产业链、人才链、机制链"五链融合"。

| 第十章 | 厦门人工智能发展方向和路径研究 |

（一）技术发展路径：以点带面，开放合作的创新发展路径

一是加强核心技术攻关。聚焦通用大模型、智能算力芯片、智能传感器、智能机器人、智能网联汽车等领域，实施人工智能科技重大专项扶持计划，重点支持打造基于国内外芯片和算法的开源通用大模型；支持重点企业持续研发和迭代商用通用大模型；开展通用型具身智能机器人的研发和应用。实施核心技术攻关载体扶持计划。

二是加强垂直领域大模型研发。实施一批人工智能重大科技项目和"揭榜挂帅"项目，支持本地企业云知声的通用大模型——山海大模型。有重点地培育行业大模型，支持易联众、美图等上市企业在公安、军事、视觉等本地优势领域发展行业大模型。引导人工智能企业与行业领军企业开展定向合作，开发核心算法和预训练模型，研发基于主流大模型的创新产品，共同研发落地应用大模型。

三是打造重点创新平台。支持企业联合厦门大学、华侨大学、集美大学等高校和科研院所，共建人工智能联合实验室，基于厦门大学"思源"大模型，建设自主可控的多模态通用大模型创新综合体。

（二）企业培育路径："梯度培育+平台建设+金融扶持"的集群突进发展路径

一是建立企业梯次培育体系。加快人工智能优质企业招引。依托本地场景资源优势，推动国内外龙头企业在厦门设立人工智能子公司。重点瞄准开发框架、机器学习等关键技术领域，引进一批具有自主创新能力的科技型企业。推动厦门优势企业整合资源，转型升级为制造业数字化综合解决方案服务商，参与制造企业人工智能应用部署，带动制造业数字化转型发展。鼓励支持美图、国投智能、云知芯等具有一定基础和优势的企业，持续研发和迭代垂直应用，打造厦门垂直模型产业集群。推动大中小企业融通创新发展。支持建立"头部科技大厂算力/模型资源供给、初创企业模型初耕、中小企业特定应用切入"的创新联合体，面向制造业、智能网联汽车等重点领域，共同推进国产AI大模型技术研发和应用落地。围绕AI大模型、AI开发框架及工具体系等方向，建设人工智能开源社区，实施一批开源项目，打造人工智能开源开放生态。

二是搭建企业创新孵化平台。发挥各区特色优势和资源禀赋，选择条件成熟的区域打造人工智能产业集聚区，对标上海"模速空间"，在人工智能产业园设立"人工智能"创新社区，提高超级计算、智能云服务的公共供给水平，提供研发工具、检验测评、系统安全等专业化的创新创业公共服务，以及算法、工具集、模型库、金融服务等支持，加速创新创业企业孵化培育。

三是健全产业投融资体系。发挥市区各级财政科技专项资金的支持作用，围绕人工智能核心部件、操作系统、核心算法等关键领域，部署一批技术攻关和产业化项目，加快形成自主可控的核心软硬件产品。加大"财政+金融"服务支撑力度，设立人工智能产业引导基金，采用"母基金+直投"的方式，支持人工智能芯片、框架和核心算法开展早期硬科技投资。持续做好人工智能企业挂牌上市培育工作，鼓励人工智能企业在境内外多层次资本市场开展股权融资，鼓励行业标杆龙头企业、细分领域领军企业与专业化投资机构合作成立市场化基金，促进社会资本参与人工智能产业发展。

（三）要素集聚路径：创新要素集聚整合及高效配置发展路径

一是强化算力基础设施供给，推动高质量数据开放共享。强化普惠算力供给。整合全市算力资源，建设公共算力服务平台，实现异构算力统一管理、统一运营。实施算力伙伴计划，优化"算力券"政策，提高算力补助上限，将支持范围由企业拓宽至科研院所等创新主体。推动高质量数据开放共享。开展全市数据资源调查，依托市大数据安全开放平台，依法、合规、有序向AI企业提供公共数据开放服务和授权开发

利用。鼓励各类企业建设高水平行业数据集，推进多模态公共数据集建设，组建大模型语料数据联盟，推动中文语料数据资源共建共享。推动算法研发交易。支持企业、高校院所开展核心算法研发，加强模型算法备案指导和服务，对获得备案登记的算法研发主体予以奖励。借鉴北京举措，建设算法交易服务中心，便利企业模型算法交易，降低算法开发门槛和成本。

二是加强复合型人才培养，打造高水平人才汇聚高地。加强专业人才引育。面向国内外顶尖学者、青年科学家、核心算法工程师，进一步加大人才团队引进奖励和创新项目的支持力度。依托各类算法创新科研机构，探索完善人才学术、产业双向流动制度，为高端人才提供宽松多元的发展空间。支持科学家勇闯人工智能科技前沿"无人区"，对在科研平台建设等方面贡献突出的人才给予奖励。探索建立多层次人工智能人才评价认证体系，设置基础理论研究、核心算法攻关、应用算法创新等人才奖项，不断提升人才品牌知名度。加强复合型人才培养。加强在厦高校人工智能一级学科建设，建立人工智能学院、人工智能研究院或人工智能交叉研究中心，积极开展"新工科"研究与实践，重视人工智能与计算机、控制、数学、统计学、物理学、生物学、心理学、社会学、法学等学科专业教育的交叉融合，探索"人工智能+X"的人才培养模式。强化校企人才联合培养力度，支持高校与企业合作建设人工智能产教融合培养基地。加强人工智能通识教育，组建厦门市AI教育联盟和AI讲师团，支持学校与企业、科研机构等联动开设"第二课堂"，推动人工智能进校园。

（四）场景创新路径：推进全域全时场景应用路径

一是加大应用场景开放对接。依托"i厦门"平台建设人工智能服务专区，围绕公共服务、城市治理和行业应用三大类场景，定期发布AI应用场景清单和能力清单，以揭榜挂帅、人工智能大赛等方式，面向全球招标高质量的应用解决方案，促进大模型场景供需对接。

二是拓展智能场景应用。支持企业组建"未来场景实验室"或"场景联合创新中心"，联合开展融合创新场景实测。围绕制造业智能化升级布局重大场景。加快人工智能与制造业深度融合，推动厦门市智能制造样板工厂向以"工业元宇宙"为核心的未来工厂3.0阶段发展。围绕重大项目重大活动布局重大场景。支持厦门科学城建设智慧城市基础设施与智能网联汽车协同发展试点区，持续推进智慧园区建设，拓展园区运行监测、数字地图、产业链协作等场景。依托中国国际投资贸易洽谈会、厦门工博会等重大活动，打造嘉宾无感通行、智慧安保、沉浸式虚拟展馆等场景。围绕未来新赛道发展布局重大场景。加快布局元宇宙，培育数字孪生工厂、虚拟人、元旅游等新产业新业态新模式，推动类脑智能同汽车、可穿戴设备、装备制造、生物医药等产业融合发展，探索自动驾驶、类脑智能机器人等场景。

三是支持企业开展人工智能技术应用。建立市场化服务与公共服务双轮驱动，技术、资本、人才、数据等多要素支撑的人工智能服务生态，解决企业面对人工智能技术"不会用""不能用""不敢用"的难题。面向重点行业和企业需求，特别是面向省内中小微企业的特点和需求，培育若干专业水平高、集成程度高的智能化解决方案供应商，引导开发轻量化、易维护、低成本、一站式智能解决方案，加强产业人机协同和共性解决方案供给。聚焦咨询服务、标准制定、测试评估等方向，培育一批第三方专业化服务机构，提升人工智能服务市场规模和活力。建设人工智能促进中心，打造智能公共服务平台，提供科技创新服务机构，构建区域产业人工智能创新综合体，带动传统产业智慧化转型。

（五）生态营造路径：开放包容审慎的监管路径

一是构建高标准可控治理体系。加强人工智能检测认证平台建设，积极开展大模型安全评测，建立健全公开透明的人工智能监管体系，积极探索创新人工智能"监管沙盒""合规不起诉"等包容审慎监管模式，围绕网络安全、数据安全、科技伦理、就业促进等领域建立风险防范和应对机制，探索建立人工智能伦理高风险科技活动伦理审查结果专家复核机制，推动各责任主体遵守科研诚信和科技伦理规范。加强网络安全防护和个人数据保护，持续加强科技伦理治理。

二是搭建合作交流平台。举办高规格的人工智能创新创业大赛或高端论坛，举办多种形式的算法技术交流、黑客松、嘉年华等活动，持续吸引创新开发者，培育开放的极客文化。对接国内外知名研究机构或专家院士，开展各类针对性强、专业程度高的培训活动，提升厦门人才技术水平，创优人才发展环境。建设大模型成果展示中心，助力大模型企业产品发布和品牌宣传。

三是完善专业化服务机制。不断优化营商环境，切实提高服务企业的能力，支持湖里区、火炬高新区等产业集聚区，选择人工智能重点方向，制订产业规划，设立产业基金，成立专业服务机构，不断完善人工智能产业服务机制。对企业开展"一企一策"服务，加大统筹协调力度，妥善解决企业发展面临的问题。

参考文献

[1] 黄卓.陶云清.刘兆达，等.智能制造如何提升企业产能利用率——基于产消合一的视角[J].管理世界，2024，40（5）：40-59.

[2] 陈永伟.人工智能时代的算力挑战[N].经济观察报，2023-02-20（25）.

[3] 贺刚，唐李翙茉.人工智能、劳动生产率与制造业转型升级[J].商业研究，2024（6）：40-52.

课 题 指 导：彭朝明　黄光增
课 题 组 长：黄榆舒
课 题 组 成 员：王成龙　彭梅芳　兰剑琴
　　　　　　　黄光增　彭朝明　许丽娟
课 题 执 笔：黄榆舒

第十一章

厦门建设度假型旅游城市的思路及建议

度假型旅游城市，通常指拥有优美自然环境、丰富旅游资源和完善旅游设施，能为游客提供高品质的旅游服务和旅游体验的城市。度假型旅游通常以家庭或中产有闲人群为主体，具有以追求休闲、放松和娱乐为目的，更注重旅游的质量和舒适度的特点；旅游目的地指向性较强，在目的地停留的时间往往较长，如4~7天不等，充分享受当地高品质的住宿、美食、购物和娱乐设施等。

一、旅游发展阶段层次划分及发展趋势

（一）我国现代旅游发展阶段层次划分

对于现代旅游的发展阶段层次，不少权威专家都提出了自己的研究观点，其中，我国著名旅游规划专家董观志教授的观点颇具代表性。他在从事深圳华侨城、重庆武隆等几十个旅游目的地的规划设计实践中，总结出了我国现代旅游发展的4个阶段层次理论：从旅游需求角度，可以划分为观光旅游、休闲旅游、度假旅游和体验旅游4个阶段；从供给角度，可以划分为要素经济、载体经济、内容经济和融合经济4个层次；从产业角度，要素经济对应观光旅游，载体经济对应休闲旅游，内容经济对应度假旅游，融合经济对应体验旅游，其中，旅游需求与供给的对接互动促进了旅游产业的不断转型升级和创新发展。

此外，也有研究认为，旅游在更高一级阶段层次时，较低的阶段层次并不会消失，而是同时存在于市场中；并且无论是在哪个阶段层次，观光旅游仍然存在于市场，这已被国内外的旅游业发展所证明。

本课题综合著名旅游规划专家董观志教授关于4个阶段层次理论，王志豪、刘松、韩福文等多位专家的研究成果，以及当前关于旅游发展阶段的普遍观点后，认为我国现代旅游的阶段层次主要划分为观光旅游、休闲旅游、度假旅游和体验旅游4个阶段层次，其中每个阶段层次的特点对比具体见表11-1。

表11-1 我国现代旅游的阶段层次及差异比较

相关指征		发展阶段			
		观光旅游	休闲旅游	度假旅游	体验旅游
划分依据	按旅游需求划分	观光旅游	休闲旅游	度假旅游	体验旅游
	按旅游供给和产业划分	要素经济	载体经济	内容经济	融合经济

续表

相关指征	发展阶段			
	观光旅游	休闲旅游	度假旅游	体验旅游
主要产品及特点	旅游景点景区成为旅游业的重要生产要素，如城市观光、文化遗产观光、自然风光观光等；重视游客出游率	通过打造人造实景载体，如大型景区、大型项目、大型酒店、大型游客中心等，如主题公园休闲娱乐、农家乐、农业观光采摘等；重视游客重游率	文化是最主要的内容主体，如滨海度假、温泉度假、主题公园度假、乡村度假、野营度假等；重视游客重游率	文化旅游、生态旅游、康养旅游、工业旅游、体育旅游、冰雪旅游等；重视游客重游率
目的需求	欣赏风景、游览名胜古迹	放松身心、享受休闲、增强身体健康和心理调节		强调参与感和体验感，通过参与当地文化活动、手工艺制作等参与性和亲历性活动方式，让游客深入了解当地文化和生活
主要客源市场	中等消费层	中高消费层		差异较大
游客消费层次及消费预算	相对较低，主要集中在门票、交通和基本住宿餐饮上，预算相对固定	层次适中，除门票交通外，还包括一定的休闲娱乐和舒适的住宿费用，预算相对宽裕	层次较高，注重高品质的环境、设施和服务，不仅含门票、交通等消费，还包括高档酒店、高端餐饮、休闲娱乐项目消费，预算较高	差异较大，但对于个性化和独特的体验有较高追求；主要集中在参与性、互动性较强的旅游项目如手工艺体验、文化表演等
出游方式	以专业导游或旅游公司的组织安排为主	强调休闲和放松，选择适合自己的，如自驾、家庭或朋友结伴等	安排时间相对自由，通常自行选择度假胜地或度假村等	通常采取深度游或主题游等方式
时间特点	时间紧凑，景点多，一日型、二日型居多	流动放缓，持续数天至一周左右	停留较长，时间安排相对自由，持续数周甚至数月	根据体验项目不同有所差异
开发重点	展示独特的自然景观、历史文化和风俗风情等，更注重景点设计和游览路线规划	完善的休闲设施，如主题乐园、休闲区等	高品质度假酒店、度假旅游区，高品质的住宿设施、餐饮服务和娱乐设施等	深入挖掘文化内涵和历史背景，设计具有参与性和互动性强的旅游产品，同时注重氛围和环境营造，让游客可以深度体验当地文化生活方式

资料来源：课题组根据董观志、王世豪、刘松、韩福文、王珂等研究观点整理。

（二）当前我国旅游所处阶段及发展趋势

中国旅游业的实践充分表明，当前中国旅游正处于从观光旅游向休闲旅游、度假旅游和体验旅游转型的阶段，度假正成为美好生活的新内涵。

中国旅游协会休闲度假分会会长、世界旅游城市联合会专家委员会首席专家魏小安曾于2020年提出，以国内大循环为主体、国内国际双循环互相促进的新发展格局下，文旅产业迎来了从传统的观光旅游转向休闲度假旅游模式的新发展和新机遇。2022年1月，国务院印发的《"十四五"旅游业发展规划》明确指出：全面建成小康社会后，人民群众旅游消费需求将从低层次向高品质和多样化转变，由注重观光向兼顾观光与休闲度假转变；实施美好生活度假休闲工程，建设一批世界级和国家级旅游度假区。

因此，从总体上看，观光旅游仍是中国旅游市场的重要组成部分。但随着人民群众愈加注重旅游品质，追求多元化、个性化、深度化和更富文化性的旅游方式，休闲旅游、度假旅游和体验旅游已逐渐成为新增长点。积极发展更高的旅游阶段和层次，顺应了旅游需求多样化和品质化的时代潮流，体现了以人民为中心的旅游发展思想，中国旅游将步入观光旅游、休闲旅游、度假旅游、体验旅游4个层次并存阶段。

二、厦门旅游业发展分析及所处发展阶段

近20年来，厦门旅游经历了较为明显的发展变化，其中，以2012年厦门市委、市政府发布《关于加快旅游产业发展的实施意见》为转折，2003—2012年为厦门旅游发展的早期阶段；自2013年以来，为厦门旅游的转型发展阶段。

（一）厦门旅游业发展的供需分析

1.供给方面

在2003—2012年厦门旅游发展的早期阶段，厦门的旅游产品主要集中在传统观光旅游上，路线设计主要围绕鼓浪屿、厦门大学、南普陀等热门景点展开。从业态上看，早期厦门的旅游业态相对单一，以旅行社或导游带团游为主。从旅游酒店等设施看，早期的旅游酒店以传统酒店为主，个性化的住宿酒店还未发展。

2012年10月，厦门市印发《关于加快旅游产业发展的实施意见》，提出将突出发展包括休闲度假等系列旅游产品；2021年9月，发布《关于加快推进旅游业高质量发展的意见》，明确提出了"高水平建设世界一流旅游休闲城市"的目标，并强调了"推动旅游产业高端化精品化发展"的重点方向。自此，厦门旅游除了传统的观光景点，许多体验式、文化式的旅游产品线路及业态也逐步发展，旅游集散服务中心加快建设，特色民宿和主题酒店开始兴起。尤其是近年来，新推出了多条体验式、文化式主题旅游线路及项目，具体如山海浪漫潮玩游、山海浪味美食游、非遗体验游、影视旅拍游、休闲康养游等路线，及总投资约17亿元的全国首个沉浸式八闽文化奇幻戏剧体验项目"大明千星港"。这些线路及项目不仅融合了自然和人文景观，还融入了当地的非物质文化遗产和闽南特色文化，让游客在旅行中初步体验厦门的魅力。

2.需求方面

由于2003—2017年厦门旅游的部分结构数据缺失[①]，因此本部分仅针对2018—2024年厦门旅游需求的部分相关情况进行分析。

从旅游平均逗留天数看，2018—2024年国内游客在厦门旅游平均停留时长不足3天，为2.4～2.8天

[①] 需求分析所用的旅游结构数据从厦门市文旅局智慧旅游大数据系统中提取，但该系统仅能提供自2018年以来的数据。

第十一章 厦门建设度假型旅游城市的思路及建议

（图11-1），具有较为鲜明的观光旅游特征。

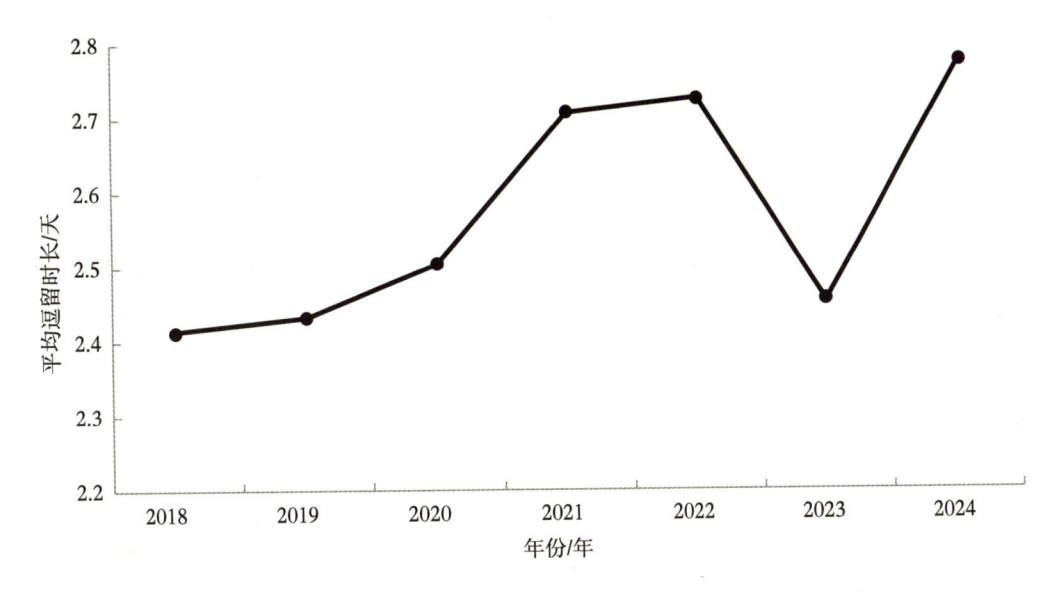

图 11-1　2018—2024 年国内游客在厦门旅游平均逗留天数

数据来源：厦门市文旅局，厦门市智慧旅游大数据系统导出数据。

从游客年龄结构看，2018—2024 年来厦门旅游的国内游客以 20～49 岁的中青年为主，占全年龄段游客的比例约为 75%（图 11-2）。分具体年龄结构看，2018 年以来，来厦门旅游的 10 岁以下、10～19 岁、40～49 岁以及 50 岁以上年龄段的游客人数占比明显提高，说明研学游、家庭游等休闲旅游正逐渐兴起。

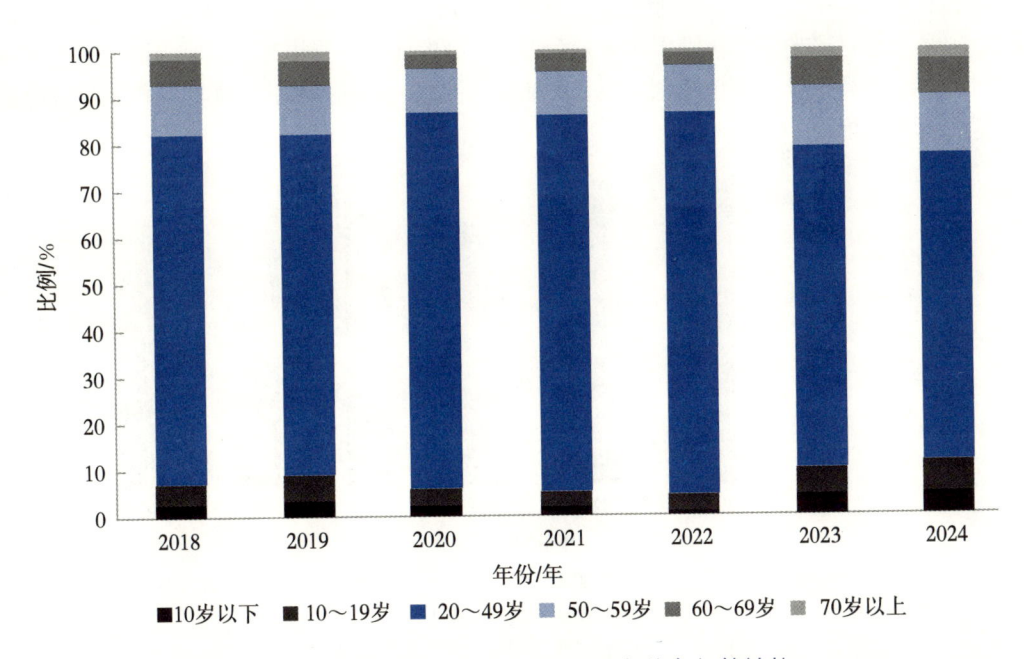

图 11-2　2018—2024 年厦门国内游客年龄结构

数据来源：厦门市文旅局，厦门市智慧旅游大数据系统导出数据；为厦门市住宿旅客数据。

从游客人均旅游消费看，2018—2023 年来厦门旅游的国内游客人均消费支出平均为 1388 元。其中 2024 年国内游客人均消费 1421 元，已基本恢复至 2019 年疫情前的水平（图 11-3）。

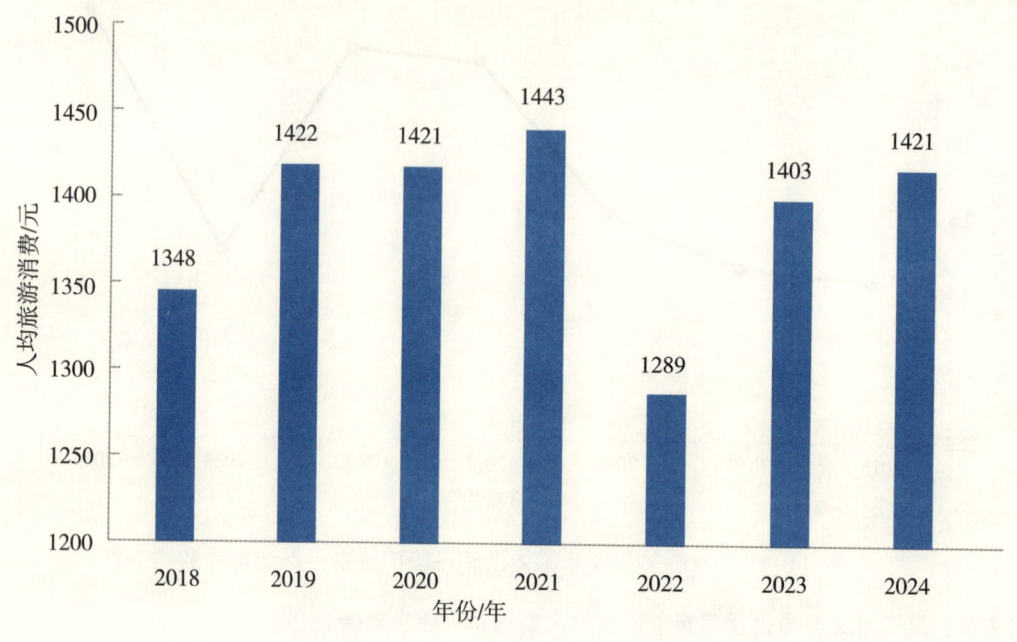

图 11-3　2018—2023 年厦门国内游客人均旅游消费

数据来源：厦门市统计局，厦门市 2018—2023 年国民经济和社会发展统计公报。

从人均旅游消费结构构成看，长途交通和住宿消费是厦门游客花费最多的两个领域，"吃""住""行""购"四大领域支出合计占游客总支出平均比例约达 85%（图 11-4）。分具体细项看，2018 年以来，来厦门旅游的游客在餐饮、购物、景区游览门票、娱乐这 4 方面消费支出的比例明显提高，说明来厦门的游客除了观光旅游，体验本地特色美食、购买特色纪念品等有所增加，但同时住宿消费占比不足 30%，与成熟模式下度假旅游的普遍情形不甚相符。

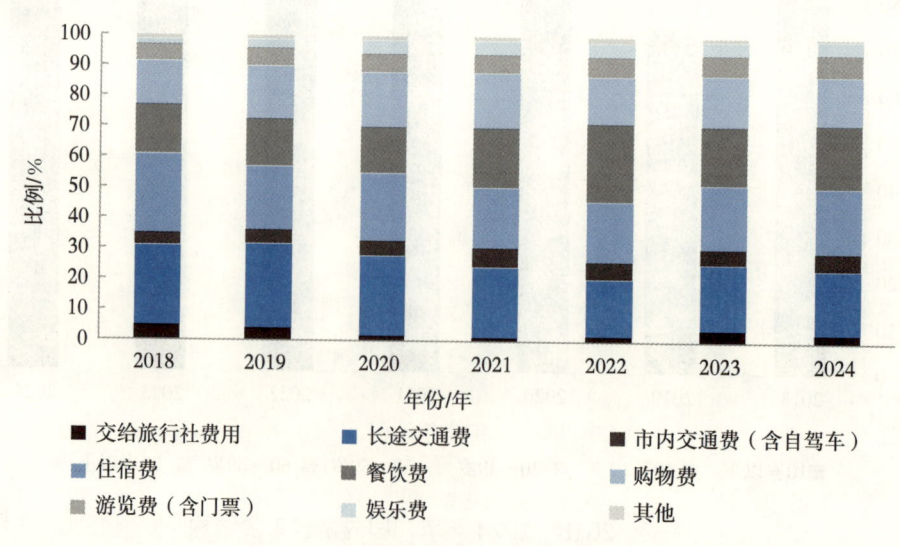

图 11-4　2018—2024 年厦门国内游客人均旅游消费结构构成

数据来源：厦门市文旅局，厦门市智慧旅游大数据系统导出数据。

总体看，近20年来，厦门旅游经历了较为明显的发展变化，其中，2003—2012年，厦门旅游以观光旅游为主；自2013年以来，厦门旅游逐渐开始向休闲旅游、度假旅游和体验旅游转型。

（二）厦门建设度假型旅游城市的优势和短板

1. 优势

一是城市本底条件好。生态环境优越，荣获国家森林城市、国家生态园城市等称号；城市文明程度高，至2023年已连续六届保持"全国文明城市"称号；城市空间不大，仅1700平方公里；市域内交通成本较低，全市公交、地铁等公共交通费用多数在2～4元之间，不同公共交通工具间换乘还有票价优惠，非常有利于发展自助体验式旅游、个人深度游等。

二是在国内旅游市场中具有一定影响力和吸引力。随着国内旅游市场不断扩大，越来越多的游客愿意选择厦门作为旅游目的地城市。根据中国旅游研究院（文化和旅游部数据中心）于"2023中国旅游集团化发展论坛"发布数据，厦门市荣膺"旅游集团优选投资城市TOP10"前三强，并跻身"游客最想去的城市"榜单前十名。

三是酒店住宿建设初见成效。截至2023年底，厦门拥有五星级（19家）及相当于五星级的高端饭店35家，每百万人口和每平方公里拥有高端饭店数量明显高于同类型城市。高端住宿人气高涨，春节期间高星级酒店预订持续火热，海悦山庄、华尔道夫、康莱德等高端酒店及精品民宿在春节等旅游旺季一房难求。

四是旅游业融合发展趋势初显。五缘湾游艇港、屿见·海上会客厅两个项目获评文化和旅游部休闲度假旅游高质量发展典型案例，"拉着行李箱来厦看演出"成为近年来厦门旅游新热点。此外，策划并发布"厦门市十大非遗主题（研学）旅游线路"，涉及36个地点，涵盖鼓浪屿等文化遗产、漆线雕等传统技艺、木偶戏等非遗艺术、薄饼等传统美食共62项厦门市非物质文化遗产代表性项目；鱼人科普海洋主题乐园落地海沧，项目计划总投资12亿元，将依托火烧屿中华白海豚保护基地，发展"科研+科普+文化+旅游"新模式。总体看，"演艺+旅游""音乐+旅游""会展+旅游""滨海+旅游"初步发展。

2. 短板

一是缺乏强有力的商业化旅游投资发展市场主体。全市旅游开发运营主体分散，如东坪山由象屿负责开发管理，火烧屿、五缘游艇码头由路桥集团运营管理，园博苑由国贸运营管理。分散管理导致产业资源力量相应分散，招商、规划、运营、营销等方面未能有效统筹推进，不利于集中资源做大做响旅游品牌。

二是具有较强吸引力的核心度假旅游产品不多。观光型旅游产品仍占主导，目前文旅部认定的63家国家级旅游度假区中尚无厦门。"观光型只看不动"的旅游项目较多、"互动体验度高"的项目少，据携程网口碑榜单，鼓浪屿、植物园、厦门大学、胡里山炮台、环岛路、南普陀等景点长期占据厦门旅游必去榜单前列，但上述景点仍以观光打卡型旅游业态为主，缺乏深度体验的沉浸式旅游消费场景。此外，对具有滨海特色的文化和旅游资源挖掘深度不够，创意性衍生转化类旅游项目发展滞后，互动性高、参与性强的帆船游艇等特色滨海旅游项目发展政策受限，规模较小。如鱼人科普海洋主题乐园等项目2023年才落地，距离开业运营还需时日；全市度假型酒店除波特曼七星湾酒店外，寥寥无几；酒店附近虽有码头却无法停靠客船，导致乘船出游等极具滨海特色的休闲体验项目无法发展。由此看，彰显厦门滨海特色和文化特色的高品质旅游产品仍然欠缺。

三是来厦游客对旅游消费的预期预算值不高。从旅游产品看，适应人们高品质消费心理需求的产品少，难以满足当今旅行消费呈现出的"小众独特、自在松弛、未知惊喜、深度在地"趋势。如来厦门听演唱会的游客人均消费虽较高，已达到700元/人，但2024年来厦门听演唱会的游客占当年游客比例不足10%。从游客人均消费值看，2023年厦门国内游客人均消费1403元，比北京同期水平少350元。此外，住宿、购物等旅游消费潜力有待深入挖掘。在住宿方面，住宿费虽在游客人均消费支出中占比最高，但精品度假酒店数量少，酒店平均房价仍有较大上升空间，如2023年厦门酒店平均房价516元/晚，远低于同期三亚1215元/晚。与北京、上海等先进地区比较，厦门国内游客人均旅游消费在购物等方面的支出比例较低（详见图11-5）。

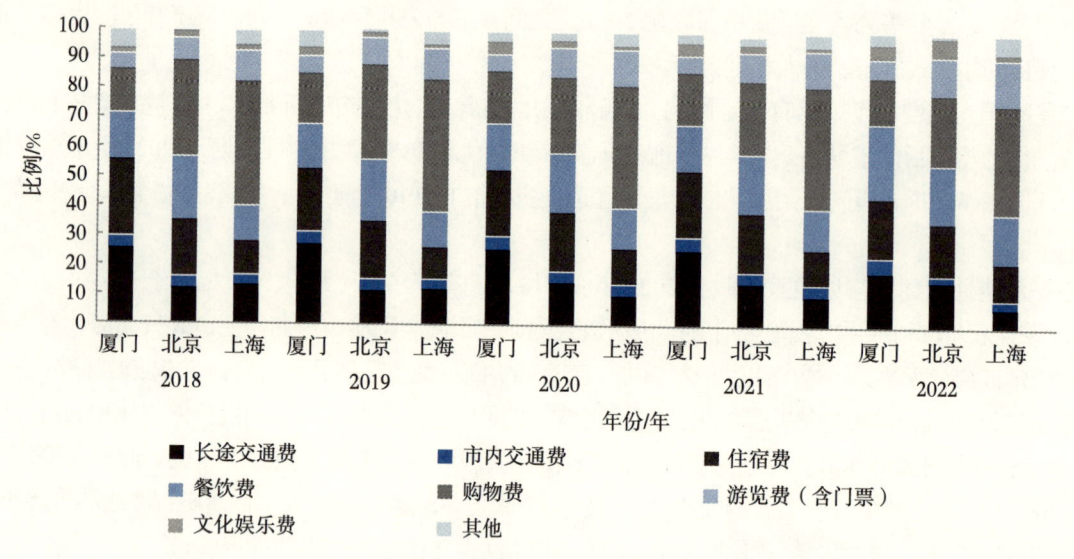

图11-5　2018—2022年厦京沪国内游客人均旅游消费结构比较

数据来源：厦门市文旅局，厦门市智慧旅游大数据系统导出数据；北京、上海统计年鉴。

四是旅游营销定位差异化不足、旅游品牌独特性不强。旅游营销缺乏鲜明的客群定位，厦门作为美丽的海滨城市，拥有得天独厚的自然资源和独特的文化魅力，但在旅游营销中缺乏明确的差异化策略，较少针对如亲子游、文化游、休闲度假游等不同类型的游客群体制定相应的营销策略，难以形成知名度高且独树一帜的旅游品牌。旅游宣传话题度和创新度不足，旅游宣传过于平淡和保守，对于短视频、图文平台等新媒体平台参与度不够，导致旅游宣传热度不高。

（三）厦门旅游所处的发展阶段

根据上述分析结论，厦门旅游具有较为鲜明的观光旅游特征，虽已开始逐渐向休闲旅游、度假旅游和体验旅游方向转型，但仍处于转型的初级阶段，旅游产品"观光型只看不动"多、"互动体验"少；旅游目的以"一票子买卖""打卡"为主，旅游消费预算值不高，"来了还想再来"的重游率较低，度假旅游、体验旅游发展不足。

三、发展思路

（一）夯基础优产品

依托独特的滨海自然资源和闽南文化城市底蕴，策划海洋生态资源保护、闽南文化、音乐文化等相关主题旅游IP，增加有内容、有故事、有体验、有互动的旅游项目、产品线路，以及城市文创产品、伴手礼等周边产品供给，建设一批有特色、高品质的度假休闲酒店设施，推动岛内外更多度假旅游项目"串珠成链"，将厦门打造成为知名度高、认可度高，有故事、有体验、有温度的度假休闲旅游目的地城市。

（二）善营销响品牌

借鉴先进地区经验，培育资源整合能力强的商业化旅游投资发展市场主体。加强厦门作为度假型旅游目的地的整体营销策划，强化短视频、图文平台等新媒体平台，以及其他具有新时代特色的传播媒介和营销渠道，紧跟网络热点与时代潮流，打响具有厦门特色的度假旅游IP和标签，吸引更多游客来厦度假旅游，提升厦门作为度假型旅游城市的品牌知名度。

（三）赢口碑"留"厦"来"

以打造优质旅游服务品质、规范旅游市场秩序为重点，提升游客旅游体验与满意度，吸引游客在厦门停留更长时间，增加住宿、餐饮、购物等相关消费。同时，通过游客美好的旅游体验和好口碑传播，吸引带动更多游客前来厦门度假旅游。

四、对策建议

（一）丰富度假旅游产品供给

一是文化及生态赋能。以建设国家级闽南文化生态保护区为抓手，加强闽南文化和非物质文化遗产挖掘、阐释、传播，推广中秋博饼、福建南音、歌仔戏、高甲戏、漆线雕、闽台"送王船"等非遗项目。建立非物质文化遗产与旅游融合发展推荐目录并向社会公布，培育非物质文化遗产特色旅游线路，增加文化体验课程及场景供给，让度假旅游客人感受厦门独特的文化魅力。合理利用自然保护区、风景名胜区、湿地公园等自然生态资源，积极开发休闲康养、自然科普等旅游产品。持续推进鼓浪屿历史建筑活化利用，巩固提升厦门园林植物园国家5A级旅游景区、中山路沉浸体验式文旅商综合街区、东坪山片区高颜值城市生态公园、五缘湾和同安湾片区高品质滨海运动休闲旅游度假区。

二是创新度假旅游业态模式。以产业融合为方向，推动旅游与休闲、观光、演艺、娱乐、文化、运动、展览等融合发展，大力发展"音乐+旅游""演出+旅游""赛事+旅游""展览+旅游"等业态。常年举办鼓浪屿钢琴节、音乐节、诗歌节等品牌活动，提升中国男子篮球职业联赛全明星周末赛、厦门马拉松赛、世界田联钻石联赛厦门站等赛事影响力，引进更多品牌赛事，积极打造低空、帆船、冲浪、赛艇等体育旅游示范基地，做强做响体育旅游品牌。以新科技应用为方向，加大元宇宙、人工智能、大数据等新技术在旅游信息资源、旅游景点体验等场景应用，大力发展沉浸式、体验式等旅游场景、项目以及云演艺、云直播等数字文旅新业态。

三是瞄准需求精准定位。瞄准更细分的客源需求，打造形式新颖、主题性强、市场辨识度高而又直击心灵的度假产品，让游客产生情感认同实现重游。如针对追求时尚潮流的活力青年群体，策划时尚旅游、动漫旅游、音乐旅游、电竞旅游、房车露营、休闲体育等旅游产品及线路；针对家庭旅游群体，策划滨海浪漫游、亲子旅游、研学旅游等旅游产品及线路。充分发挥海洋旅游特色，以环东海域滨海浪漫线、马銮湾、环岛路等为依托，拓展帆船、摩托艇、冲浪等滨海旅游项目，配套举办沙滩排球、沙滩音乐节、儿童乐园、啤酒节、焰火表演等活动，打造一批滨海运动休闲旅游度假区。在马銮湾、丙洲岛、邮轮母港等片区重点引进国内一流、世界领先的主题乐园及文旅品牌。

（二）壮大度假旅游产业规模

一是培育旅游投资发展市场主体。借鉴重庆、三亚等地做法，成立旅游投资集团公司，推进全市文旅产业的资源整合、资源运营、资本运作及创新发展。如重庆旅投作为市属旅游大型投融资集团，负责对全市重要旅游资源进行投资、招商、规划、开发、建设、经营和管理；三亚旅文集团作为市属大型国有企业之一，紧扣"旅游文化产业整合运营商"战略定位，构建了"2个平台公司+6个产业集团"，全面整合三亚市乃至省内、国内优质文旅资产。

二是强化大项目支撑。推动实施旅游"大项目、大投入、大营销"战略，对标国内外一流度假型旅游目的地经验做法，大力引进知名度高的综合型旅游集团及高能级旅游项目落地。聚焦休闲度假新产品、新业态，积极谋划和培育储备一批优质项目。建立休闲度假旅游重点项目库，每年滚动推进一批重点项目建设。发挥龙头国有企业的示范带动作用，大力开展文旅项目招商引资工作，建立市级领导挂帅的文旅项目招商小分队，实施常态化重点招商、上门招商、精准招商。

三是加大金融支持。鼓励银行保险机构聚焦重点景区、全域旅游示范区等重点区域，高端旅游装备制造研发等新兴领域，度假旅游消费等重要场景，加大金融支持力度。探索建立度假旅游重点企业、重点项目"白名单"，提升银企对接效率。探索实现厦门金融服务平台与智慧文旅服务平台数据互联互通，推进完善文旅领域"银保、银担、银政保、银政担"等风险分担机制，探索构建多方联结、全面覆盖的信贷风险补偿机制。

（三）深入挖掘旅游消费潜力

一是促进度假旅游酒店、餐饮提质升级。积极推动文化机构、文旅企业与住宿业加强合作，丰富特色主题内涵，打造一批休闲度假酒店集群。引进国际、国内知名品牌连锁酒店的管理团队，加快建设高端度假酒店、特色主题酒店、连锁酒店、精品民宿、房车营地等类型丰富、特色鲜明的多元休闲度假住宿体系。发展休闲餐饮、高端餐饮和大众餐饮，推进餐饮与旅游互动融合，打造舌尖上的文旅业态。建设具有闽南特色的美食主题街区、小吃街和乡村餐饮聚集区，引进一批星级高档餐饮饭店，发展一批地方特色品牌餐饮连锁店，推出一批特色主题文化餐厅，打造一批网红美食点、流动餐桌。

二是实施旅游促消费工程。积极开展各项旅游促消费活动，开展老字号及伴手礼提升专项行动，落实并完善旅游消费惠民举措等。采用"削峰填谷"的方式，瞄准二次消费，促进淡季和非周末旅游消费。促进夜间文化旅游消费。提升夜间旅游项目，优化公共卫生、公共交通、停车场、餐饮购物等配套服务，适当延长商家和文博场馆营业时间以及楼宇灯光秀展示时间，点亮"夜经济"。打造西海域夜景项目，推出一批沉浸式夜游线路和夜游产品，打造夜景、美食、娱乐、休闲、住宿等多维消费场景。

（四）提升旅游服务品质

一是健全行业治理体系。强化文化、文物、旅游、广电、新闻出版市场综合治理，通过"双随机、一公开""互联网+监管"等平台创新监管方式，加强文旅新业态监管。组织开展企业信用评价，探索守信激励和失信联合惩戒方式，推进信用分级分类管理，健全旅游市场信用监管体系。发挥文旅行业社会组织作用，加强行业自律。

二是规范旅游市场秩序。深入推进市场秩序整治行动，加大市场执法力度，建立高效便捷的旅游投诉举报受理、处理、反馈机制，依法查处各类违法违规行为，公布违法典型案例，加强旅游市场信用监管，实施旅游投诉警示机制，依法认定失信主体并实施信用惩戒，营造放心旅游消费环境。规范游艇帆船经营活动，推动落实"一码头一管理主体"，统一服务标准、规范价格管理、统一售票渠道、统一排班出海和统一投诉处置。完善旅游投诉快速响应及反馈机制，深入推进"一口受理""快速办结"等举措。

三是提升旅游服务品质。优化旅游相关服务，在重要景区（点）建设一批具有休憩、餐饮、购物、阅读、拍摄、寄存、咨询等功能的便民服务点。提升智慧旅游服务品质，建设一批智慧导游系统、掌上旅游咨询中心、旅游大数据分析系统、智慧旅游公共服务平台等新型旅游设施体系，利用数字技术提高消费支付便利性等。全面提高旅游交通通达度，完善"机场+火车站+景区"无缝接驳交通网络，开通串联重点景区的特色旅游观光专线，构建"快旅慢游"的旅游交通网络体系。完善海上游交通动线，开通环东海域、厦门本岛、鼓浪屿等区域间海上游航线。

（五）创新度假旅游策划宣传

一是加强城市整体营销。塑造厦门滨海度假旅游形象，打造城市独特IP与标签。充分考虑厦门的文化、历史、地域、名人等资源优势，制定具有吸引力、独特性和可持续发展的特色文旅IP主题和定位。根据IP的主题、定位和目标受众，制定合适的营销策略，加快文化资源活化转化。与厦门市的影视、游戏、动漫等领域跨界融合，通过资源共享、优势互补，实现互利共赢，塑造城市度假旅游品牌形象，让厦门度假旅游产品具有高辨识度、高知名度和高美誉度。

二是创新营销手段。充分发挥《同桌的你》《开端》《以家人之名》等影视剧对厦门旅游的宣传带动作用，策划制作一批微电影、动画等影视作品，通过故事化的方式呈现城市度假旅游IP内涵。通过与艺术家、文化名人等合作，打造独具特色的文化衍生品。利用微博、微信、抖音等新媒体平台，发布相关内容、开展话题讨论等，提高IP的曝光率和影响力。加大国际旅游市场推广，积极参与国际文旅展、国际旅游博览会等国际旅游展会，提高厦门的国际旅游营销知名度。组织开展各种线上线下活动，如文化节、展览、演出等，让更多年轻人通过舞台、影视、网络之间的互联互动更多地认识厦门度假旅游，以增强厦门度假旅游目的地IP的知名度和粉丝黏性。

参考文献

[1] 董观志.高端休闲旅游是产业升级的原动力[J].新经济，2012（8）：22-24，26.

[2] 王世豪.我国现代旅游发展的新理念和新趋势：评析董观志教授的旅游发展阶段层次理论[J].新经济，2014（13）：16-21.

[3] 刘松，韩福文.休闲、度假与中国旅游业发展阶段分析[J].北方经贸，2007（6）：117-118.

[4]王珂.激发度假旅游消费更大潜力[N].人民日报，2023-06-28（08）.

课题指导：彭朝明

课题组长：李　婷

课题组成员：彭朝明　黄光增　林　红
　　　　　　龚小玮　姜耘时

课题执笔：李　婷　林　红

第十二章

厦门促进演艺"流量"转为城市"留量"对策研究

2023年以来，全国的演出市场供需两旺，演艺活动带来的经济效益不容小觑，有"行走的GDP"之称。厦门正加快打造"文化中心、艺术之城、音乐之岛"，拥有多样化的演出类型，更应紧紧抓住这波演艺热度，让跨城观演为厦门带来更多效益和活力。

一、厦门演艺流量的现状

2024年，全市共举办各类营业性演出3.5万场，其中5000人以上大型营业性演出60场，陈奕迅、张学友、薛之谦、刀郎等大型明星演唱会外地观众占比超八成，星巢越中心、来疯剧场、"莫奈七点半"剧场等场馆好戏连台，《唐璜》《红楼梦》等经典剧目好评如潮。

（一）演艺类型

厦门演艺类型比较丰富，按照观演人数分类，大型演出有演唱会、音乐节，小型演出有Livehouse、音乐会、话剧音乐剧、脱口秀、喜剧、相声、戏曲、魔术等。2024年，薛之谦、刀郎等33位歌手在厦门举办演唱会，共吸引91.3万人次观演；共举办元气森林音乐节、方特啤酒电音节4场音乐节，其中元气森林音乐节吸引3.4万名观众。星巢越中心、Mim Live、梦田音乐等Livehouse各有特色，其中，星巢越中心一年演出超过300场，平均一天近一场，吸引乐迷约30万人次。来疯喜剧俱乐部是闽南地区唯一一家中文脱口秀俱乐部，包括脱口秀、漫才、即兴喜剧等形式，平均每个周末有10场演出，上座率能达到80%。

（二）观众细项分析

一是跨城比例逐步上升。2023年以来呈现出跨城比例上升的特点，2024年各场演唱会外地观众普遍在70%以上，主要来自广东、浙江、江西等周边省份，其中陈奕迅演唱会厦门市外观众近九成、省外观众近八成；又如元气森林音乐节近八成为外地观众；再如2024年暑期的民族舞剧《红楼梦》，省内其他城市及省外观众占比达61.8%。二是年轻人占比较高。中国演出市场消费主力为18~34岁的年轻人群，该年龄段在购票观众中占比超76%。在厦门，年轻观众也是演艺市场的重要力量，主要包括大学本科生群体和年轻上班族。三是女性比例较高。总体而言，女性观众对演艺活动的参与度和热情相对较高。比如在厦门举办的演唱会中，女性与男性观众比例基本维持在6∶4，舞剧《红楼梦》观众女男性别比例甚至达到8∶2。

（三）热门演出分析

从演出阵容看，热门演出和知名演者往往一票难求。法国原版音乐剧《唐璜》首度来华，厦门是福建省唯一一站，连演5场说明主办方对该剧在厦门的市场预期较高，"歌好听"和"气氛炸裂"给年轻观众带来共鸣，还吸引了北京、上海、广东等地的法剧铁粉。张学友演唱会门票预售当日迅速售罄，首场上座率达到100%。从演出时间看，演出活动集中在周末和节假日时段。比如闽南大戏院在2023年推出的"2023闽南之春演出季"①，集中呈现22台32场剧目，这些高品质演艺多在周末举行。又如演唱会，如果歌手在厦门只开单场，那必排周六晚上，方便外地观众前来观看；2024年暑假特别是7月，厦门奥体中心每周都有明星前来召开演唱会。从演出形式看，小剧场和实验性演出逐渐兴起。打破传统舞台空间对场地的限制，观众和演员之间互动性增强。比如，开心麻花餐厅主题体验式喜剧《偷心晚宴》，将正式的演出舞台变成排练场，观众被当作"戏中人"，入场前有红毯仪式、拍照打卡，看的时候能够吃饭。厦门莫奈七点半的环境式空间戏剧《曼陀花下》，在鼓浪屿白家别墅原址上演，观众在别墅里近距离感受剧中人物情感与故事，观众给予了较高评价。

二、厦门演艺流量转化的基本情况

（一）直接效益

1.演艺经济

近年来，厦门的演艺市场不断发展壮大，其中演唱会、音乐节等大型活动的带动效应愈发凸显。2023年，厦门市可统计的演出票房超过2亿元。2024年，演出票房达8.5亿元。各类演出场馆如厦门嘉庚剧院、闽南大戏院等，每年举办大量的音乐会、话剧、音乐剧等演出活动。以2023年为例，厦门嘉庚剧院共举办演出200余场，票房收入达到2000万元，其中音乐剧《猫》、话剧《茶馆》等热门演出上座率高达90%以上。闽南大戏院2023年共上演近130场演出和19场高清放映，接待观众超14万人次，总体营收同比增长50%以上。

2.旅游经济

跨城观演成热潮，演出经济拉动文旅消费多元化。随着消费个性化、多样化需求不断增长，演出带来门票收入的同时，短时间内产生聚集效应，拉动交通、住宿、餐饮、游玩等一系列旅游消费。日本经济影响研究实验室（EIRI）推算，演出的门票经济连锁效应约6.3倍。2024年，厦门营业性演出带来的综合经济效应近100亿元。一是餐饮方面。演出场所周边集聚海鲜餐厅、闽菜馆等餐饮店，为观众提供了丰富的美食选择。以厦门闽南大戏院为例，在大型演出期间，周边餐厅的客流量比平时增加40%左右。二是住宿方面。酒店、民宿等住宿设施在演艺活动期间常常供不应求。以鼓浪屿为例，在举办音乐节等大型演艺活

---

① 闽南之春演出季是闽南大戏院自2012年开幕以来倾力打造的品牌演出季，也是厦门年度最具文化品牌影响力的演出季。

动时，岛上的酒店预订率高达 90% 以上。特色民宿受到游客青睐，价格也有所上涨。三是出行方面。公共交通、出租车、网约车等在演出期间的客流量明显增加。例如，陈奕迅演唱会举办地为厦门海峡大剧院，演唱会期间剧院成为打车出行订单增幅最快的区域。四是旅游方面。演艺活动与旅游景点相互促进，吸引了更多游客前来厦门旅游。据统计，有超过 60% 的观众在观看演艺后会增加在厦门的旅游景点游览数量。

（二）间接效益

1. 创造文化价值

演艺活动是城市文化建设的重要组成部分。厦门通过举办各种类型的演艺活动，传承和弘扬了本土文化。例如，厦门的高甲戏、歌仔戏等传统戏曲演出，让更多的人了解和认识了厦门的传统文化。同时，演艺活动也促进了不同文化之间的交流与融合，丰富了城市的文化内涵。演艺活动的繁荣带动了厦门文化创意产业的发展。许多演艺公司、文化企业在厦门落地生根，为城市的经济发展注入了新的活力。例如，厦门的一些演艺公司将传统文化与现代科技相结合，推出了 3D 光影秀、沉浸式戏剧等具有创新性的演艺产品，受到了观众的广泛好评。

2. 提升城市品牌

厦门的演艺活动能提高城市的媒体曝光度。例如，鼓浪屿音乐节等活动受到了国内外媒体的广泛报道。这些报道不仅宣传了厦门的演艺活动，也展示了厦门的城市风貌和文化特色，提升了城市的知名度和美誉度。演艺活动为厦门打造了独特的城市品牌。厦门以其丰富的演艺资源和高品质的演出活动，成为国内重要的文化旅游目的地之一。例如，厦门奥体中心、厦门嘉庚剧院、闽南大戏院等演出场馆，以其一流的设施和精彩的演出，吸引了众多观众前来观看。这些场馆成为厦门的文化地标，提升了城市的品牌形象。

综上所述，厦门演艺流量转化带来了不错的经济效益和社会效益。在国内，厦门演艺活动产生的效益处于中上游水平。与其他二线城市相比，厦门拥有丰富的旅游资源和良好的文化氛围，为城市的经济发展带来了新的动力。

三、存在问题和困难

（一）演艺产业自身问题

1. 演出产业链不完善

厦门演艺产业与国内北京、上海等城市相比，市场主体不多且不强，产业链条有所缺失。一是创作环节。创作人才短缺，厦门本地专业编剧数量不足百人，导演和音乐创作人才也仅有寥寥几十人，这导致原创作品匮乏，缺乏高质量的原创演艺作品。许多演出依赖于引进外地成熟剧目，厦门本地原创作品的演出场次占比不到 30%。缺乏本地特色和创新性的演艺作品，难以在竞争激烈的演艺市场中脱颖而出。二是营销环节。营销渠道单一，在微博、抖音等新媒体、社交媒体平台上缺乏有效的推广策略，仅有不到 20% 的演出能在微博上获得 10 万的话题阅读量，在抖音上的相关视频播放量也大多在几万次左右，远远无法吸引年轻观众群体的关注。目前厦门尚无一家综合票务平台公司。三是衍生环节。周边产品开发不足，演出相关的周边产品种类少、设计缺乏创意，如人偶、文具、服饰等周边产品没有形成规模化生产和销售，导致演艺周边产品的销售额仅占演出总收入的5%左右，错过了重要的利润增长点。

2.缺乏本土IP

一是缺乏长期规划。在本土IP的打造上没有制定长期的发展战略和规划，过去几年，虽然有一些尝试，比如《小城春秋》《厦门喜事》等，在推出初期获得一定关注，但由于后续投入、推广、提升不足，缺乏连贯性和持续性。二是历史文化资源利用不足。厦门有着丰富的历史文化底蕴，如鼓浪屿的建筑文化、闽南传统文化等，但这些资源没有被充分挖掘和转化为演艺IP。没有将独特的地域文化元素融入演艺作品中，导致作品缺乏深度和内涵。三是民俗文化整合不够。歌仔戏、南音等民俗文化形式各自为营，没有进行有效的整合与创新。比如，歌仔戏虽然有一些传统的演出，但缺乏与现代元素的结合，难以吸引年轻观众。南音也面临着同样的问题，传承人群体较小，演出市场有限。歌仔戏和南音在厦门每年仅有几十场演出，观众数量有限。

3.观众体验有待提升

一是买票退票方面。厦门演艺票务一般在大麦网、猫眼及演艺主办方官网销售，热门演出买票难，特别是演唱会，很多观众不得不从黄牛那里以超过原价几倍的价格购买门票。演出退票难，部分演出退票条件苛刻，退票手续费过高，甚至不允许退票。原定6月举行的厦门IFC电音节（智慧未来嘉年华）延期举办，但目前很多观众反映仍未收到相关退款。二是场馆引导方面。有些演出场馆内的引导标识不明显或数量不足，导致观众在寻找座位、出入口、洗手间等位置时容易迷失方向，浪费时间和精力。三是交通疏导方面。演出前后容易出现交通拥堵现象，演出场馆周边的交通规划不合理，公共交通接驳不便，观众进出场馆困难，比如在厦门奥体中心从散场到地面停车场，需步行半小时，影响观看演出的整体体验。

4.门票外收入有限

一是商业赞助开发不足。由于演艺项目的品牌影响力有限、受众群体不明确等，对潜在赞助商的吸引力不足，赞助合作模式单一，演艺项目与企业的赞助合作主要集中在资金赞助上，而品牌联合推广、产品植入等深度合作模式几乎没有。厦门演艺项目的赞助收入仅占总收入的20%左右，远远低于其他发达城市的水平。二是广告运营能力弱。广告投放渠道单一，演出场馆内的广告位设置不合理，主要集中在场馆入口、舞台周边等传统位置，对观众休息区、走廊等区域的广告开发不足。广告缺乏创意和互动性，没有根据演出的类型、受众特点等因素制定针对性的广告销售策略。以嘉庚剧院为例，广告收入仅占场馆总收入的10%左右，其中大部分来自传统广告位的出租。三是增值服务缺失。缺乏个性化服务，除了观看演出，没有为观众提供更多的增值服务，如演出前的导赏活动、演出后的互动交流等，无法满足观众多样化的需求。

（二）转化过程中的障碍

1.演艺与商圈消费联动不足

一是大型演艺场馆与主要商圈距离较远。目前大型的演唱会在位于翔安区的厦门奥体中心的白鹭馆和凤凰馆举办，但周边缺乏成规模的综合性商圈，观众看完演出后需前往岛内商圈消费。观众反映最强烈的是餐饮和住宿的问题，往往需要在岛内吃住、岛外观演。二是部分演艺活动的演出时间与商圈营业时间未能有效衔接。一些晚间的演艺活动结束时间较晚，而周边商圈的多数店铺在演出结束前就已经停止营业，导致观众看完演出后没有足够的时间和场所进行消费。如在海沧区马銮湾举办的元气森林音乐节，到了夜晚结束时，周边商场的大部分店铺已经关门。三是演艺活动主办方与商圈商家之间缺乏有效的促销活动协同策划。比如在厦门嘉庚剧院举办《暗恋桃花源》《宝岛一村》等热门演出期间，周边的世贸、IOI等商圈的商家并没有推出针对观演人群的特别优惠活动，如凭演出门票享受购物折扣、餐饮优惠等，使得演艺活动带来的流量没有很好地转化为商圈的消费力。

2.演艺与旅游资源未有效融合

一是演艺与旅游资源的统筹不足导致游客对演艺活动的参与度较低。鼓浪屿是厦门的著名旅游景点，也被称为音乐之岛、钢琴之岛，但岛上的演艺活动规划较为零散，没有与整个鼓浪屿的旅游资源形成有机整体。例如，鼓浪屿上的音乐演出场地分布不均，且演出时间和内容没有与游客的游览路线和时间进行科学匹配，导致游客在游览过程中很难有计划地观看演艺表演。鼓浪屿的游客量每年超过千万人次，大部分游客只是走马观花地参观景点，只有很少一部分游客会专门去观看岛上的演艺活动。二是旅游资源尚未充分挖掘其文化内涵打造相关的演艺项目。厦门南普陀寺是闽南佛教圣地之一，寺庙内保存着大量的佛教经典、历史文献和文物古迹，是研究闽南佛教文化的重要场所。目前尚无根据南普陀寺的历史故事、佛教文化等创作一些具有文化底蕴的舞台剧或情景演出，游客只能进行传统的参观游览。

3.演艺与其他文化产业联动不够

一是与影视产业联动较少。厦门虽然有厦门大学、集美、环东海域等影视拍摄基地，但影视产业与演艺产业之间的联动较少。例如，在厦门拍摄的影视作品很少会在拍摄地举办相关的演艺活动来延续作品的热度，也没有将影视剧中的元素融入演艺表演中，使得两个产业之间缺乏互动。二是与动漫产业融合度不够。厦门的动漫产业有一定发展，但动漫与演艺的融合度不够。没有像其他城市那样将热门动漫改编为舞台剧、音乐剧等在厦门演出，也没有举办相关的动漫主题演艺活动来吸引动漫爱好者和演艺观众的共同参与。例如CICF×AGF广州动漫游戏盛典里的AGF猎冕计划主题演艺活动，在厦门却很少见。三是与文创产业合作较少。厦门的联发华美空间、海丝艺术品中心等文创产业园区内，演艺公司与文创企业之间的合作较少。例如，文创企业设计的文创产品没有与演艺活动相结合进行推广和销售，演艺公司也没有利用文创企业的创意和设计资源来提升演艺活动的舞台效果与宣传效果。

（三）政府支持方面的问题

1.扶持政策有待完善

上海出台了一系列力度大、针对性强的文化产业扶持政策，对演艺产业的支持涵盖创作、演出、场馆建设等多个环节，对优质原创作品给予高额奖励，对具有国际影响力的大型音乐剧、舞剧等项目可提供数百万甚至上千万元的资金支持。北京高度重视文化产业发展，通过政策引导，鼓励金融机构为演艺企业提供融资服务，同时推动演艺与科技融合，对运用先进技术的演艺项目给予重点支持。相比之下，厦门的扶持政策在资金规模、覆盖范围和针对性方面存在不足：资金支持力度相对较小，难以满足演艺产业发展的需求；政策覆盖范围有限，对演艺产业链的一些关键环节，如创作、营销、衍生产品开发等支持不够；缺乏对新兴演艺业态的针对性扶持政策。

2.活动审批有待优化

三亚通过创新推出的大型演艺活动"一站"审批服务机制，实现了演出许可和安全许可的一次申请和审批受理，提升了大型演出活动的审批效率和便捷度。南京、杭州、武汉、广州、成都五市获得境外投资者投资设立演出场所经营单位、演出经纪机构的审批权，南京、武汉、广州、成都获得举办境外文艺表演团体、个人参加的营业性演出的审批权。这对于演艺从业者来说，审批权限下放到地方城市，审批效率将大大提速。相比之下，厦门的演艺活动还是分部门审批，审批效率较低；目前厦门尚无境外投资设立演出机构及境外营业性演出的审批权，使得审批周期延长，演艺从业者在办理相关审批手续时面临更多的不确定性和等待时间，不利于吸引国内外优质演艺资源进入厦门市场。

3.服务保障有待细化

太原出台多项举措支持做大演唱会经济，门票持有者在演唱会前后3天免费乘坐公交和地铁、在演唱会当日在举办场馆周边增派公交车辆并提供免费接驳和延时服务、演唱会门票成为国有重点景区通票、税务部门在演唱会举办期间开展发票有奖活动等政策针对性强，对于吸引演艺活动和促进相关消费的力度较大。深圳建立"文艺一键通"平台的演艺信息服务平台，为演艺企业和观众提供全方位的信息服务，并且加强知识产权保护，为演艺产业的发展创造良好的环境。相比之下，厦门缺乏针对演艺活动的交通、消费、信息等综合整体的服务保障来放大演唱会经济效应，对拉动相关消费的综合施策较少。

4.风险管控有待加强

苏州根据大型演艺活动的特点，建立由发改、公安、住建、商务、应急管理、市场监管、综合行政执法、卫生健康、文化广电和旅游、消防救援等多部门组成的安全联审制度，同时建立应急指挥中心，在演出期间特别是人员疏散时发生紧急情况，能够迅速启动应急响应程序，统一指挥各部门进行救援和处置；将每场大型演艺租场活动的相关过程单位进行职责分工，要求达到一定规模的演艺租场活动主办方聘请专业监理公司，将"数字化"充分运用于租场活动安全监管的各环节，发现隐患立即整改。相比之下，厦门在演艺活动的安全设施建设、现场安全管理等方面还有待加强，各部门之间的安全应急协调机制应尽早建设。

（四）入库纳统方面的困难

1.企业和活动主体多样导致入统难

众多小型演出机构和自由演艺从业者相比较演唱会举办机构，大多没有完善的财务和运营管理制度，对于统计申报的意识和能力相对薄弱，不清楚入库纳统的流程和要求，增加了纳统的难度。例如一些小型Livehouse的演出，演出场次频繁但收入统计不规范，难以准确纳入统计。随着市场的发展，不断涌现出新型的演艺业态，如沉浸式演出、线上演艺等，现有的行业界定和分类标准可能难以完全适应这些新变化，

| 第十二章 | 厦门促进演艺"流量"转为城市"留量"对策研究 |

导致在统计时对某些演艺活动的归类不准确,影响相关数据的准确性和可比性。

2.统计执行的具体实践导致入统难

演艺活动不同收入的核算方式和确认时间各不相同,要准确统计和区分门票销售、周边产品售卖、赞助、广告等各类收入并按照规定纳入统计口径并非易事。比如一场大型演唱会,门票收入可能涉及不同渠道的销售分成、折扣等情况,周边产品销售的统计也容易出现遗漏或不准确。演艺活动的举办城市与企业注册地不一致即不能入统。比如,演唱会的门票主要通过票务平台销售,如果该票务平台注册地不在厦门,其营收统计到注册地所在城市;再如,演唱会的举办单位如果是外地注册企业,其营收也归属外地,而不是按本地消费计入厦门。

四、对策建议

各级政府搭台、各部门积极参与、企业主体唱大戏,不断提升演艺产业品质、挖掘"演艺+"内涵深度、精细政府监管服务,共同打造人气、票房、口碑俱佳的演艺市场,让更多的厦门演艺流量转为城市留量。

(一)增加"流量":提升演艺产业品质

1.优化产业链配套

一是完善演艺创作生产环节。结合厦门的历史文化、自然风光和现代城市风貌,制定具有厦门特色的演艺创作生产规划。明确以鼓浪屿的音乐文化、南普陀的佛教文化、环岛路的海洋风情等为创作方向,挖掘厦门故事,展现厦门风貌。同时,建立演艺创作生产激励机制,对体现厦门特色、弘扬厦门文化的优秀演艺创作生产项目进行高额奖励,激发创作活力。设立厦门演艺创作生产专项资金,重点支持以厦门为背景的原创音乐剧、话剧、歌舞剧等项目的启动和实施。鼓励社会资本参与,如与厦门的企业合作,共同打造具有厦门品牌的演艺作品。拓宽融资渠道,可通过举办演艺项目众筹活动、与金融机构合作推出演艺产业专项贷款等方式,提高创作生产水平。

二是加强演艺营销推广环节。收集厦门观众的个人信息、观看记录、消费习惯等数据,分析厦门观众对不同类型演艺作品的喜好。例如,发现来厦门的年轻观众对潮流演出、沉浸式戏剧的偏好,为市场营销和推广提供精准数据支持。利用观众数据库开展针对厦门市民和游客的精准营销活动,如向喜欢音乐演出的观众推送厦门本土音乐节信息,提高观众的参与度和忠诚度。利用互联网、移动互联网、社交媒体等平台,宣传厦门的演艺作品。如制作以厦门城市特色为主题的演艺作品宣传视频,加大开心麻花《海阔天空》、闽南大戏院《遗失的第24个白键》等厦门原创演艺在抖音、微博等平台上推广。开展线上线下相结合的营销活动,如在厦门的热门打卡点设置演艺作品宣传点,举办线上抽奖活动送演出门票等,提高演艺作品的知名度和影响力。

三是拓展演艺衍生产品开发环节。深入挖掘厦门演艺作品的文化内涵和商业价值,开发具有厦门特色的演艺衍生产品,如以鼓浪屿建筑为灵感的书籍、以厦门海洋文化为主题的音像制品、带有厦门地标图案的玩具、体现闽南风情的服装和饰品等。通过演艺衍生产品的开发,延长厦门演艺产业链,提高演艺作品的附加值和经济效益。加强与厦门的文化创意企业、设计公司、生产企业等的合作，共同开发演艺衍生产品。例如，与厦门的文创园区合作，推出一系列以厦门演艺作品为主题的文创产品。同时，加强对演艺衍生产品的知识产权保护，维护厦门演艺作品的合法权益。

2.提升大型营利演出品质

一是引进国内外优质演艺资源。借助厦门奥体中心、海峡剧院等场馆优势，积极与国内外知名演艺机构、演出经纪公司合作，引进具有高艺术水准和广泛影响力的大型演出项目。例如，邀请国际知名音乐剧团队来厦门演出以鼓浪屿音乐文化为主题的音乐剧；举办以厦门海洋文化为背景的歌舞剧；引进世界著名交响乐团在厦门举办音乐会等。通过举办高质量的演出，吸引更多的观众关注厦门演艺市场，提升城市的文化影响力。建立演艺项目引进评估机制，对引进的演出项目进行严格筛选。重点考虑项目的艺术质量是否与厦门的文化品位相匹配，市场需求是否符合厦门观众的喜好，社会效益是否有助于提升厦门的城市形象。同时，加强与演出方的沟通协调，争取更优惠的引进条件和合作模式，如争取更多的演出场次、降低演出成本等，让更多厦门观众能够欣赏到高质量的演出。

二是解决买票退票难题。权衡消费者权益和主办方经济效益。借鉴奥运会等大型体育赛事的售票模式，结合厦门演艺市场的特点，确定好座位数量和位置后，采取先抽签预约，然后类似"摇号"方式卖出相应的门票。这种方式可以确保门票销售的公平性，避免黄牛党炒票。同时，利用厦门的科技企业优势，在技术层面不断发力打击刷票、倒票、假票现象。例如，采用区块链+票务技术，对每一张门票进行从生成到使用的全流程追踪和监督，实现全链路电子化门票管理。建立梯次退票机制，完善转让、改签机制。根据演出时间的临近程度，设定合理的梯次退票收费标准，并在不同的时间节点对退票权利进行限制。例如，演出前一周退票收取较高手续费，演出前3天退票手续费降低，演出前一天则不允许退票。当消费者因特殊原因无法观看演出时，可以将演出票实名转赠亲友，且用户转让或改签次数实现转让记录可追溯，确保门票流转的安全性和可管理性。

三是提升演出场馆软硬水平。加大对现有演出场馆的改造投入，提升场馆的设施水平和服务质量。结合厦门的城市风格，在演出场馆的改造中融入厦门的海洋元素，打造具有独特风格的演出场地。加强演出场馆的管理和运营，提高场馆的使用效率和服务水平。建立健全场馆管理制度，规范场馆的运营流程。加强对场馆工作人员的培训，特别是闽南文化培训，使其能够更好地为观众介绍厦门的文化特色，提高其服务意识和专业水平。同时，在演出场馆内设置厦门特色的餐饮、购物区域，为观众提供全方位的服务体验。

3.培育本土小型精品演出

一是打造原创演艺节目。持续做热来疯剧场、星巢越中心、闽南大戏院等剧场原创演出，加快《鼓浪回响》等演艺项目打造。培育本土演艺创作人才，设立演艺创作人才扶持基金，扶持本土编剧、导演、演员、音乐创作人等，鼓励他们创作具有厦门特色和艺术价值的小型精品演出作品。鼓励和支持各类文化场所、艺术空间、小剧场等举办本土小型精品演出，为本土演艺创作人才提供展示才华的平台。建立本土小型演出资源共享平台，整合各类演出场地、演出设备、演出人才等资源，为本土小型演出提供便利条件。

二是盘活多元演艺空间载体。进一步扩大演出空间供给规模，利用闲置的厂房、仓库等空间，进行改造升级，打造成为特色鲜明的演艺空间，并且鼓励在各类互动式小剧场、商场舞台等场所，举办脱口秀、即兴喜剧、街舞说唱等潮流演出节目。结合自身的城市规划和文化特色，通过制定相关措施支持多元演艺空间的良性发展，在演艺新空间的市场探索基础上，对于小剧场的消防设施、座位布局、舞台设计等方面进行规范，确保观众的安全和观演体验。

三是创新本土小型演出形式。鼓励本土演艺创作人才创新演出形式，结合现代科技手段，如虚拟现实、增强现实、多媒体互动等，打造具有创新性和观赏性的小型精品演出作品。例如，可以创作沉浸式话剧、互动式音乐剧、多媒体舞蹈剧等新型演出形式。加强本土小型演出与其他艺术形式的融合，如与绘画、摄影、雕塑等艺术形式相结合，打造具有综合性和艺术性的小型精品演出作品。同时，积极探索本土小型演出的市场化运作模式，提高演出的经济效益和社会效益。

（二）盘活"留量"：挖掘"演艺+"内涵深度

1.促进演艺与商圈消费的联动

一是提供往返接送服务。为了解决观众在大型演出前后的交通问题，商圈可以在演唱会等大型演艺活动期间提供免费穿梭巴士接驳服务。根据演出的规模和观众数量，合理安排班次，确保观众能够便捷地往返于演艺场馆和商圈之间。例如，在演唱会期间，商圈每天提供多个班次的免费穿梭巴士，将观众从演艺场馆接送至中山路、曾厝垵等热门商圈。同时，酒店也可以提供免费接送服务，为入住的观众提供更加贴心的服务。

二是持有门票优惠减免。针对持有门票的观演者设计具有厦门特色的打卡集章手册，将演艺场馆、商圈内的热门店铺等纳入其中。观众在观看演出前后，可以前往这些地点打卡集章，集满一定数量的印章可兑换商圈内的消费券、演出周边产品等。商圈也可以将演唱会门票直接升级为消费券，观众持门票在商圈内的店铺消费时可享受一定的优惠。例如，中山路商圈可以推出凭演唱会门票在指定店铺消费满一定金额可抵扣现金的活动。在住宿餐饮方面，酒店可推出延迟退房、提供欢迎水果等措施，餐饮门店用餐附赠明星周边，吸引观众选择在商圈内的酒店和餐厅消费。

三是调整商圈营业时间。商圈在演唱会期间调整营业时间，延长至凌晨2点，满足观众在演出后的消费需求。例如，中山路、SM城市广场、中华城等商圈可以在演唱会期间延长营业时间，推出夜间特色活动，如夜市、音乐表演、美食节等，吸引观众在演出后继续在商圈内消费。同时，商圈内的店铺可以根据演出的时间和类型，调整经营策略，推出与演出相关的特色商品和服务。

2.打造差异化旅游产品

一是开发"演出+旅游"套餐。结合厦门的演艺资源和旅游景点，开发"演出+旅游"套餐，为游客提供一站式的文化旅游体验。例如，推出"鼓浪屿音乐之旅+音乐剧演出"套餐，游客可以在鼓浪屿欣赏音乐文化景点，晚上观看以鼓浪屿音乐历史为主题的音乐剧演出；推出"南普陀寺禅修之旅+佛教文化演出"套餐，游客可以在南普陀寺参加禅修活动，观看佛教文化演出；推出"环岛路海滨之旅+海洋主题演出"套餐，游客可以在环岛路欣赏美丽的海景，观看海洋主题的歌舞剧演出。这些套餐可以通过旅行社、在线旅游平台等渠道进行销售，吸引更多游客来到厦门。

二是开发演艺主题旅游热线。将厦门的演艺场馆、文化景点、旅游景区等串联起来，为游客提供丰富的旅游体验。例如，打造"鼓浪屿演艺之旅"热线，游客可以参观鼓浪屿的音乐博物馆、老别墅、音乐厅等，观看鼓浪屿上的音乐演出；打造"闽南文化演艺之旅"热线，游客可以参观南普陀寺、集美鳌园、老院子等景点，观看歌仔戏、高甲戏、南音等闽南传统文化演出；打造"现代都市演艺之旅"热线，游客可以参观厦门的科技馆、艺术馆、时尚街区等，观看现代音乐剧、话剧、舞蹈演出。这些旅游热线可以通过旅游巴士、共享单车等交通工具进行串联，方便游客游览。

3.开发及推进文化体验项目

一是创新场景。对同安影视城、灵玲马戏城等景区进行项目改造，增加演艺元素，打造具有代表性的"+演出"新业态。例如，在同安影视城举办宫廷剧演出，游客可以穿上古装，参与演出，体验穿越的乐趣；在灵玲马戏城推出动物主题音乐剧，将动物表演与音乐、舞蹈相结合，为游客带来独特的视听盛宴。

二是打造IP。好故事IP结合沉浸式体验成为打动当下年轻消费者的利器。深挖厦门特有的文化内核，打造独具特色的文化IP形象，以文化精神"赋魂"实体游玩空间，与游客建立更深层次的精神交流与互动。例如，以闽南文化为基础，打造沉浸式体验项目"屿见时光"，为游客提供"看得见、听得着、可触摸、被感动、有记忆"的闽南文化之旅。

三是建立合作。搭建演艺与影视、动漫、文化创意产业的沟通合作平台，成立厦门演艺+文化产业联盟，定期举办产业对接会，促进双方企业的交流与合作。鼓励文化产业公司与演艺企业签订合作协议，在文化产业诞生地举办相关演艺活动，重现精彩场景，延续作品热度。演艺除了与影视、动漫、文化创意的合作，可以进一步拓展合作对象，与科技、教育等领域的企业和机构进行合作。例如，与科技企业合作，利用先进的科技手段提升演艺和文化体验项目的质量和效果；与教育机构合作，开展文化研学活动，让学生在学习中了解厦门的文化历史和传统技艺。

（三）提升城市竞争力：精细政府监管服务

1.建立长效保障机制

成立演艺活动专班强化部门间协作。涵盖文旅、公安、交通、消防、应急、市场监督、卫健、市政等部门，明确各部门在演出活动保障中的具体职责，并建立协同工作机制。文旅部门作为演艺活动专班的牵头部门，应深入研究演艺市场的发展趋势和需求，制定具有前瞻性和针对性的政策措施，还应全面统筹协调各方资源与旅游、公安、消防、交通等部门保持密切沟通，及时了解他们在保障演艺活动中的困难和需求，并协调解决。各专班共同制订联合应急预案，明确在突发事件中的分工和协作流程，确保能够迅速、有效地应对各种安全风险。

2.完善演艺扶持政策

一是强化政策支持力度。制定更加具体和有针对性的政策措施，鼓励各类演艺主体积极参与演出市场。例如，对于引进国内外知名演艺团体和优秀演出项目的企业给予资金奖励；对本土原创演艺作品给予创作扶持和宣传推广支持；对演出场地的建设和改造给予补贴等。同时，政策应涵盖演艺产业链的各个环节，包括创作、制作、演出、营销等，形成全方位的支持体系。

二是建立政策评估和调整机制。定期对政策的实施效果进行评估，根据实际情况及时调整政策内容和支持力度。例如，通过问卷调查、座谈会等方式收集演艺企业和观众的意见和建议，对比太原、衢州、杭州、常州、长沙等城市先进经验做法，了解政策的不足之处，以便及时进行改进和完善。

3.优化演艺营商环境

一是优化活动审批。建立一站式审批服务平台，整合文化、公安等多个部门的审批事项，实现线上线下同步办理。申请人只需提交一次申请材料，平台自动将申请材料分发到相关部门进行审核，审核结果通过平台统一反馈给申请人。例如，可以利用政务服务网和手机APP等渠道，提供便捷的审批服务，减少申请人的跑腿次数和时间成本。对于一些小型演出活动和临时性演出活动，可以实行备案制或豁免审批，简化审批手续，提高审批效率。向上争取境外投资设立演出机构及境外营业性演出的审批权。

二是规范市场行为。加强票务市场监管，规范票务销售渠道和价格行为。通过建立票务信息查询平台、加强对票务销售平台的监管、开展专项整治行动等方式，严厉打击黄牛党、虚假票务等违法行为，维护消费者的合法权益。规范演艺市场秩序，加强对演艺企业和从业人员的管理，建立信用评价体系。对违法违规经营、失信行为的演艺企业和从业人员进行曝光和惩戒，对信用良好的企业和从业人员给予奖励和扶持。

三是做好服务保障。加强对演出活动的服务保障，为演艺企业和观众提供全方位的服务。例如，在演出场地周边设置交通引导标识和临时停车位，方便观众出行；加强对演出场地的环境卫生管理，营造良好的观演环境。建立演出活动服务质量评价机制，定期对演出活动的服务质量进行评价和反馈。根据评价结果，对服务质量优秀的单位和个人进行表彰和奖励，对服务质量不达标的单位进行督促整改。同时，加强对服务人员的培训和管理，提高服务人员的业务水平和服务意识，提升服务质量。

四是促进数字纳统。加强对演艺产业的数字统计工作，建立健全演艺产业统计指标体系，准确掌握演艺产业的发展情况。例如，演艺行业协会可以与统计部门加强合作，建立演艺产业统计数据库，定期发布演艺产业统计报告，为政府决策和企业发展提供科学依据。同时，加强对演艺企业的统计培训和指导，提高企业的统计意识和统计能力。

4.加强演艺风险管控

一是强化安全管理措施。建立健全演出安全管理制度，明确演出活动各方的安全责任。加强对演出场地的安全检查，确保场地设施设备符合安全标准，疏散通道畅通无阻。在演出前，组织专业人员对演出场地进行全面的安全检查，对发现的安全隐患及时进行整改；在演出期间，安排专人负责现场安全管理，确保观众和演职人员的人身安全。加强对演出现场的设备管理，定期对演出设备进行维护和检测，确保设备运行安全可靠。制订完善的应急预案，针对可能出现的设备倒塌、人员坠落、踩踏、火灾等安全事故，制定具体的应急处置措施。组织开展应急演练，提高演职人员和观众的应急处置能力。配备必要的应急救援设备和人员，确保在事故发生时能够迅速有效地进行救援。

二是加强网络舆情监测与应对。建立网络舆情监测机制，及时掌握演出活动期间的网络舆情动态。利用专业的网络舆情监测工具，对社交媒体、新闻网站等平台进行实时监测，及时发现和分析与演出活动相关的舆情信息。通过社交媒体平台、问卷调查等方式，收集观众的反馈信息，加强与观众的互动交流，及时了解观众的需求和意见，及时改进演出活动的不足之处，对观众的合理建议和意见进行采纳和奖励，提高观众的满意度。

参考文献

[1]厦门市委宣传部.厦门打造流行文化中心行动方案（2024—2027年）（征求意见稿）[Z].2024-09-03.

[2]厦门日报.厦门迎来前所未有的演出活跃期！如何让明星流量变城市留量？[EB/OL].(2024-05-07)[2024-

09-30].http://www.mnw.cn/xiamen/news/2915774.html.

[3]中国演出行业协会.剧场类演出专项报告[A/OL].（2024-04-25）[2024-09-30].https://www.capa.com.cn/#/index/NewsDetail?activeName=%E5%B8%82%E5%9C%BA%E7%9B%91%E6%B5%8B&id=1784839780264067073.

[4]中国演出行业协会.大型营业性演出专项报告[A/OL].（2024-04-25）[2024-09-30].https://www.capa.com.cn/#/index/NewsDetail?activeName=%E5%B8%82%E5%9C%BA%E7%9B%91%E6%B5%8B&id=1784843274056384514.

[5]林闻，黄星榕."演唱会+"，打开厦门文旅融合新大门[N].福建日报，2024-04-30（03）.

课题指导：彭朝明　黄光增
课题组长：兰剑琴
课题组成员：彭朝明　黄光增　彭梅芳
　　　　　　张林雄　李　亢
课题执笔：兰剑琴

第二篇 动能转换篇

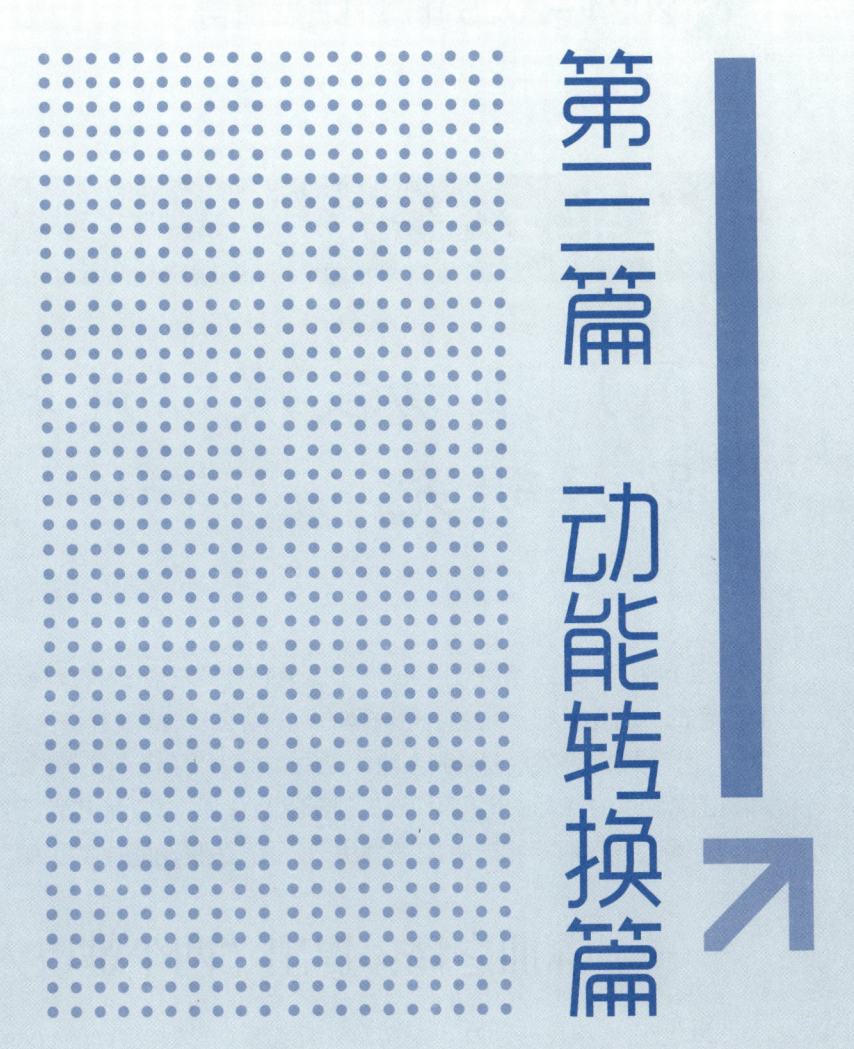

第十三章

厦门推动发展动能转换的路径研究

自1980年设立经济特区以来，深圳最初依托"三来一补"[①]推动经济持续快速增长，创造了具有鲜明时代特色的"速度深圳"，但这种粗放型的经济增长方式带来经济快速繁荣的同时，也暴露了一系列问题。在2005年，深圳经济发展曾受到土地、资源、人口和环境"四个难以为继"的制约，成为我国第一个面临空间资源紧约束的特大城市。深圳依靠创新驱动发展，成功地破解了这一难题，实现经济社会的可持续发展。深圳破解"四个难以为继"的有关做法，为厦门发展动能转换提供了宝贵的经验。

一、深圳之痛：提出"四个难以为继"的时空背景

20世纪90年代末到21世纪初，深圳经历了一段转型迷茫期，特区的外贸红利逐渐消退，传统的制造业和加工贸易面临转型升级的压力，新的产业和经济增长点尚待培育。此外，随着城市化进程的加速，城市空间的有限性、人口密度的增加以及环境质量的下降，都对深圳的可持续发展提出了新的要求。2002年，一位年轻的深圳居民在人民网发表的《深圳，你被谁抛弃？——从"候鸟北飞"看深圳的危机意识》一文成了现象级爆文，文中指出深圳特区不特、改革意识淡化、外来人口缺乏归属感等问题，引发了从官方到民间对深圳下一步该怎么办、往哪里走的思考。

深圳政府对自身存在的问题和危机有着同样清醒的认识。尽管"十五"时期，深圳GDP保持着年均16.4%的高位增长，2005年GDP首次突破5000亿元，但政府已经意识到，高耗能、高污染的粗放型经济发展模式的代价是资源短缺和环境严重污染。如果按照原有的"速度深圳"的发展模式，深圳GDP达到万亿元时，需占用全市土地面积的90%，耗用3倍于当时（2005年）的水电和环境资源。在此背景下，2005年，时任深圳市市长李鸿忠预见性地提出了制约深圳发展的"四个难以为继"问题。

（一）土地、空间难以为继

深圳土地面积相对较小，2005年总面积为1952.84平方公里，可建设用地只有760平方公里，如果以每年10平方公里的速度开发，土地"分母"与人口密度及经济产出"分子"之间将出现严重失衡，20年

[①] "三来一补"指来料加工、来样加工、来件装配和补偿贸易。

后，深圳将无地可用。2005年10月，深圳有关部门的调研报告显示，在工业总产值上亿元的32家外迁企业中，外迁原因排在首位的是"在深圳用地需求无法满足"，说明土地等要素瓶颈问题已影响到投资的吸引力和工业发展后劲。

（二）能源、水资源难以为继

深圳水资源短缺，人均淡水资源占有量仅为全国平均水平的1/4和广东省的1/5，下降到20年前（1985年）的1/18；作为一个能源极度贫乏、外向依存度非常高的城市，深圳经济发展所需的一次能源的全部和主要二次能源从内陆或港口进入。

（三）人口承载力难以为继

深圳特区刚成立时，人口只有33万人，2005年已突破800万人，人口密度达4239人/平方公里，人口规模迅速扩大及消费需求与经济社会发展的矛盾日益突出，实现万亿元GDP需要更多劳动力投入，但深圳已不堪人口重负。

（四）环境承载力难以为继

深圳多条河流污染严重，阴霾天气超过一年时间的1/3，成品油等原材料价值高位运行，电力供应紧张，房地产价格涨幅较大，对深圳企业生产、市场供应和产业结构调整有较大影响，环境容量已严重透支。

这"四个难以为继"凸显深圳当时经济社会发展所面临的困难和挑战，其根本症结在于深圳依靠"三来一补"实现的粗放型经济增长方式难以为继，倒逼深圳进行产业转型升级，走产业高端化发展、土地集约化利用之路，推动深圳摆脱对传统经济发展模式的路径依赖，从加工贸易型城市变身为创新驱动型城市。

二、深圳"四个难以为继"的破解之道

2006年，深圳的"一号文件"①聚焦"建设国家创新型城市"，把创新从科技发展战略、产业发展战略提升为城市发展的主导战略，为深圳破解"四个难以为继"定下总基调，在深圳改革开放历史上具有划时代的意义。深圳"十一五"规划纲要中明确指出"要促进经济增长由投资驱动向创新驱动转变，加快形成经济发展的自主内在动力。坚持紧约束条件下的集约发展，更加注重速度与质量效益的有机统一，向自主创新要资源、要空间"。

"创新"二字成为深圳破解"四个难以为继"的密钥，通过淘汰落后产能、重污染项目，发展高技术、高附加值、高产出的产业，深圳逐步实现城区人口、资源与环境协调发展，诸多问题自然迎刃而解。如今深圳已从"四个难以为继"的困境中走出，成为中国"工业第一城""民营经济第一城"，全球创新人才最为向往的"理想之城"。

---

① 2006年1月，《中共深圳市委、深圳市人民政府关于实施自主创新战略建设国家创新型城市的决定》（深发〔2006〕1号）。

（一）适时推动产业转型升级

一是动态调优产业结构。善于抓住时代机遇，融入全球价值链，多次不失时机地主动展开产业结构调整，深圳三次产业结构由2005年的0.2∶52.4∶47.4调整为2023年的0.1∶37.6∶62.3。工业从引进"三来一补"的低端加工制造业起步，到发展先进制造业，接着到发展以电子信息产业为龙头的高新技术产业，再到发展战略性新兴产业和未来产业，推动产业不断由低端向高端跨越式发展。服务业的规模体量和发展能级都有很好的基础，高度发达的金融业，信息传输、软件和信息服务业为制造业的"智改数转"提供了强有力的支撑。目前，深圳已打造出战略性新兴产业、未来产业、现代服务业和优势传统产业"四路纵队"，形成经济增量以战略性新兴产业、工业以先进制造业、三产以现代服务业"三个为主"的产业结构，实现了向梯次型现代产业体系的跃升。

二是持续培育产业新动能。战略性新兴产业和未来产业是新质生产力的主要来源，深圳在布局战略性新兴产业和未来产业的过程中，始终保持前瞻性的视野，精准把握产业发展趋势，下好产业部署"先手局"，成功抢占多个产业发展先机。2008年国际金融危机后，深圳率先开始谋划布局战略性新兴产业，到2011年形成七大战略性新兴产业格局，2013年先后布局了五大未来产业。2022年，根据现有产业发展情况，深圳发布了"20+8"产业集群政策，提出了20个战略性新兴产业集群发展重点细分领域及8个未来产业重点发展方向。2024年，迭代更新"20+8"产业集群政策2.0版本，进一步优化调整了产业门类。深圳在培育产业的过程中，紧密结合实际，动态调整产业细分赛道，在电子信息成为第一工业支柱的同时，涌现了新型显示、新能源等发展势头良好的产业新动能，始终保持产业创新的澎湃动力。

三是注重传统产业焕新升级。深圳始终重视传统产业的发展，通过技术创新和模式创新，传统产业也可以转化为新质生产力的源泉。数字时尚产业是深圳重点培育的"20+8"战略性新兴产业集群之一，细分方向包含现代时尚产业，由眼镜、珠宝、钟表、服装等深圳传统优势产业组合而成，为深圳建设全球时尚之都提供重要支撑。2020年以来，深圳相继出台若干政策支持时尚产业发展，利用大数据、5G等技术赋能，推动时尚产业从研发设计、生产制造到品牌营销全链条的数字化转型，形成若干时尚特色产业集群。以眼镜产业为例，深圳眼镜产业发展源自香港产业转移，集中在龙岗区。2000年以来，深圳眼镜占据全球中高端市场半壁江山，成为知名品牌眼镜最大生产基地。2014年起，深圳从市产业转型升级专项资金中投入亿元专项资金扶持眼镜产业发展，在龙岗区高标准打造眼镜总部企业集聚区，众多"三来一补"加工企业，发展为拥有高技术含量、多个自主品牌的现代多元化经营的眼镜龙头企业。龙岗区作为眼镜产业聚集地，实现从"眼镜城"到创建"全国时尚眼镜产业知名品牌示范区"，再到"中国眼镜出口基地"的华丽转身。

四是推动产业绿色低碳转型。不断淘汰低端和高耗能企业，数据显示，早在"十二五"时期，深圳就淘汰低端企业超1.7万家，钢铁、水泥、电解铝、煤炭等行业基本退出。深圳将科技创新作为推动绿色低碳发展的重要力量，持续加强绿色技术研发和推广应用，率先推进能源数字化管理，成立国内首家虚拟电厂管理中心，构建核电、气电、清洁煤电、可再生能源互补的韧性能源结构，大力推进建设"超充之城"，推出3批近零碳排放区域试点项目。"十三五"时期，深圳万元工业增加值能耗、用水量累计分别下降24.61%、33.71%。2020年深圳单位GDP二氧化碳排放较2005年下降约70%，单位GDP能耗和碳排放强度分别降至全国平均水平的1/3和1/5，处于全国大城市最优水平。2023年，深圳市绿色低碳产业增加值为2213亿元，同比增长16.9%，新能源、安全节能环保、智能网联汽车三大产业集群已初具规模。

（二）激发企业自主创新活力

一是充分发挥企业创新主导作用。坚持有效市场和有为政府相结合，通过制度创新消除阻碍创新的体制机制。分梯次培育自主创新企业群体，充分发挥大企业在技术创新活动中的引领作用，扩大集成创新，完善科技型中小企业综合服务体系，激发原始创新活力。实施专利、标准化、名牌战略，保护企业创新权益，打造自主知识产权高地。支持头部企业和战略科研平台组建创新联合体，推动大中小企业融通创新，建立"揭榜挂帅"项目遴选制度、"赛马式"制度等关键核心技术攻关机制。持续涌现的优秀民企，成为深圳创新活力的不竭源泉，形成具有"6个90%"[①]鲜明特征的创新体系。深圳民营经济极具创新力，在研发投入和技术创新上均有亮眼的表现，无论是企业数量、创业密度，还是科技创新成果、领军企业数量，多项指标均居全国前列。深圳全年专利授权量从2005年的8983件提升至2023年的23.51万件，连续6年在全国大中城市中名列首位；PCT国际专利申请量从2005年的789件提升至2023年的1.59万件，连续20年居全国大中城市首位。

二是加大对企业创新扶持力度。2006年4月，深圳围绕当年的"一号文件"，从经济、科技、人才等方面制定20多份政策措施，形成围绕自主创新战略的"1+N"政策配套体系。深圳历届政府持续深化积极推崇科创的政策环境，在2008年推出自主创新"33条"，2012年推出创新驱动发展"1+10"文件，2019年推出科技改革计划"22条"等，使得深圳的科创标签越来越鲜明。深圳在扶持企业方面有诸多开拓创新之举：深创投的设立开创了国内地方政府设立国资风投的先河；历年高交会为创新创业企业提供资源整合平台；全国首部个人破产法的施行进一步激发民营科技企业创业热情；"四不像"的新型研发机构[②]以全新的组织形式和体制机制加速了产学研深度融合和科技成果产业化；科技成果"沿途下蛋"高效转化机制推动创新链和产业链融合发展……深圳已建成"基础研究+技术攻关+成果产业化+科技金融+人才支撑"全过程创新生态链，形成"热带雨林"创新生态。

（三）提升城市人口支撑力

一是推动城市更新与产业优化、人口置换同步。深圳以承载近60%居住人口的城中村的更新治理作为城市更新的起点和重点，在近20年对城中村更新治理的过程中，各类政策规划逐渐完善并进行动态优化调整，分别构建了以政府、开发商、村集体为开发主体的多元治理模式，城中村人居治理环境得到显著提升，城中村成为深圳增加保障性租赁住房供给的主渠道之一，让新市民、青年人能在工作地附近找到廉价住处，实现一定程度的"职住平衡"。与此同时，深圳通过"孔雀计划"、高层次人才计划、"三名工程"等多种计划引进人才，以产业结构的持续更新升级推动人口结构的不断优化调整，再以高素质人才推进产业革新，共同保持城区的活力、竞争力和发展潜力。深圳城市人口承载力稳步提升，常住人口从2005年的827.75万人提升到2023年的1779.01万人，户籍人口比例从21.9%提升到34.1%。深圳在不断提升户籍人口比例的同时，高度重视提升全口径人口的市民化待遇，逐步消除户籍人口与非户籍人口在入学、养老保险、医疗保险、公共就业服务等方面的差距。

二是通过创办新型大学引育人才。深圳通过自主兴办与合作办学"两条腿走路"的模式，加快建设国

---

① 指90%以上的创新型企业是本土企业、90%以上的研发机构设立在企业、90%以上的研发人员集中在企业、90%以上的研发资金来源于企业、90%以上的职务发明专利来源于企业、90%以上的重大科技项目发明专利来源于龙头企业。

② 指既不像机关，又不像学校，既不像企业，也不像事业单位的独立法人机构。

际化开放式创新型高等教育体系，不断壮大大学队伍，真正实现了高等教育的"直线超车"。深圳高等教育的发展思路以服务产业为导向，让大学成为深圳创新网络的有机组成部分，引入清华大学、北京大学、香港科技大学等国内一流大学在深圳设立为产业提供技术支撑的研发机构；打造在地"人才池"，扩大深圳大学办学规模，以高水平研究型大学为目标创办南方科技大学，与国内外著名大学合作创办深圳校区或深圳分校；积极推进产教融合，推动高校对接"20+8"产业集群，与龙头企业合作共建47个特色学院、219个产教融合实训基地，为城市发展培养大批高技能实用人才。在过去的20年中，深圳平均每两年增加1所大学，目前已经拥有了16所全日制高等院校。

（四）加大空间要素保障力度

一是促进土地资源集约利用。"四个难以为继"让深圳意识到，需要从城市更新中寻找新的土地发展空间，积极探索适用于城市不同发展阶段的土地利用制度。2006年，深圳全面推进土地资源市场化配置，以构建土地节约集约利用的激励约束机制为核心，提出"三个一"的用地管理理念，即按照统一标准进行用地管理，构建土地统一储备管理机制，强化政府对土地一级市场的高度集中统一管理。2007年，深圳出台第一部工改项目实施指导文件，次年，推进了总规模为88公顷的11个工业区升级改造项目，改造后的工业园区以自用为主，严格控制出租，不得转让。2012年，为缓解新增土地空间不足、存量土地利用低效等问题，深圳全面构建以差异化土地供应方式、保障产业发展空间、加快居住用地供应、规范地价测算管理为支撑的土地资源优化配置制度体系。同年，深圳市存量用地供应首次超过新增用地供应，以城市更新、土地整备、低效用地再开发为主的存量土地二次开发逐渐成为土地资源市场化配置的重要手段。

二是创新土地空间供给利用方式。深圳在土地空间供给方面的诸多创新实践堪称国内领先。作为国内首个开展创新型产业空间实践的城市，深圳早在2008年便根据创新型企业的发展需求，在工业用地内专项建设"创新型产业用房"，这类厂房具有紧凑开发、高容积率、高密度的空间特征，打破以往产业空间功能单一的局面。2014年，深圳正式在工业用地类别中新增"新型产业用地（M0）"门类，定义为融合研发、创意、设计、孵化、中试、无污染生产等创新型产业功能及配套服务活动的用地，以适应创新型企业发展的空间需求。深圳是国内第一个试点二三产混合用地的城市，在2022年出让首宗综合改革试点的二三产业混合用地，将研发生产功能与城市生活服务功能协同发展，实现生产、生活、休闲一体化。深圳在"工业上楼"方面的实践也走在全国前列，于2022年率先发布全国首部工业上楼地方标准以及"工业上楼"优质厂房空间建设五年计划，以存量老工业区更新改造推动新型产业空间，计划5年内提供1亿平方米的"工业上楼"空间。深圳是国内较早借力"科创飞地"破题产业创新发展的城市之一，2023年，深圳与中山探索"深圳研发+中山翠亨新区孵化产业化"模式，落地一批实质性深中合作项目。此外，中山翠亨新区还将探索在深圳宝安构建"反向飞地"，建设孵化器。

三、厦门当前发展阶段与深圳提出"四个难以为继"时期的比较

2023年厦门GDP为8066.49亿元，增速3.1%，在15个同类型城市中与哈尔滨并列最后一名，分别低于全国、全省平均水平2.1个、1.4个百分点。2023年厦门GDP不及深圳南山区GDP总量（8566.02亿元），

略好于深圳2008年的GDP水平（7941.43亿元）。2023年，厦门正处于动能接续、爬坡过坎的攻坚时期，与2005年深圳提出"四个难以为继"时期相比，存在一定共性和差异。

共性在于两座城市都处于转型升级攻坚期，亟须寻找发展新动能。2005年的深圳和2023年的厦门都处在对原有发展模式的依赖和对新增长点的探索之间的转换阶段。2005年的深圳面临引进外资减缓、经济增速下降的压力，空间不足、资源能源短缺、人口机械式增长过快、人口结构不优等问题比较突出，当时外资投入热点开始从"珠三角"转向"长三角"，需要转变经济增长方式，从"速度深圳"向"效益深圳"转变。2023年的厦门也处于转型升级攻坚期，经济增速放缓，投资、出口引擎相继走弱，消费增速也不够明显，亟须寻找新的经济增长点和接续发展的新动能，以提升城市经济的活力和竞争力。

差异在于外部环境因素发生了变化。一是国内外经济环境变化。2005年的深圳正处于中国"入世"后的红利阶段，主要面临国内市场开放、全球经济一体化的机遇和挑战，当时深圳更多的是在全球产业链中寻找自己的定位，有机会继续承接国际产业转移，优化升级产业结构，在优势领域提升自主创新能力。相比之下，2023年的厦门则面临更加复杂严峻的外部环境。世界正处于百年未有之大变局，全球经济复苏乏力，贸易保护主义抬头，地缘政治风险增加，这些都给厦门的经济发展带来了不确定性。与此同时，新一轮科技和产业变革迅猛发展，国内各大城市都在积极培育战略性新兴产业、前瞻布局未来产业，抢占产业竞争制高点，努力实现"弯道超车""换道超车"，新旧动能转换、新质生产力跃迁成为城市结构动力转型路径，城市的战略抉择更加考验执政者的智慧。二是我国人口环境发生了较大的变化。2005年我国人口总量突破13亿大关，深圳作为迅速建成的移民超大城市，民生领域的公共服务供给跟不上人口快速增长的需要，政策导向以控制人口总量增长为主。2021年我国总人口已达到峰值水平，2022年出现人口负增长，在总人口和劳动年龄人口形势发生重大变化的情况下，人口红利向人才红利转变，各大城市出现了"抢人大战"。厦门实现万亿GDP需要更多人才支撑，政策导向以吸引外来人口来厦为主。

四、厦门之痛：发展动能转换面临的困境

厦门经济特区成立以来，主要依托出口和房地产投资作为经济增长的双翼，然而随着全球经济环境的不断变化，近年来厦门面临着出口增长乏力和房地产业逐步降温的挑战。面对这一局面，厦门开始积极探索经济增长新动能，逐步将重心转换到发展实体经济上，但在发展动能转换过程中，存在诸多困境。

（一）产业内部结构不优

1.制造业核心竞争力不强

以电子信息为例，电子信息同为深圳和厦门的工业第一支柱，但两者发展程度差距明显。2023年深圳电子信息制造业产值2.52万亿元，同比增长1.6%，占全国1/6。2023年厦门电子信息制造业产值2767.9亿元，同比下降12.1%，仅为深圳电子信息制造业产值的1/9。厦门电子信息虽然拥有戴尔、冠捷、友达、宸鸿等百亿龙头企业，但都是招商引资来的企业，在厦门布局的是加工组装环节，根植性不强。而深圳的电子信息龙头企业更多是本地成长起来的企业，如华为、深天马、TCL华星光电等，是各自领域的佼佼者。

2. 新兴产业规模尚小

厦门重点培育的 4 个战略性新兴产业，2023 年仅新材料、文旅创意产业规模突破千亿元，对经济发展支撑力不足。新材料产业大部分企业涉及产业链条较短，产品整体创新投入一般，向产品高端和下游延伸的创新能力不足；文旅创意产业以网络游戏、旅行社、文化企业为主，"创意＋数字"的创新驱动型企业较少；生物医药产业部分头部企业产品受市场波动影响大，在创新药械等高价值领域缺乏龙头企业；新能源产业龙头企业在厦布局的多为生产基地，而非研发中心，缺乏终端产品环节企业。

3. 传统产业转型升级成效不明显

传统产业集中分布在消费品工业领域，呈现"大行业、小企业"特点。龙头企业占比 2.7%，多为 OEM（原始设备制造商）、ODM（原始设计制造商）、IDM（集成器件制造商）代工企业，缺乏有知名度的自主品牌企业；中小企业占比 97.3%，智能化、数字化改造进程总体滞后，依赖传统的经营方式，缺乏高效的信息管理系统和数字化运营能力。传统产业绿色化转型压力大，能源利用效率较低，工业污染物排放量相对较大。

（二）市场主体创新能力不足

1. 民营企业整体实力较弱

创新是推动动能转换的关键因素，民营企业是科技创新的重要动力，但厦门民营企业整体实力较弱。全国工商联发布的"2023 中国民营企业 500 强"榜单，厦门时隔 10 年再现"白板"，比 2022 年减少 3 家企业（盛屯矿业、福信集团、三安集团），而深圳共有 27 家企业上榜，其中前十名深企占 4 席。

2. 企业创新活跃度不高

厦门规模以上企业开展研发活动、设立研发机构的数量和比重偏低。厦门依托龙头企业建设的各类创新载体占比仅约 40%，尚有超过 50% 的规上工业企业没有开展研发活动，超过 80% 的规上工业企业没有设立研发机构，说明大多企业从事的行业较为传统，缺乏创新。不少初创型的科技型小微企业缺乏有效融资途径，创新步伐较慢。

3. 科技成果转化成效不佳

技术合同成交额是衡量科技成果转化的重要指标，能最直观地反映一座城市的科研转化成果。2023 年厦门技术合同成交额虽然位列全省第一，但福建省技术合同成交额体量较小，深圳技术合同成交额是福建省的 4.2 倍。厦门科技成果的产业化有很大的挖掘空间，优势学科的成果转化与产业化程度比较低，科研机构和高校创新资源尚未得到充分整合和利用。

（三）人口支撑能力不够

1. 人才吸引力有所下降

创新驱动本质上是人才驱动，人才是自主创新的关键。以厦门实现万亿 GDP 为发展目标，必然要保障劳动年龄人口和人口总量继续保持增长。从人口总量看，受自然条件制约，厦门总人口不占有优势，2023年厦门以532.7万的常住人口在15个同类型城市中排名最末，较2022年仅新增1.9万人，户籍人口占常住人口比重56.7%，在15个同类型城市中排名倒数第三。厦门落户政策相对严格，在就业落户方面，对于各类人才年龄、学历层次、缴纳医社保时限、职业资格等级等方面设置较高门槛。根据智联招聘《中国城市人才吸引力排名：2023》报告，深圳在"95后"人才吸引力城市50强中排名第一，厦门排名第18。

2.民营企业"招才""留才""用才"问题较为突出

半导体和集成电路、新能源、生物医药等行业反馈仍然存在一定人才缺口，企业自主培养人才能力尚待加强。本地高校毕业生留厦就业比例不高，2019年至2023年厦大毕业生平均留厦率仅为23.3%，企业很难招到高水平的创新人才。同时，对于有工作经验的高水平创新人才，受发展空间、团队、工资水平、生活成本等因素影响，也较难引进。

3.优质高等教育资源不足

厦门共有高等院校16所，其中，普通本科学校7所，专科院校9所，相较一线城市在数量和质量上都有较大差距，学科设置和厦门产业发展关联性不够强，厦大是全市唯一一所"双一流"大学，入选双一流建设学科的6个学科中，并无工科专业上榜。毕业生留厦就业情况不容乐观。此外，在创办新型大学、引入国际化资源合作办学、联合境内一流学校创办应用型学科院所等方面成效不明显。

4.城中村现代化治理水平有待提升

城中村承载了大部分来厦务工人员，为产业发展提供了不可或缺的劳动力资源，部分传统制造产业园区与附近的城中村关系密切，但城中村居住环境脏乱差，安全隐患多，基础设施建设和公共服务配套相对滞后，居住人员难以产生归属感和幸福感。加之近年来岛内外大规模的城中村拆迁，二房东哄抬房租问题明显，导致部分外来人口流失现象，间接导致企业招工难、留工难，对产业和经济可持续发展造成不利影响。

（四）产业发展空间有限

1.可供成片开发的产业用地供给不足

除翔安、同安区以外，其他4个区都没有成片开发的产业用地，严重制约了大项目、大企业等引进落地。产业用地逼近红线，政府掌控的产业用地较少，不利于总部经济、战略性新兴产业、未来产业的引进与布局。同时，产业空间紧张在一定程度上影响了企业在本地增资扩产的积极性，制约了产业规模的扩大，造成部分优质企业的外迁流失。

2.产业空间产出率偏低

厦门存量用地深度开发不够，岛外的工业和仓储用地存在粗放利用的问题，存在不少利用率低下、效益产值过低、不符合规划条件的存量低效工业用地。商务楼宇空置现象较多。地上空间利用总量高，但地下空间利用率较低。产业用地平均容积率偏低，提升空间大。2023年岛外各区土地产出率位于1.1~5.5亿元/平方公里，产业空间产出率有待提升。轨道交通与城市空间耦合度较差，产业用地复合利用不够。

五、对策建议

尽管厦门当下发展阶段与2005年深圳提出"四个难以为继"时期有所不同，但深圳当时所采取的核心策略"创新"对于厦门来说，仍然具有重要的借鉴意义。当前，厦门应当致力于把经济发展的动能转换到依靠自主创新上，大力发展新质生产力，坚持"产业优化、企业创新、人才引育、空间拓展"四维发力，激发澎湃新动能，推动经济高质量发展。

（一）优化现代化产业体系

1.大力培育战略性新兴产业

围绕新能源电池、新型电力装备、数字电网、氢能等领域重点发力，打造新能源产业创新之城，力争GDP破万亿。加强新材料产品推广应用和国产替代，重点发展先进碳材料、新型显示材料等，做大做强新型功能材料国家战略性新兴产业集群。系统谋划生物医药产业，重点发展创新药、医疗器械等细分领域，培植有利于医药研发创新的产业生态，鼓励药品上市许可持有人（AMH）等新业态发展。运用大数据、虚拟现实、数据孪生等前沿技术助推文旅创意发展，挖掘地方特色IP，打造文商体旅融合新品牌、新项目。

2.加快发展未来产业

重点突破第三代半导体、氢能与储能、基因与生物技术等未来产业，加快推动一批重大科技成果产业化。加强未来网络、前沿战略材料、深海空天开发等基础研究和前沿技术研发。研究出台支持未来产业发展的专项政策，加大对未来产业关键核心技术攻关、先导园区建设、应用场景开发、重点项目落地的支持力度，加快打造一批未来产业先导区，促进产业集聚引领发展。

3.拓展布局产业新赛道

结合"4+4+6"现代化产业体系现有布局和发展特点，持续跟踪前沿科技趋势和颠覆性技术动向，加强对新兴技术和产业的研究与预判。进一步聚焦和拓展先进制造业领域，选取厦门具有一定产业基础、未来3~5年内有望取得新突破的若干产业新赛道作为主攻方向，如新型显示、新一代人工智能、智能网联汽车、高端仪器装备、氢能与储能、化合物半导体、创新药械等，加强基础研究和应用基础研究，集中力量进行关键核心技术攻关，争取未来5~10年形成新突破，推动产业"建圈强链"。

4.加快传统特色产业转型升级

聚焦食品加工、水暖厨卫、纺织服装、体育器材等传统特色产业，通过新技术、新模式、新业态赋能传统产业，支持企业打造自主品牌，把传统特色产业打造成新质生产力。通过政府引导、行业协会助推、科技企业支撑等途径，实施"智转数改"行动，帮助传统企业从产业价值链低端环节向高端环节跃升，向预制菜、智能家居、时尚创意、智能健身等方向转型升级。选择关联性强、技术带动效应大的传统企业和名牌产品企业作为绿色化改造的重点扶持对象，推广应用节能减碳技术，挖掘节能减碳空间，实现从源头设计到生产制造再到销售使用的全生命周期绿色化。

（二）强化企业创新主体地位

1.实施创新型企业梯度培育计划

完善以创新型领军企业为龙头、高新技术企业为主干、科技型中小企业为基础的创新型企业集群梯次培育发展体系。支持创新型领军企业联合高校、科研院所组建创新联合体，承担重大技术攻关项目和重大成果产业化项目，建设产业链中试平台，推动产业链上中下游、大中小企业融通创新。支持高新技术企业加大基础研究、技术研发与集成、成果中试熟化与产业化研发投入，建设企业技术中心、企业研究院等创新平台。支持科技型中小企业在特定细分领域精耕细作、精益求精，围绕重点产业链的关键环节进行技术攻关，争创专精特新"小巨人"、单项冠军。

2.推动创新资源要素高效合理配置

持续完善科技金融政策体系，充分发挥科技创新创业引导基金等政府投资基金引导作用，引导社会资本更多地投入关键技术领域和初创期科技型中小企业。按照"政府引导、市场运作、风险共担"原则，积极打造为科技型中小企业服务的专业融资增信平台，探索通过中小企业债券、税收信用贷款等方式解决企业融资难题。完善科技风险分担体系，通过费用共担引导企业运用金融工具分散风险，促进科技成果有效转化转产。建设高水平创新载体，提升嘉庚创新实验室能级，加快建设翔安创新实验室、鹭江创新实验室，争取纳入国家实验室建设。加强厦门科学城建设，争取国家大科学装置和国家科技创新基地落地厦门。

3.促进产学研协同创新

建立以企业为主体的产学研深度融合的创新体系，让企业成为科技创新的"出题者"，科技攻关的"组织者"，创新成果的"阅卷人"。聚焦战略性新兴产业和未来产业，发布"揭榜挂帅"项目榜单，鼓励更多的企业加入基础研究、技术创新、成果转化、产业化等方面的科技创新活动中。探索"高校+重大基础设施""高校+龙头企业"等科研合作模式，推动更多高校科研成果向企业转移转化。健全产学研成果对接和产业化机制，建立全市重大科技成果转移转化联席会议制度，成立在厦高校院所促进科技成果转移转化联盟，加快厦门制造业创新成果产业化服务平台建设，推动科技创新成果快速高效转化为现实生产力，争创全国高校区域技术转移转化中心厦门中心。

（三）实施人才强市战略

1.吸引外来高素质劳动者落户

顺应人口发展新形势，结合厦门产业人才需求及城市更新需要，优化提升人口落户政策。进一步放宽对入户年龄、医社保缴纳时限等要求，探索实施诚信企业"信用+入户"、租赁私有房屋入户等落户新政策。持续推动教育、住房、医疗、养老等公共服务与经济社会协调发展，稳步提升户口含金量，吸引更多外来高素质劳动者来厦落户，为厦门高质量发展提供更多智力支撑。

2.加强校企合作培养人才力度

打通人才链和产业链，引导高校根据厦门市发展需要科学调整专业布局，超常规布局集成电路、人工智能等产业急需学科。加大高校与民营企业合作力度，通过订单式培养人才的方式多方位接触"未来"优秀人才，建立健全招生培养就业联动机制，培育更多应用型、创新型、复合型人才。鼓励本地企业为在校生提供实习见习岗位，畅通企业实习转录用机制。鼓励高校联合企业申报福建省产教融合研究生联合培养基地，争取专项资金支持，复制推广厦大与三安、云天半导体等企业联合培养工程硕/博士的成功经验，为企业解决"卡脖子"难题自主培养一批创新型人才。

3.引进优质高等教育资源

借鉴深圳引进优质高等教育资源"研究院—研究生院—分校区"的发展路径，发挥厦门综合改革试点优势，积极争取办学和管理的政策支持，抓紧推进引进境内外一流科教资源工作。如引进境内外一流高等教育资源来厦举办应用型学科院所，与国内知名高校共建研究院等高水平研究机构，与境内外名校共建特色学院等。强化引进学科专业与产业发展需求的有效对接，结合本市高校现有学科布局，以及产业发展趋势和对人才的需求，重点引进人工智能、新材料等领域优势学科专业，打造一批特色鲜明的学科产业、科技研发创新服务平台，服务企业创新发展。

4.为青年人才提供安居保障

建立人口净流入、人口总量和土地供应联动机制，加快完善以公共租赁住房、保障性租赁住房和共有产权住房为主体的青年住房保障体系。引入市场化力量，推动利用农村集体预留发展用地、企事业单位自有闲置土地、产业园区配套用地等，加快建设青年人才公寓和保障性租赁住房。持续推动城中村现代化治理改造，借鉴深圳"综合整治+统租运营+人才公寓"模式，推动城中村居民统建楼改造成青年人才公寓，改变城中村脏乱差现状，营造功能齐全、环境优美、适合青年人才居住的城市社区。

（四）夯实产业空间保障

1.创新产业用地开发模式

探索区域协作打造"双向科创飞地"，与泉州、漳州、龙岩等周边城市围绕产业、科技、人才方面开展合作，打破现有行政区域限制，充分发挥自身比较优势，形成"总部+基地、研发+生产、创新+孵化"的产业合作机制。制定"工业上楼"鼓励产业目录，建设总部基地、堆叠式厂房、工业综合体等上楼载体，推动"高精尖轻"的轻型生产、节能环保型工业企业实施"工业上楼"。探索增加混合产业用地的供给，以原来第三产业内部混合为主的供地模式，拓展到二三产业混合，在翔南片区探索混合工业智造、研发中试、商业服务、交通设施等用途的高标准优质产业空间供给模式，力争形成土地功能混合和高效利用的全新模式。

2.高标准打造特色产业园

聚焦"4+4+6"现代化产业体系中电力电器、通用设备、半导体等细分领域和传统特色产业中食品加工、智能家居、轻工视讯等，先行打造一批产业集聚度高、专业化程度高、辐射带动能力强、品牌优势突出的特色产业园区。实施园区"标准化"建设，提高土地产出率、资源循环利用率、智能制造普及率，增强企业服务效能，降低园区企业全要素成本，全面提升特色产业园区发展能级和核心竞争力。

3.高效盘活低效工业用地

加大存量土地盘活利用，出台完善更具突破性的低效闲置土地盘活政策，鼓励国有企业、社会资本、土地原权利人等通过土地收购、土地二级市场转让等方式，对工业控制线内布局分散的低效工业用地开展集中连片开发改造，将旧村屋、旧工业区、旧商住区改造为高科技产业园、创新产业园等。重点推进湖里老工业区、杏林台商投资区、同安工业集中区等低效工业用地再开发试点工作，腾挪低效用地空间，科学谋划产业发展方向，引入契合片区发展的新产业新业态，提高土地利用水平和产出效益。

参考文献

[1]袁义才.深圳经济特区40年发展的阶段性特征与经验[J].特区实践与理论，2020（6）：33-42.

[2]钟坚.深圳的产业升级之路[J].南风窗，2007（10）：42-44.

[3]刘芳，伍灵晶.深圳市推进土地要素市场化配置的实践与思考[J].中国国土资源经济，2021，34（9）：76-81.

[4]侯衡，王凡，沈晖，等.深圳创新型产业空间治理的转型与创新[J].规划师，2020，36（16）：45-52.

[5]经济日报.塑造眼镜产业发展新优势[EB/OL].（2024-04-25）[2024-05-20].https://www.lg.gov.cn/xxgk/xwzx/lgyw/jddt/content/post_11261859.html.

[6]深圳市统计局.深圳市2023年国民经济和社会发展统计公报[EB/OL].（2024-04-28）[2024-05-20].http://tjj.sz.gov.cn/gkmlpt/content/11/11264/post_11264245.html#4222.

[7]厦门市统计局.厦门市2023年国民经济和社会发展统计公报[EB/OL].（2024-03-20）[2024-05-20].http://tjj.xm.gov.cn/zfxxgk/zfxxgkml/tjsjzl/ndgb/202403/t20240320_2829912.htm.

课题指导：戴松若　黄光增
课题组长：肖凌欣
课题组成员：戴松若　谢　强　林　智
　　　　　　张振佳　陈亚军
课题执笔：肖凌欣

第十四章

厦门促进民营企业创新发展研究

民营经济是厦门经济发展的活力所在，截至2024年三季度，全市民营经济增加值占GDP比重达四成、税收收入占全市比重约五成、科技成果贡献率占七成以上，民营企业吸纳就业人数占全市比重近六成，民营经营主体占全市比重超过九成，在推动厦门稳增长、驱创新、促就业等方面发挥了重要作用。推进民营企业创新发展，对培育形成新质生产力，加快厦门高质量发展，努力率先实现社会主义现代化具有重要意义。

一、发展现状

厦门深入实施科技创新引领工程，民营企业创新主体地位凸显，创新发展成效稳步增强，正在从量的积累向质的飞跃、从点的突破向系统能力提升转变。

（一）民营企业创新主体地位日益显著

1.民营高新技术企业群体持续壮大

厦门高新技术企业超九成来自民营企业，支撑带动全市高新技术产业发展壮大。截至2023年底，全市国家高新技术民营企业3907家，占全市总量的92.8%，仅2023年就净增国家高新技术民营企业659家。同时，加大力度培育各类创新型企业群体，构建"创新型中小企业—专精特新中小企业—专精特新'小巨人'企业"梯度培育体系，累计培育31家国家级专精特新重点"小巨人"企业（其中民营企业28家，占比90.3%）、165家国家级专精特新"小巨人"企业（其中民营企业140家，占比84.8%）、2132家专精特新中小企业（其中民营企业1770家，占比83%）、1425家创新型中小企业（其中民营企业1290家，占比90.5%）。

2.民营企业创新投入增加

厦门民营企业研发投入加大，牵头承担工业软件、人工智能等领域的攻关任务，成为全市科研和研发投入的核心主体。以全市48家上市民营企业为例[①]，企业研发费用支出由2019年的49.28亿元增长到

[①] 截至2024年3月，厦门辖区境内上市公司共67家，按Wind金融数据终端数据，除国有企业（含国有控股）、外资企业（含港澳台资）外，共有48家。

2023年的90.15亿元，年均增长12.3%；研发费用占营收比例由3.16%提升至4.56%（详见图14-1）。民营企业研发活动覆盖面提升，2023年共有5693家企业申报研发费用税前加计扣除，涉及研发费用额287.9亿元，同比分别增长14.25%、15.68%。2024年，三安光电、吉比特、亿联网络、科华数据、海辰储能等15家企业上榜全国工商联2024民营企业研发投入500家榜单和2024民营企业发明专利500家榜单，32家入围"2024福建省创新型民营企业100强"。另据厦门市工商联《2024年民营企业100强调研分析报告》，民企百强研发经费投入总额达113.9亿元，比2023年增加17.2亿元，增幅17.8%，民营企业研发创新投入持续增加。

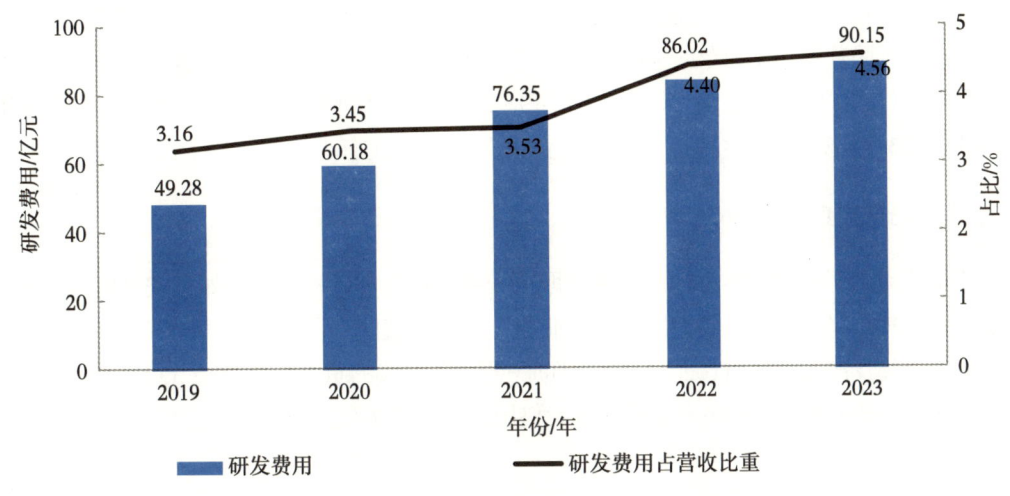

图14-1　2019—2023年厦门上市民营企业研发投入情况

数据来源：Wind。

3.加快组建创新联合体

厦门民营龙头企业积极牵头或参与组建创新联合体，承担市级（含）以上重大科技计划项目，着力解决制约产业发展的关键核心技术问题。2023年，盈趣科技等38家民营企业牵头或参与组建了"元宇宙支撑技术与场景驱动创新联合体"等6个创新联合体。

（二）民营企业科技创新平台提质增效

1.民营企业加快设立研发机构

厦门民营企业积极建设研发机构，协同推动科技创新应用建设。截至2023年底，三安集团等民营企业参与建设3家国家重点实验室、27家国家企业技术中心。全市已认定的市级及以上新型研发机构达67家，均为民营企业，在生物医药、半导体等多个细分领域技术和产品居全国第一。

2.重大创新平台赋能显著

厦门科学城全面展开，高端创新资源加速集聚，为民营企业研发创新提供智力支持。如嘉庚创新实验室建成全球首条23.5英寸Micro-LED激光巨量转移示范线，百千瓦级PEM（质子交换膜）电解水制氢装备入选国家首台（套）重大技术装备清单，累计孵化18家科技型企业。厦门科学城初步构建"新型研发机构+

孵化器+未来产业园+创新飞地"孵化培育体系，Ⅰ号孵化器、Ⅱ号孵化器集聚上海张江高校协同创新研究院等超100家企业和机构；布局建设"开源芯片公共技术服务平台"等40个公共技术服务平台，为民营企业与科研机构合作提供创新平台、仪器共享、解决企业技术需求等服务。

（三）民营企业创新成果质量显著提升

1.发明专利数量快速增长

随着厦门民营企业创新投入持续增长，民营企业不断取得发明专利数量与质量的突破，奥佳华等9家企业入围"2023中国民营企业发明专利500强"。截至2022年，厦门民营企业100强中，53家企业拥有国内有效专利20838件（其中49家拥有发明专利3035件），25家拥有外国有效专利1519件（其中22家拥有发明专利1145件）。2023年国家级专精特新"小巨人"企业户均持有发明专利18.1件，高于全国平均水平。

2.关键科技攻关取得突破

厦门民营企业大力开展关键核心技术攻关，取得一系列重大突破和成绩，如三安光电等3家民营企业完成的"高光效长寿命半导体照明关键技术与产业化"项目荣获国家科技进步奖一等奖。民营企业积极参与技术创新重点攻关及产业化项目，2023年已立项民营企业牵头的重大科技攻关39项，资助金额2.55亿元，其中，民营企业牵头承担的未来产业领域重大科技计划项目7个，涉及第三代半导体、前沿战略材料、储能等重点领域。

3.成果转化工作取得新成效

民营企业参与技术市场交易日益活跃，民营企业转化应用科技成果能力逐步提升。2023年全市共登记技术合同8025项，合同成交金额173.58亿元，同比增长29.34%；支持实施513个高新技术成果转化项目。全市高校输出到本市企业的技术交易共537项，合同额3.56亿元，技术交易额3.53亿元。鼓励保险机构积极对接相关企业，做好首台（套）保险承保理赔服务，支持2家民营企业获得国家首台（套）保险补贴407万元，向38家民营企业兑现首台（套）研发补贴资金6584.4万元。

4.新产业新业态新模式涌现

民营企业以其敏锐的市场感知能力和灵活的组织运营方式，有力促进新产业、新模式、新业态发展，是厦门"4+4+6"现代化产业体系发展的重要推动力量。在新产业方面，厦门市生物制药和大健康产业有奥佳华、大博医疗、金达威、万泰生物、艾德生物等11家龙头骨干民营企业；软件和信息服务业有吉比特、四三九九、罗普特等38家龙头骨干企业。在新业态方面，各类民营市场主体积极参与直播电商相关活动，据浪潮大数据监测，2023年厦门市直播61.8万场，实现网络零售额349.6亿元，同比增长12.2%。

（四）民营企业数字化绿色化转型加快

1.民营企业数字化转型步伐加快

2023年，厦门入选全国首批30个中小企业数字化转型试点城市，全市已推动528家企业深度"上云"，累计撬动资金 3 亿元，降低企业成本 8 亿元，在卫浴行业、模具行业、注塑行业、机器人行业、纺织行业等树立 16 家上云标杆企业。厦门智能制造产业协会发布的《厦门市智能制造成熟度指数报告（2022—2023年）》显示，厦门二级（规范级）及以上智能化进程的企业占比达到 46%，开展数字化转型的制造业民营企业数量增多，产线自动化向智能化方向转变（详见表 14-1）。

表 14-1　厦门制造业智能制造成熟度评价

单位：%

评价要素名称	未达标	一级	二级	三级	四级	五级
制造	39	52	5	2	1	0
资源	22	24	45	6	1	2
技术	22	26	42	7	2	1
人员	23	25	41	7	1.5	1.5
综合成熟度	27.22	26.87	39.8	4.05	1.35	0.71

资料来源：《厦门市智能制造成熟度指数报告（2022—2023 年）》。

2. 民营企业加快绿色低碳转型

民营企业积极践行绿色低碳发展理念。截至 2023 年底，全市 72 家民营企业入选国家级绿色制造名单企业，106 家民营企业入选省级绿色制造名单企业。33 家民营企业获评国家级绿色工厂，占全市 48.5%；绿色设计产品企业 23 家，占全市 63.9%；绿色供应链管理企业 7 家，占全市 70%。在"2023 厦门市民营企业百强"中，已有 51 家企业实施了绿色低碳转型发展，其中 38 家实施了技术改造和设备更新，应用绿色低碳技术与设备；24 家开展了全要素全流程的"绿色化+智能化"改造。

（五）民营企业现代企业制度加快构建

1. 民营企业管理制度日趋完善

民营龙头企业加快建立现代企业制度，逐步摆脱家族式经营，实现科学决策、转型发展。在"2023 厦门市民营企业百强"中，88 家民营企业已执行现代企业制度，83 家民营企业已建立健全合同审核、决策论证等相关环节法律风险控制体系和预警防范机制，确保企业依法合规经营；85 家民营企业形成讲法治、讲规则、讲诚信的企业法治文化，一体推进企业信用建设；52 家企业有参与商协会开展的行业自律、商会企业联合自律等活动。

2. 民营企业家群体成长壮大

厦门大力培育和弘扬企业家精神，涌现出一批优秀民营企业家、优秀民营企业、民营企业党建工作先进单位和模范人物，2023 年全市有 440 余位优秀民营经济人士被推荐成为各级人大代表、政协委员，50 岁及以下的年轻一代企业家占比约 50%，主营业务为战略性新兴产业的企业家约 24%。加强企业家培训，成立年轻一代民营企业家成长型自组织——朝鹭学堂，已吸纳学员近 200 名，举办活动 100 多场，有力推动事业新老交接和有序传承。

二、存在的问题短板

（一）民营企业创新能力有待提高

一是中小民营企业技术创新能力薄弱。厦门民营企业主要集中在批发零售业、商务服务业等传统行业（图14-2），民营企业科技投入不足、研发能力有限，2022年有研发活动的规模以上工业企业比重仅43.6%，设有研发机构的规模以上工业企业比重仅20.7%，大部分企业缺少自主品牌，处于产业链、价值链的低端环节。二是缺乏科技型领军企业。厦门尚无企业入围"2023年中国民营企业500强"榜单，辖内仅有海辰储能1家"独角兽"企业，科创板上市的民营企业仅有特宝生物、罗普特2家，原创性高科技公司后备不足，创新性民营企业占比有待提高。三是产学研合作不够紧密。民营企业与高校、科研院所合作有待深化，科技成果本地转化率不高，2023年技术合同登记数、成交额与深圳（17256项，1580.25亿元）差距明显。2023年度"万家民营企业评营商环境"调查①显示，有40.3%的民营企业认为需要进一步打通与高校、科研院所的合作渠道。2022年厦门规模以上民营企业行业分布如图14-2所示。

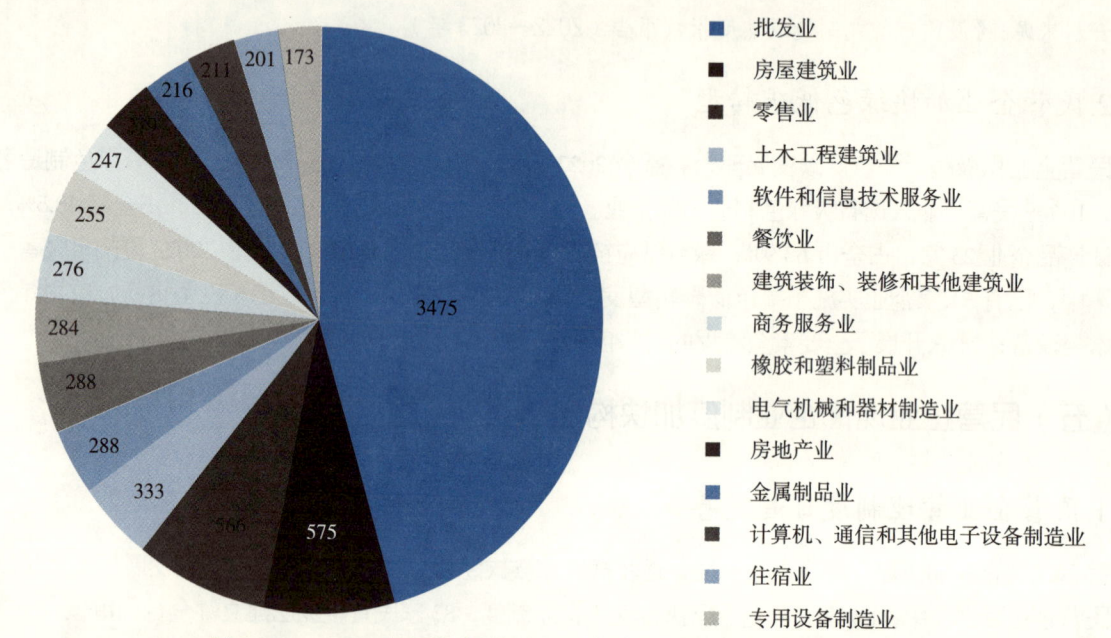

图14-2 2022年厦门规模以上民营企业行业分布（按企业数）

数据来源：厦门市统计局。

（二）民营企业创新生态有待优化

一是人才引育比较困难。厦门民营企业人才供需存在一定程度错配，"招才""留才""用才"问题比较突出，半导体和集成电路、新能源、生物医药等行业反馈仍存在一定人才缺口，企业自主培养人才能力尚待加强。2023年度"万家民营企业评营商环境"调查显示，有61.04%的民营企业希望加大创新型人才引

---

① "万家民营企业评营商环境"由全国工商联发布，评价对象覆盖31个省、自治区、直辖市和新疆生产建设兵团，已连续发布5年。2023年厦门市共有554家民营企业参与调查。

进。二是知识产权保护力度有待加大。厦门知识产权保护工作走在全国前列，但与民营企业期待还有差距，有企业反映，数字经济领域核心技术类、源代码等尚未纳入知识产权保护范畴，与数字经济发展不相适应；知识产权保护存在举证难、赔偿低、成本高、周期长等问题。三是创新环境和氛围有待优化完善。全市高能级创新平台仍较缺乏，尚无国家实验室、重大科技基础设施布局。金融服务民营企业仍存堵点，银行开展知识产权、应收账款质押贷款积极性不高，银行贷款续贷手续仍较烦琐。民营企业创新产品市场推广、场景应用仍有困难，民营企业创新产品参与政府招标采购存在业绩、资质等方面的限制。

（三）民营企业管理制度有待强化

一是现代企业制度不健全。全市民营企业中90%以上是中小企业，现代企业制度建设滞后，不少民营企业仍保持着封闭式家族企业或准家族式企业的形态，存在产权不清晰、企业治理不规范、经营管理体制不健全等问题，严重制约民营企业高质量发展和企业提质增效。二是合规制度建设滞后。新修订《中华人民共和国公司法》于2024年7月1日实施，企业合规经营重要性提升，但厦门民营企业对合规经营的重要性认识不足，大部分企业没有建立系统性、规范性的合规管理机制，内控制度、合规管理制度不健全，对刑事犯罪风险的防范意识较为薄弱，应对海外发展的合规要求能力不足。三是企业家精神需进一步培育弘扬。厦门领军型企业家较少，企业家创新进取精神不足，有的民营企业家虽然敢于创新，但苦于创新投入大、见效慢，不敢甚至不愿在创新研发上进行"大手笔"投入。新形势下，民营企业发展面临更多的压力和不确定性，对企业家精神和能力素质也提出了更高要求。

三、对策建议

充分发挥厦门综合改革试点优势，深入实施市场主体培育工程、科技创新引领工程，以激发民营企业科技创新活力、提升民营企业治理能力为主线，营造有利于民营企业创新发展的良好环境，推动民营经济加快转型升级，为厦门争创国家区域科技创新中心和高质量发展夯实基础。

（一）育主体，培育创新型民营企业群体

深入实施市场主体培育工程，坚持强基提质并重、培优育新并举，形成大企业顶天立地、中小企业铺天盖地、科技型企业抢占高地的良好局面。

1.大力培育创新型民营企业

一是壮大高新技术企业群体。建立完善高新技术企业梯次培育体系，对在库企业提供深层次、个性化服务，指导企业提前规划知识产权申报和科技成果转化，准确归集研发费用，助力企业成长为国家级高新技术企业。二是大力培育"新物种"企业。建立"新物种"企业发现、挖掘和培育机制，制定企业遴选发现评价标准体系和专项政策，大力培育哪吒企业、瞪羚企业和独角兽企业[①]等"新物种"企业，联合第三方

---

① 哪吒企业指在创业初期就获得1亿元（含）以上投资，具有成立时间短、成长起点高、赛道领域新、场景创新强等特征的新经济企业。瞪羚企业指成功跨过创业死亡谷，以科技创新或商业模式创新为支撑，进入高成长期的中小企业。独角兽企业指成立不超过10年，估值超过10亿美元的未上市创业公司。

机构遴选发现一批"哪吒""瞪羚"企业。三是培育创新型龙头企业。聚焦"4+4+6"现代化产业体系，遴选培育一批体量规模大、行业影响面广、整体带动力强和研发能力突出的龙头企业，充分发挥龙头企业创新引领作用。

2.梯次培育壮大民营企业

一是做优做强民营龙头骨干企业。完善民营龙头企业动态评选机制，对首次获评中国民营企业500强、中国民营企业制造业500强和服务业100强企业给予奖励。二是推动民营企业专精特新发展。依托市专精特新企业服务联盟，加强专精特新梯度培育服务。探索建设专精特新产业园，加快建设两岸股权交易中心专精特新专板，进一步拓宽专精特新企业投融资渠道。三是支持民营市场主体升级。优化完善"个转企"支持政策，开展个体工商户分型分类精准帮扶，建设个体工商户公共服务平台，对个体工商户升级为企业的给予奖励。支持民营企业上规发展，对达到"四上"标准并首次进入统计联网直报名录库的企业给予奖励。四是推动大中小企业融通发展。引导大企业面向中小企业发布采购需求，推动专精特新等优质中小企业融入大企业产业链供应链，在技术创新、产品配套、市场开拓等方面深入合作，推动大中小企业融通创新。

3.完善民营企业创新孵化体系

一是布局一批未来赛道企业。推进厦门科学城建设，打造"苏颂杯"未来产业技术创新赛等特色品牌，加快建设苏颂未来产业概念验证中心，提升科学城Ⅰ号孵化器，构建"新型研发机构+标杆孵化器+专业园区+创新飞地"孵化培育体系，在人工智能、低空经济、氢能储能、第三代半导体领域培育孵化一批未来赛道企业。二是支持民营企业创新创业。完善"众创空间+育成中心+加速器+产业基地"全链条孵化体系，持续培育孵化民营科技企业。推进建设中国—金砖国家新时代科创孵化园，引导金砖及"金砖+"国家优势企业和人才来厦创新创业。

（二）强创新，激发民营企业科技创新活力

强化民营企业创新主体地位，充分发挥重点创新平台赋能作用，突出开放协同创新，加强科技成果转化应用，充分激发民营企业科技创新活力。

1.强化企业技术创新主体地位

一是强化企业研发投入主体地位。支持民营企业建设研发中心、重点实验室等研发机构，推动实施民营企业研发活动"全覆盖两提升"行动，提高企业研发活动和研发机构覆盖率。积极推荐民营科技企业牵头申报国家重点研发计划重点专项，牵头承担集成电路、新型显示、新能源等领域攻关任务。支持科技领军企业牵头组建创新联合体，开展产业链关键技术协同攻关。二是加大创新企业研发支持。探索采用以奖代补、贷款贴息、首购订购等方式支持民企进行原创性引领性科技攻关和基础创新转化，对研发投入多、增幅大的企业给予一定比例的研发后补助。

2.加强民营企业创新平台建设

一是提升公共创新平台服务功能。推进嘉庚创新实验室、翔安创新实验室等重点创新平台建设。依托

厦门市科学仪器设备共享平台，推动更多大型科学仪器资源向民营企业开放共享。支持民营企业通过申领"科技创新券""算力券""零碳券"购买科技、算力资源、碳核算、碳足迹认证等服务，引导各类创新要素服务民营企业创新。二是提升发展新型研发机构。鼓励有条件的民营企业与名校大所央企合作设立高水平研究院或校（院）企联合创新平台。健全新型研发机构分类建设、分类支持、分类考核机制，构建建设经费、运营经费、资本金投入等多元化支持方式，提升低密度微球及复合材料研究院等已落地新型研发机构运营效率。三是加强概念验证中心和中试平台建设[①]。支持民营企业建设一批面向社会开放的概念验证中心和中试平台，对获得备案的概念验证中心、中试平台给予创建资助和运营补助。

3.加速民营企业科技成果转化

一是推进科技成果转化综合试点。推进"技术源头掘金"行动，瞄准国内外一流高校院所，挖掘遴选形成重大科技成果清单。探索赋予科研人员职务科技成果所有权或长期使用权的机制和模式。二是大力培育技术经纪（理）人。依托国家技术转移人才培养基地（厦门），加快实施技术经纪（理）人养成计划，组建技术经纪（理）人事务所，服务和促进民营企业科技成果转化，对执业技术经纪人对接成功的项目，优先予以科技金融服务支持。三是深化推进产学研合作。加强民营企业技术需求对接，成立在厦高校院所促进科技成果转移转化联盟，探索建立以创新成果转化成效为导向的产政研合作研发评价奖补制度，进一步便利民营企业接触和购买新技术、新专利。鼓励民营企业建立院士专家工作站。四是支持创新产品拓展市场。加大政府采购创新产品力度，对民营企业等主体的首台（套）重大技术装备产品、首批次新材料、首版次软件，可依法依规通过单一来源采购等方式进行采购。改进政府采购机制，完善创新技术类产品采购考核制度，探索打造市级新技术、新产品宣传推介平台。

4.推动民营科技企业交流合作

一是积极引进新型研发机构。加强与"一带一路"共建国家高校院所、科技领军企业、科技服务机构合作，支持来厦建设新型研发机构、共性技术研发平台和孵化基地。二是优化"创新飞地"建设布局。加强与京津冀、长三角、粤港澳大湾区等区域的科技和产业交流合作，以"运营补助+绩效奖励"相结合方式，适时推动在上海、西安等高校院所密集城市新布局若干"创新飞地"。三是完善"创新飞地"机制。探索将符合条件的"创新飞地"内的企业异地研发经费计入母公司，享受厦门研发经费投入奖励政策。支持在市外全资设立的研发机构或经备案认定的离岸创新创业基地全职聘用的人才，按规定享受在厦人才相关政策支持。

（三）促转型，加快民营企业转型升级发展

引导民营企业聚焦主业、深耕实业，推进中小企业数字化转型试点，加快民营企业数字化转型、智能化改造、绿色化发展，推动企业"老树发新芽"，加速传统产业向新质生产力蜕变。

---

① 概念验证中心是指围绕科技成果商业化价值验证，对早期科技成果实施技术和市场化、产业化可行性评估论证的新型载体。中试平台是指围绕产品试制、产学研联合攻关等小试、中试需求，解决工业化、商品化关键技术问题而进行的试验或试生产，为规模化生产提供成熟、适用、成套技术而开展中间试验的科研开发实体。

1. 加快民营企业"智改数转"

一是完善数字化基础设施。推广"5G+工业互联网",鼓励民营龙头企业参与数据中心建设,牵头建设特色工业互联网平台。支持树根互联等知名工业互联网平台在厦打造数字赋能标杆平台,为企业提供数字化智能化服务。二是提升民营企业智能制造水平。依托中小企业数字化转型公共服务平台,加强数字化转型供需对接,引导民营企业加快数字化转型和技术改造,梯度培育"智能生产线—智能车间—智能工厂"。鼓励龙头企业打造数字赋能标杆平台,通过产业纽带、集聚孵化、上下游配套、开放应用场景和技术扩散等方式赋能民营中小型企业。三是加强数字化诊断咨询服务。组建智能制造行业联合体,为企业数字化、智能化转型提供综合集成解决方案。打造中小企业数字化转型服务商资源池,通过购买服务等方式加强智能制造免费诊断服务,促进民营企业数字化转型。

2. 推进民营企业绿色低碳发展

一是推动民营企业节能降碳改造。鼓励工业企业改造现有原辅材料、生产工艺、污染处理等环节,向生产绿色化、清洁化、高效化方向升级。支持民营企业创建国家级、省级绿色工厂、绿色设计产品、绿色园区、绿色供应链管理。二是加强再生资源循环利用。支持民营企业发展和使用可再生能源,依托厦门国家"城市矿产"示范基地,支持民企参与城市废旧物资循环利用体系建设。三是支持民营企业节能降耗。落实"不计入能耗指标"的政策。引导企业参与电力市场化交易和需求侧响应,鼓励有条件的工商业园区建设"光储超充+车网互动"一体化项目并接入虚拟电厂。通过购买服务,支持节能服务机构对企业开展能源审计、节能诊断服务。

3. 支持民营企业加强质量品牌建设

一是提升民营企业质量竞争力。牢固树立"质量立企"理念,推行企业首席质量官制度,开展民营企业质量管理体系认证升级行动,综合运用专题培训、质量诊断等方式提升企业质量管理能力。鼓励民营企业申报全国质量标杆,参评各级政府质量奖,着力培育专精特新产品。二是塑造提升品牌形象。推动设立一批商标品牌指导站,辅导并推进企业商标品牌建设。鼓励有实力的企业开展品牌并购,推动民营企业品牌从地区性品牌迈向全国性品牌和国际性品牌。三是扩大自主品牌影响力。依托中国品牌日系列活动,加强自主品牌推广,引导行业龙头企业带动中小企业联合开展海外品牌建设推广。对民营企业海外进行商标注册和专利申请进行奖励。

4. 引导民营企业开辟产业新赛道

一是推动民营企业前瞻布局未来产业。鼓励民营企业根据自身技术实力和产业基础,超前布局生命科学、AI大模型、前沿材料、氢能储能等未来产业。实施"场景鹭岛"行动,支持民营企业在元宇宙、人工智能等领域打造引领性场景,积极抢占产业发展的新领域新赛道。二是支持民营企业发展新业态、新模式。鼓励和支持民营企业开展技术创新、管理创新、业态创新和商业模式创新,将数字技术、AI、物联网、云计算等数字通信技术和企业实际生产场景结合,推广协同研发、无人生产、远程运维、在线服务等新模式和新业态。三是加强未来产业载体建设。加快建设未来产业园(先进制造园),策划、推动半导体、生物医药、新能源未来产业园启动建设。搭建"科学城研发孵化—产业联动区转化加速"的产业联动机制。

（四）强管理，促进民营企业完善治理结构

培育和弘扬企业家精神，推动民营企业建立治理结构合理、内部约束有效、运营高效灵活的现代企业制度，通过管理提升实现能级跨越。

1.引导民营企业建立现代企业制度

一是引导民营企业创新产权结构。引导民营企业严格区分企业法人财产和出资人个人及家族财产，支持规模以上民营企业股份制改造，实现产权多元化、开放化。支持民营企业上市或在两岸股权交易中心挂牌、展示、交易。二是完善健全治理结构。开展民营企业"精益管理培训"活动，助力民营企业完善内控机制，建立健全审计、财会、廉洁制度，推动有条件的企业设立公司法务。三是加强企业文化建设。完善民营企业党建工作机制，持续扩大党的组织和党的工作有效覆盖。发挥工商联桥梁纽带作用，成立企业文化专家库，支持民营企业文化品牌建设。

2.加强民营企业合规制度建设

一是提升民营企业合规意识。依托慧企云平台搭建法律服务云专区，开展合规制度宣传、政策措施释义、合规动态推送。探索将"建立有效的合规管理体系"作为企业申请扶持政策、享受便利化政务服务等事项的优先条件。二是完善企业合规管理体系。瞄准知识产权、出口管制、大数据、生物医药、生态环境保护等重点领域，逐步建立企业合规管理地方认证标准体系，为企业合规建设提供标准化指引。加强行政监管和司法监管有机衔接，构建"大合规"工作格局，推广常态化"法治体检"和"合规体检"。三是加强民营企业合规服务。深入开展"法律服务进千企惠万企"活动，依托海丝中央法务区云平台"合规服务"应用场景，为企业合规制度建设提供线上线下服务。建立民营企业涉外经营合规风险预警平台，助力民营企业海外合规经营。

3.培育优秀创新型民营企业家

一是强化企业合法权益保护。依法遏制虚假诉讼、恶意"维权"等影响企业正常经营的行为。对授予"重质量、守诚信"等荣誉称号的企业按规定给予低息贷款、竞标优先权、政府采购优先选择等奖励。二是全方位塑造新时代企业家精神。持续办好"厦门企业家日""营商环境日"活动，发挥厦门主流媒体和新媒体宣传矩阵作用，开展"企业家之声"主题专访系列报道，大力宣传优秀民营企业家和创业者先进典型事迹，增强民营企业家社会荣誉感、价值感和责任感。三是加强企业家素质培训提升。深化"企业家素质提升工程"，统筹全市涉企培训教育资源，打造民营企业家实践与教育平台。将新生代民营传承企业家教育培养纳入市人才队伍总体规划，以购买服务等方式，委托厦大EMBA（高级管理人员工商管理硕士）中心、火炬大学堂以及行业协会等专业机构提供培训。

（五）优环境，营造民营企业发展良好环境

围绕民营企业科创生态需求，深化科技管理体制改革，强化民营企业发展要素保障，构建有利于民营企业创新发展的生态圈。

1.提高人才与民营企业需求匹配度

一是加强人才引进培育。深入实施"群鹭兴厦"人才工程，破除人才评价壁垒，将更多民营企业纳入人才基地范围，赋予用人主体自主认定高层次人才权利。畅通民营企业人才职称评审渠道，支持技术实力较强的规模以上民营企业单独或联合组建职称评审委员会，开展自主评审。二是优化人才供需匹配机制。建立综合性全方位的人才库和画像体系，便利企业精准引才。深化产教融合、校企合作，鼓励民营龙头企业与在厦院校建立产教联盟，共建职业技能实训基地，开展技能人才培养"订单班"、新型学徒制培训。三是完善人才服务配套。加快新城产城人融合，完善园区周边生活娱乐配套和公共交通体系，完善人才"医学住行"配套服务。持续推动留学人员创业扶持资金兑现，吸引、鼓励、扶持留学人员来厦创办科技型企业。四是畅通创新人才流动渠道。开展科技人才评价试点工作，推动不同性质用人单位间人才评价机制顺畅衔接。搭建人才沟通交流平台，为高层次科技人才开设绿色通道，加速科技人才向民营企业集聚。

2.完善科技创新管理体制

一是深化科技管理服务创新。持续优化科研组织形式，扩大"揭榜挂帅"等新机制项目比重。创新支持模式，探索"拨投结合"新范式支持研发创新和成果转化。推动国家重点研发计划、科技重大专项等重大科技计划项目成果在厦落地转化。二是持续破除科技创新准入壁垒。落实公平竞争政策，健全民营企业获得创新资源的公平性和便利性措施，支持具备创新实力的不同所有制、不同规模企业合作开展关键共性技术攻关，共同助力新质生产力的形成。三是完善科技成果评价机制。完善科技项目分类评价制度，对应用研究、技术开发和产业化类项目，建立以市场为导向的项目验收评价体系，根据评价情况对项目实施滚动管理。

3.加大多元科技创新投入

一是完善民营企业信贷服务。探索推广"企业信用积分制"，推进民营企业信用画像系统建设，推广"信易贷"扩面增量。鼓励金融机构创新民营企业专属金融产品服务，大力推广科技创新再贷款、科信贷、国高贷等产品。二是发展民营企业科技保险。推动设立科技型企业创业责任保险、绿色保险等业务，鼓励保险公司积极开展科技成果转化保险，支持民营企业创新成果转化。将创新保险产品纳入补贴险种，对购买相关保险产品的科技型企业提供科技保险补贴扶持。三是大力发展耐心资本。大力发展股权投资，支持两岸股权交易中心开展股权投资和创业投资份额转让试点，拓宽创业投资退出渠道。做响"白鹭英才融创汇"品牌，以"项目路演+投资对接"形式助力高层次人才融资。四是发展"财政+金融"模式。扩大科创风投基金、增信基金、技术创新基金等基金总规模，增加其对子基金的投资比例，采取提高出资比例、加大让利幅度等方式，吸引更多高水平投资机构来厦落地；积极开展投贷联动、投债联动、投保联动等业务。

4.强化知识产权创造、保护和运用

一是推进知识产权创造。鼓励民营企业培育高价值发明专利，推进国家级专精特新"小巨人"企业开展专利密集型产品备案工作，扩大专利密集型产品备案规模。二是加强知识产权保护。深化厦门知识产权司法协同中心建设，完善"司法+行政+X"协同运作机制，加强商标、著作权、商业秘密、网络知识产权等领域保护，探索开展涉企知识产权案件跨区域联动执行。推进知识产权纠纷快速处理试点，建立全市重点商标品牌名录库，完善商标品牌保护完整链条。三是强化知识产权运用。鼓励民营企业开展创新管理知

识产权国际标准实施试点。推广知识产权质押贷款担保和知识产权证券化增信业务，完善知识产权价值评估体系，对民营企业获得知识产权质押融资的评估费、担保费给予补助。

5.优化监管执法方式

一是加快监管模式创新。全面实施"双随机、一公开"监管，探索"一业一查""综合查一次"等新模式，推广扩大部门联合抽查覆盖面。全面构建以信用为基础的分级分类监管体系，对信用水平高、风险低的民营企业减少检查频次。二是实施包容审慎监管。建立平台经济"诚信规范经营"认证机制，对数字经济、海洋经济、跨境电商、直播电商"四新经济"探索"沙盒监管"和触发式监管，并设置一定的观察期。简化新技术新应用上线前的"双新评估"，试点引入企业"承诺制""备案制"等管理模式。三是创新柔性执法。构建"事前提醒提示、事中无事不扰、事后免罚轻罚"的全生命周期柔性监管体系。探索建立民营企业首次违法合规免责清单，持续完善"不予处罚、减轻处罚、从轻处罚、首违不罚、不予行政强制措施"事项清单，优先运用告知、提醒、劝导等柔性执法方式。

参考文献

[1]厦门日报.民营企业研发投入、发明专利榜单 15 家厦企跻身全国前 500[EB/OL].（2024-09-26）[2025-02-12].https://epaper.xmrb.com/xmrb/pc/con/202409/26/content_41604.html.

[2]福建省工商联.福建省民营企业百强榜单发布，这些企业上榜[EB/OL].（2024-09-20）[2025-02-10].http://gxt.fujian.gov.cn/zwgk/xw/jxyw/202409/t20240920_6524318.htm.

[3]福建日报.福建多措并举、精准发力，全面优化民营经济科技创新环境——助力民企在核心技术攻关中挑大梁[EB/OL].（2024-08-24）[2025-01-10].https://credit.xm.gov.cn/xydt/sndt/202408/t20240830_2887477.htm.

[4]厦门市工商业联合会.2024 年厦门市民营企业 100 强调研分析报告[R].厦门：厦门市工商业联合会，2024-11.

课题指导：彭朝明
课题组长：黄光增
课题组成员：李　婷　龚小玮　牛永青
　　　　　　彭梅芳　兰剑琴　姜耘时
课题执笔：黄光增　牛永青

第十五章

厦门大力发展"无工厂"制造企业总部的对策研究

"无工厂"制造是伴随价值链的专业化分工而形成的产业组织形态。基于厦门资源禀赋条件、生态环境承载容量和土地要素成本等因素考量，培育发展可分离的研发、销售环节的"无工厂"制造新业态，将规模化生产制造环节在周边城市或异地布局，对空间有限的厦门聚焦产业链关键环节和价值链高附加值环节，并通过协同创新提升企业和产业竞争力具有重要意义。

一、"无工厂"制造企业概念内涵和界定分类

"无工厂"制造企业本质上是研发、销售与生产制造分离的企业组织形态。这种企业组织形态从经济所有权和物理空间分离维度划分为两类（表15-1）。

表 15-1 "无工厂"制造企业界定分类

类型划分	价值链环节			
^	销售	研发	生产制造	
^	^	^	物理空间	经济所有权
无工厂产品生产商	本地	本地	本地/异地	分离
^	本地	异地	本地/异地	^
制造业企业总部	本地	本地	异地	不分离
^	本地	异地	^	^

资料来源：根据"无工厂"制造概念，结合实际进行内涵界定，并对"无工厂"制造企业进行类型划分。强约束条件是销售结算环节必须在本地，单纯研发环节在本地，不产生制造产品收入的职能环节不纳入"无工厂"制造企业范畴。

一是无工厂产品生产商。企业不直接进行产品生产，对生产制造设施没有所有权，但通过知识产权组织全球价值链，掌握研发、专利、商标、版权、品牌、设计、软件、数据库等核心资产，采用购买合同制造服务模式完成产品生产，对生产产品拥有经济所有权，负责最终产品销售。国际上，苹果、英伟达、戴森、耐克等知名企业均采用"无工厂"制造商业模式，属于代表性的无工厂产品生产商。对于规模和实力

较强的无工厂产品生产商，其总部特征较为明显，但对于很多中小型无工厂产品生产商，商业模式或业态并不特别强调其总部特征，但可以作为企业培育发展的一个方向。

二是制造业企业总部。制造业企业在本地设立研发和销售总部，自有工厂（生产基地）在异地，研发与制造可分离也可不分离，属制造业企业总部范畴。

二、厦门大力发展"无工厂"制造企业的经济意义

（一）发展无工厂产品生产商模式

厦门无工厂产品生产商主体来源：一是外部引进企业；二是本地独立培育成长企业；三是制造业一体化企业分离出研发和销售环节的企业，并将生产制造设施的所有权进行剥离。目前，本土较少有一体化企业将生产制造环节进行所有权分离、将生产制造迁移异地和在厦保留研发和销售环节的情况，制造业空心化的趋势不存在，因此发展无工厂产品生产商更多的是外部引进和本土培育，是增量市场主体，体现增量经济贡献。战略性新兴产业领域，如集成电路领域，由于晶圆代工集中于头部几家企业，且厦门除联芯和通富微电等制造、封测环节企业外，也难布局新的晶圆制造，因此发展集成电路研发设计和销售环节，是相对合理的战略选择。在传统产业领域，厦门在原始设备制造、原始设计制造模式上拥有一批优势企业，发展无工厂产品生产商，有利于整合和开发本地优势制造资源，做强自主品牌，提升制造业产品竞争力。从价值链跨区域空间优化配置角度，厦门发展无工厂产品生产商，有利于开发利用厦门周边和异地制造资源，与周边形成合理分工和错位布局，形成"研发、品牌、销售在厦门，委托生产制造在周边或异地"的格局。

（二）发展制造业企业总部模式

对于传统制造业，聚焦研发和销售环节，所处价值链高附加值环节，基于厦门资源禀赋条件、生态环境承载容量和土地要素成本等因素考量，重型化、规模化生产制造环节周边城市或异地布局，有利于集中发挥厦门中心城市人才等创新资源优势，通过创新提升产品附加价值和提升价值链竞争位势，对空间有限的厦门具有重要意义；但同时也要注意，对于先进制造业或高端制造业，制造环节本身也可能附加价值较高，发展制造业企业总部，聚焦可分离的研发、产品试制和销售环节，而非包含先进制造环节的垂直一体化模式，可能会导致先进制造环节价值链位势和区域制造业竞争力的削弱。同时，对于一些研发与制造环节在空间上需要紧密联系的制造业，发展制造业企业总部，在厦研发环节未落地，主要以管理运营、销售结算环节为主，企业总部的迁移性可能较大。

归结起来，发展"无工厂"制造，是厦门推进"先进制造业强市"战略实施的重要内容，无论是发展无工厂产品生产商还是制造业企业总部模式，总体上利大于弊，同时厦门发展"无工厂"制造并不是放弃制造环节，而是同时要在本地、周边以及异地生产基地或合同制造商之间建立良好的协同网络和合作生态，进而共同提升价值链整体竞争优势。

三、厦门基本情况

厦门"无工厂"制造企业的行业分布：一是制造业行业领域主要集中在电子信息和医药行业细分领域，如通信设备、集成电路设计企业和医药研发企业，采用"研发设计＋委外代工＋自行销售"模式；二是批发和零售行业领域主要集中在食品、纺织服装、化妆品、卫浴等细分领域，也有一些新兴电商产品品牌和独立品牌设计企业，包括国有贸易供应链企业消费品业务板块等采用"品牌设计＋委外代工＋自行销售"模式，制造业企业总部采用"研发设计＋异地生产＋自行销售"模式。

（一）制造业领域

一是集成电路是"无工厂"制造新业态集中领域。自台积电首创晶圆代工模式以来，产业垂直分工模式逐步主导行业商业模式，形成无晶圆厂设计企业、晶圆代工企业和封装测试企业的产业生态。其中，无晶圆厂设计企业从事集成电路设计和销售业务，也就是集成电路行业领域的"无工厂"制造企业。厦门集成电路产业链生态日趋完善，在集成电路设计环节代表性企业有星宸科技、优迅、亿芯源、芯一代等。

二是生物医药开展"无工厂"制造新业态探索。紫旭医药以上市许可持有人模式实现仿制药产业化，为厦门第一家、福建第二家上市许可持有人公司。紫旭医药已累计投入数千万元研发费用，获批多个药品注册批件，与包括国控星鲨（厦门）等市域内外多家委托生产企业开展药品生产合作。

（二）服务业领域

一是批发零售拥有一定数量"无工厂"制造企业。"无工厂"制造企业在批发零售业中占有一定比例。一类是无工厂产品生产商。商业模式中，基本全部环节采用单一委托生产，缺少原材料进项，行业划分为批发和零售业。这类企业与传统批发零售商不同，企业倾向研发和设计产品、创建自有品牌，委托外部生产，销售自有品牌产品，即批发和零售业中的"无工厂"制造企业采取"产品开发/品牌设计＋委外代工＋自行销售"模式。如食品零售领域，元初食品拥有产品开发团队，按照国际化标准及选择合格委托代工企业，创建元童等系列自有品牌，自有品牌占全部商品比重达58%。卫浴领域，大白卫浴开发、设计卫浴产品，生产委托路达完成。纺织服装领域，包括MSLAN等设计师品牌等专注产品设计，委托外部加工，也包括近几年新兴电商产品品牌，服装领域巢儿尚制、化妆品领域海尼集团等。国有供应链贸易领域，建发成立消费品集团，开拓自有品牌业务，陆续推出岁幸咖啡、薪火相传、建发尊雅、取舍生活用纸等；国贸纸业自有高端纸巾品牌"上善云帛"，国贸农产自有谷物品牌"吾谷天香"。

二是制造业企业总部。如安踏，主要生产基地在异地；特步、361度等在厦总部以销售结算为主。

从厦门"无工厂"制造企业行业分布、经济规模和企业数量看，新业态的总体规模还不大，约百亿级规模，企业数量不多，除部分制造业企业总部、元初食品和上市企业亿联网络、星宸科技营收或产值规模达10亿元以上外，多数"无工厂"制造企业规模相对较小。

四、存在问题

（一）厦门"无工厂"制造新业态的产业特征尚不显著

一是"无工厂"制造企业群体共性特征及差异特征并存。"无工厂"制造企业虽然具有相同特征，如采用委托代工模式生产，但由于跨不同行业及细分领域，且行业内企业群体数量不多，缺乏强显示度的群体共性特征。集成电路"无工厂"制造模式相对成熟，且晶圆代工厂集中在台积电等少数头部企业，芯片设计企业与晶圆代工厂已经形成相对稳定成熟的商业模式。

二是"无工厂"制造新业态行业细分领域和商业模式差异大。具体到集成电路设计企业，不同企业商业模式不同，分段委托情况下存在原材料进项环节，行业归属上划入集成电路制造业；若是单一晶圆加工委托，裸片销售，不涉及封装测试环节，没有涉及原材料进项，则划入批发和零售业。在生物医药上市许可持有人模式中的研发环节过程中，上市许可持有人也可能不是以内部研发为主，也可能与外部合同研发组织存在委托研发关系。在委托生产过程中，医药制造企业可能是合同生产组织，也可能是有自己产品的企业利用部分产能开展代工业务，形成一种多合作主体的研发生产网络。批发和零售业的"无工厂"制造企业，商业模式容易被理解成"贴牌生产"。

三是"无工厂"制造企业识别梳理、新业态统计口径和经济核算方面存在较大难度。"无工厂"制造企业涉及的行业大类分类跨越制造业和服务业，部分企业商业模式缺乏原材料进项，以全链条全流程委托单一企业生产方式，统计上划入批发和零售业，企业对自身行业属性与统计划分存有一定疑义。由于"无工厂"制造细分领域跨越多个行业，且行业内企业识别和梳理存在一定难度，企业在细分行业领域也较为离散分布，部分企业存在业务板块与法人单位不统一、无法独立核算等问题，空间分离和经济所有权分离也存在程度判定的问题，导致"无工厂"制造企业统计分类还存在很多模糊地带，要进行经济规模统计和核算存在较大难度。

（二）"无工厂"制造企业创新力竞争力仍需加强

一是对以研发投入为主的"无工厂"制造企业，尤其是集成电路、生物医药领域，企业本身聚焦于价值链核心和优势环节，其研发创新投入要求也较高，竞争力壁垒相对较强。目前，厦门星辰科技、优迅等集成电路设计企业研发投入都较高，但中小微集成电路设计企业的创新力竞争力仍有待提升。同时，上市许可持有人模式下的厦门医药研发企业，初创期依托异地合作研发机构为主，以委外研发和合作研发为切入，企业自身和在厦本地研发投入还有待加强。

二是对以品牌设计、创意投入为主的企业，竞争力壁垒相对较弱。如卫浴领域的独立品牌设计企业大白卫浴，纺织服装领域的线下线上企业产品品牌。厦门在"无工厂"制造服务品牌和产品品牌创新方面与杭州等先进城市相比仍有较大差距，传统领域的食品、纺织服装、日用品等零售领域缺乏具有较强影响力和较大营收规模的自主品牌和"无工厂"制造企业。

三是国有供应链贸易企业基于不同战略考量形成不同的自有品牌发展战略。相对而言，建发在自有品牌战略上更加积极主动，成立独立消费品集团；国贸在积极探索供应链业务与自有品牌的结合之路；象屿自有品牌相对较少。总体上自有品牌的竞争力有待加强，但基于自有品牌的"无工厂"制造之路是供应链贸易企业转型发展和寻求新增长点的一个方向。

（三）发展"无工厂"制造的产业生态有待加强

一是合同制造企业主体和生态有待完善。"无工厂"制造企业的发展壮大同样需要依托完善的合同制造生态，目前厦门本地合同制造企业主要集中在传统产业领域，如食品、卫浴、体育用品领域的原始设备制造企业、原始设计制造企业。在战略性新兴产业和高技术产业领域相对较少，如集成电路制造环节仅有联芯晶圆厂和通富微电、云天半导体等封测厂。但基于工艺、制程、长期合作等多重因素考虑，集成电路设计企业与境外晶圆代工企业的合作占比仍然较高，会带来一定产业链供应链安全稳定问题。在生物医药领域，国控星鲨（厦门）虽为紫旭医药部分代工生产，但并非专业合同制造企业，本地合同制造企业、合同研发生产企业缺失，一定程度上可能影响培育发展"无工厂"制造企业群体。

二是"无工厂"制造企业相对轻资产特征需要匹配的融资模式。"无工厂"制造企业的资产主要是人力资本、知识资本以及创意、品牌等无形资产，除高技术领域需要更多研发、测试设备等固定资产外，传统产业领域聚焦品牌设计所需固定资产相对较小，因此初创期对于传统的银行信贷融资存在一定难度。同时，目前虽然股权基金生态相对完善，对"无工厂"制造企业支持也相对友好，但由于穿透到底层后大多具有国有投资基金或国有资本背景，"无工厂"制造企业一旦面临技术或市场风险，国有基金退出和国有资本考核仍然会对"无工厂"制造资金面造成较大不利影响。

（四）发展"无工厂"制造新业态政策待优化和健全

一是针对"无工厂"制造新业态的产业政策相对缺乏。"无工厂"制造新业态缺乏较强的群体识别性、产业和行业共性特征，现有产业政策主要基于产业或行业划分口径，如集成电路产业政策和集成电路流片补贴等专项政策，而非专门针对"无工厂"制造出台政策。

二是既有政策对"无工厂"制造企业存在覆盖不足问题。本质上，划入批发和零售业中的"无工厂"制造企业陷入政策支持的"真空地带"。高新技术企业认定、研发加计扣除对行业领域均有一定限制，如税前加计扣除政策排除批发和零售业，但其中也有部分技术和知识密集型"无工厂"制造企业因商业模式问题划入批发和零售业，导致无法享受研发加计扣除政策。"创意设计活动"[①]纳入加计扣除，对一些品牌设计类"无工厂"制造企业是一项友好政策，但作为研发加计扣除政策中的一项单项优惠政策，划入批发和零售业中的"无工厂"制造企业同样排除在外，而企业同时对创意设计活动相关费用归集也存在模糊空间。上市许可持有人模式下的厦门医药研发企业，初创期依托异地合作研发机构为主，但企业研发费用补助政策范围限制在自主研发费用，即不包括委托外部研究开发费用。

三是总部经济政策对"无工厂"制造企业可能存在政策集成"谬误"问题。制造业企业总部政策针对制造业法人商事主体，工业产值要求较高，本质上以规模为导向而非以总部特征为导向；总部经济政策主要针对服务业企业，对企业营收规模、税收贡献等要求门槛相对较高，而对研发、创意等投入并不做特别的要求，而这恰恰是总部的重要特征以及总部竞争力的重要来源。总体上，两项总部政策叠加对"无工厂"制造企业及"无工厂"制造总部的扶持存在欠缺甚至出现了政策"真空"。

---

① 企业为获得创新性、创意性、突破性的产品进行创意设计活动而发生的相关费用，可按照相关政策规定进行税前加计扣除。创意设计活动是指多媒体软件、动漫游戏软件开发，数字动漫、游戏设计制作；房屋建筑工程设计（绿色建筑评价标准为三星）、风景园林工程专项设计；工业设计、多体设计、动漫及衍生产品设计、模型设计等。

| 第十五章 | 厦门大力发展"无工厂"制造企业总部的对策研究 |

五、对策建议

（一）发展壮大"无工厂"制造企业主体

一是培育发展制造业领域"无工厂"制造企业主体。重点加快培育壮大一批集成电路设计企业和生物医药上市许可持有人。在集成电路方面，围绕5G等新一代通信、北斗卫星导航、数字多媒体、人工智能、智能传感器、物联网、新能源汽车等应用领域，大力引进和培育一批具有自主知识产权的集成电路设计企业；在生物医药方面，围绕生物制品、中药等重点领域，大力引进一批持证企业，鼓励星宸科技、优迅、亿芯源、紫旭医药等本地企业加快发展。

二是大力发展服务业领域"无工厂"制造企业主体。鼓励传统批发和零售企业转型升级，重点聚焦互联网零售、纺织服装、日用品、卫浴、食品等商贸流通企业，鼓励企业加大自主品牌培育，支持其通过"无工厂"制造模式发展自有品牌产品销售。鼓励建发、国贸、象屿等国有贸易供应链龙头企业发挥自身优势，结合企业自身发展战略，通过"无工厂"制造模式延伸发展消费品领域自有品牌，加强自有品牌产品开发、品牌营销、渠道建设等业务，做大做强做优自有品牌及产品。发挥本地外贸原始设备制造企业、原始设计制造企业专业生产优势，引进和集聚一批独立、自主品牌设计企业。推动品牌设计企业与外贸生产优势企业开展联合产品开发、合同制造等，扶持一批具备成长和发展潜力的独立设计品牌。支持批发和零售业流通企业中一批有意愿进一步发展自有品牌产品销售形成"无工厂"制造的企业，引导并支持企业在厦漳泉地区寻找委外加工企业。

三是引导企业价值链空间优化和"无工厂"制造业态创新。鼓励引进外地制造业企业总部，围绕"4+4+6"现代化产业体系制造业领域，大力支持龙头企业在厦设立研发销售总部等法人主体。鼓励厦漳泉地区企业进行价值链重新优化组合，开展厦漳泉企业一体化协同发展政策创新，支持企业将研发、销售与生产制造进行物理空间和经济所有权分离，并在厦设立研发销售总部，形成"研发、品牌、销售在厦门，生产制造在周边"的价值链空间优化配置格局。

（二）全面提升"无工厂"制造企业竞争力

一是鼓励科创企业加大研发投入。鼓励集成电路、生物医药等重点领域"无工厂"制造企业进一步加大研发投入。紧抓综合改革试点实施机遇，争取对参评"国家规划布局内集成电路设计企业"所要求的企业年应纳税所得额适度降低门槛或取消税收捆绑条件。创新本地"无工厂"制造企业研发补助政策，适度延伸覆盖至外地研发中心或具有持久稳定合作关系的合同研发制造企业。

二是支持自有品牌企业加大创新投入。引导食品、卫浴、化妆品、纺织服装等传统行业领域"无工厂"制造企业，在加大产品设计、品牌设计基础上，适度向创新链前端的产品研发环节加大布局，聚焦消费需求多元化、个性化、品质化、便利化等趋势，围绕材料创新、产品功能创新等方面加大研发投入，提升产品创新力和企业核心竞争力。支持国有贸易供应链企业加大自有品牌创新步伐，支持建发建立消费品集团，积极推动"无工厂"制造业务板块经营和管理制度创新。对于自有品牌企业境外商标注册、专利注册申请、标准认定、设立境外研发中心和营销网络、兼并和收购境外品牌等活动，加大政策扶持力度。

三是支持企业通过标准专利等战略提升竞争力。支持企业加强技术标准研制，开展专利技术与技术标准转化专项行动。在集成电路、生物医药等产业领域适度放宽现行标准化扶持政策排名门槛要求。鼓励企业开展高标准认证及加强专利布局，引导星宸科技、优迅、元初等有实力的企业积极参照国际国内高标准开展产品质量认证，并对获得高标准质量认证的产品给予认证补贴支持。积极引导企业针对核心技术制定科学合理的专利布局模式和布局方案，对企业申请国际专利加大补助，巩固并提升企业全球竞争力。

（三）加快构建"无工厂"制造产业生态体系

一是开展"无工厂"制造企业识别及统计。探索建立"无工厂"制造统计分类制度。在制造业重点行业领域，系统梳理全市无晶圆厂集成电路设计企业名单，建立全市药品上市许可持有人名单，及时动态跟踪"无工厂"制造名单企业发展情况。在服务业批发和零售领域，引导企业重视并正确填报研发费用支出情况，组织开展批发和零售业"无工厂"制造专项调查，将具有"无工厂"制造特征的批发和零售企业从一般企业中识别、筛选并建立名单。探索开展"无工厂"制造统计监测。研究建立全市"无工厂"制造统计监测体系，定期开展"无工厂"制造统计和运行分析。

二是引导加强"无工厂"制造企业与合同制造企业之间的协同。大力引育集成电路、生物医药等战略性新兴产业和高技术产业领域的合同制造企业，加快发展一批战略性新兴领域专业代工企业。如在生物医药领域，鼓励本市药品生产企业增资扩产、扩大产能，结合药品上市许可持有人产业化发展需求趋势探索分离形成专业化代工业务板块，提高对药品上市许可持有人委托生产任务承接能力。对委托生产首次在本市实现产业化的，探索开展双侧支持并加大支持力度。实施招商专项行动，大力引进一批生物医药合同制造企业、合同研发制造企业。

三是加大"无工厂"制造产业创新孵化平台。在集成电路领域，优化提升全市集成电路设计公共服务平台，加大平台设计工具软件使用授权的经费保障。在生物医药领域，建设药品上市许可持有人持证转化公共平台。在传统消费品领域，搭建产业和区域品牌创新公共服务平台，发挥品牌设计企业的专业优势，培育壮大"无工厂"制造新业态新模式。搭建商贸流通业企业自主品牌产品宣传平台，助力提高自主品牌及其产品在市场的知名度和美誉度。

（四）健全完善"无工厂"制造政策支持体系

一是开展"无工厂"制造专项政策支持。支持建立本市"无工厂"制造重点支持企业白名单，对年营业收入、年纳税额达到一定条件的规模以上"无工厂"制造企业给予专项政策支持。对于批发和零售业中具备"无工厂"制造特征并具备研发投入、创意投入的企业，支持其开展高新技术企业认定，探索试点研发加计扣除政策。加强政策协同设计，探索推动本地"无工厂"制造企业适用的财税支持政策适度覆盖至与企业合作的外地合同制造企业。优化总部经济支持政策，探索将"无工厂"制造企业及总部纳入政策支持范围。针对"无工厂"制造新业态特征，放宽政策支持对企业规模的门槛要求，加大对中小"无工厂"制造企业的扶持力度。

二是加大"无工厂"制造资金支持保障。探索设立"无工厂"制造专项基金，优化基金投资项目的退出及绩效考评体系，对于国有基金或穿透后仍具有国有属性的基金投向"无工厂"制造项目，试行长周期考评或资产组合包考评等机制，营造有利于"无工厂"制造投资项目发展的基金环境。鼓励在厦金融机构针对"无工厂"制造企业轻资产特征，加强信贷产品创新，大力发展科技信用贷款、数据资产信用贷款、知识产权信用贷款、知识产权担保贷款、知识产权质押贷款等，为企业获得信贷融资提供便利。

三是支持举办自有品牌及"无工厂"制造专项展会。支持在厦门举办各类自有品牌展会，探索举办

"无工厂"制造专项展会，为无工厂产品生产商和代加工工厂提供供需对接服务。鼓励"无工厂"制造企业参加境内外知名的自有品牌展会，推动全球自有品牌产品亚洲展等具有较大影响力的自有品牌展会在厦门连续办展，并依照进一步促进会议展览业发展的扶持办法给予相应奖补支持。

参考文献

[1]吴云原.无工厂生产者（FGPs）分类与核算问题研究[D].大连：东北财经大学，2016.

[2]陈华超，杨纯纯.无工厂生产：基本问题及核算框架[J].调研世界，2021（3）：65-74.

[3]BERNARD A B，FORT T C.Factoryless goods producers in the US[J].The Factory-Free Economy：Outstanding，Servitization，and the Future of Idustry，2017：136-138.

[4]BERNARD A B，FORT T C.Factoryless goods producing firms[J].The American Economic Review，2015，105（5）：518-523.

课题指导：彭朝明　戴松若
课题组长：林　智
课题组成员：谢　强　肖凌欣　李　婷
　　　　　　戴松若　陈亚军
课题执笔：林　智　李　婷

第十六章

厦门支持龙头企业开辟"第二增长曲线"对策研究

查尔斯·汉迪在《成长第二曲线》一书中提出：要保持企业持续增长，须在第一曲线下降消失之前找到一条新的增长曲线，即"第二增长曲线"。从驱动力角度，龙头企业开辟"第二增长曲线"与企业创新具有密切的联系，而"第二增长曲线"所强调的创新更倾向于非连续性创新、颠覆性创新和突破性创新。因此，支持龙头企业开辟"第二增长曲线"并非简单等同于支持龙头企业创新，而是要在识别连续性创新与非连续性创新基础上，找到关联点和侧重点。

当前，在宏观经济层面，厦门经济缺乏新增长点，新动能不足，支持龙头企业开辟"第二增长曲线"是破解厦门宏观层面"经济新增长点困境"的微观战略考量之一。

一、厦门龙头企业增长曲线刻画与特征描述
——基于厦门上市公司的样本调查

由于微观企业层面数据难以获取，受限于缺少大样本企业数据，报告采用小样本（厦门沪深上市公司）企业数据，结合企业案例进行研究。

（一）龙头企业样本筛选

截至2024年12月31日，厦门沪深上市公司共68家，其中成立时间超过10年、2023年营业收入超过10亿元的企业有47家，作为龙头企业样本，并作为初步筛选的案例样本企业。47家中，近5年主营业务收入保持持续增长的企业，包括特宝生物、瑞尔特、法拉电子、科华数据、安井食品等10家；近5年主营业务出现下滑的企业，包括弘信电子、金龙汽车、建发股份、厦门国贸等37家。

根据主营业务收入数据，同时结合可查询的历史年份主营业务收入及增长曲线，剔除持续增长的企业样本（其中部分企业属于在第一曲线趋于平缓前成功开辟第二曲线实现平稳增长的企业），保留主营业务收入出现下降的企业，剔除个别不适用的企业和周期属性强的企业，进一步判定和保留具有开辟"第二增长曲线"迫切需求和已经在努力开辟"第二增长曲线"的典型案例企业6家。

（二）典型龙头企业增长曲线刻画与特征描述

6家企业，从行业分布看：第一类在电子信息领域，如弘信电子、乾照光电；第二类在机械领域，如金龙汽车；第三类在家居用品领域，如奥佳华；如第四类在国有贸易供应链领域，如建发股份、厦门国贸。

6家企业，根据企业主营业务收入增长曲线轨迹，结合研究需要初步归为两类：第一类是企业开辟新业务新领域，逐步形成"第二增长曲线"，包括弘信电子、乾照光电、金龙汽车；第二类是企业开辟新业务新领域，未能形成"第二增长曲线"，包括奥佳华、建发股份和厦门国贸。

1.开辟新业务新领域，逐步形成"第二增长曲线"

弘信电子：战略性收购和并购合作开辟"第二增长曲线"。2022年，消费电子市场需求低迷，公司所处消费电子细分行业产能利用率严重不足，传统FPC（柔性电路板）业务领域存量价格竞争激烈，当年实现主营业务收入27.32亿元，较上年同期下降9.7%。2023年，公司开始战略性布局AI算力服务器硬件研发生产制造与AI智算中心算力租赁两大业务，打造"第二增长曲线"，取得快速进展。公司收购安联通100%股权，完成国产算力芯片与英伟达（NVIDIA）算力芯片资源的复合布局，在英伟达及其周边生态的整体解决方案能力上形成相对竞争优势。在国产算力芯片端，公司与燧原科技深度战略绑定，协同发展机制进一步深化。公司甘肃天水AI算力服务器生产制造工厂在2023年内建成投产。同时，甘肃庆阳AI算力租赁大底座已实现近3000P算力点亮。算力生产制造与租赁业务有力推动公司产业结构升级，优化公司业务发展和布局，为公司未来经营发展带来新的业务增长点。2023年，公司实现主营业务收入34.11亿元，较上年同期增长24.9%（图16-1）。

乾照光电：接受资源整合和技术创新拓展空间打造"第二增长曲线"。2023年，公司加大Mini-LED、背光、植物照明、车载LED、太阳能电池、VCSEL（垂直腔面发射激光器）等高附加值产品拓展力度，中、高端产品收入占比不断提升。2023年公司实现主营业务收入17.47亿元，同比增长20.2%（图16-1）。2023年，公司新型业务整体营收同比增加50%，努力打造"第二增长曲线"。其中，背光领域、电池领域产品业绩表现亮眼。在背光产品领域，在控股股东资源加持下，加大背光领域新技术研发和产品推广。背光芯片产品布局5类细分领域，可应用在车载背光、TV（电视）背光、MN（电脑显示器）背光、NB（笔记本电脑）背光及手机背光领域，成功导入电视整机厂。2023年，背光芯片营收增长势头强劲，较2022年营收翻倍，市场表现出色，为公司未来背光领域产品发展奠定坚实基础。在太阳能电池领域，砷化镓太阳能电池外延片产品出货量较2022年有大幅度增加。公司新开发的柔性薄膜电池外延片产品在2023年稳定批产，实现大批量交付，业绩表现出色。聚光带隙匹配三结电池CPV（集中光伏）性能不断提升，在客户聚光光伏新能源项目中使用。

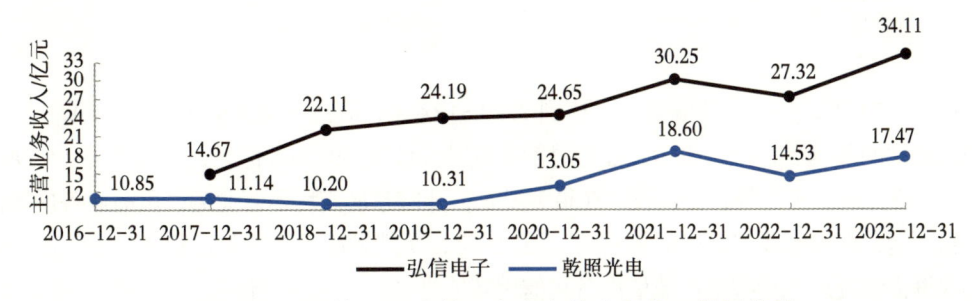

图16-1 弘信电子和乾照光电主营业务收入增长曲线

数据来源：Wind。

金龙汽车：拓展海外市场和国际化布局打造"第二增长曲线"。近几年，公司把握国外新能源汽车推广应用提速趋势，加大新能源汽车出口力度，海外市场快速增长，构建公司"第二增长曲线"。2023年，公司整车出口额首次超过国内销售额，实现主营业务收入178.35亿元（图16-2）。在海外市场方面，2023年海外客车市场延续快速增长态势，各车型均量额齐增，沙特、乌兹别克斯坦、墨西哥、哈萨克斯坦等市场大幅增长，共实现出口1.88万辆，同比增长25.79%。中国客车企业海外发展模式已经从原来的单一贸易模式发展为贸易+KD模式+直接投资模式。目前，金龙汽车整体销量、新能源车销量及出口量均位居行业前列。

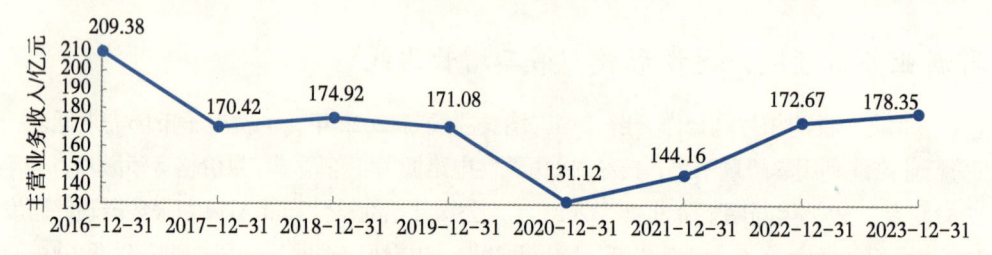

图16-2 金龙汽车主营业务收入增长曲线

数据来源：Wind。

2.开辟新业务新领域，未能形成"第二增长曲线"

奥佳华：2023年，公司主营业务收入仍处于下滑趋势（图16-3），但公司持续聚焦保健按摩核心主业，提升自主品牌业务竞争力，公司自主品牌业务收入占比达51.46%。除按摩器具之外，公司也布局其他业务，选择健康环境（新风系统、空气净化器等）业务，但未能形成第二增长曲线。目前，健康环境板块，"BRI呼博士"致力于打造国内呼吸与环境健康领域的标杆，涵盖新风系统、空气净化器等健康环境产品，但占公司产品业务收入比重仍小，只有13%左右，同时近几年健康环境板块业务收入不断萎缩。

图16-3 奥佳华主营业务收入增长曲线

数据来源：Wind。

建发股份：2023年，公司主营业务收入达到7579.51亿元，同比下降8.6%（图16-4）。其中，在大宗商品价格剧烈波动的环境下，供应链运营业务分部实现营业收入5933.66亿元，同比下降14.79%。传统供应链运营和房地产开发业务之外，公司收购红星美凯龙，开辟家居商场运营业务，目前业务规模体量较小，且尚未能贡献利润，未能形成"第二增长曲线"。2023年，美凯龙商场租赁及运营业务的营业利润超14亿元；美凯龙根据谨慎性原则计提资产减值准备和信用减值准备、下调投资性房地产公允价值、停止部分回报率不及预期的项目产生营业外支出，以上4项合计金额为31.61亿元，实现"归母净利润"为-22.16亿元。2023年9月至12月，美凯龙为建发股份贡献"归母净利润"为-5.63亿元。

厦门国贸：2023年，公司实现主营业务收入4681.81亿元，同比下降10.3%（图16-4）。近年来，公司

第十六章 厦门支持龙头企业开辟"第二增长曲线"对策研究

积极布局新业务板块，如医疗健康业务板块，聚焦医疗器械供应链和上游产品生产研发，协同养老服务、健康医疗大数据、健康服务等支撑产业，努力打造"第二增长曲线"。2023 年，国贸股份旗下厦门国贸健康科技有限公司完成对派尔特医疗并购，加快医疗器械领域战略布局。2023 年，厦门国贸健康科技业务实现营业收入 7.37 亿元，同比增长 64.82%。但是，同庞大的供应链业务规模相比，健康科技业务板块仍不足以拉动公司业务下一阶段增长。

图 16-4　建发股份和厦门国贸主营业务收入增长曲线

数据来源：Wind。

二、存在问题

（一）微观企业层面：自身内生增长动力和持续性增长动力不足

从沪深上市公司样本企业来看，主营业务收入持续增长的企业数占全部上市公司的比重不高。从初步筛选的上市公司企业数据看，其中 47 家龙头企业，仅有 10 家在近 5 年保持了持续增长势头，占比为21.3%。多数企业历经一个技术或产品生命周期的成熟期之后而缺乏跃迁到一个新技术或新产品生命周期的新轨道，进而跨越到提升持续成长空间的新路径。从其他 37 家龙头企业看，部分企业依托特定资源禀赋，其可持续增长的瓶颈制约较为明显，如厦门港务；其他一些依托大宗商品、金属等周期性特征明显的行业领域龙头企业，增长的波动性特征明显。另一部分科技创新型企业，部分企业也积极探索创新驱动发展模式，积极开拓新业务新领域，但新业务核心竞争力不强，难以带动企业跃迁进入"第二增长曲线"。总体上，厦门龙头企业（上市公司）研发投入水平不高，开辟"第二增长曲线"的动能不足。

（二）中观产业层面：支持突破性创新的产业生态环境建设滞后

厦门产业发展的延展性和裂变性明显不足，产业成长也缺少颠覆性创新特征，除了与龙头企业自身的延展性和裂变性不足相关，还与厦门产业生态建设对龙头企业裂变和跃迁构筑"第二增长曲线"的支撑不足相关。例如，弘信电子以收购合作方式切入算力服务器，生产制造基地落在甘肃，相关产业发展资源未能导入厦门本地，企业虽然开辟了"第二增长曲线"，但对厦门本地新产业培育和牵引拉动作用有限。又如，建发收购红星美凯龙，目的为公司大力发展B端消费品供应链运营业务提供基础，以及在家装与房地产开发业务协同及商业地产合作方面发力，但厦门本地如何助力其协同生态打造以及协同效应发挥，并从厦门本地辐射、复制到全国层面仍缺乏谋划和支持。

（三）宏观政策层面：对企业的增长拐点及非连续性创新等的政策支持不足

对于厦门区域而言，加强宏观层面政策引导，抓住"第二增长曲线"的关键转折点是实现后发赶超的战略窗口。当前，宏观层面政策的前瞻性不足，对企业的增长拐点缺乏前瞻性研判，往往"锦上添花"政策多，"雪中送炭"和"未雨绸缪"政策少，宏观政策倾向于支持连续性创新，对非连续性创新和颠覆性创新，出于风险和审慎原则，包容性支持不足。尤其在企业处于"第一增长曲线"与"第二增长曲线"形成的"增长困境三角"时，缺乏"政策共情""同频共振""同心共向"，对支持企业突破"增长困境三角"缺乏有效的识别机制和精准包容政策支持。例如，对建发收购红星美凯龙，缺乏长周期视角和支持市场化并购的包容创新态度，同时缺乏有效的支持政策以更大力度支持企业并购后的协同效应发挥。同时，对于企业开辟"第二增长曲线"或颠覆性创新所需的试点示范牌照、试验区域、应用场景等支持体系不完善。

三、对策建议

（一）构筑"第二增长曲线"微观创新动能

一是支持企业内部新业务板块创新。加强传统成熟板块与新兴业务板块平衡布局。引导企业高度重视颠覆性创新在扩展企业版图、增强企业核心竞争力和提升持续成长空间中的作用。修订完善企业研发费用补助计划，向颠覆性技术创新适度倾斜。支持企业内部研发部门开展颠覆性创新活动，支持企业与外部高校院所进行联合，有效推动潜在的颠覆性技术研发。二是加大企业中试平台、中试项目布局。探讨对中试环节投入的专项补助政策，支持龙头企业突破部分中试关键技术和计量、标准、试验检测、分析评价等基础共性技术。探索开展中试过程龙头企业与合作研发供应商双侧政策资金支持，以及技术风险的责任承担及风险成本分担机制。针对本地龙头企业与外地供应商联合开展中试专项设备研发试制，放宽企业研发费用补助限定条件，如将企业与供应商合作研发过程中符合研发费用的投入部分纳入补助政策支持范围。三是支持企业开展组织创新。支持开展企业内部二次创业，推动企业组织创新和企业组织裂变，独立出新兴业务板块子公司。支持企业开展外部并购，并将相关产业资源导入厦门。支持龙头企业与行业头部企业建立资本纽带关系，优化整合相关资源，为业务成长开辟"第二增长曲线"。

（二）完善"第二增长曲线"产业生态体系

一是实施产业生态优先战略。围绕龙头企业"第二增长曲线"，前瞻布局和完善新业务本地产业生态体系，为龙头企业开辟"第二增长曲线"所需的新业务、新技术、新市场驱动力营造良好的产业生态环境。实现从推动单一龙头企业成长到支持龙头企业多元化、集聚化发展的转变，引导新产业发展和新集群培育壮大。创设支持颠覆性技术、未来技术、未来产业落地和应用的试点示范区域。二是支持重大产业创新平台建设。加快谋划建设一批更有利于支持企业开展非连续性创新、颠覆性创新和突破性创新的平台。在战略性新兴产业和未来产业布局的重点领域，支持建设具备颠覆性特征的中试量产等产业化平台，并纳入专项支持范围。三是加大产业生态建设资金支持。完善"科技产业金融一体化"专项，在升级"财政政策+金融工具"支持科技创新和产业转型升级政策框架下，加大对中试量产等产业化环节支持力度。支持龙头企业独立或联合外部机构在厦共同打造自主中试线。在项目联合投资方面，坚持直接与间接投资相结合，在国有资本直接投资与通过引导基金及专项子基金进行间接投资之间取得平衡。

（三）强化"第二增长曲线"宏观政策支持

一是加强颠覆性创新顶层制度和政策设计。在市委科技创新委员会组织架构中，专门成立具有先导性的颠覆性创新工作组，加强颠覆性创新相关战略制定和计划部署，建立面向企业颠覆性创新的应用场景开放机制，为开辟厦门城市发展"第二增长曲线"创设制度基础。适度调整财政资助侧重渐进性创新和连续性创新的导向，为颠覆性创新构建风险包容的资助环境。二是加强对增长拐点的提前研判和政策引导。对于企业"第二增长曲线"隐含的增长拐点，做到战略性前瞻研判，在"第一增长曲线"增长趋缓时即采取战略性政策资源投入的转型，并在政策支持上采取更加前瞻、包容和长周期的态度。完善企业出海通道，支持企业更大力度拓展海外市场，结合自身情况开展海外设厂和进行本地化生产，开辟"第二增长曲线"。在当前"并购六条"①政策利好背景下，支持跨行业的融合创新打造"第二增长曲线"。在政策工具选择上强化"创新＋财政＋金融"政策组合，对于非连续性创新、颠覆性创新和突破性创新，以及外部并购、重组和兼并等扩张策略，创设更加包容性财税金融政策工具支持企业开辟"第二增长曲线"。三是强化国资监管的产业思维、科技思维。引导建发、国贸和象屿等龙头企业强化科技创新，培育发展战略性新兴产业和服务国家重大战略。健全精准化、差异化、长周期的科技创新和产业创新考核评价体系、政策支持体系。加强新领域新赛道制度供给，引导供应链贸易龙头企业与战略性新兴产业结合，支持国有企业加大制造业板块和关键环节战略投资，健全完善外部考核创新机制，支持国有企业大胆试错、包容创新。

参考文献

[1] 查尔斯·汉迪（Charles Handy）.成长第二曲线：跨越S型曲线持续成长[M].苗青，包特，译.北京：机械工业出版社，2021.

[2] 陈明.不是所有新业务都叫"第二增长曲线"[J].商界，2022（8）：84-87.

[3] 郭鑫.中国企业加速"出海"，能否顺利开启第二增长曲线[J].中欧商业评论，2022（5）：111-116.

[4] 张丽俊.持续增长的秘密：第一曲线消失之前开启第二曲线[J].中国商人，2022（7）：20-24.

课题指导：彭朝明
课题组长：林　智
课题组成员：彭朝明　谢　强　肖凌欣
　　　　　　林　敏　陈亚军
课题执笔：林　智

---

① "并购六条"是2024年9月24日中国证监会发布的《关于深化上市公司并购重组市场改革的意见》的简称。

第四篇 改革开放篇

第十七章

厦门加快构建经营主体营商环境满意度动态监测机制研究

经营主体满意度是指经营主体（包括企业、个体工商户等）对所在地区的政府服务、市场环境、法治环境等方面的满意程度。它反映了经营主体在准入、生产经营、退出等过程中的体验和感受，是衡量一个地区经济活力和发展潜力的重要指标。经营主体满意度的高低直接影响到经营主体的活力和经济发展的动力。

一、构建意义

经营主体满意度是经济发展的重要推动力，通过持续优化营商环境，提升经营主体满意度，可以有效促进经济的稳定和健康发展。经营主体满意度与营商环境关系密切，是营商环境好坏的直接体现，而良好的营商环境又是提升经营主体满意度的关键因素，彼此相互影响、相互促进。经营主体满意度可以作为衡量政府政策效果的重要指标，政府通过优化营商环境、简化行政审批、降低市场准入门槛等措施，提升经营主体满意度，从而激发市场活力、吸引更多投资、促进资本流入、增加就业机会，提高地区的经济竞争力，推动经济发展。

（一）构建经营主体满意度动态监测机制必要性

经营主体营商环境满意度直接关系到企业的经营决策、投资意愿和长期发展，经营主体满意度提升，意味着企业更愿意在当地进行投资和扩张，这对于地方经济的稳定恢复和高质量发展具有积极的推动作用。同时，经营主体营商环境满意度事关国家和地区外在品牌形象，是促进国际贸易合作和吸引外资的金字招牌。

经营主体营商环境满意度监测，可以让政策制定更贴近企业一线需求，了解现行政策市场反馈和发现经济运行痛点堵点。通过构建经营主体满意度动态监测机制，可实时动态监测，了解经营主体办事创业遇到的问题堵点、收集相关意见建议、洞察相关行业发展规律，第一时间配套政府层面相关服务与政策，促进经营主体更好更快发展，进而提升经营主体营商环境满意度，激发市场活力，助力经济回升向好。

（二）构建营商环境满意度动态监测机制紧迫性

1. 国家和省评价相关要求

国家发展改革委于2018年开始每年对全国重点城市开展营商环境评价工作，2018—2020年共评价了3年，后因为疫情和评价指标调整等因素暂停相关工作。2024年国家发展改革委已委托国家发展改革委营商环境发展促进中心和华东政法大学开展国家营商环境评价指标修订工作，新指标体系将参考世界银行（以下简称"世行"）营商环境成熟度指标，世行新指标体系首次引入企业调查，将更注重经营主体满意度，各地营商环境优化情况将更多由经营主体直接评价，因此经营主体满意度将事关城市营商环境国家评价排名。

福建省于2021年在全国率先探索通过数字化手段对全省九市一区开展营商环境数字化监测督导工作，每年常态化开展并进行排名。其中，经营主体满意度调查占营商环境监测督导总分的40%，包括日常业务办件满意度16%和年度标准问卷满意度24%，日常业务办件满意度主要了解法人事项日常业务办件政务服务"好差评"情况，年度标准问卷满意度了解经营主体对各市营商环境获得电力、开办企业、工程建设项目审批、纳税、登记财产、跨境贸易等16个指标的总体满意率。经营主体满意度高低对全省排名产生决定性影响。

2. 国内营商环境城市间竞争驱动

随着全国各地营商环境改革的深入推进，各兄弟城市争先恐后加入优化营商环境的竞争之中，以经营主体评价为第一评价、以经营主体满意度为第一标准：

（1）北京编制5年营商环境专项规划，提出"1+4+5"的目标体系（"1"是全面建成与首都功能发展需求相一致的国际一流营商环境高地；"4"是打造"北京效率""北京服务""北京标准""北京诚信"四大品牌；"5"是实施市场、法治、投资贸易、政务服务、人文五大环境领跑战略），全力念好服务这本经，提升经营主体获得感和认同感。

（2）上海提出"营造超一流营商环境"，聚焦落实国家有关优化营商环境新要求、推动做好世行评估体系高水平对标改革和回应经营主体关切等方面先后3次修订《上海市优化营商环境条例》，新条例于2024年11月1日起施行。

（3）苏州提出打造"苏州最舒心"营商环境服务品牌，围绕"打造最优营商环境、巩固最佳比较优势"目标，不断激发经营主体活力，通过持续升级打造"苏商通""一企来办""百企话营商"等品牌，连续5年入选全国"营商环境最佳口碑城市"，连续4年获评全省民营企业心目中的"最优营商环境设区市"，连续12年入选外籍人才眼中最具吸引力的中国城市。

3. 厦门营商环境满意度提升内在需求

厦门从2015年开始在全国率先对照世行营商环境评估开展优化营商环境工作，这几年取得了积极的成效，连续3年在国家发展改革委营商环境评价中位居前列，在福建省对市数字化营商环境监测督导中连续6年排名第一。

但是，在近几年省对市营商环境监测督导经营主体满意度调查中，厦门得分连续几年排名全省靠后，往年靠营商环境日常监测和创新加分等支撑的全省第一排名岌岌可危，总分差距被福州和泉州等兄弟城市追赶得越来越小。2023年厦门经营主体满意度年度总得分93.43分，位居全省第八，与厦门一直以来营商环境优等生身份不符，虽然有厦门经营主体对营商环境更高期待等原因，但也为我们在政策制定和企业服务时敲响警钟。因此，亟须建立一套更科学、更完善的营商环境满意度动态监测机制，在聚焦经营主体实际需求、贴近解决实际问题、注重经营主体实际感受等方面下更大功夫，尽快提升厦门经营主体营商环境满意度。

二、现状及问题分析

（一）经营主体营商环境满意度监测机制现状基础

厦门市从开展优化营商环境工作之初，就一直十分注重经营主体营商环境感受，以经营主体营商环境满意度为目标导向，聚焦企业全生命周期事项大力推进营商环境各领域攻坚改革，并搭建企业和政府的沟通桥梁，建立了包括"十佳"营商环境创新举措评选、营商环境体验活动和营商环境监督联系点等相关体制机制，了解经营主体直观感受，解决经营主体办事创业方面急难愁盼的相关诉求，不断提升经营主体营商环境满意度。

1.开展"十佳"营商环境创新举措评选

2020年国家营商环境评价开始注重经营主体营商环境满意度，将经营主体对营商环境的感受作为对各参评城市改革情况的核验。为做好国家营商环境评价工作，提升经营主体营商环境满意度，自2020年开始，厦门连续4年开展全市"十佳"营商环境创新举措评选活动。一是从市场主体对政策举措的获得感、举措的创新性和在全国的影响力等维度，经过企业投票、指标牵头单位推选、专家评选等流程综合评定出"十佳"举措；二是建立"十佳"营商环境创新举措评选工作平台，通过信息化手段助力活动开展；三是为鼓励基层创新，在2021年开始增设区级"十佳"营商环境创新举措，为经营主体提供对厦门市各行业领域营商环境改革的更多元感知，提升营商环境满意度。

2.举办营商环境体验活动

厦门市从2021年开始在全国率先开展营商环境常态化体验活动，印发《厦门市营商环境体验活动常态化工作方案》，建立了每季度开展一次体验活动的常态化工作机制。

营商环境体验活动坚持体验全程数字化、体验任务项目化、体验结果清单化、责任主体明晰化、整改清单具体化开展。一是通过招募包括大学生志愿者、退休干部、行业商协会代表、企业代表和信息化专家等在内的各类体验官；二是依托"厦门市营商环境体验活动管理平台"建立高效的"事项征集—问卷生成—招募体验—发现问题—组织核查—建账定责—督促整改—成效反馈—常态复查"工作闭环；三是以不确定单位、不提前打招呼、不确定事项、不干扰群众正常办事秩序为前提，按照行政审批部门制定的审批流程，多形式随机开展线上线下"假办事、真体验"和"真办事、真体验"，着重体验历年市级营商环境提升重点任务清单中涉企高频事项落实情况、往届体验活动提出的问题是否整改到位、发现营商环境建设中"全程网办""一网通办""一网好办""掌上办""一趟不用跑、最多跑一趟"等落实过程中存在的新问题；四是形成体验问题库和整改提升任务清单，对症下药，破解问题和瓶颈，督促各部门持续提升行政审批服务效能，切实提升经营主体对营商环境满意度。

3.建立营商环境监督联系点

《厦门经济特区优化营商环境条例》第87条中明确"建立营商环境监督联系点制度",厦门市纪委监委2021年在全国率先探索建立营商环境监督联系点,把营商环境监督联系点制度作为打通营商环境堵点的有效疗法,公开征集、审慎筛选出200多家民营企业和商协会为营商环境监督联系点。

同时,市纪委监委与市工商联建立企业问题联动机制,开展联合走访、联动督办,依托"厦门党风政风监督台"平台,着力打造以党内监督为主导,融合媒体监督、社会监督、民主监督的监督矩阵,持续动态收集政府职能部门在惠企政策落实、深化"放管服"改革、监管执法、服务企业等方面存在的作风问题。通过互联直通、问题台账销号管理、回访反馈等机制,推动解决了一批久拖不决、部门扯皮等涉企问题,不断提升经营主体对厦门营商环境满意度。

(二)厦门构建经营主体营商环境满意度动态监测机制问题分析

虽然厦门市为进一步提升经营主体营商环境满意度建立了包括"十佳"营商环境创新举措评选、营商环境体验活动和营商环境监督联系点等相关体制机制,但因为各机制相互分散,有些涉及的主管部门不同,经营主体反馈的问题信息共享不畅,没有形成相关协同分工机制,无法动态实时感知经营主体相关诉求以及满意度情况变化,导致企业对营商环境感知度不强、满意度不高。

1.厦门营商环境满意度动态监测方法还未明确

厦门对经营主体营商环境满意度监测方法目前还是以传统方法为主,主要包括问卷调查、电话调查、实地走访等方式。"十佳"营商环境创新举措评选中主要是通过问卷投票评选,营商环境体验活动是招募营商体验官实地走访办事,营商环境监督联系点也主要是实地走访、电话或者微信反馈为主,都是以传统方式了解经营主体相关感受。

目前外地一些先进地区已经通过数字化、信息化手段实施经营主体满意度的动态监测。例如,浙江省采取了营商环境"无感监测"应用,通过数字化手段,利用大数据和人工智能技术,自动收集和分析企业的反馈和办事数据,实现对企业办事过程情况、体外循环事项的监测。

2.厦门营商环境满意度动态监测平台还未建设

厦门目前没有一个统一的全市企业服务平台,也还未建设一个专门的营商环境监测平台,现在正在筹建的全市营商环境工作平台是作为智慧发改中的一个子模块,将对接福建省营商环境数字化监测督导平台相关数据,但对经营主体满意度监测的相关应用及场景还没有清晰规划,包括经营主体营商环境满意度动态监测平台业主方、数据提供方、运营方、管理方和应用方等方面还未有明确思路。同时省平台虽然可回流相关数据,但经营主体满意度调查只有年度结果数据,没有具体经营主体诉求或者不满意的细项,厦门市无法对症下药,解决经营主体诉求,以提升经营主体营商环境满意度。

一些城市已建立营商环境监测平台,将经营主体相关反馈应用嵌入。例如,绵阳市开发了"绵阳市营商环境监测平台",通过该平台实现在线核验、督查督办、智能监测、经营主体诉求分析等功能,实现实时监测和分析。

3.厦门营商环境满意度动态监测机制还未构建

提升经营主体营商环境满意度是一个长线工程，需要建立政策宣传、精准服务、满意度监测、问题反馈和解决流程、政策调整和快速响应在内的一系列机制。而经营主体营商环境满意度动态监测需从工作统筹、数据采集、平台运营、问题督办、监测督导等全过程建章立制，目前厦门还未有一套完整的体系架构，特别是在明确各部门职能分工、协同联动方面做得还不到位，没办法及时发现并解决经营主体遇到的涉及营商环境领域相关问题，导致经营主体对厦门营商环境满意度不够高。

三、对策建议

参照福建省营商环境数字化监测督导相关机制，构建厦门经营主体营商环境满意度动态监测体系，明确监测方法，建立厦门经营主体营商环境满意度动态监测机制，利用数字化手段，建立一套科学、高效的监测方法和机制，通过线上平台和线下活动相结合的方式，实现对经营主体满意度的全面监测和管理，及时发现并解决企业面临的问题。

（一）明确经营主体营商环境满意度监测方法

1.问卷调查

每个季度根据经济运行和改革重点、热点情况，编制与厦门市各阶段重点工作紧密贴合的调查问卷，结合企业座谈会，分行业分领域通过问卷调查、访谈等方式，直接从经营主体那里获取对营商环境政策的反馈。聘请独立的第三方机构进行营商环境问卷评估作为年度各区各部门绩效考核部分分值，参考世行营商环境评估相关做法，第三方机构只负责收集相关经营体数据，由政府部门牵头对结果进行分析和梳理，纳入对部门经营主体营商环境绩效考核评分，以保证结果的公正性和准确性。

2.案例研究

每个季度选取"4+4+6"等重点产业领域，深入分析特定企业或行业的案例，结合市纪委监委企业或者行业协会营商环境监督联系点，了解当前政策措施如何影响经营主体的运营，对目前企业急难愁盼的共性问题，进行深入调研分析，及时提出相关解决办法和思路纳入任务清单化节点化管理，对于全国层面的共性问题，及时梳理总结并研提对策建议上报相关部委。

3.政策模拟

构建人工智能大模型（经济模型或仿真模型）模拟现行政策及拟出台政策对经营主体满意度的潜在影响，利用AI技术深度强化学习，通过两级多主体模型，强化学习应用于包括经济增长、就业、税收等方面政策设计中，从而帮助评估政策风险和制定应对策略，比较政策实施前后的经营主体满意度变化，同时通过在线平台和社交媒体收集公众对政策的反馈，利用情感分析和文本分析技术，快速了解企业意见，为政策优化调整提供依据。

4.对标分析

参考国内外最佳实践，评估本地政策措施与标杆城市之间的差距，建立有效的政策对比反馈机制，使各级政府部门及时发现各领域现有政策与先进城市的差距，营造改革比学赶超的氛围。

（二）构建厦门经营主体营商环境满意度动态监测机制

1.构建经营主体营商环境满意度评价指标体系

根据经营主体全生命周期相关事项建立一个包括政务环境、市场环境、法治环境、要素环境、创新环境、生活环境等多维度的营商环境满意度初步测评体系构想。

一是政务环境：包括涉企政策满意度、工程报建审批便利度、不动产登记服务便利度、税费缴纳便利度、贸易便利度、政务服务便利度、政商关系透明度。

二是市场环境：包括市场准入开放度、公平竞争满意度、市场开放度、市场退出便利度。

三是法治环境：包括监管执法规范性、公正司法满意度、公共法律服务便利度、信用环境满意度。

四是要素环境：包括市政公共基础要素保障、用地要素保障、融资服务便利度、人力资源保障、数据要素保障。

五是创新环境：包括知识产权创造保护和运用、科创政策落实度、科创人才引育满意度、创新创业活跃度。

六是生活环境：包括基本公共服务满意度、综合立体交通满意度、生态环境满意度。

2.建设经营主体营商环境满意度动态监测平台

建设经营主体营商环境满意度动态监测工作平台，将政务服务"好差评"、银行网点"好差评"、12345平台涉企事项、各级各部门涉企服务平台数据、年度和季度问卷调查数据等纳入动态监测体系。同时推动建设全市企业服务总平台和总入口，在总入口平台上建设企业问题反馈系统，从问题收集、分派、办理、反馈、评价形成全流程闭环，实时收集全流程数据，对评价异常件做好回访和分析工作，将相关办理结果同步至动态监测体系。

3.建立健全厦门营商环境满意度动态监测管理体系

建立以市发展改革委总牵头协调、市纪委监委全程监督、各级各部门协同配合的厦门经营主体营商环境满意度动态监测管理体系。

（1）市发展改革委负责牵头抓总：一是研究制定厦门市经营主体满意度动态监测工作方案，细化责任分工，做好统筹协调；二是建设厦门市经营主体营商环境满意度动态监测工作平台，制定厦门市经营主体营商环境满意度动态监测指标体系，将相关监测结果纳入绩效考核；三是负责全市范围的营商环境集中宣传，通过《厦门日报》、部门门户网站等平台多角度、立体化宣传营商环境系列政策解读、创新举措和工作成效。

（2）市纪委监委负责全程监督：对工作方案中各部门责任和工作进展全程监督，对工作推进不力、推诿扯皮影响经营主体对厦门营商环境评价的单位或者个人及时采取告诫、约谈等措施，确保厦门营商环境满意度动态监测管理稳步推进，提升经营主体营商环境满意度。

（3）市数据管理局负责政务服务"好差评"、银行网点"好差评"、12345平台涉企事项、各级各部门企业反馈等数据的采集工作，及时将相关数据同步至厦门市经营主体营商环境满意度动态监测工作平台。

（4）市委政法委和市公安局负责涉厦营商环境舆情收集和处置工作，及时将线上线下涉企涉营商环境相关负面信息和处置相关结果收集上传至动态监测工作平台。

（5）市工信局负责建设全市企业服务总平台，将各级各部门涉企服务项目集成，打造全市企业服务总入口，实时收集涉企营商环境相关诉求，相关数据同步共享至动态监测工作平台。

（6）各级各部门负责及时回应解决企业诉求、协助开展问卷调查和营商环境政策宣传等工作，落实在企业回访和部门座谈中形成的整改任务，负责重点宣传各自领域优化营商环境的政策解读、创新举措和工作成效，充分运用公众号等各类传播平台多形式宣传，确保企业看得懂、用得上，切实提升企业政策获得感。

（三）完善营商环境满意度动态监测结果闭环处理机制

1.全周期动态监测

一是线上，通过数字化手段，实现政府门户网站、闽政通、"i厦门"等首页常态化设置问卷调查、投诉举报专窗，各级发展改革、工业和信息化、科技、人力资源和社会保障、住房城乡建设、农业农村、商务、文化和旅游、市场监管、国有资产监管、工商联等部门和单位要在部门和行业网站首页常态化设置问卷调查、投诉举报专窗，并通过微信等方式推送问卷调查、投诉举报二维码至各类经营主体。

二是线下，依托各级政务服务大厅，在办事窗口张贴问卷调查、投诉举报二维码，在不增加经营主体负担、尊重市场主体意愿的前提下，由经营主体自主参与问卷调查或进行投诉举报，实施各级别涉企的全周期动态监测。

2.数据智能驱动响应处理

实现满意度评价和涉企问题反馈等全过程、全要素的数据的整合和管理，实现全流程追踪、超期办件提醒、企业回访评价赋分等智能化驱动，以数据为依据，赋能应用场景，督促各级各部门多措并举提升经营主体满意度。

3.多维度评价反馈

从政府工作力度、创新能力、经营主体感受等多个维度开展监测，进行经营主体满意度调查，包括日常办件效率、办件回访满意度、年度标准问卷满意度等多方面开展问题梳理、分派、处理、办结、回访等全过程、多维度闭环评价，对于行业共性问题，梳理形成改革清单，推动相关部门予以落实。

4.闭环管理督导

根据经营主体营商环境满意度动态监测和调查结果，梳理各指标领域问题清单，全过程跟踪督导，线上线下联动督促各级各部门整改提升，并把整改情况纳入下一阶段监测内容，形成闭环长效管理。

参考文献

[1]李志军.中国城市营商环境评价[M].北京：中国发展出版社，2019.

[2]邓海丹，罗艳菊.营商环境评价指标体系研究进展及述评[J].当代经济，2023（4）：72-77.

[3]王永鑫.基于市场主体主观感知的营商环境满意度及其影响因素研究——以L市为例[D].兰州：兰州大学，2022.

[4]尹姝玥.吉林市营商环境市场主体满意度研究[J].现代营销（上旬刊），2023（9）：117-119.

课题指导：黄光增
课题组长：张林雄
课题组成员：彭朝明　彭梅芳　兰剑琴
　　　　　　李　亢　林　敏　张　彦
课题执笔：张林雄

第十八章

厦门加快建立民营企业信用状况综合评价体系研究

民营经济是推进中国式现代化的生力军，是高质量发展的重要基础。党的二十届三中全会《中共中央关于进一步全面深化改革、推进中国式现代化的决定》提出"加快建立民营企业信用状况综合评价体系，健全民营中小企业增信制度"。厦门作为综合改革试点城市，有必要率先探索并建立民营企业信用状况综合评价体系，这既有利于打破以往信息不对称的壁垒，为企业间的公平竞争提供坚实的支撑，同时也为政府、金融机构及社会公众提供可靠的决策依据，更能为全国建立民营企业信用状况综合评价体系提供"厦门样本"。

一、必要性和基础分析

（一）必要性分析

构建厦门民营企业信用状况综合评价体系具有重要意义，有助于优化企业营商环境，促进地方经济发展，增强厦门城市竞争力。

首先，构建民营企业信用评价体系有助于更好地贴近民营企业的真实需求。通过系统化的信用评估，政府能够及时掌握民营企业在信用、融资等方面的实际情况，提供更精准的政策支持和资源配置，帮助企业克服经营障碍。

其次，信用评价体系能够在改善民营企业信用环境的同时提升市场信任度，为民营企业的长远发展提供动力。信用状况的透明化建设能够帮助民营企业在市场中建立良好的信用形象，促进公平竞争，减少信息不对称带来的不利影响，激发民间投资活力潜力，推动地方经济高质量发展。

再次，信用评价体系的建立还能为政府政策制定提供依据，推动差异化政策的有效实施。建立科学、动态的评价体系，有助于政府根据企业的实际信用情况精准施策，为高信用企业减少不必要的监管负担，同时对有风险的企业加强管控。这种差异化的监管方式能更好地保护和支持不同类型企业的成长。

最后，构建民营企业信用状况评价体系也有助于提升厦门的城市品牌形象和吸引投资能力。随着信用环境的进一步优化，厦门将成为更具吸引力的投资目的地，不仅对国内企业具有吸引力，也向国际投资者传递出积极的信号，为厦门推进制度型开放提供支持。

（二）基础分析

厦门是全国首批社会信用体系建设示范城市，出台了全国副省级城市首部地方社会信用条例，较早构建了全市统一的公共信用信息共享平台，现已形成信用建设与营商环境优化、经济社会发展相互促进的良好格局，为厦门构建民营企业信用状况综合评价体系提供了坚实的基础。

1.建立健全社会信用法规制度

制定并通过了全国副省级城市首部地方社会信用条例——《厦门经济特区社会信用条例》，于2019年6月1日正式施行。陆续印发了《厦门市公共信用信息管理办法》《厦门市公共信用信息目录编制管理办法》《厦门市公共信用信息查询服务管理办法》《厦门市公共信用信息异议处理管理办法》《厦门市守信公共信用信息不公开申请处理管理办法》《厦门市公共信用信息平台安全管理办法》《厦门市社会信用评价机制和分级分类管理办法》7个信用条例配套办法，开展信用承诺、信用修复、守信激励失信惩戒、社会信用教育等配套文件拟定工作。在此基础上，厦门较早构建了全市统一的公共信用信息共享平台。

2.率先在全国推出"信易贷"模式

民营经济的发展壮大是实现高质量发展的重要基础，缓解民营企业"融资难"问题是检验城市社会信用环境发展底色的重要考量。厦门市聚焦"数据价值挖掘+服务形式创新"，以"信用+金融科技"服务模式，提升诚信民营企业融资的可得性、便利性和满意度。2019年，厦门率先在全国推出"信易贷"模式，创新开展"首贷""续贷"服务，提高中小微企业融资可得性、覆盖面及便利度。自2019年"信易贷"平台上线以来，累计撮合融资超千亿元，极大地提升了诚信民营企业融资的可得性和便利性。

3.推行社会信用评价和分级分类

为规范社会信用评价，加快构建以信用为基础的新型监管机制，2023年，厦门市人民政府出台了《厦门市社会信用评价机制和分级分类管理办法》，该办法对规范各行业、各领域社会信用评价工作和维护社会信用主体合法权益具有积极作用。对民营企业而言，《厦门市社会信用评价机制和分级分类管理办法》有助于提升信用价值，优化营商环境，增强市场竞争力。

二、民营企业信用状况评价指标体系的构建

与一般的企业信用状况评价指标体系不同，民营企业信用状况综合评价体系具有特殊性。基于这一特殊性，构建指标体系，应遵循目的性、科学性、针对性、可比性、合理性和适用性的原则。

（一）评价指标体系构建原则

1.目的性

评价体系的构建需明确反映对企业信用风险的全面、深入评价这一核心目标。设置的各项指标应围绕这一目标展开，确保能够有效揭示民营企业的信用状况，为政府、金融机构及社会提供准确、可靠的信用信息支持。

2. 科学性

评价体系的设计应具备科学性，各要素需有机配合，避免重叠或矛盾，确保在实际应用中能够反映真实的企业信用状况。科学性原则要求体系的逻辑严谨、数据准确，能够在不同情况下保持评估的稳定性和一致性。

3. 针对性

民营企业相较于其他类型企业，具有经营模式、管理特点、信用需求等方面的特殊性。针对性原则要求评价体系在指标设计时充分考虑这些特性，确保体系既贴合民营企业的实际需求，又能精准反映其信用风险，便于政策的有效支持和管理。

4. 可比性

评价体系设计需确保可比性，即在不同企业之间、不同时间点之间都能进行横向或纵向比较。通过统一的评价标准，能够让企业信用状况在同一框架下得到直观、便捷的比较和评估，便于相关方进行合理的信用判断和决策。

5. 合理性

合理性原则要求在评价体系的指标分值设定上，充分考虑民营企业的多样性，包括规模、财务实力、行业特点等因素。分值分配需与实际风险相匹配，避免评分偏差，确保评价结果具有公正性和代表性，反映企业的真实信用水平。

6. 适用性

为提高信用体系的覆盖面和实用性，评价体系需具备适用性。其设计应便于不同类型和规模的企业理解和参与，同时要保持灵活性，以便适应市场变化。适用性原则要求体系操作简单，便于推广，确保信用评价能够广泛应用于各类民营企业，推动信用管理的普及化。

（二）评价指标体系

厦门市民营企业信用状况综合评价体系从"治理能力""经营情况""合法合规""诚实守信"4项扣分一级指标和一项"加分指标"展开，每个一级指标下设4项二级指标，全面覆盖了民营企业在各方面的表现。指标及赋分权重设计可根据工作实际适时进行动态调整，具体见表18-1。

第十八章 厦门加快建立民营企业信用状况综合评价体系研究

表 18-1 厦门市民营企业信用状况综合评价指标体系

一级指标	二级指标	评分规则	数据来源
治理能力（250分）	法定代表人、实际控制人、高管等主要人员失信信息（50分）	1.上述人员被人民法院认定为失信被执行人的，扣25分，直至本指标不得分。2.上述人员担任法定代表人或董事长的其他企业被有关部门列入严重失信主体名单的，扣50分，直至本指标不得分	司法机关、市场监管部门、公共信用信息中心等
	不当关联交易与利益输送（60分）	法定代表人或实际控制人利用内部交易机制，通过虚高采购价格或低价出售资产的方式，将企业利润非法转移至其他控股企业或个人名下，经有关机关查证属实的	司法机关、市场监管机关、税务机关等
	法人独立（70分）	公司财产与股东财产没有互相独立，被法院、仲裁机构或者其他有关机关认定混同的，扣70分	司法机关、仲裁机构等
	安全管理（70分）	企业安全生产条件不符合国家规定，存在安全隐患、未按规定进行安全生产培训、未建立安全生产制度等被安全生产监管部门或其他有权机关认定属实的，扣70分	安全生产监管机关等
经营情况（160分）	经营异常信息（30分）	企业被列入经营异常名单的，扣30分	市场监管机关等
	宣传营销（30分）	企业存在虚假宣传和夸大营销情况，被市场监管部门或其他有权机关认定属实的，扣30分	市场监管机关等
	账外经营和"阴阳合同"（50分）	企业存在账外经营和"阴阳合同"，被市场监管部门、税务机关或其他有权机关认定属实的，扣50分	市场监管机关、税务机关等
	侵犯消费者权益（50分）	企业侵犯消费者权益，被市场监管部门或其他有权机关依据《中华人民共和国消费者权益保护法》等法律法规予以行政处罚，或者消费者依据《中华人民共和国消费者权益保护法》《中华人民共和国产品质量法》等法律法规提起诉讼或仲裁，企业败诉的，每一次扣50分	市场监管机关等
合法合规（320分）	投标违法（80分）	串通投标或虚假投标：企业与其他投标人相互串通投标报价，损害招标人或其他投标人利益或者提供虚假材料或信息以获取中标资格等串通投标、虚假投标的行为，评标委员会、政府采购监督管理部门、司法机关或其他有权机关认定属实的，扣80分	评标委员会、政府采购监督管理部门、司法机关等
	出资违法（80分）	企业虚假出资或抽逃注册资本，被市场监管部门、税务部门、司法机关或其他有权机关认定属实的，扣80分	市场监管部门、税务部门、司法机关等
	企业贪腐（80分）	企业内部发生挪用资金、职务侵占、非国家工作人员受贿罪、商业贿赂罪被人民法院认定属实的，扣80分	司法机关等
	偷税漏税（80分）	因拖欠应纳税款，被列入逾期催缴名单的，扣80分	税务机关等
诚实守信（170分）	合同履约（40分）	故意拖延或逃避合同义务，包括延迟交货、货物质量不达标、不按合同支付货款等，因此引起诉讼或仲裁，并败诉的，每一次扣20分	司法机关等
	信用承诺（40分）	有违背信用承诺的，每一次扣20分	公共信用信息中心等
	缴纳公共事业费用情况（30分）	企业存在拖欠水、电、气等公共事业费用情况的，每一次扣10分	水、电、气等公共事业部门等

续表

一级指标	二级指标	评分规则	数据来源
诚实守信（170分）	劳动违约（60分）	企业因劳动合同履约纠纷，由劳动者提起诉讼或仲裁并败诉的，每一次扣25分，直到本项不得分。拖欠员工工资报酬、不按规定为员工缴纳社保，经人社部门或其他有权机关认定属实的，扣60分	司法机关或仲裁机关等
加分指标（100分）	公益捐赠（15分）	企业有公益性捐赠记录的，得15分	企业申报
	特殊群体就业（30分）	企业与残疾人、失业者、退役军人签订劳动合同的，得30分	企业申报
	绿色环保（25）	企业在绿色环保方面做出贡献，包括但不限于节能减排达标，绿色转型，环保项目实施，专职环境管理人员的设置，节约资源的规章制度的建立，系统的废弃物分类、回收、处理方案，企业建立了系统化的环境管理体系等	环保部门等
	研发费用（30分）	根据企业的研发费用金额及比例、研发费用增速，酌情加5~30分	科技行政部门等

以下对表18-1中的一级指标、二级指标的选取及赋分进行说明。

1.一级指标"治理能力"

"治理能力"是指企业在内部治理和管理控制方面的综合表现，包括高管层的诚信情况、企业的治理结构是否健全、安全生产管理是否合规等方面。对于民营企业，相比国有企业和外资企业，其治理体系通常较为灵活，但也更易出现不规范的治理行为。由于所有权结构较为集中，创始人及高管的行为对企业治理的影响更为显著。因此，设置"治理能力"指标有助于反映民营企业的独特风险，并为企业规范化治理提供指导。通过对治理能力的评分，能够更清楚地识别出潜在的风险企业，辅助金融机构和政府部门进行风险防控。

"治理能力"被赋予250分，在所有一级指标中占较大比重，体现了其在信用评价体系中的核心地位。相较于其他指标，如"经营情况"和"诚实守信"，治理能力更为基础和重要。其高分值反映了治理问题在民营企业信用风险中的重要性，尤其是高管行为、治理结构和内部管理的合规性，直接影响企业的风险水平。

一级指标"治理能力"包括以下4项二级指标：

（1）法定代表人，实际控制人、高管等主要人员失信信息（50分）。

该二级指标关注企业高层管理人员的个人信用记录及失信行为，评估他们在履行职责过程中的诚信和合规情况。在民营企业中，高管层的道德操守与企业的信用水平高度相关。相比国有企业和外资企业，民营企业更容易受到个体管理者行为的影响。因此，设置此指标能够更准确地反映企业的潜在治理风险，为防范高管个人行为引发的信用问题提供评价依据。

50分的分值相对较高，表明高管诚信对企业信用的显著影响。如果企业的主要管理人员存在失信记录，其对企业整体信用的影响可能比单纯的经营问题更大，因此在评分时需予以重视。

（2）不当关联交易与利益输送（60分）。

此指标评估企业是否通过不当的关联交易，将利益输送给关联方或高管个人，从而损害企业的整体利益。在民营企业中，股东及高层管理人员更容易在关联交易中进行利益输送，尤其是在所有权结构较为集中的情况下。因此，评价企业是否存在不当关联交易，是预防财务风险的重要方面，有助于揭示企业的潜在信用风险。

60分的较高分值反映了不当关联交易在信用风险中的显著性。关联交易若不规范，不仅会侵害企业本身利益，还可能扰乱市场秩序，因此需要在信用评价中重点考察。

（3）法人独立（70分）。

法人独立指企业在法律上和财务上是否保持与股东和高层管理人员的独立性，避免出现公司财产与个人财产混同的情况。民营企业由于股东对企业的控制力较强，更易出现法人独立性不足的问题。这可能导致企业财务状况的透明性不足，增加债权人和投资者的风险。因此，通过评估法人独立性，可以更好地反映企业治理的规范程度，并降低外部资金的信用风险。

70分的分值说明法人独立性对企业信用的重要性。独立性不足会直接影响企业的财务透明度和信用水平，因此需在评价中予以较高权重。

（4）安全管理（70分）。

该指标考察企业在安全生产管理方面的合规性和管理水平，确保企业的生产经营活动不对员工和社会造成不必要的风险。民营企业在安全生产管理上存在较大的差异，一些企业为追求短期经济利益，可能忽视安全生产的合规要求。因此，设置此指标有助于强化企业的安全管理意识，督促其履行社会责任，降低生产经营中的风险。

安全管理分值为70分，体现了其在信用评价中的重要性。安全问题不仅关乎企业自身，还涉及社会公众和环境的安全，因此需在信用评价中给予足够的关注。

2.一级指标"经营情况"

"经营情况"是指企业在日常经营活动中的表现，包括其合规性、财务稳定性和市场适应能力等方面。民营企业在经营过程中更容易受到市场波动、政策变化和资金链问题的影响，导致经营异常或财务不稳定的情况较为普遍。因此，设置"经营情况"作为信用评价的一级指标，可以揭示企业在日常经营中面临的潜在信用风险。通过考察企业的经营行为，能够有效评估其在市场中的竞争力和风险管理水平，为金融机构和政府部门提供重要的参考信息。

"经营情况"被赋予160分，相较于"治理能力"（250分）稍低，反映了其在评价体系中的重要性。虽然经营情况在信用风险评估中至关重要，但治理结构和高层管理的诚信对企业整体信用的基础性影响更大。

一级指标"经营情况"包含以下4项二级指标：

（1）经营异常信息（30分）。

该二级指标关注企业是否因未按规定开展经营活动而被市场监管部门列入经营异常名单。民营企业在经营过程中可能因各种原因出现经营异常，如未按时年报、地址变更未及时备案等。相比于国有企业，民营企业的治理机制和合规意识可能存在一定差距，导致更容易出现被列入经营异常名单的情况。因此，设置该指标可以帮助揭示企业在经营管理中的合规性问题，提醒其加强规范化运作。

30分的分值设定反映了经营异常问题对企业信用的中等重要性。这是因为尽管被列入异常名单表明企业在合规管理方面存在问题，但问题的严重性尚低于其他严重的风险。

（2）宣传营销（30分）。

该指标考察企业是否在广告宣传和市场营销中存在虚假或夸大的陈述，误导消费者或夸大产品/服务的功能。民营企业，尤其是在竞争激烈的市场中，可能倾向于采用虚假宣传或夸大营销手段来吸引客户。与国有企业相比，民营企业在市场推广策略上的约束可能较少，导致更容易出现这类问题。因此，设置此项指标旨在提醒企业遵守市场营销规范,并避免通过不正当手段获取竞争优势。

30分的分值设定反映了虚假宣传和夸大营销对企业信用影响的中等重要性。虽然这类行为会损害企业的声誉,但相较于其他问题,其直接风险影响相对较低。

(3)账外经营和"阴阳合同"(50分)。

该指标关注企业是否存在账外经营,即未在财务报表中全面记录经营活动,或者通过"阴阳合同"进行虚假财务操作,规避税收或其他法律义务。民营企业由于经营环境灵活,有时会采用账外经营或"阴阳合同"等方式降低成本或规避税收。然而,这些行为不仅违反财务和税收法律,还会对企业的财务透明度和信用产生负面影响。相比于国有企业,民营企业更易在此类问题上出现违规行为。因此,设置该指标有助于评估企业财务管理的真实性和合规性。

50分的较高分值说明账外经营和"阴阳合同"对企业信用有较大的负面影响。这类行为涉及法律合规性和财务透明度,是严重的信用风险源,因此在评分中占据重要位置。

(4)侵犯消费者权益(50分)。

该指标考察企业是否在经营过程中存在侵害消费者合法权益的行为,包括产品质量问题、服务欺诈等。民营企业在追求市场份额和利润的过程中,可能忽视对消费者权益的保护,尤其是在产品质量管理和售后服务方面。与国有企业相比,民营企业的消费者保护机制可能不够健全,容易在此方面引发纠纷。因此,设置此指标旨在督促企业加强消费者权益保护,提高服务质量和市场合规性。

50分的分值设定反映了侵犯消费者权益行为对企业信用的重大影响。此类行为可能导致法律诉讼和市场声誉受损,因此在信用评价体系中占据较高的权重。

3.一级指标"合法合规"

"合法合规"是指企业在经营过程中是否遵守法律法规和行业标准,尤其是涉及企业的合规性问题,如投标行为、出资规范、内部贪腐和税务管理等。民营企业在合规管理上较国有企业和外资企业更具挑战性,尤其是在治理机制不完善、合规意识不足的情况下,合规风险更高。设置"合法合规"这一一级指标,可以揭示企业在法律合规管理上的薄弱环节,推动企业加强法律责任履行,降低因违规而引发的信用风险。

"合法合规"总分为320分,相较于"治理能力"(250分)和"经营情况"(160分),占据更高的权重。这反映了合法合规在评价企业信用风险中的重要地位。合法合规问题直接影响企业的合法经营和社会责任履行,因而对企业信用的影响较大。

一级指标"合法合规"包括以下4项二级指标:

(1)投标违法(80分)。

该二级指标考察企业是否存在串通投标或虚假投标的行为,包括与其他投标人串通报价、提供虚假材料或信息等。民营企业在参与招标投标时,面临较强的市场竞争压力,可能因为追求中标而采取非法手段,如串通投标或虚假投标。这种行为不仅违反市场竞争的公平性原则,也可能损害公共利益。相比国有企业,民营企业因资源和监管力度的差异,更容易在投标中出现违法行为。因此,设置该指标旨在引导企业合法参与市场竞争,提升合规经营水平。

80分的分值设定表明,投标违法行为对企业信用有重大影响。这是因为串通投标和虚假投标不仅是严重的法律问题,还会损害企业的市场声誉。

（2）出资违法（80分）。

该指标关注企业是否存在虚假出资或抽逃注册资本的行为。民营企业，尤其是初创企业和中小型企业，可能因资本运作不规范或资金短缺而出现虚假出资或抽逃资本的行为。这类问题在民营企业中较为常见，相较于资本实力雄厚的国有企业和外资企业，民营企业面临的风险更大。因此，设置这一指标能够揭示企业在资本管理和资金运作中的违规风险，推动企业遵循资本市场的合法规范。

出资违法的分值同样为80分，显示了资本管理问题在企业信用评价中的重要性。虚假出资和抽逃资本会直接影响企业的财务透明度和市场信任度，因此对企业的信用评分有显著影响。

（3）企业贪腐（80分）。

该指标考察企业内部是否存在贪腐问题，如挪用资金、职务侵占、商业贿赂等行为。在民营企业中，特别是治理机制较为薄弱的小微企业贪腐问题较为突出。与国有企业相比，民营企业的内部管理机制通常缺乏较强的监督和约束，因此贪腐行为更易发生。设置该指标有助于揭示企业的内部管理风险，促进企业加强廉洁经营和内部控制。

分值为80分，反映了企业贪腐行为对信用评价的重要性。贪腐问题不仅会导致法律责任，还会对企业的内部管理和对外声誉造成深远的负面影响。

（4）偷税漏税（80分）。

该指标关注企业是否存在偷税漏税的行为，包括拖欠应纳税款，且被列入税务机关的逾期催缴名单。民营企业在税务合规上往往面临更大的挑战，特别是在财务管理不完善的情况下，更容易出现偷税漏税的行为。相比国有企业和外资企业，民营企业的税务合规意识相对薄弱。设置该指标旨在引导企业规范财务管理，遵守税法，降低税务风险。

80分的分值设定体现了偷税漏税对企业信用的严重影响。税务违法不仅会带来高额罚款和法律诉讼，还可能损害企业的财务稳定性和市场声誉。

4.一级指标"诚实守信"

"诚实守信"是指企业在经营过程中是否遵守合同、履行承诺，并按时支付各种费用和履行劳动合同的义务。民营企业由于市场竞争激烈、经营环境复杂，有时会因资金紧张或管理不善而出现不守信行为，如拖欠款项、违约等。相比国有企业，民营企业的合规意识和履约能力往往较弱，诚信风险较高。因此，设置"诚实守信"作为信用评价的重要指标，可以揭示企业的潜在信用风险，帮助企业提升诚信意识，维护市场秩序。

"诚实守信"的总分为170分，介于"合法合规"（320分）和"经营情况"（160分）之间。虽然诚信问题对企业的市场声誉有重大影响，但其影响力相较于严重违法行为略小。170分的分值设置反映了诚信在信用体系中的重要性，特别是在民营企业的信用风险管理中具有关键作用。

一级指标"诚实守信"包括以下4项二级指标：

（1）合同履约（40分）。

该二级指标评估企业是否按照合同约定履行义务，包括按时交货、确保货物质量达标，以及按合同支付款项。民营企业在合同履约方面面临的挑战较多，尤其是在资金周转不畅或市场变化剧烈时，更容易出现合同履约困难。与国有企业相比，民营企业的合同管理体系可能不够完善，导致履约风险更大。设置这一指标有助于评估企业的商业诚信和合同履行能力，促使其加强合同管理和风险防控。

合同履约的分值为40分，表明其对企业信用评价的重要性。尽管合同履约问题会影响企业的声誉，但相较于劳动违约等直接关系到员工权益的问题，其分值略低。

（2）信用承诺（40分）。

该指标关注企业在经营活动中是否有违背公开信用承诺的行为，如未能履行对客户、供应商或其他相关方的承诺。民营企业在市场竞争中，可能因业务扩展或资金压力而违背信用承诺，影响企业的诚信形象。相较于国有企业，民营企业的信用承诺管理机制可能不够健全，因此违约风险更高。设置这一指标可以有效监测企业的信用履行情况，督促其信守承诺，维护市场信用环境。

分值为40分，说明信用承诺对企业信用评价的影响较大。虽然信用承诺违约与合同履约相比对企业的法律责任影响略小，但对市场声誉的负面影响同样不可忽视。

（3）缴纳公共事业费用情况（30分）。

该指标考察企业是否按时缴纳水、电、气等公共事业费用。民营企业，特别是小微企业，在资金周转困难时，可能出现拖欠公共事业费用的情况。相较于资金较为充裕的国有企业，民营企业的财务管理和缴费能力存在较大波动。设置此项指标有助于揭示企业的财务状况和合规缴费意识，促使其改善资金管理，按时履行费用缴纳义务。

缴纳公共事业费用情况的分值为30分，相对较低。这是因为尽管拖欠费用反映了企业的财务问题，但其对整体信用的影响程度相对较小，主要反映企业的短期支付能力。

（4）劳动违约（60分）。

该二级指标关注企业在劳动合同履行中的合规性，包括因劳动纠纷败诉的情况，以及拖欠员工工资或不按规定缴纳社保等问题。民营企业在劳动管理方面存在较多问题，尤其是在小微企业中，可能因成本控制或管理不善导致劳动合同纠纷或拖欠社保。与国有企业相比，民营企业的劳动合同管理和劳动者权益保障机制较弱，导致劳动违约风险更大。设置该指标可以反映企业在劳动用工方面的诚信度，督促其遵守劳动法律法规，保护员工合法权益。

分值设定为60分，是"诚实守信"指标中分值最高的二级指标。这是因为劳动违约不仅会引发法律责任，还会直接影响企业的内部管理和员工士气，对企业的信用和运营产生深远的影响。

5.一级指标"加分指标"

除上述以扣分为规则的指标外，本评价体系还设置了"加分指标"，主要考察企业的社会责任、环境保护与技术创新能力，共计100分。在信用评价体系中设置加分指标的意义在于平衡扣分机制，提供正向激励。扣分指标旨在约束企业行为，防止违规和不良行为，但仅靠扣分无法全面反映企业的积极表现。加分指标则鼓励企业在社会责任、创新、环保等方面做出贡献，推动企业不断提升自身信用和形象。这样既能有效惩罚不良行为，也能激励企业追求更高标准，完善信用评价体系的全面性和公正性，促进行业健康发展。

一级指标"加分指标"包括以下4项二级指标：

（1）公益捐赠（15分）。

此项体现了企业的社会责任感，鼓励企业积极参与社会公益，展示企业的良好形象和社会担当。公益捐赠是企业社会责任的重要表现，但为了不使企业因攀比分值而捐赠，故仅设置15分作为鼓励。

（2）特殊群体就业（30分）。

鼓励民营企业履行社会责任，帮助弱势群体就业，增强企业的社会价值。帮助特殊群体就业具有较高的社会价值和成本投入，因此赋分为30分，鼓励企业承担更多的社会责任。

（3）绿色环保（25分）。

绿色环保是企业可持续发展的重要方面，通过加分激励企业主动采取节能减排、设置专职环境管理人员，建立节约资源的规章制度、建立系统化的环境管理体系（如ISO 14001）等措施，推动环境保护和企业绿色转型。环保对企业的长远发展和社会环境有重大影响，25分的设置反映了环保的中长期价值。

（4）研发费用（30分）。

研发创新是企业竞争力的核心，通过激励企业增加研发投入，增强企业的创新能力和长远发展潜力，促进技术进步。研发投入是企业竞争力的关键，因此加分幅度较大，以5～30分的浮动鼓励不同规模企业持续创新。具体如下：

①研发费用金额及比例：

研发费用总额500万元以上或费用占营收总额比重在10%以上，得30分；

在400～500万元或费用占营收总额比重在8%～10%，得25分；

在300～400万元或费用占营收总额比重在6%～8%，得20分；

在200～300万元或费用占营收总额比重在4%～6%，得15分；

在100～200万元或费用占营收总额比重在3%～4%，得10分。

在50～100万元或费用占营收总额比重在1%～2%，得5分。

②研发费用增速：

研发费用增速大于等于25%，得30分；

研发费用增速小于25%大于等于20%的，得25分；

研发费用增速小于20%大于等于15%的，得20分；

研发费用增速小于15%大于等于10%的，得15分；

研发费用增速小于10%大于等于5%的，得10分。

研发费用金额及比例与研发费用增速两项的加分，以得分最高的为准，不累计加分。

（三）评价等级划分

根据上述指标体系与赋分规则，形成A、B、C、D、E共5个信用等级，具体详见表18-2。

表18-2 厦门市民营企业信用状况综合评价等级划分

分值	等级	含义
850分及以上	A级（高信用）	表明主体在评价期内公共信用综合水平优良，评价期内未发现或有少量轻微公共信用负面记录，且其他方面信用综合状况好
750分至849分	B级（较高信用）	表明主体在评价期内公共信用综合水平较高，评价期内未发现严重失信行为信用记录且各类负面信用记录数量较少，其他方面信用综合状况良好
600分至749分	C级（中等信用）	表明主体在评价期内公共信用综合水平尚可，评价期内未发现严重失信行为信用记录且各类负面信用记录数量较少，其他方面信用综合状况尚可
500分至599分	D级（较低信用）	表明主体在评价期内公共信用综合水平一般，评价期内存在严重失信行为信用记录或负面信用记录数量较多
499分及以下	E级（低信用）	表明主体在评价期内公共信用综合水平较差，评价期内存在严重失信行为信用记录或负面信用记录数量较多

三、主要应用场景

厦门市民营企业信用状况综合评价体系在政府强化监管、优化服务，鼓励企业诚实守信、获取金融服务等方面，具有重要的应用价值。

（一）政府层面

1.强化监管效能，确保政策精准

厦门市民营企业信用状况综合评价体系在政府监管层面通过"信用分级分类＋双随机"监管模式，实现了差异化的监管措施。信用评价体系根据企业的信用风险进行分级，依据企业的治理能力、经营情况、合法合规以及诚实守信等多个维度进行综合评分，将企业分为A、B、C、D、E类，相应监管措施也有差别。具体措施如下：

A类企业：对信用风险较低的A类企业，将合理降低抽查比例和频次。除投诉举报、大数据监测、转办交办案件线索及法律法规规章等另有规定外，可不主动实施现场检查，做到"无事不扰"，最大限度减少对企业正常经营的干扰。

B类企业：对B类企业，信用情况较为稳定，可以降低抽查比例和频次，确保企业在符合信用规范的前提下正常经营。

C类企业：对C类企业，由于信用风险属于中等，可按常规抽查比例和频次开展双随机抽查，确保企业能够在监管下提升其合规性。

D类企业：对于D类企业，其信用风险较高，实行重点关注，合理提高抽查比例和频次。这类企业需特别关注其经营行为，确保其信用问题不进一步恶化。

E类企业：对于信用风险最高的E类，将实施严格监管，有针对性地大幅提高抽查比例和频次，并可根据需要主动实施现场检查，防止重大违法违规行为发生。

2.优化服务体系，助力民企发展

厦门市民营企业信用状况综合评价体系在"信用＋政策兑现"服务模式中，通过企业信用分级分类，实施差异化的政策兑现措施。这一体系结合了信用评级和大数据技术，不同类别的企业能够享受到针对性的政策支持。以下是更加具体的措施，紧密结合企业信用等级的实际操作方案。

（1）信用核查与分级分类的差异化政策支持。

厦门市民营企业信用状况综合评价体系将企业按信用等级分为五类，相关部门在政策兑现前通过信用核查来评估企业的信用状况，决定政策的发放方式。

A类企业：对信用评级为A的企业，实施"免申即兑"政策。企业无须主动提交申请，系统根据信用数据自动判断其是否符合政策条件，直接将资金支持、税收减免等政策拨付到位。例如，符合科技创新类补贴的A类企业可以在不申请的情况下获得支持。

B类企业：B类企业也可享受自动政策匹配与部分"免申即兑"服务，但在资金金额较大的情况下，可能需要提供部分材料以确保政策合规。企业仍然享有简化的审核流程，减少不必要的审批环节。

C类企业：C类企业信用评分中等，在政策兑现前需要进行更多的核查。对于此类企业，系统将自动提

第十八章 厦门加快建立民营企业信用状况综合评价体系研究

醒其符合的政策，企业需要主动提交部分材料以证明其符合条件。这些企业可以获得一定的政策支持，但政策执行流程相对更严格。

D类企业：对于D类企业，由于信用风险较高，将在核查后采取更加保守的政策支持方式。例如，企业需要提供详细的经营证明、纳税记录等，相关部门会根据信用风险降低政策支持的额度或频率。

E类企业：E类企业信用状况差，通常存在失信记录。此类企业需要进行信用修复后才能享受政策支持，在核查时会严格限制这些企业的资格，并可能暂停或拒绝政策资金的拨付。

（2）大数据匹配与"免申即兑"的精细化运作。

基于厦门市信用评价体系，通过大数据分析技术自动筛选符合政策条件的企业，针对不同信用等级企业采取不同的政策匹配策略。

A类企业：高信用企业的自动支持策略。对于信用评级为A类的企业，可以提供"免申即兑"政策的最高优惠，使企业能够自动获得政策支持。通过大数据匹配系统，可以为A类企业实现完全自动化的政策兑现流程，以减轻企业负担。具体包括：

①政策自动匹配与发放：系统将自动监测A类企业是否符合如税收减免、科技创新补贴、人才引进支持等各类政策条件，并直接将政策优惠自动发放到企业。

②快速审批与优先服务：大数据系统可以对A类企业的申报资料进行简化审核，直接匹配政策资格。A类企业无须申请，且审核流程会优先处理，确保快速兑现。

③绿色通道和低负担政策支持：可为A类企业开设"绿色通道"，享受快速审批、简化流程的政策便利，甚至免除某些常规手续，提高政策服务效率。

B类企业：简化审核流程的辅助支持。B类企业虽然信用状况稳定，但可能存在一些小的波动，适合"简化审核+部分免申"的政策匹配方式。在大数据支持下，B类企业可以享受自动提醒和简化申报流程的服务。具体包括：

①自动匹配+主动提醒：大数据系统可以自动筛选出符合政策条件的B类企业，并主动提醒政策资格，企业只需提交基本材料即可完成政策申请。

②部分"免申即兑"：对于某些政策的发放额度较小或风险较低的支持，B类企业仍可享受自动兑现的便利。如适合小额资金支持的政策，可以直接发放，无须提交复杂材料。

③加速审批和在线审核：对于需提交的政策申请材料，B类企业可以享受简化的审核流程，通过在线提交并加速审批，缩短政策兑现的时间。

C类企业：核查+申报的规范化支持。C类企业的信用状况中等，需要一定的政策支持，但审核环节相对较为规范和全面。对于C类企业，可以通过大数据筛选出符合条件的企业，但需要企业提交相对完整的申请材料，以确保政策支持符合规范。具体包括：

①政策资格提醒+简化申报指引：大数据系统会自动提醒C类企业符合的政策支持，但需要企业主动提交材料。系统会提供简化的政策申请流程指引，协助企业更高效地完成申请。

②常规审核流程：政策发放流程严格按照审核程序，企业需要提供全面的资格材料，如财务报表、信用报告等，保障政策资金的合规性。

③差异化政策支持：对于符合特定条件的C类企业，可以优先获得与创新发展、人才激励等相关的政策支持，帮助企业更好地发展。

D类企业：重点核查+风险控制的严格管理。D类企业的信用风险较高，政策支持需重点管控。大数据系统可对D类企业的申请进行重点筛查，通过强化合规要求和监督机制来管控政策风险。具体包括：

①严格资格核查：大数据系统会对D类企业的各项资格条件进行严格核查，仅在企业提供充分的合法合规材料后才给予支持，以确保政策资金的安全性。

②风险审核与限制性支持：对D类企业的政策支持额度可设置限制，优先考虑基础性、急需性的支持，如基本运营补贴，避免高风险政策投入。

③跟踪监管：在政策支持发放后，系统将持续跟踪D类企业的信用状况，确保企业在使用资金后合规运营，如发现违规可立即停止政策支持。

E类企业：信用修复+政策审慎支持。E类企业信用评级最低，通常存在较高的信用风险，因而需限制政策支持。对E类企业应优先引导其通过信用修复达到基本的信用条件，再根据合规情况决定是否给予支持。具体包括：

①信用修复优先：相关部门将为E类企业提供信用修复辅导，鼓励其通过信用修复流程改善信用状况，在提升到D类及以上后，再考虑提供政策支持。

②严格的政策限制：对信用状况未得到改善的E类企业，系统将设置严格的政策限制，仅在信用修复成功且信用评分提升后才给予有限的政策支持。

③高强度审核与监督：在政策支持阶段，将采取高强度的审核和监督措施，确保政策资金的合理使用。任何违反政策规定或合规标准的行为将被严格处理，并可能取消未来的政策支持资格。

（3）政策兑现流程优化，信用等级决定简化程度。

不同信用等级的企业在政策兑现过程中享有不同的简化程度。

A类企业：最高级别简化流程。A类企业信用评级最高，风险最低，因此在政策兑现流程上可以最大限度地简化，确保资金支持快速到位。具体包括：

①全流程自动化：A类企业享受"免申即兑"，符合条件的政策支持将通过大数据系统直接匹配并发放，无须人工干预。

②免审核与即时到账：对A类企业采取免审核政策，系统自动核对企业资质，通过后资金直接到账，最快实现"秒到账"。

③简化资料提交：对于需要企业提供资料的支持项目，仅需提交最基本的资质信息，避免烦琐的文档要求。

④绿色通道支持：对于A类企业，设立"绿色通道"，确保在所有政策支持类型中享有优先处理权，极大减少审批时间。

B类企业：简化审核+自动化流程。B类企业的信用状况较好，符合简化审核的标准，可以享受部分流程自动化和免申支持。具体包括：

①部分免审核：对于风险较低的政策支持项目，B类企业也享有免审核的便利，由系统自动处理并发放。

②简化材料提交：B类企业需提供的材料较少，系统会提前提示并提供简易模板，减少申请准备时间。

③快速审批：大数据系统对B类企业进行快速审核，符合条件的申请在短时间内完成审批，资金可在1~2个工作日内到账。

④优先处理：B类企业在政策兑现的流程中享受优先处理，确保获得更高效的服务体验。

C类企业：常规审批流程的适当简化。C类企业信用状况中等，适合规范化支持，政策兑现流程的简化程度适当保留。具体包括：

①常规审核+适当精简：对C类企业采取常规的审核流程，但对申请的步骤和材料进行适度简化，如

减少非必要材料、优化提交方式。

②全程指引与协助：在申请过程中提供系统化的指引和自动化的提示，帮助企业高效完成申请流程，确保合规性。

③快速审核队列：C类企业的审核流程会优先加入快速审核队列，确保在政策兑现中得到合理的处理时效，通常在3~5个工作日内完成。

④线上审核优先：如企业可以提供电子资料，可选择线上提交并完成审核，减少线下操作时间。

D类企业：严格审核+分步提交。D类企业信用风险较高，政策支持需严格管控，流程上适当简化，但保持审核的严谨性。具体包括：

①严格审核流程：对于D类企业，采取严格的逐项审核，需提供详细的申请材料和资质证明，确保合规和风险控制。

②分步提交材料：简化措施包括允许企业分阶段提交材料，初审通过后再提交补充文件，减轻一次性提交的负担。

③风险预警提示：在审核过程中，如发现企业存在可能导致不合规的问题，系统将自动发送风险预警，提醒企业限期整改。

④延长审核周期：D类企业的政策支持审核周期适当延长，通常在5~10个工作日内完成，以确保充足的审查时间，防控潜在风险。

E类企业：信用修复为先+严格流程审核。E类企业信用评级最低，政策支持需在严格审核基础上执行，优先引导企业进行信用修复。具体包括：

①信用修复优先：在申请政策支持之前，建议E类企业优先完成信用修复流程，通过整改提升信用评分至D类以上，确保符合基础条件。

②全面材料审查：对E类企业的申请，需提交全面的资质文件、信用证明等，确保所有材料经过详细审核，合规后方可进入政策支持流程。

③高强度监督和定期跟踪：在政策支持的后续阶段，相关部门会进行高强度的使用情况监督，对政策资金的使用情况进行跟踪。

④延长审核和观察期：E类企业的政策支持审核和观察期进一步延长，以确保所有资质符合法规标准，通常在10个工作日或更长时间内完成审核。

（二）企业与行业层面

1.拓宽融资渠道，降低融资成本

厦门市民营企业信用状况综合评价体系在"供应链金融+信用"模式中的应用，可以对不同信用等级的企业，制定差异化的融资和风险控制措施。该体系为供应链金融中的核心企业和上下游供应商提供了一套科学的信用评估机制，确保金融机构能够根据企业的信用状况做出精准的融资决策。以下是结合信用分级分类机制的具体措施：

（1）A类企业：高信用企业的融资便利化。

对于信用评级为A类的企业，这类企业的治理结构健全、经营稳健、合规情况优异，信用风险极低。金融机构在供应链金融中可为其提供以下具体措施：

①快速审批与低成本融资：由于信用状况良好，金融机构可以为A类企业简化尽职调查流程，减少对财务报表、经营历史等的详细审查，直接根据企业信用评分进行贷款审批，从而缩短融资时间并降低融资成本。

②无担保授信：对于A类企业，金融机构可提供无担保的信用贷款或降低担保要求，基于信用评估直接授信，大幅提高资金流动性。

③信用加权额度提高：A类企业的信用评分较高，金融机构可相应提高授信额度，助力企业在供应链中进行大规模交易和应收账款融资。

（2）B类企业：中等信用企业的稳健支持。

B类企业虽然信用状况较好，但可能存在轻微的经营波动。针对B类企业，金融机构应采取常规的融资支持，保持相对稳健的风险控制。

①常规审批流程：金融机构可根据信用评价结果为B类企业提供常规的贷款审批，结合其经营数据、供应链交易记录等信息，确定融资额度和风险敞口。

②合理担保要求：虽然B类企业不需要严格的担保，但金融机构可以根据实际情况适度提高担保要求，确保在潜在风险发生时有足够的偿付能力。

③适度放宽融资条件：B类企业可以享受一定程度的融资优惠，比如降低部分利率或延长还款期限，以提高资金使用灵活性。

（3）C类企业：中高风险企业的防控措施。

对于信用评分较低的C类企业，存在较大的经营和信用风险，金融机构需更加谨慎地评估其融资需求，并采取相应的风险防控措施。

①加强信用尽职调查：金融机构应深入分析C类企业的经营状况和供应链上交易伙伴的稳定性，尤其是审核应收账款的真实性，以防止潜在的违约风险。

②限定授信额度：基于信用风险，金融机构应对C类企业设定较低的授信额度，并要求一定比例的保证金或增加担保物。

③强化合同条款：在为C类企业提供融资时，应在合同中设置更为严格的条款，如缩短还款周期、明确违约责任条款，以降低信用违约带来的风险。

（4）D类企业：高风险企业的严格监管。

D类企业信用风险较高，常存在不良记录或经营不稳定情况。对于这类企业，供应链金融中的融资支持应受到严格的限制。

①高度谨慎的审批程序：金融机构在为D类企业提供融资前，需严格审核其业务合同和应收账款，确保交易的合法性和可靠性，同时要求较高的风险保证金或提供第三方担保。

②降低授信额度，增加担保要求：金融机构应大幅度降低对D类企业的授信额度，并强制要求以资产或其他抵押物作为担保，避免因企业经营风险带来的潜在损失。

③限制应收账款融资：由于信用风险较高，金融机构应审慎对待D类企业的应收账款融资需求，确保所有交易有明确的付款方和资金流动记录，以防止虚假应收账款的风险。

（5）E类企业：极高风险企业的融资限制。

E类企业信用状况极差，可能存在严重的信用问题或不良记录，金融机构应对其采取更为严格的管控措施。

①拒绝无担保贷款：E类企业由于信用风险极高，金融机构应避免提供无充足担保的贷款。

②信用修复与辅导：相关部门和金融机构共同推动信用修复机制，帮助E类企业通过改善经营、提升合规性来恢复信用，待信用评分提升后，才考虑为其重新开放融资渠道。

③停止或严格限制供应链金融支持：金融机构应暂停或大幅减少对E类企业的供应链金融支持，避免进一步的信用风险暴露。

2.树立诚信标杆，激励企业守信

厦门市民营企业信用状况综合评价体系在行业内树立了信用标杆，为行业协会评选优秀企业、授予荣誉称号提供了客观、公正的依据。行业协会可以根据评价体系的结果，对信用良好的民营企业进行表彰和奖励。这不仅激励了企业诚信经营，不断提升自身信用水平，还促进了整个行业诚信文化的建设和发展。

参考文献

[1]福建省政府网站.厦门城市信用建设何以领跑全国[EB/OL].（2024-07-11）[2024-09-02].https://fgw.fujian.gov.cn/ztzl/fjys/fjys/202407/t20240730_6492205.htm.

[2]王伟.论社会信用法的立法模式选择[J].中国法学（文摘），2021（1）：228-247.

[3]杨秋海.互联网金融下的信用体系建设[J].征信，2014（6）：16-19.

[4]孙晋云，白俊红，张艺璇.社会信用与城市创业活跃度[J].经济与管理研究，2024，45（3）：75-93.

课题指导：黄光增
课题组长：李　亢
课题组成员：彭梅芳　兰剑琴　张林雄
　　　　　　黄彩霞　黄榆舒　洪广泽
课题执笔：李　亢

第十九章

厦门推动有效降低全社会物流成本对策研究

现代物流是实体经济的"筋络"，连接生产和消费、内贸和外贸。降低全社会物流成本是提高经济运行效率的重要举措。当前，厦门正处在加快构建新发展格局节点城市、推动高质量发展的关键时期，进一步降低全社会物流成本，对于畅通经济循环、释放内需潜力、促进厦门经济平稳健康发展具有重要意义。

一、全社会物流成本概念

全社会物流成本是核算一个国家在一定时期内，不同性质企业微观物流成本的总和。它反映了国民经济各方面在社会物流活动中所支付的全部费用。根据《社会物流统计调查制度》，全社会物流成本主要包括以下3部分：运输费用、保管费用和管理费用。

通常用社会物流总费用与国内生产总值（GDP）的比率来衡量一个国家或地区的物流效率和服务水平。这一比率越低，说明物流效率越高，对国民经济的贡献越大。此外，全社会物流成本受多种因素影响，包括宏观经济状况、地区产业结构、运输方式结构、流通组织效率、物流税费政策等。

近年来我国全社会物流成本持续下降，为企业和群众减负初步取得成效。2024年，我国社会物流总费用与国内生产总值的比率为14.1%，较上年下降0.3个百分点。但同时我国与发达国家相比，社会物流总费用占GDP的比重仍然较高，"成本高、效率低"的问题仍较突出，物流成本仍有削减空间。

二、厦门降低全社会物流成本成效

（一）厦门降低全社会物流成本总体情况

厦门物流产业发展向好，2024年全市物流产业实现总收入1798.1亿元。厦门已形成东南沿海区域性陆、海、空枢纽港，正在加快推进国际性综合交通枢纽、港口型国家物流枢纽、空港型国家物流枢纽、商贸服务型国家物流枢纽建设。截至2024年底，港口货物吞吐量2.1亿吨，集装箱吞吐量1225.5万标箱，机场货邮吞吐量同比增长12.1%，快递业务完成量同比增长12.5%。

全市已出台一系列政策举措提升物流效率、优化物流环境，支持物流企业做大做强做优，促进现代物流产业的高质量发展，在推动降低全社会物流成本方面已取得成效，2024年社会物流总费用进一步下降。

（二）物流全链条成本持续下降

1. 供应链跨业协同加快推进

厦门外向型经济高度发展，供应链发展水平全国一流，2021年跻身全国首批10个供应链创新与应用示范城市。供应链贯穿于现代产业体系全过程，促进产业跨界和协同发展，实现上下游、产供销有效衔接、高效运转。如商贸服务类的嘉晟、信和达电子、鹭燕医药、国药集团厦门医疗器械等，工业制造类的戴尔、雅马哈、乾照光电、林德叉车、宏发电声、亿联网络等，农业农产品类的中绿食品、冻品在线、福慧达果蔬等，供应链与产业链彼此渗透、相互融合，促成物流成本实现下降。

2. 供应链商业模式持续创新

厦门供应链商业模式、服务业态持续创新，供应链增值服务加快发展，涌现出一批国内领先发展模式。主要有："虚拟工厂"模式，如象屿的钢铁、铝供应链模式，亿联网络的"微笑曲线"模式；垂直领域（产业链）整合模式，如建发的"纸浆—纸品"、国贸的"纺织—服装"供应链；互联网+外贸综合服务模式，如嘉晟的"嘉易通"平台；数字化供应链模式，如建发的"纸源网"、国贸的"国贸云链"。此外，厦门市《创新与金融双擎驱动打造大宗供应链体系》入选城市典型案例，建发的LIFT服务品牌、厦门国贸《ITGAmoy服务全球能化产业的国际化探索》入选企业典型案例。

3. 供应链企业发展壮大

厦门已培育出一批全国领先、全球知名的供应链企业，形成规模效应，有效降低全社会物流成本。截至2024年底，厦门拥有超2.3万家供应链企业，其中1177家入选市供应链白名单企业，12家企业入选全国供应链创新与应用示范企业。建发、国贸、象屿3家世界500强企业占据国内四大供应链企业核心集团3席，在钢铁、煤炭、纺织品、橡胶、粮食等大宗商品供应链领域，已经成为全国的"领头雁"，为国内外超过10万家企业提供供应链服务。

4. 供应链服务加快提升

集聚中远海运、招商局集团等央企，中谷海运等民企，马士基、地中海航运、法国达飞、和记黄埔等外企，有力推动供应链服务发展。全球排名前列的班轮公司、船级社、邮轮企业、船舶管理机构等知名国际航运组织纷纷在厦门设立总部、分支机构或项目实体，有效提升供应链服务能力和效率，进而降低物流成本。

（三）物流体系运行成本持续下降

1. 物流枢纽设施加快建设

一是港口基础设施不断完善。持续推动港区功能布局优化，翔安港区1至5号集装箱泊位工程加快建设。截至2024年底，厦门港拥有生产性泊位191个（万吨级以上泊位82个）、集装箱航线186条，年货物通过能力1.19亿吨，集装箱通过能力1133.9万标箱。二是陆路货运枢纽加快建设。基本建成前场铁路大型货场、前场物流园和东孚铁路编组站。海西铁路枢纽逐渐成网，福厦高铁建成投用，远海集装箱码头铁路专用线正有序建设，境内铁路营业里程达194.3公里。三是国际航空枢纽建设提速。厦门机场通航136个城市，开通航线达223条，厦门新机场加快建设。物流空中通道持续拓展，开通厦门至俄罗斯、洛杉矶等多条洲际货运航线，航空服务质量持续提升。

2.多式联运加快发展

一是海铁联运快速增长。大力推广多式联运"一单制"业务，2024年集装箱海铁联运箱量全年达到12.98万标箱，增长29.8%，辐射区域由传统的福建、江西两省，延伸至湖北、湖南、四川等中西部地区。二是中欧班列成效显著。2024年中欧班列（厦门）通达13个国家30多个城市，以海铁模式形成跨越海峡、横贯亚欧大陆的国家物流新通道。三是"丝路海运"影响力不断提升。截至2024年底，厦门港"丝路海运"命名航线开行61条，2024年完成集装箱吞吐量237.2万标箱，增长5.6%。四是厦台海运快件初具规模。2024年，厦金海运快件包船运营831航次，运送快件超4.3万标箱，分别增长29.8%、48.6%。

3.城乡物流配送体系加快完善

出台《关于建立推进农村客货邮融合发展工作机制的通知》，深化农村客货邮融合发展，补齐农村寄递基础设施短板。推动邮政业与现代制造业、零售平台与乡村振兴战略协同合作，深化交邮融合业务合作。通自然村道路提前实现100%硬化，在全市"村村通公交"基础上，全市共开通13条"客货邮融合"公交线路，村级物流节点覆盖率达到100%。

（四）物流协同组织成本持续下降

1.推动智慧物流发展

一是数智融合赋能产业发展。厦门港海润码头全智能化改造项目列入国家重点项目，是全国首个传统集装箱码头全港区、全作业链的智能化改造创新项目。厦门"航空货运电子信息化"改革事项被国务院列为改革试点经验在全国复制推广。厦门国际贸易"单一窗口"平台各类应用系统和功能模块近百项；"国际贸易口岸物流公共服务平台""航运公司综合服务平台"等4项举措为全国首创创新举措。二是智慧物流领域持续拓宽。数字云仓、智能配送等新模式、新业态不断涌现，一批依托5G、AI、机器人等智能物流技术的物流园区已投入使用，互联网等新技术的应用促进产业加速转型升级。三是智慧物流产业园加快建设。建成鹭燕医药自动库、顺丰智慧产业园、德邦智慧产业园。

2.推动绿色物流发展

一是绿色物流体系加快构建。深化运输结构调整，加快推动"公转铁"、"散改集"和海铁联运等运输模式发展。获评全国首批绿色货运配送示范城市，新能源装卸运输设备不断投入使用，绿色包装、标准化托盘等得到进一步推广和应用，无纸化作业已实现海、空港全覆盖。二是绿色港口建设全国领先。积极引导港口应用轻型、高效、电能驱动和变频控制的港口生产设备，推进船舶更新升级。厦门集装箱码头集团获评"亚太绿色港口"。厦门象屿综合保税区是国内首个零碳排放综保区。通过构建港口清洁能源用能体系，加快"零碳码头"建设的步伐。

3.推动物流标准化发展

一是设备标准化体系不断完善。积极推广"丝路海运"高质量服务标准，依托物流平台企业共享"运力池"，鼓励企业构建公共"挂车池""托盘池"，推动标准化运载单元的循环应用，加快培育集装箱、半挂车、托盘等专业化租赁市场。二是服务标准化水平不断提升。全市于2023年成立物流标准化技术委员会，支持行业协会、物流企业、高校联合进行标准制定，并已将"丝路海运"、多式联运"一单制"等物流服务标准延伸至口岸通关、海铁联运、信息交换等业务领域，以数据共享推进业务合作，提升服务效能。

（五）物流资源配置成本持续下降

1.通关便利化水平稳步提高

完成厦门国际贸易"单一窗口"3.0版建设，业务覆盖整个厦门口岸，实现口岸业务办理的"一个窗口、一次申报、一次办结"，货物申报、运输工具、舱单申报等主要业务覆盖率均已达到100%。提前申报"两步申报"比例不断提升，进口"船边直提"、出口"抵港直装"范围持续拓展，进口大宗散货"先放后检"有效实施。压缩检疫审批时长，冰鲜水产品的审批时限由20个工作日压缩至3个工作日，动植物及其产品的审批时限由20个工作日压缩至5个工作日。推广减免税快速审核模式，新型显示器件、集成电路减免税办理从10个工作日压缩至半个工作日。

2.口岸降本增效成效显著

连续3年被列入海关总署促进跨境贸易便利化专项行动试点城市，厦门口岸跨境贸易指标获评全国标杆。落地启运港退税政策，累计享惠报关单4.6万票、货值166.6亿元，分别位居全国水运航线第一、第二位。创新进口货物"卸船分流"模式，减少进口货物流转时间3个小时以上。厦门空港口岸进出口通关时效位列全国第一。实行当日入出、24小时不出机场航班出入境检查手续一次办结，货机清舱检查平均时长不超过30分钟，机组手续办理不超过5分钟，实现货机查验"随到随办、即办即走"。建设"数字口岸"平台，推广"智能分流"功能，查验货柜装卸和运输的次数压减一半。

（六）物流要素成本持续下降

1.物流用地保障不断增强

加强国家综合货运枢纽补链强链中物流通道、综合枢纽、铁路专用线、港口码头等重点项目用地用海政策保障，从强化国土空间规划保障、统筹安排用地指标、优化用地用海审批、优化产业用地政策等方面全力服务全市交通物流降本提质增效。

2.物流减税降费政策深入实施

率先探索实施政府性收费改革，调降货物港务费、港口设施保安费、外贸船舶引航费等政府定价和指导价收费标准，暂缓开征外贸船舶锚地停泊费，免除查验没有问题外贸企业吊装移位仓储费用，疫情期间免除港口建设费等政府性收费，集装箱拖车高速公路路桥费减半。发布厦门口岸"全流程阳光服务"收费清单，降低口岸中介服务收费30%。全国首创"港口使费一站式结算平台"，实现航商与码头、船代、引航、拖轮、理货、船供等协作单位费用结算无纸化，结算时间压缩 2/3 以上。

3.政策支持不断加码

相继出台《关于进一步降低物流成本促进现代物流产业高质量发展的若干措施》《厦门市进一步加快跨境航空货运高质量发展的若干措施》《关于支持厦门市多式联运"一单制"业务推广的若干措施》《厦门港集装箱发展扶持政策（2022—2024 年）》《厦门港口管理局关于加快推进水路运输业务发展的若干措施》《厦门市促进供应链高质量发展若干措施》等政策，支持物流企业做大做强，推动物流降本增效。

三、存在问题

（一）运输结构有待优化

一是海铁联运存在不足。厦门港集装箱海铁联运比例仅为 1.1%，占比与国际、国内先进港口差距较大。二是国际中转规模不大。厦门集装箱吞吐量国际中转占比约为 10%，全球港口该比例平均约为 25%。三是中欧（厦门）班列物流集聚效应仍未充分发挥。与西安、重庆、成都、郑州等城市相比，厦门中欧班列的物流集聚效应偏弱，回程的空箱率较高。

（二）基础设施有待完善

一是以港口为核心的物流枢纽集疏运体系尚不完善。厦门港集疏运体系中 70.5%依托公路运输，29.1%依托水水转运，0.4%依托海铁联运，海铁联运占比低于全国平均水平 1.8%。二是铁路设施建设存在短板。对外铁路通道单一，货运铁路通道主要依靠鹰厦线，鹰厦线等级较低，通过能力已达 78%。铁路进港"最后一公里"衔接不畅。三是区域交通设施互联互通有待加强。厦门与省内城市连接的高铁设计时速大多为每小时 200 公里，低于全国每小时 300~350 公里平均水平。与成渝、长沙等中西部城市群缺乏直达通道，与长三角连接超过 5 小时。

（三）物流智能化水平不高

一是企业跨境物流信息对接不畅。企业获取境外物流信息较为困难，中小型物流企业难以实现对商品全程追踪，获得的信息反馈滞后甚至缺失。二是信息互联互通的协同机制有待健全。水运、公路、铁路、航空等不同部门信息数据系统各自独立，"信息孤岛"问题仍客观存在。三是交通智能检测感知设施不足。全市重点道路门架、高清视频卡口等智能网联路测单元的升级改造较慢，不足以支撑构建智能交通感知网络。四是数据赋能交通发展的广度和深度尚显不足。智慧道路管理等方面仍处于起步阶段，交通智能监测感知体系尚不完善。

（四）物流业与制造业、商贸业协同联动水平不高

一是国际化经营能力有待强化。本地物流企业实力不强，缺乏较强的资源整合能力，影响力有限，缺乏像顺丰、京东等影响力大的物流企业，在服务水平和服务层次上还有相当差距。二是航运总部企业有待集聚。世界航运 100 强、中国航运 100 强和央企、航运行业龙头企业分支机构或区域总部集聚厦门有待提

升，相关航运服务企业有待发展。

（五）要素保障有待强化

一是物流用地难以获得。现有物流用地总量少、分布散、效率低。单块物流用地规模偏小，难以满足重大产业项目招商需求，不利于形成产业要素规模集聚，也难以列入国家级计划（200亩是底线）。二是物流企业融资难、融资贵。投融资渠道较少，资金不足限制了物流企业发展壮大。传统物流企业技术含量较低、可抵押资源匮乏、抗风险能力差，进行市场融资较为困难。

四、对策建议

坚持把有效降低全社会物流成本、加快国际性物流枢纽建设作为努力率先实现社会主义现代化的重要任务，以服务实体经济和人民群众为降低物流成本的出发点和落脚点，持续优化运输结构，加强物流业与制造业、商贸业等产业的协同发展，推动现代物流高质量发展，为增强实体经济竞争力、构建新发展格局节点城市奠定坚实基础。

（一）提升产业链供应链融合发展，推动全链条降本

1.加快现代物流供应链体系建设

一是提升大型工商企业物流管理水平和社会化程度。按照供应链管理要求加强物流组织，构建集采购、库存、生产、销售、逆向回购等各环节物流于一体的供应链体系，实施精细化管理，加强库存周转。

二是推动物流业与制造业深度融合。支持物流企业全面融入制造业企业全供应链各个环节，研究出台推动物流业制造业融合创新发展的具体举措，推动企业主体融合发展，引导业务流程融合协同，打造示范应用场景。

三是开展制造业供应链示范工程。鼓励大型制造企业与物流企业建立长期战略合作关系，优化物流流程、共建设施设备、对接信息系统、衔接操作标准，推广一体化、柔性化、智能化供应链解决方案。

四是完善现代商贸流通体系。推动批发零售业高质量发展，提升商贸供应链协同水平，提高物流组织能力和效率，降低商贸领域物流成本。

2.推动大宗商品精细物流工程建设

一是优化大宗商品物流流程。推动大宗商品企业整合内部物流需求，与社会化物流企业开展"总对总"供应链合作，优化物流路径和流程，提高直发终端用户的比率。

二是大力发展大宗商品物流。发展大宗商品供应链组织平台，提高物流供需匹配度。支持在海沧港口布局大宗商品储运设施，推进港口现代化铁矿石中心建设。积极发展干散、罐式集装箱等专业化载运器具，推进大宗商品"散改集"。

三是推进供应链金融创新。开展重点领域大宗商品供应链金融服务创新试点，完善仓单质押融资、存货担保融资标准，规范供应链金融服务。

3. 推动"新三样"①高效物流体系建设

一是加强基础设施建设。加强港口适应"新三样"出口的堆场建设。探索研究新能源货车运输锂电池等低危货物的可行条件。

二是完善相关管理办法。研究出台大容量光伏电池相关运输条件与组织办法。优化完善消费类锂电池产品铁路、航空、水运等运输安全认证规范。整合简化锂电池等"新三样"产品出口认证事项，精简重复内容，支持高效便捷出口。

三是开展新能源汽车物流提升工程。加强港口滚装码头建设，发展大型（7000台以上）滚装船，支持汽车厂商与航运企业合作组建滚装船队。畅通新能源车国内联运通道和跨境物流通道，探索发展新能源产业集装箱运输。

4. 推动国际供应链提质增效

一是完善国际物流通道。战略性统筹谋划国际物流通道，健全海外物流设施网络，支持厦门港务集团、翔业集团等龙头物流企业在海外关键节点布局战略性物流枢纽，参与港口、机场等建设运营，扩大对东南亚等新兴市场和重要初级产品资源地的通道建设投入。畅通大宗商品、新能源汽车、冷链等国际物流。

二是大力发展国际物流。鼓励大型工商企业与骨干物流企业深化合作，由市场交易型转为战略伙伴型，共建共用海外仓等基础设施，提高储运、流通加工等综合服务能力，提升国际物流竞争力和供应链韧性，打造全球供应链组织中心。

三是拓展国际物流新通道。加密已有中欧班列班次，开辟中欧班列新线路，扩大台湾地区商品经海运到厦门，通过中欧班列到欧洲的规模，拓展厦门国际物流陆向通道，实现"海丝"与"陆丝"无缝对接。

5. 加快培育骨干企业

一是加大龙头企业培育力度。支持建发、国贸、象屿等大型物流企业对标世界一流，积极拓展国际供应链服务，培育具有全球竞争力的物流龙头企业。

二是支持网络货运企业做大做强。培育网络货运龙头企业。提高供应链发展水平，引导大型物流企业向多式联运经营人、物流全链条服务商转型，推动供应链基地建设，带动供应链上下游企业共同拓展国际国内市场。

三是鼓励生产和流通企业共建供应链协同平台。推动物流企业嵌入原材料采购、生产物流、仓储管理、分销配送、质押监管等服务功能，为生产企业提供一体化供应链服务。鼓励物流企业提高管理和增值服务能力，设计最优物流运输组织方案，有计划、精细化控制采购、生产、销售、供应链等各环节物流成本，让生产企业从自身经营管理层面，实现物流成本降低。

四是实施专精特新物流企业培育工程。鼓励中小物流企业重点在多式联运、智慧物流、冷链物流、商品车物流、特种物流等领域深耕发展，形成专精特新竞争优势。

五是建立常态化联系服务机制。搭建企业沟通交流平台，组织现代物流头部企业与"小升规"、专精特新等配套企业开展供需对接活动，促进产业链上下游融通发展。

---

① 指电动汽车、锂电池、光伏产品。

| 第十九章 | 厦门推动有效降低全社会物流成本对策研究 |

（二）优化物流枢纽和通道网络建设，推动结构性降本

1.整合提升物流枢纽设施功能

一是系统推进国家物流枢纽建设和功能提升。深度参与建设"大循环、双循环"新发展格局，完善国内国际互联互通、高效便捷的海陆空运输网络。调整优化港区与临港功能布局，提升港口国际中转、国际配送、国际采购、国际贸易、航运金融、航运交易等服务水平。推动陆路枢纽做强做大，加快建设前场铁路大型货场，配置口岸监管设施，推进厦门地区铁路货运场站功能整合。加快打造一批公共服务属性突出、产业聚集明显、辐射带动力强的多式联运物流枢纽，推动铁路场站向重点港口、产业集聚区、大宗物资主产区延伸。高标准规划建设航空货运枢纽，加快推进厦门新机场货运南区及物流园区建设，加快推进机场货运通道建设。推进厦门航空基地货运站（商舟物流园）建设，打造集航空货运、物流仓储、配送、信息交易等功能于一体的全过程综合物流保障设施。

二是提高基础设施衔接水平。落实物流产业专项规划和城市货运交通规划，促进运输枢纽与物流服务设施高效衔接，改善运输结构。加快建设枢纽铁路专用线、集装箱堆场、多式联运转运场站、公路联络线等配套设施及集疏运体系，构建干线支线物流和仓储配送规模化组织、一体化运行的物流集散网络。加快搭建互联互通共享的公共物流信息平台，提升整体物流体系的高效性、协调性、稳定性。

三是完善涵盖分拨中心、末端网点的分级配送体系。以海沧、前场、同安和翔安等岛外物流产业聚集区为主要载体建设一批具备干支衔接功能的区域性分拨中心，布局建设一批集运输、仓储、加工、包装、分拨等功能于一体的公共配送中心，加快末端物流网点建设。

四是完善乡村物流基础设施。搭建乡村物流服务网络，提高农村物流服务覆盖率，建设布局合理、有机衔接、层次分明的城乡配送网络体系。

2.加快推进多式联运体系

一是加强枢纽的组织平台作用。推进铁路、公路、水运、航空等运输方式有效衔接，实现水陆联运、水水中转有机衔接。推进临港集疏运体系与跨省铁路、高速公路网络紧密衔接，推动铁路进码头、进产业园区。继续拓展江西、湖北、龙岩、三明等陆地港，探索港口功能向内陆区域延伸，增揽海铁联运货运箱量。

二是培育多式联运经营主体和品牌化产品。培育具有跨运输方式组织能力的多式联运经营人，加快港口航运、铁路货运、航空寄递及平台型企业等向多式联运经营人转型。支持做大以厦门港为枢纽的内贸运抵、海上巴士和"沿海捎带"业务模式，持续推动厦门外贸集装箱码头实施"船边直提"和"抵港直装"，推广进出口货物多式联运转关直通模式，促进内外贸运输网络联通。

三是加强设施衔接、信息共享、标准协同。完善"丝路海运"服务标准，延伸至口岸通关、海铁联运、联盟服务、信息交换等业务领域。逐步在"一带一路"共建国家开展标准合作。深入推进多式联运"一单制""一箱制"，推广带托盘运输等集装化运输模式。提升海运电子提货单运用化率，基本实现无纸化放单。支持多式联运模式、业态创新，发展甩挂、驮背、多式联运，加强公共服务型信息平台建设，促进各运输方式信息互通、互用。

3.大力推进运输结构优化

一是优化主干线大通道。积极推动厦门融合国家"6轴7廊8通道"①主骨架网络，加快推进渝长厦、昌福厦通道建设，积极发挥厦门经赣州、长沙、黔江、重庆至成都综合运输通道功能。

二是实施铁路货运网络工程。加快推进远海码头铁路专用线、厦门港后方铁路通道（厦安铁路）建设。推进厦门—台湾物流通道建设，深化厦台航运物流合作。

三是加快水上运输装备大型化、标准化、智能化。积极推动标准化托盘在集装箱运输和多式联运中的应用。推动企业引入IGV（智慧型引导运输车）设备以及车船智能化改造。推动远海码头"5G+北斗+无人集卡智慧港口2.0"模式应用，推动各码头港口自动化、智能化设备应用，进一步提升港口作业效率。

四是推动大宗物资"公转铁、公转水"。加强港口资源整合，推进厦门港粮食、煤炭等货物"散改集"，中长距离运输时主要采用铁路、水路运输，短距离运输时优先采用封闭式皮带廊道或新能源船。

4.构建现代物流与生产力布局协同发展新模式

一是完善"枢纽+通道+网络"现代物流运行体系。推动全市各类物流枢纽打造物流枢纽运营平台，集成储、运、配等物流服务，创新一体化物流组织模式，增强流通全链条价值创造能力。拓展陆向物流新通道，以陆地港、海铁联运、中欧班列建设为载体，搭建连接亚欧大陆、贯通中西部地区的物流新通道。巩固发展海向通道，以"丝路海运"为纽带，深化港口间合作，加密内贸精品航线，强化内支线，加强两岸航运物流合作，增强货源聚集能力，做大国际中转。拓展航空货运网络，吸引高品质航空货运公司设立基地，开行通达全球的全货机航线，鼓励航空货代企业在厦建立国际货运分拨中心，进一步促进航空货运中转业务发展。

二是大力发展临港经济、临空经济。优化交通基础设施和重大生产力布局，将产业布局与物流枢纽、综合货运枢纽一体规划、同步推进。推动海沧港区、东渡港区、翔安国际机场等区域探索"产业集群+物流枢纽"协同发展模式，创建国家物流枢纽经济区。依托港口优势，优先推进临港工业、国际贸易、大宗商品交易等产业联动发展，同时打造进出口加工等口岸产业集群。依托翔安新机场和国际航空中心建设，积极推进航空制造、国际快递等产业提质升级，大力发展民用飞机、航空发动机以及公务机整装、客机改货机等综合维修服务，拓展航空零部件、地面设备等研发制造，发展航材保障等关联产业，打造全球"一站式"航空维修基地。

（三）加强创新驱动和提质增效，推动科技性降本

1.创新发展物流新质生产力

一是提高物流实体硬件和物流活动数字化水平。开展重大物流技术攻关，加强5G和北斗等底层战略技术应用研发、重要物流装备研发、智慧物流系统化集成创新，发展"人工智能+现代物流"。推动设立一

---

① 6轴：京津冀——长三角主轴，京津冀——京港澳主轴，京津冀——成渝主轴，长三角——京港澳主轴，长三角——成渝主轴，京港澳——成渝主轴。通俗理解就是上海、广州、重庆、北京作为东南西北的4个轴心，然后分散至全国各地。7廊：京哈走廊，京藏走廊，大陆桥走廊，西部陆海走廊，沪昆走廊，成渝昆走廊，广昆走廊。8通道：绥满通道，京延通道，延边通道，福银通道，二湛通道，川藏通道，湘桂通道，厦蓉通道。

批物流技术创新平台，为中小物流企业数智化赋能。推动跨部门、跨系统、跨平台航运贸易数据交换共享。支持物流供应链企业数字化转型，上线供应链云服务平台，为中小供应链企业提供贯穿整个订单生命周期的全流程数字化管理工具。加快货物管理、运输服务、场站设施等数字化升级。加快现代物流数字化、网络化、智慧化赋能，打造科技含量高、创新能力强的智慧物流新业态。

二是发展物流新模式。鼓励发展与平台经济、低空经济、无人驾驶等结合物流新模式，健全和优化管理标准规范，支持企业商业化创新应用。鼓励跨业态、跨区域、跨渠道的商业模式、服务业态创新，促进线上线下产业要素融合。鼓励供应链物流企业发展第三方支付、供应链金融、技术研发、品牌培育、信用建设、市场开拓、标准化服务、检验检测认证、人才培养等增值服务。加强供应链综合服务和交易平台建设，拓展质量管理、追溯服务、金融服务、研发设计等功能，实施采购执行、物流服务、分销执行、融资结算、口岸通关等一体化服务。

三是提高物流装备水平。支持智能化建设，推广无人车、船、机、仓以及无人装卸技术装备，加强仓配运智能一体化、数字孪生等技术应用，创新大规模应用场景。推进现代物流技术创新，鼓励仓储、运输、流通加工等业务进行协同化、自动化、智能化、可视化改造建设。抓住国家大规模设备更新改造政策机遇，积极推广智慧物流龙头企业的智能物流装备，鼓励有条件的企业进行设备更新改造。

2.加快物流绿色化转型

一是加强绿色化改造。前瞻性应对欧美发达国家碳壁垒带来的成本上升冲击，主动推进物流绿色化转型，降低全社会物流活动能源消耗和碳排放水平。制定绿色物流重点技术和装备推广目录，加快绿色低碳、高效节能物流技术和设施设备应用。支持物流枢纽场站、仓储设施、运输工具等绿色化升级改造，推广合同能源管理等节能管理模式。增强绿色货运配送运营能力。引导企业发展绿色新模式、新产品。

二是开展绿色物流企业对标达标行动。支持开展物流领域碳排放核算、认证工作，构建物流碳排放计算公共服务平台。推广使用新能源装备，促进物流作业节能减排。

三是完善绿色基础设施。加快构建充换电基础设施网络，扩大新能源物流车在城市配送、邮政快递等领域应用。以绿色货运配送，实现货运配送管理和技术的绿色标准化、专业化，优化升级城市运输物流体系。

四是持续推进物流包装绿色化、减量化、可循环。鼓励企业研发使用可循环的绿色包装和可降解的绿色包材，减少企业重复投入。

3.实施物流标准化行动

制定现代物流标准化发展规划，建立协同衔接、系统高效的现代物流标准体系，加强标准贯彻和实施。建立健全涵盖预研、制定、实施、复审、修订、废止的现代物流标准全生命周期管理机制。以推进运输车辆、装载单元、托盘标准化、信息化、社会化为重点，加快物流标准化建设。支持标准化"物联网+"共用信息化平台建设。支持物流园区（企业）应用标准化设施设备和装载器具。

（四）深化"放管服"改革，推动制度性降本

1. 提高运输监管水平

充分运用大数据、云计算、人工智能等现代信息技术，创新运输监管方式，依法开展国际集装箱班轮和无船承运人运价备案管理。建立道路运输追溯管理制度，依托现有信息系统健全完善道路运输信息追溯管理功能，实现运输车辆、驾驶员、货物、温湿度以及流向信息的动态采集，强化物流运输过程跟踪监测。推进智慧海事、智慧港口建设，整合应用海事、水运信息资源，增强海事跨区域业务协同和行业联合监管。

2. 优化城市配送管理

鼓励和引导物流企业通过集中存储、统一库管、按需配送、计划运输的方式整合资源，降低物流成本，提升物流效率。鼓励物流配送企业针对特定的商业聚集区和生活居住区制订专业的配送实施计划，提供个性化的配送服务，提高配送效率。积极推进"分时段配送""夜间配送"，为有需求的商贸和物流企业提供便利。鼓励快递企业探索"仓储一体化"等新型配送模式，提升电子商务配送水平。大力推进标准化仓库和专业仓库建设，推广人工智能、无人机等在城市配送中的应用。

3. 持续推进通关便利化

支持企业在海关特殊监管区域开展保税仓储、跨境电商等多种业务，在海关特殊监管区域搭建兼具多种海关监管功能的全球分拨中心，研究探索货物进出仓海关监管新模式。综合运用"绿色通道""预约查验""优先查验"等方式保障"新三样"产品加速出口。建立口岸整体通关时间监测系统，加强相关单位系统、数据对接，逐步构建覆盖全环节全流程的通关时间监测体系。建立空运鲜活农产品通关"绿色通道"，对鲜活农产品实施 7×24 小时预约查验。在属地查检、核查等业务领域探索移动远程监管应用。全面实行口岸收费目录清单制度，加强清单动态管理，规范和降低进出口环节合规成本。

4. 推进物流数据开放互联

持续推进公安、海关、港口、市政、税务等部门信息共享，推动公路、铁路、水运、航空等不同交通运输方式之间的信息衔接。鼓励物流龙头企业搭建面向中小物流企业的物流信息服务平台，促进货源、车（船）源和物流服务等信息的高效匹配，有效降低运输载具空驶率。加强物流行业数据采集、分析挖掘、综合利用，加快推进物流行业数据要素市场化进程。开展物流大数据分析，完善决策咨询功能，为物流业发展提供数据服务支撑。依托优势产业供应链物流发展，加速物流大数据与实体经济融合，打造具有竞争力的物流供应链大数据应用产业。

（五）加大政策支持引导力度，推动要素性降本

1. 加强投融资支持

发挥政策性金融机构作用，加大对骨干物流企业信贷支持力度，拓宽企业兼并重组融资方式和融资渠道，引导和支持资金流向创新物流企业。大力发展物流普惠金融，鼓励银行业金融机构对中小物流企业开展直接信贷业务。推动供应链金融创新发展，依托核心企业和载体平台加强对上下游企业的金融服务。鼓

励银行业金融机构加大产品创新力度，盘活企业优质存量资产，为符合条件的港口、仓储等物流企业提供融资服务。鼓励符合条件的金融机构或大型物流企业集团等发起成立物流产业投资基金，重点支持重要节点物流设施建设。利用出口信用保险等政策性金融工具，支持海外关键节点物流基础设施建设。支持符合条件的物流园区等项目发行基础设施不动产投资信托基金（REITs）。鼓励民间资本参与重大物流基础设施建设。支持超长期国债和专项债参与重大物流基础设施建设。

2.加大仓储物流用地支持

统筹布局物流枢纽、物流园区（基地）、配送中心、分拨中心、冷链物流设施等用地，对纳入国家和省级示范的物流园区新增物流仓储，在用地安排上给予积极支持，优先安排整合物流业务的公共型平台和与工业、商贸业融合发展的物流项目土地供应，优先保障发展多式联运用地落实。探索新型物流用地供应保障模式，鼓励利用有效载体和多种渠道整合盘活存量闲置土地资源用于物流用途。对企业利用原有土地进行物流基础设施建设的，在办理规划条件、规划许可等方面予以支持。在符合规划、不改变用途的前提下，对提高自有工业用地或仓储用地利用率、容积率并用于仓储、分拨转运等物流设施建设的，给予优先保障。支持交通运输枢纽综合立体开发和骨干通道沿线土地物流功能开发，利用周边碎片化闲置土地依法以自主开发等形式开展物流服务。

3.加大财税政策支持

将物流企业大宗商品仓储设施用地城镇土地使用税优惠政策扩大到所有仓储设施用地，允许物流企业非法人分支机构享受该政策。针对网络货运平台企业难以获得增值税进项发票问题，创新税务服务模式和监管制度，支持网络货运行业发展，研究采取对其缴纳增值税3%以上部分即征即退政策。允许"白名单"网络平台企业面向货车司机代开增值税专用发票，"白名单"企业与税务部门信息全面联通备查。对国内物流企业租赁境外企业集装箱等从事国际物流业务的，免征其代缴的非居民企业所得税和增值税。

参考文献

[1]周俭司.如何正确理解"全社会物流成本"[J].物流技术与应用，2024（4）：46-47.
[2]周清杰.降低全社会物流成本，助推经济高质量发展[J].中关村，2024（12）：30-31.
[3]何黎明.有效降低全社会物流成本的战略考量[J].中国流通经济，2024（6）：3-11.
[4]汪旭晖，段怡杰.新质生产力驱动全社会物流成本降低的机制与路径[J].中国流通经济，2024（7）：15-24.

课 题 指 导：彭朝明　彭梅芳
课 题 组 长：陈国清
课题组成员：林汝辉　刘飞龙　林　静
　　　　　　姜耘时　林永杰
课 题 执 笔：陈国清　林汝辉　刘飞龙
　　　　　　林　静

第二十章

厦门进一步发挥在区域合作中的龙头带动作用研究

区域合作龙头通常是指在某一特定区域内，在经济、政治、文化、科技等多方面起到引领和协调作用的关键城市或地区。它们在区域内的合作发展中，通过整合资源，推动政策协调，促进产业链对接，搭建交流平台等多种方式，带领周边城市或地区共同发展，实现区域整体竞争力的提升。

建设闽西南协同发展区是贯彻习近平总书记倡导的山海协作发展理念、推进区域协调发展的战略举措。厦门是闽西南协同发展的牵头城市，有基础、有条件，也更加有责任担负起特区使命，带头推进，主动作为，进一步发挥在区域合作中的龙头带动作用。

一、厦门基础和优势

近年来，厦门持续推进高质量发展，城市综合实力日益提升，新发展格局节点城市加快打造，区域合作龙头带动能力持续增强。

（一）现代化产业体系加快构建

1.产业结构持续优化

2024年厦门市三次产业结构比例为0.3∶36.6∶63.1，形成了以现代服务业和先进制造业为主的现代产业体系。"4+4+6"现代化产业体系建设加快推进，电子信息、机械装备、商贸物流、金融服务四大支柱产业集群规模达2.1万亿元，战略性新兴产业增加值占规模以上工业增加值比重超40%，第三代半导体、氢能与储能、基因与生物技术等6个未来产业加速突破。位居全球集成电路产业综合竞争力百强城市第51位，航空保税维修规模全国第一，会展业竞争力居全国前十，平板显示综合实力全国第六，厦门生物医药港综合竞争力居全国第13位，入选全国制造业新型技术改造城市试点、全国首批现代商贸流通体系试点城市。

2.创新发展成效显著

一是创新指标全省领先。2024年全社会研发投入强度达3.4%，跻身世界知识产权组织发布的全球"科技集群"百强榜第72位、"科技强度"第76位。二是创新主体持续强化。净新增国家级高新技术企业超过500家，国家高新技术4720家；净增国家级专精特新"小巨人"企业18家，数量居全省第一；新增

4家国家级制造业单项冠军企业，1家企业入选全球独角兽榜。三是创新平台加快打造。新建企业研发创新中心126家，嘉庚创新实验室孵化企业28家，翔安创新实验室研发成果创造营业收入近200亿元，挂牌成立鹭江创新实验室。高标准建设厦门科学城，Ⅰ号、Ⅱ号孵化器累计入驻科技型企业和机构超140家。集聚国际化人才5.9万人、新增3566人，蝉联中国年度最佳引才城市。

3. 龙头企业作用日益凸显

2023年，厦门建发、厦门国贸、厦门象屿3家企业分别位居世界五百强第69位、第95位、第142位。厦门建发、厦门国贸、厦门象屿、厦门信达、厦门钨业、盛屯矿业6家企业进入中国500强。厦门路桥、厦门夏商、厦门火炬集团等18家企业进入全国服务业500强。厦钨新能源、盛屯矿业、科华数能、海辰储能4家厦企入围全球新能源企业500强。大企业、龙头企业的培育，对于厦门招商引资、集聚产业集群起到积极的作用。

（二）综合交通枢纽加快构建

1. 空港枢纽快速发展

高崎国际机场为中国东南沿海重要的区域性航空枢纽，与境内外119个城市通航，开通境内外航线161条，国内125条，地区国际航线36条。空港旅客吞吐量2798万人次，空港货邮吞吐量37万吨。建设中的厦门翔安机场为我国重要的国际机场和区域性枢纽机场，飞行区等级4F级，可满足年旅客吞吐量4500万人次、货邮吞吐量75万吨的使用需求。获批空港型国家物流枢纽。

2. 海港枢纽日益成熟

厦门港拥有万吨级以上泊位79个，全港集装箱班轮航线达186条，"丝路海运"航线132条，通达全球57个国家和地区的152个港口，成为国家重点建设的四大国际航运中心和20个国际性综合交通枢纽城市之一。2024年货物吞吐量完成2.1亿吨，集装箱吞吐量完成1225万标箱，集装箱吞吐量位居全球第11位。厦门国际邮轮中心码头是全国首批邮轮运输试点示范港、全国四大邮轮母港之一。2024年厦门国际邮轮母港共接待邮轮31艘次，旅客吞吐量9.47万人次，同比增长320.36%，客流量位居全国邮轮港口第三名。

3. 铁路枢纽逐步健全

目前厦门已成为东南沿海的重要铁路枢纽城市，形成以厦深铁路、龙厦铁路、福厦铁路、鹰厦铁路为骨干，以海沧港货运专用线、东渡港货运专用线为支线的"四干两支"的铁路线网格局，运营里程达到194公里，铁路网密度位居全省前列。2024年厦门铁路旅客发送量5639万人次。

4. 高速路网更趋完善

现有4条高速公路（沈海高速、厦蓉高速、厦沙高速、甬莞高速）和4条国道（G228、G324、G319、G638）。全市公路通车里程2223公里，公路网密度位居全省第一。与长三角、粤港澳大湾区、中西部主要城市实现直捷通达。"衔接区域、支撑全域、通达便捷、环湾放射"的高速路网体系初步形成。

（三）改革开放高地加快打造

1. 重点领域改革取得突破

2024年，厦门市相关改革取得较大突破。国资国企改革持续深化，民营经济不断发展壮大；升级完善"财政政策+金融工具"3.0版，落地全国首单"两岸信保通"、全国首只S母基金和全国首只CVC母基金；优化房票制度；深化户籍制度改革。厦门改革热度平均指数位居全国19个副省级及以上城市第一，综合改革试点累计29项典型经验获全国推广。

2. 一流营商环境加快打造

2024年，国家发展改革委在投洽会营商环境论坛上发布外商投资准入负面清单等权威信息。厦门关地协同集成化改革入选全国优化营商环境创新实践十大案例。实施13项"高效办成一件事"。全市百强民营企业研发投入增长17.8%，上榜省民营企业百强29家、创新型民营企业百强33家。持续升级营商环境改革方案，累计出台19批990项任务清单。推动营商环境始终保持全国、全省前列，是全国营商环境标杆城市，连续5年位列全省第一。获评全国诚信建设影响力城市，城市综合信用指数保持全国第一。

3. 自贸试验区建设成效显著

厦门自贸片区自2015年挂牌成立以来，累计推出创新举措606项，全国首创142项，5个典型案例成为全国自贸试验区最佳实践案例。2023年厦门自贸片区新增全国首创经验16条，自贸片区"航空货运电子信息化"改革入选自由贸易试验区第七批改革试点经验，创新推进两岸文化产业融合发展改革经验获评商务部国家文化出口基地第三批创新实践案例。完成32项制度型开放试点任务，获批全国首个"医疗器械全球保税维修"业务试点。海丝中央法务区集聚法务相关机构900多家。

4. 外贸发展全省领先

2024年厦门市外贸进出口总值9326亿元，占全省比重47%，在15个副省级城市位居第四。"新三样"出口增速远超全国，进出口规模全国第八、外贸水平竞争力全国第七。3项工作获评全国服务贸易创新发展试点最佳实践案例，获批首批全国内外贸一体化试点城市。

（四）民生社会事业发展领先

1. 教育事业加快发展

一是高等教育加快发展。厦门大学入选国家和福建省"双一流"建设高校，华侨大学、集美大学入选福建省"一流"建设高校。厦门大学团队成果连续两年入选"中国科学十大进展"。厦门医学院和厦门华厦学院顺利通过教育部本科教学工作合格评估，闽西南高等教育中心初步构建。二是职业教育体系加快构建。推动7所省级"双高计划"院校和19个高水平专业群建设，建设30个市级服务产业特色专业群和20个市级高职高水平专业。培育29家产教融合型企业、10个产教融合实训基地。三是基础教育扩优提质。建成中小学幼儿园项目45个、新增学位4.6万个，入选教育部国家基础教育教师队伍建设改革试点城市，获得基础教育国家级教学成果奖一等奖。

2.医疗卫生服务加快发展

四川大学华西医院、复旦大学附属肿瘤医院厦门医院、厦门市苏颂医院全面投入运营，新增4家医院通过"三甲"评审，医疗卫生服务满意度评价全国第五，全市居民平均期望寿命达到83.62岁，高出全国平均水平5岁。主要健康指标连续18年保持在中高收入国家和地区前列。厦门大学附属第一医院、厦门大学附属中山医院跻身"顶级医院全国100强"，顶级医院数量占福建40%。获批全国健康城市建设试点、儿童友好城市试点和婴幼儿照护服务示范城市。

3.文化体育繁荣发展

2023年，厦门市专业文艺院团获第十四届全国舞蹈展演优秀剧目奖等国家级、省级荣誉49个。文化惠民演出495场，惠及群众8万余人次。举办金鸡百花电影节、首届中国电视剧大会等全国性重大文化活动和1500多场文旅活动。全民健身工作形成全国经验，新建近邻运动场超4万平方米，全民健身场地服务市民群众超650万人次。举办世界田联钻石联赛、全国健身锦标赛、CBA全明星周末等40场高级别赛事，厦门马拉松荣获全球首个特别贡献奖、首个"可持续发展代表性赛事"称号。厦门市"引进国际赛事推动体育服务贸易创新发展"案例入选国务院"全面深化服务贸易创新发展试点最佳实践案例"。

二、厦门基本情况

近年来，厦门充分发挥区域合作龙头带动作用，通过区域产业紧密协作、区域科技创新合作、公共服务共建共享、交通基础互联互通等方式，带动周边区域发展。

（一）区域产业带动情况

1.产业合作

一是商贸业方面。近年来，厦门牵头制定《闽西南协同发展区商务部门招商联盟框架协议》，重点从搭建联合招商合作平台、促进产业布局调整和协同发展、加强商贸服务合作、开展电商及物流合作、深化口岸通关、推进菜篮子工程建设、加强对台交流合作、建立良好的保障机制等多方面进行综合推进协同发展。同时，厦门充分发挥会展优势，借助"九八投洽会""海峡旅博会"等平台，支持闽西南五市参加"九八投洽会"等各类展会，推动协同发展区商贸业发展。

二是物流业方面。近年来，厦门牵头建立物流部门联席会议制度，加快完善物流服务体系和基础设施，完善物流园区—物流中心—配送中心的区域物流网络体系。2022年厦门牵头建设"闽西南物流信息管理平台"，推动闽西南五市物流信息共享共用。截至2024年11月，平台已采集物流企业、货运车辆、从业人员、邮政快递企业等数据87万条。

三是文旅产业方面。近年来，厦门牵头闽西南五市文旅部门，重点在行业监管、市场拓展、产业项目、联合执法、旅游培训五大领域开展协作，通过品牌共建、产品互连、线路互推、客源互送、资源共享等形式，推进旅游产业深度对接，打造紧密型旅游区域联盟。2023年厦门牵头编制《闽西南旅游指南》，推出八大类55条精品旅游线路，举办线上线下"闽西南e家人"系列宣传推广活动，推动闽西南文旅产业融合发展。2024年厦门牵头召开了闽西南五市旅游协同工作推进会，会议通过了《2024年度福建闽西南联合（赣皖地区）文旅宣传推广系列活动方案》《2024年闽西南五地市青年骨干导游专题方案》等方案。

四是金融服务业方面。近年来，厦门牵头建设"闽西南科技板"，成效显著。截至2024年11月，"闽西南科技板"展示企业1428家，挂牌企业133家，托管企业191家，托管股份数23.8亿股，融资总额约10.19亿元。

2. 园区合作

近年来，厦门充分发挥在产业园区建设和管理的经验，加快推进与闽西南其他四市产业园区共建，在园区产业规划、资金支持、配套设施建设等方面给予帮扶指导，推动共建园区产业向专业化、集约化、智能化发展。2024年1—11月，5个经济合作区签约115个项目，总投资407.99亿元，184个项目开工建设，投产企业642家，实现产值972.96亿元。其中，厦漳经济合作区签约13个项目，总投资77.07亿元，14个项目开工建设，投产企业81家，实现产值61.45亿元；厦泉经济合作区签约34个项目，总投资66.81亿元，16个项目开工建设，投产企业84家，实现产值67.16亿元；厦明经济合作区签约15个项目，总投资101亿元，10个项目开工建设，投产企业137家，实现产值416亿元；厦龙经济合作区签约53个项目，总投资163.11亿元，142个项目开工建设，投产企业293家，实现产值419.35亿元；泉三高端装备产业园（南安园、三元园）2个项目开工建设，投产企业47家，实现产值9亿元。

3. 企业合作

一是成立闽西南城市协作开发集团。厦门牵头成立闽西南城市协作开发集团，厦门出资比例占五市比重40%。截至2024年11月，累计接洽各类项目150余个，落地项目13个，总投资30亿元。二是厦门龙头企业赴闽西南协同区投资。厦门国贸集团、厦门夏商集团、厦门旅游集团、厦门银祥等龙头企业与三明、龙岩、漳州等城市合作建设了一批批发市场、服务中心、旅游平台、加工厂等；厦门金龙客车、奥佳华、宏发电声、立达信等大型企业采取"厦门总部+外地生产基地"发展模式，将生产基地建在漳州。

（二）科技创新带动情况

1. 创新主体

近年来，厦门加快推动科技型骨干企业与闽西南高校科研院所、上下游企业、相关科技服务机构展开深度合作，打造创新资源协同、供应链互通、产业链共享的创新联合体，带动闽西南各创新主体优势互补、成果共享、风险共担。厦门牵头创立的闽西南工业仿真协同创新中心，面向工业制造类企业，提供工业仿真、工程咨询、正向设计等服务。2023年以来服务闽西南企业突破300家，涵盖浔兴拉链（泉州）、龙溪轴承（漳州）、龙净环保（龙岩）、洛坑矿山（三明）等企业。

2. 创新平台

一是闽西南科学仪器设备资源共享平台。该平台在"厦门市科学仪器设备资源协作共享平台"基础上，增加五市仪器设备信息管理和共享服务端口，构建集科研院校、检测机构、技术服务平台等单位科学仪器设备为一体的智慧共享平台。截至2024年11月，入网554家单位，入网设备5571台，可预约仪器设备2298台。二是闽西南生物资源利用中试技术公共服务平台。该平台由自然资源部第三海洋研究所建设，重点面向生物医药、功能性食品、生物制品等海洋生物产业需求，以提供第三方中试技术服务为特色的公共服务平台。2023年，平台在闽西南地区新增开展各类技术合作6项，实施科技成果转化成果1项，技术成果推介会9场。2024年在龙岩市、石狮市举办两场技术推介会。

3. 人才合作

近年来，厦门牵头制定《闽西南区域人才合作框架协议》，围绕人才项目资本合作、抱团引才聚才、人才培训培育、人才自由流动等主题，共同打造区域高层次人才合作发展示范区，以人才一体化来引领推动区域协同发展。2020年起，厦门市加快推动实施科技特派员专项创新服务载体项目，已连续5年拨付专项经费1.5亿元到三明、龙岩两市。2023年厦门牵头举办第一期闽西南科技成果及人才共建对接交流活动，推动闽西南协同发展区人才交流与合作。

（三）公共服务带动情况

1. 教育协作

在基础教育方面，近年来，厦门市持续深化与闽西南协同区教育协作。如厦门市与龙岩市签订新一轮对口帮扶协作协议，带动龙岩市基础教育水平持续提升。在职业教育方面，厦门市职业院校发挥"领雁效应"，与闽西南职业院校联办五年制高职，围绕办学经验、专业设置与调整、人才培养方案制定与专业核心课程设置、师资培养等方面开展交流，促进对接学校教育教学质量提升。集美工业学校与闽西南11所职业学校签订闽西南协同发展结对帮扶协议，推动结对帮扶学校加快发展。在高等教育方面，厦门理工学院与龙岩市科技局进一步深化建设厦龙工程技术研究院，打造厦龙筑梦红色孵化器，深化厦门与龙岩产学研合作。

2. 医疗卫生

一是加快推进区域医疗中心试点建设。复旦中山厦门医院经过长期对闽西南医疗技术合作单位提供技术帮扶和辐射带动，已初步构建"国家医学中心—区域医疗中心—辐射医联体"服务模式，带动闽西南协同区医疗服务整体水平。二是牵头建立闽西南医联体。厦门市儿童医院牵头建立闽西南儿科医联体，陆续派出团队到晋江市医院、南安市中医院等医联体单位，指导成员单位强化医疗质量管理，闽西南儿科医联体成员单位学科诊疗水平、疑难病的处理能力明显提高。截至2024年12月，厦门市已有13所医院与闽西南五地市的多家医疗机构建立了紧密的合作关系，有效带动闽西南医疗服务水平提升。

3. 文体事业

厦门丰富多彩的演出活动和高水平的演出团队吸引周边大量观众来厦门观看演出。以闽南大戏院为例，戏院成立至今共举办演出超过1000场，累计接待人数超过100万人次。金鸡百花电影节、第二届全国音乐剧展演等全国性重大文化活动，以及中秋旅游嘉年华等1500多场文旅活动也吸引周边游客来厦门旅行。每年在厦门举办的国际级、国家级赛事约30项，群众性赛事活动超过1000场。厦门马拉松赛、厦金海峡横渡活动、海峡杯帆船赛等自主赛事高度品牌化。国际女子高尔夫球公开赛、世界沙滩排球巡回赛、国际攀岩世界杯等高端品牌体育大赛落户厦门。文体赛事活动也相应带动大量周边游客来厦观看和旅行。

（四）交通网络带动情况

1. 海铁联运通道

近年来，厦门港充分发挥陆地港的物流纽带作用，通过开展"公转铁""公转水""散改集"，提升晋江、龙岩、三明等陆地港所在地及周边辐射区域对厦门港的货源喂给能力，积极深入中西部拓展货源，大力发展海铁联运业务，实现闽西南区域经济协同发展。2024年，厦门港累计完成海铁联运12.98万标箱，创历史新高，同比增长29.8%。

2. 区域轨道网络

近年来，厦门市牵头制定闽西南陆路交通互联互通三年行动计划，区域交通互联互通加快推进。漳州联十一线、轨道交通6号线漳州（角美）延伸段、泉州—厦门—漳州城际轨道（R1线）等一批重大交通设施项目加快建设。兴泉铁路全线贯通运营，福厦高铁建成通车，缩短福州、厦门、泉州、漳州之间的时空距离，形成东南沿海区域间的快捷通道。厦漳泉核心区"1小时交通圈"、西南协同发展区"2小时交通圈"加快构建。

3. 区域路网体系

近年来，厦门市与周边地市道路联通持续推进，交界地区"断头路"加快打通，闽西南快速联系道路网加快建设。晋同高速、沈海高速杏林互通及接线工程、沙美路东延伸段（黄山路—南安界）及迎宾大道北延伸段工程、国道324线（官路至小盈岭段）工程、厦门市轨道交通6号线漳州（角美）延伸段工程等项目加快推进，交通基础设施不断升级加速了区域协同发展步伐。

三、存在问题

近年来厦门市作为区域龙头城市，在推进区域协同发展中取得了较好的成效，但也存在着些不足，主要表现在以下几个方面。

（一）经济带动能力较弱

厦门经济规模小，2024年厦门市GDP仅为上海市的16%，深圳市的23%，福州市的60%、泉州市的66%。城市首位度较低，在闽西南五市总量占比仅为24%。与国家区域级城镇群的中心城市相比，厦门在城市规模、经济体量、产业基础和影响力上处于下风；全国百强企业、骨干大企业和知名品牌数量少，多数企业在细分行业占有一定优势，但在全国范围内影响力普遍偏小；行业龙头企业实力不强，缺乏集总体设计、成套能力和系统服务功能于一身的大企业；厦门对周围腹地、全国乃至国际有影响力的高层次领军人物、品牌企业和创新成果的集聚能力较弱，金融、创新产业、信息服务业等高端领域辐射带动作用不强。

（二）辐射功能有待加强

一是协同区内交通辐射能力相对不足。国际综合交通枢纽能级亟待提升。在机场方面，高崎机场仅为区域性枢纽机场，国际航线比例不足，综合客运量排名下滑，对打造国际一流枢纽港的支撑不足。在铁路方面，缺少通达中西部的高速、铁路通道，制约厦门辐射带动闽西南乃至更广阔区域的发展。海陆空枢纽立体互联不足，机场、港口、火车站之间有待进一步衔接融合。二是基本公共服务辐射效应较弱。医疗、教育等基本公共服务的发展主要依靠地方政府投入建设，受行政区划的制约，区域性公共服务的协同发展步伐整体较为缓慢，未能形成较好的辐射效应。

（三）合作机制尚待完善

随着区域合作进程的不断推进，一些基础性合作取得了较好的成效，但深层次、根本性问题未能得到大的突破，有效的合作制度供给不足，亟须建立一种利益协调机制来平衡区域合作。区域内各市综合实力不平衡且无财税共享平衡机制，要素的跨区域流动存在行政壁垒，影响产业分工合作。特别需要深化产业园区合作机制等创新，完善利益共享、合作共赢机制体制。

四、对策建议

新时期，厦门要坚持"共商共享、协同共赢"的原则，充分发挥自身优势，进一步发挥好区域合作龙头带动作用，引领区域协同发展。

（一）发挥产业优势，提升区域产业能级

1.加快培育产业集群

发挥厦门电子信息、机械装备、商贸物流、生物医药、文化旅游等产业优势，以重大项目为龙头，以产业链为纽带，深化产业分工协作，加强产业链协同、上下游对接，实施建链强链补链工程，共同打造上中下游产业联系紧密、相互配套、竞争力强的大型产业集群。重点打造集成电路、先进装备制造、新材料、生物医药、商贸物流、文化旅游等重点产业集群，通过培育打造区域产业集群，带动区域产业链、创新链、供应链协同发展，提升闽西南协同区产业整体水平。

2.推进产业园区共建

充分发挥厦门城市品牌、发展园区经验及经营管理优势，结合泉州、漳州、三明、龙岩土地、劳动力资源优势，加快推进闽西南产业园区共建。通过建设一批"飞地"园区、生态旅游文化产业园、山海协作产业园等平台，支持以国家级开发区和发展水平较高的省级开发区为主体，整合或托管区位邻近、产业趋同的开发区。加快园区规划建设，实施产业链引商，推进产业梯度转移，重点提升厦泉、厦漳、厦明、厦龙等经济合作区和集美（清流）、翔安云霄等山海协作共建产业园区发展水平，促进产业合作、资源互补、劳务对接、人才交流、资金支持、园区建设等方面帮扶取得更大实效。

3.强化龙头企业带动

发挥厦门龙头企业辐射功能，支持厦门与闽西南协同区企业在项目建设、科技创新、产业培育、供应链构建、人才培训等方面深入合作。重点扶持建发、路桥、国贸、夏商、金龙等厦门龙头企业在泉州、三明、龙岩、漳州等地的投资。一是设立分公司，推动厦门路桥、国贸、夏商等龙头国有企业和三安集团、

宏发电声、安井食品等龙头民营企业到闽西南协同区设立分公司，推动闽西南五市相关产业发展；二是兼并收购，推动厦门企业对周边地区企业的兼并收购，如鼓励厦门市资产管理公司与闽西南协同区银行业金融机构合作，通过债务重组、对外转让等多种方式组建新公司；三是管理和品牌输出，依托厦门建发、国贸、象屿等龙头企业的管理和品牌优势，与闽西南其他城市相关企业组建新企业，带动当地中小企业发展。

（二）发挥科创优势，提升区域创新能力

1. 牵头建设以厦门为中心的闽西南产学研和科技开发联合体

发挥厦门国家自主创新示范区的科技创新带动作用，牵头建设以厦门为中心的闽西南产学研和科技开发联合体，通过合作在闽西南区域建立科技园区或成果转化基地等形式，共享技术创新优势和技术转让成果，协同推进科技成果转化。加强厦门与闽西南协同区其他城市开展技术交易合作，在国家科技成果转化服务（厦门）示范基地设立闽西南协同区技术交易专区，促进厦门与闽西南协同区其他城市创新资源与市场有效对接，推动科研成果双向落地转化。

2. 构建区域创新平台

一是提升一批厦门国家级创新平台。重点推动厦门科学城、嘉庚创新实验室、翔安创新实验室、清华紫光集成电路设计中心、中国科学院海西研究院厦门稀土材料研究所等机构，不断提升创新能力，形成区域科技辐射能力，服务闽西南中小企业。二是加快推进闽西南协同发展区科研平台创新联盟，发挥厦门高校、科研院所、高新技术企业创新优势，推动闽西南协同区在科技研发、资源共享、成果转化、人才培养等方面的交流合作。三是持续推动"闽西南科学仪器设备资源共享平台"建设。创新"互联网+智能云服务+共享设备+用户"的跨区域协作机制，提高科学仪器设备共享利用率，降低科技创业企业投入成本，为闽西南各领域创新发展提供技术支撑。

3. 牵头建设区域产业孵化器

创新孵化器是科技服务业的重要内容，向前贯通创新链，向后链接产业链，融合资金链、人才链，是"四链"融合的重要载体。引进和建设与产业发展密切相关的应用型科研机构、企业研发中心、工程技术（研究）中心、博士后工作站等创新载体，在人工智能、新能源、新材料、环境保护、海洋科学、网络信息、先进制造和医药健康等领域建设若干个闽西南产业孵化器，为闽西南区域中小企业提供产业孵化。

（三）发挥改革开放优势，提升改革开放水平

1. 复制推广自贸试验区创新制度

厦门要充分发挥自贸试验区"改革+""保税+""金融+"等政策功能优势，持续优化"创新+数字+平台+产业"发展模式，推动航空维修、融资租赁、中欧班列、跨境电商等22个创新发展平台经验到闽西南协同区，带动闽西南产业转型升级；推动厦门自贸片区台商发展服务中心服务扩大到闽西南协同区，为台胞台企提供两岸行业标准采信、涉台法律服务、对台政策咨询等服务；发挥自贸片区基金重点产业平台优势，建设"自贸基金港"，积极探索以金融手段赋能新经济、新业态发展，引导包括国有资本在内的社会

资本向航运经济、航空工业、数字经济、集成电路、文化等产业投资，并适时将相关经验推广到闽西南协同区。

2.复制推广厦门营商环境经验

发挥厦门营商环境优势，在工程建设项目审批，获得电力，获得用水用气，登记财产，纳税，跨境贸易，办理破产，融资支持，政务服务，知识产权创造、保护和运用，市场监管，包容普惠创新，执行合同，政府采购等方面，推广厦门经验，共同优化闽西南协同区营商环境。通过综合改革引领全面深化改革，在社会信用体系建设方面贡献更多"厦门经验"。发挥厦门作为全国首批社会信用体系建设示范城市，共同构建区域统一的公共信用信息共享平台，打造信用大数据在金融信贷、公共服务等领域的创新应用场景，形成全社会守信氛围与营商环境优化、经济发展相互促进的良好格局。

3.推动区域外贸创新发展

发挥厦门区域贸易中心优势，面向国际国内市场，发展新业态、打造贸易平台、引进培育主体、增强贸易集聚辐射能力。联合闽西南五市共同培育贸易新业态新模式，大力发展数字贸易、金融保险、技术贸易、文化教育、知识产权、医疗服务等技术密集型服务贸易。联合闽西南五市引进培育综合性贸易主体，引进航运、贸易、金融等领域国内外知名企业，集聚一批创新能力强、集成服务水平高、具有国际竞争力的贸易总部型企业。联合闽西南五市创建国家进口贸易创新示范区，开展服务贸易创新发展试点，建设服务外包示范城市，建设国家数字服务出口基地和国家文化出口基地。

（四）发挥公共服务优势，促进区域共享发展

1.教育协同发展

一是建立厦门对口帮扶薄弱地区基础教育发展机制，推动基础教育校际交流与帮扶共建常态化。牵头建立沿海山区师资培养培训合作机制，开展名校名师培训活动，提高师资能力和水平。二是鼓励厦门优质学校跨地区合作办学。发挥厦门优质资源的示范辐射作用，利用"互联网+"等方式推动跨地区共享机制优质教育资源。重点发挥厦门高等教育和职业教育优势，通过专业设置、教师交流、人才培训、学分共享、平台共建等方式，进一步整合区域教育资源，带动闽西南协同区高等教育和职业教育协同发展。

2.医疗卫生协作

一是发挥厦门市医疗卫生优势和综合实力，在医疗质量管理、人员培训、学术交流、信息互联互通、绿色转诊通道等方面与闽西南五市儿科医院展开医疗机构合作，带动闽西南五市儿科医院发展。鼓励和支持协同区内更多的医疗机构加入闽西南儿科医联体建设，提升闽西南协同区儿科医联体合作层次和水平。二是大力推动医教研一体化合作，充分发挥厦门大学附属第一医院、厦门大学附属中山医院等医院资源优势，与闽西南其他医院合作共建，围绕医工结合、生物医药与健康、人工智能与大数据等重点领域，深化医学科研、医学教育、技术创新及成果转化等方面探索合作，带动闽西南协同发展区医疗卫生协同发展。三是牵头建设闽西南健康医疗大数据中心，优化闽西南医疗卫生信息共享综合服务平台，带动五市医疗卫生信息化发展，加快实现五市在卫生与健康领域信息化的共建共享。

3.文体赛事输出

发挥厦门在文旅展会和体育赛事方面的优势，牵头闽西南五市共同打造文体赛事。一是依托"海峡旅博会"推动闽西南区域旅游合作发展，打造闽西南区域旅游资源共享平台和节会品牌，将参展规模和受众规模拓展到闽西南五市。二是发挥厦门体育龙头企业、品牌和项目优势，支持各类体育品牌企业在闽西南五市设立分支机构、研发中心和生产基地。三是发挥厦门举办世界田联钻石联赛、厦门马拉松、全国健身锦标赛等重大赛事经验，牵头闽西南五市共同举办具有较大知名度和影响力的精品体育赛事，推动闽西南体育产业协同发展。

（五）发挥交通枢纽优势，优化区域交通网络

1.打造国际性航运枢纽

加快厦门东南国际航运中心建设，强化集装箱国际干线港主导功能，着力做大集装箱国际中转业务。优化闽西南各港口发展方向和功能定位，形成优势互补、互惠共赢的港口、航运、物流设施和航运服务体系，打造对接长三角和珠三角、服务内陆腹地的现代化港口群。

2.构建国际性航空枢纽

加快厦门新机场建设，畅通东南亚—东北亚、北美、欧洲国际中转走廊，打造旅客往返东南亚的重要区域性枢纽。加强国际货运航空能力建设，增开跨境全货机航班，建设空港型国家物流枢纽。积极推进厦门翔安、泉州晋江、三明沙县等机场临空产业园区建设，大力发展空铁、海铁联运，推进铁路、城市（际）轨道交通、高速公路等引入机场，加快机场对外快速通道建设。

3.构筑区域轨道网络

加快泉州—厦门—漳州城际轨道（R1线）、昌厦（金）高铁等建设，统筹做好城际铁路与城市轨道、干线铁路规划衔接，逐步构建多方式、大容量、高效率的区域城际轨道交通体系。疏通海铁通道，大力发展以铁水联运为主体的多种联运方式，推进陆地港建设，对接江西、湖南、粤西北等省外以及省内大型制造业货源，增强对中西部腹地货源的吸纳能力。

4.优化区域道路网络

以厦漳泉快速公路运输网络为核心，加快完善闽西南高速公路网络。加强高速公路与沿海港口、重要城镇、经济开发区、产业园区、城市新区、物流场站和城市交通主要干道的连接，提升区域互联互通水平。

（六）发挥体制机制优势，优化区域合作机制

1.产业园区合作机制

鼓励飞入地政府和各类园区与飞出地政府采取股份合作等形式成立国有开发公司作为"产业飞地"建设开发主体，共同开展建设运营，控股方式、股权比例等由双方协商约定。合作园区产生的GDP、工业增加值、固定资产投资等各项经济统计指标，由飞入地政府统计部门负责另行统计，报省统计部门按飞入

飞出两地协商的共享分成比例分别核算给两地，纳入统计公报对外发布。合作园区产生的全部税收收入由飞入地税务机关负责征管，按属地原则就地缴库。地方税收分成原则上由"飞地"双方自主协商落实兑付方式。

2.生态环境共保机制

加强环境污染联防联治。发挥生态云平台作用，完善大气环境监测网络建设，建立空气质量联合监测、联合会商等机制和大气污染预警预测协作、联合应急机制；完善多元化横向生态补偿机制。鼓励生态受益地区与生态保护地区、流域上下游通过协商，采用资金补偿、对口协作、产业转移、人才培训、共建园区等方式推进横向生态补偿；实施环境监管执法联动。构建环境污染监测、预警、治理的区域一体化信息共享体系，实现污染排放和环境质量信息共享。建立跨行政区的环境治理跟踪机制、协商机制和仲裁机制等，加强联合监管和纠纷调解工作。

3.要素市场化保障机制

一是加快建立统一、公平、竞争有序的市场体系，推进地区间市场化改革，深化简政放权、优化政府服务，着力打破条块分割和地区界限，清除市场壁垒，促进人流、物流、信息流等要素跨区域自由流动，提高资源配置效率。二是加强区域市场监管合作，完善市场监管信息共享、征信联动、知识产权保护等机制建设，提升区域市场监管行政执法的统一性和规范化水平。三是鼓励企业以市场化方式进行跨区域产业布局，拓展延伸产业链。实施区域内投资、兼并发展，助推区域产业整合，优化产业结构调整，提升产业空间布局效率，实现规模经济效应。

4.区域人才共享机制

加强重点产业人才需求预测，共同编制发布紧缺型人才需求目录，对紧缺型人才开辟绿色通道。鼓励企事业单位采取顾问指导、双向挂职、短期兼职、退休返聘等柔性引才方式。支持专业技术人员职称、继续教育、职业资格、职业技能等级等证书互认，加强职业院校（技工学校）合作，共享实训（实习）资源。推动厦门与闽西南协同区人才市场、人才集团对接。建立劳务合作机制，联合举办供需见面会、专场招聘会、网络招聘会等，做好精准对接服务。

5.投融资促发展机制

一是发挥开发性金融中长期投融资优势和金融综合协调作用，加强区域内金融机构在信息共享和项目生成等方面的沟通交流，发挥厦门市金融洼地效应，发展地方金融机构和各类新型金融组织，从金融端推动项目落地。二是建议由地方政府发行专项债券融资，开展城市供水供气、污水垃圾处理、文体和健康养老等准经营性项目建设，鼓励社会资本通过特许经营、股权投资等形式参与，并以对应的政府性基金或专项收入作为辅助。三是推动区域性股权市场高质量发展。持续支持"闽西南科技板"建设，将厦门两岸股权交易中心打造成闽西南专精特新企业培育孵化综合服务平台，助推五地市产业结构优化升级。四是发挥好闽西南城市协作开发集团和闽西南发展投资基金参与区域协同发展的作用，引导社会资本助力区域产业发展和基础设施项目建设，支持区域高新技术企业、创新创业企业融资和成长。

参考文献

[1] 闽西南协同发展区办公室. 关于闽西南协同发展区第五次联席会议以来工作情况的汇报[Z]. 2022-01-6.
[2] 厦门市委政研室，等. 进一步发挥好厦门在厦漳泉都市建设中引领作用的思考[Z]. 2022-11-16.
[3] 王有哲. 厦门港抢抓机遇打造东南国际门户[N]. 中国水运报，2024-01-17（05）.
[4] 漳州市发改委. 福建省人民政府关于印发《厦漳泉都市圈发展规划》的通知[EB/OL].（2024-07-22）[2025-01-10]. http://www.zhangzhou.gov.cn/cms/html/zzsrmzf/2024-07-22/214813075.html.

课题指导：戴松若
课题组长：张振佳
课题组成员：林　红　董世钦　林汝辉
　　　　　　陈国清　林　敏　黄彩霞
课题执笔：张振佳

第二十一章

厦门积极稳妥推动企业"走出去"对策研究

企业"走出去"是指中国企业充分利用境内和境外"两个市场、两种资源",通过对外投资、对外工程承包、对外劳务合作等形式积极参与国际竞争与合作。通过这一战略,中国企业能够扩大其在全球的影响力和竞争力,实现资源的优化配置,促进经济的全球化发展。由于厦门企业"走出去"的主要形式为对外投资,因此本章主要聚焦该领域开展研究。

一、必要性和意义

一是企业"走出去"是日益严峻复杂的国际形势下的必选项。2024年,国际政治经济格局持续动荡,大国博弈加剧,地缘政治风险上升,全球经济增长动能不足,多重挑战交织,中国面临的国际环境更加严峻复杂。在美国及其盟友的"去中国化"策动下,部分西方国家采取滥用安全审查、实施国别歧视、单边制裁等不当手段,企图削弱中国企业在全球产业链与供应链中的地位和作用。然而,作为世界第二大经济体,中国不仅具备完善的工业体系,更拥有庞大的内需市场。为应对"去中国化"带来的挑战,我们必须更积极支持企业"走出去"发展,更广泛参与全球产业链与供应链的重构进程,更高效参与"一带一路"项目建设,更积极融入全球高端产业领域,形成中国企业的全球化发展格局,助力中国企业在全球舞台上持续稳健发展。此外,据近期厦门市贸促会开展的厦门企业"走出去"专题调研结果,超过60%的调研企业表示在过去3~5年发生了对外投资业务且在未来一段时间,仍然具有对外投资的意向。

二是企业"走出去"有利于带动出口。国际贸易理论认为,对外直接投资(OFDI)与出口存在互动关系,特别是在经济全球化不断深入的今天,大量的国际贸易由中间产品、原材料构成,这些货物在到达最终消费之前,都需要当地的进一步加工,中间产品贸易在国际贸易总量中的比例正在不断提升。数据显示,企业"走出去"虽然增加了境外产能和销售,但仍然有平均价值60%的上游零部件和材料从中国母公司或中国供应链购买,实际上起到了拉动中国外贸出口的作用。2024年9月商务部、国家统计局和国家外汇管理局联合发布的《2023年度中国对外直接投资统计公报》显示,2023年我国对外投资带动货物进出口2731亿美元,比上年增长6.4%,占同期中国货物进出口总值的4.6%。

三是企业"走出去"有助于优化配置全球资源,有利于构建"双循环"新发展格局。近年来,中国企业"走出去"对外投资结构不断完善和优化,行业种类不断增加,从最早主要集中在为进出口贸易提供服务和支持的部门,到后来逐渐扩展至采矿业和制造业,目前已覆盖全部国民经济行业门类;投资的动因已从获取资源和市场为主转向提升效率和实现战略协同为主，同时实现接近市场、降低生产成本和向价值链高端转移。"走出去"企业不断加大对产业关键环节、核心技术、先进装备等的境外并购，助推了企业向高附加值方向升级扩维，以"跨境投资+返程国产化"或"产业基金+上市公司直投"等发展模式，把优质项目、资金、技术、人才等高端资源"引进来"，推动了资源国内外双向流动和要素的全球优化配置。据厦门市贸促会相关专题调研，调研企业表示"走出去"不仅能扩大市场、降低风险，还能获取资源和技术、提升品牌形象、推动产业升级与转型等，有助于提高企业市场竞争力和助力地方经济高质量发展。

二、厦门现状

（一）投资规模总体平稳

"十四五"以来，厦门企业"走出去"对外投资总体平稳。2021—2023年，累计对外协议投资项目431个，中方协议投资金额42.5亿美元（图21-1）。

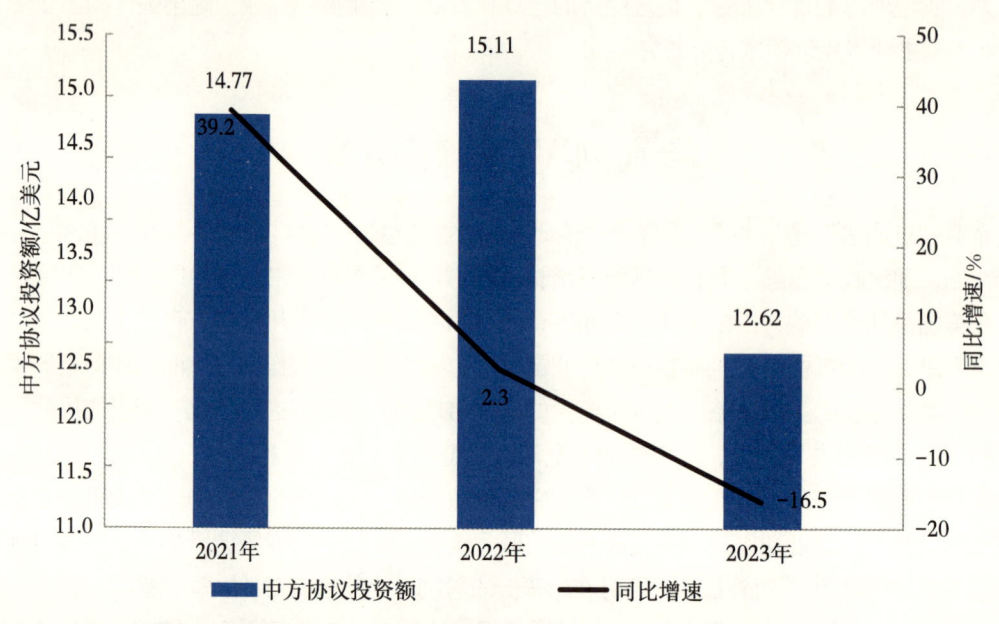

图 21-1　2021—2023 年厦门企业"走出去"投资流量及增速

数据来源：课题组收集整理。

2024年，厦门企业"走出去"对外投资项目备案数225个，中方协议投资额13.2亿美元，同比增长4.2%。截至2024年底，厦门企业"走出去"已有34年，企业"走出去"项目分布在70多个国家和地区，累计投资项目近1600个，投资额超过200亿美元，总体趋势向利用境外资源开展跨国经营、开拓市场的良好方向发展。

（二）香港是厦门企业"走出去"投资的主要目的地

我国香港地区和美国等美洲国家，以及东南亚、欧洲等地是厦门企业"走出去"投资的主要目的地。

第二十一章 | 厦门积极稳妥推动企业"走出去"对策研究

其中，在国内以香港为主的港澳台地区吸引厦门企业"走出去"投资金额最大，占比约为42%；其次，以美国、墨西哥等为主的美洲地区投资金额占比约达30%；马来西亚、泰国、印尼、柬埔寨等东南亚地区投资金额占比约为20%，欧洲、大洋洲、非洲等地区投资金额占比分别约为6%、1%和0.5%~1%（图21-2）。此外，随着"一带一路"合作的深入推进，"一带一路"共建国家及地区成为厦门企业"走出去"投资的主要地区，吸收厦门企业对外投资金额超过20%。

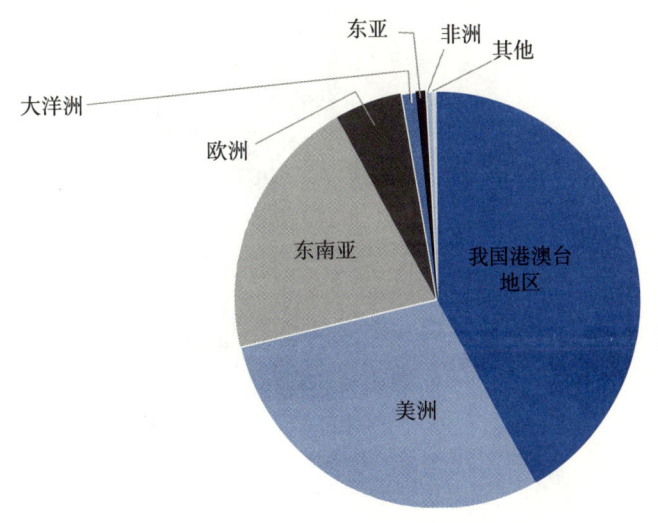

图 21-2　2021—2024 年厦门企业"走出去"投资目的地结构

资料来源：课题组收集整理。

（三）制造业成为"走出去"投资的重点行业领域

近年来，企业"走出去"投资合作的行业主要为制造业，交通运输、仓储和邮政业，软件和信息服务业，批发和零售业等，上述行业吸收的投资额占厦门企业"走出去"对外投资总额比例超过80%（图21-3）。

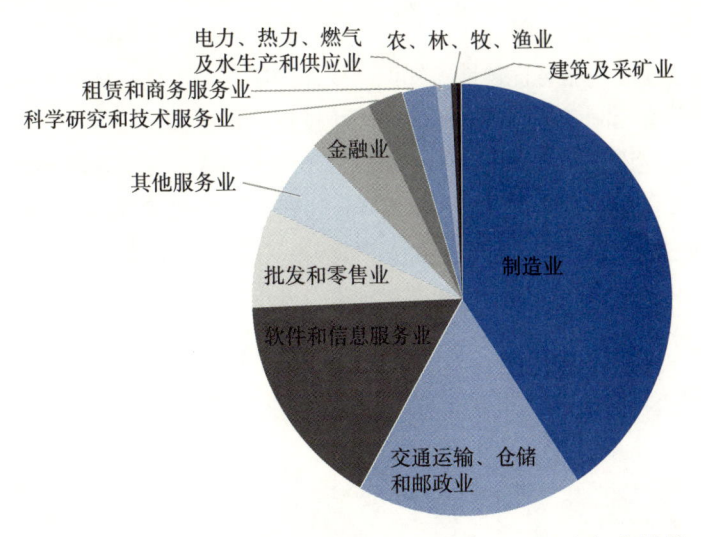

图 21-3　2021—2024 年厦门企业"走出去"投资行业结构

资料来源：课题组收集整理。

（四）民营企业是"走出去"对外投资的主力军

从企业所有制属性看，近年来企业"走出去"投资合作以民营企业为主，民营企业对外投资额占总投资额比例约为70%，国有及国有控股企业对外投资额占比约为25%（图21-4）。

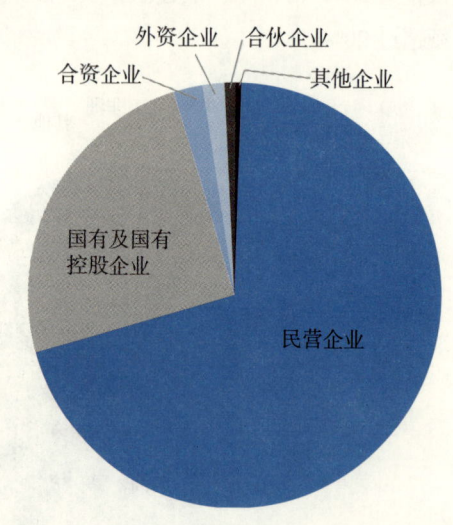

图21-4　2021—2024年厦门企业"走出去"投资的主体结构

资料来源：课题组收集整理。

（五）"走出去"政策及服务环境不断优化

近年来，厦门持续强化"五外联动"（即打好外贸、外资、外包、外经、外智"组合拳"），企业"走出去"的政策及服务环境不断优化。一是"走出去"服务联盟新近成立，包括11个相关政府部门以及25个金融、财税、法务和商务综合机构；2024年10月上线运行"厦企出海"公共服务平台，已发布国别投资、风险预警等信息150多条，助力厦门企业更好"走出去"。二是厦门自贸片区启动运作"海丝国际法商融合服务基地"，重点围绕"国际法务运营平台""知识产权要素供给侧保障集聚区"等特色产业集聚区建设，致力打造国际商事海事争议解决服务优选地、知识产权保护应用示范地；依托金融创新优势，对中国境内主体对外投资（ODI）备案无额度限制，推动国内出境投资后再返程资金入境（WFOE）更加便利。三是建立"税路通"服务品牌建设工作机制，持续更新优化国别（地区）投资税收指南、"走出去"税收指引、海外税收案例库、跨境纳税人缴费人常见问题解答等服务产品，通过跨境投资"政策通"助力企业"走出去"。四是发行2100多张APEC商务旅行卡[①]、设立"移民事务服务站"；在英国、德国、日本、巴西等12个国家和地区建设投资贸易服务点，为厦门企业"走出去"开展境外经贸合作，以及为企业外籍人员来厦开展经贸交流活动提供更大便利。

---

① APEC商务旅行卡计划（以下简称"旅行卡"）是亚太经合组织为促进本地区贸易投资便利化所做的一项多边签证安排。持卡者享有签证和通关两大便利，一次申办5年有效，可多次入境，最多可前往16个APEC经济体，最长停留时间不超过90天。持旅行卡出行，可有效降低企业申办签证的行政成本，实现"说走就走"的便利出行。

三、厦门企业"走出去"对外投资典型案例

近年来,厦门企业出于为开辟新的国际市场空间、构建跨国经营网络提升企业经营效率、积极应对中美经贸摩擦等多种因素,纷纷加大"走出去"对外投资步伐。主要有以下几种情况:

一是为优化国际布局和规避贸易壁垒。如盈趣科技投资建设墨西哥智造基地,以缓解中美经贸摩擦为公司业务带来的不利影响。

二是充分利用境外矿产、人工、技术等资源要素优势,降低成本,提升国际市场竞争力。如盛屯矿业布局印尼,稳定和提高了自身的镍矿原料自给能力;金牌橱柜认购美国室内设计服务商Collov股份、投资建设泰国(罗勇府)生产基地等项目,强化了自身在地市场服务能力。

三是拓展海外市场,进行国际化战略布局。如安井食品并购英国东方食品公司股权,提升自身在英国市场速冻食品的生产销售能力;赛诺邦格生物科技在美国投资设立子公司开展当地高端药物递送载体销售业务;迈贝特新能源公司通过香港子公司在德国新设成立迈贝特欧洲公司,拓展太阳能光伏支架、光伏组件、新能源材料及产品的研发、销售及相关技术服务等项目。具体案例如下所述。

(一)盈趣科技建设墨西哥智造基地,优化国际布局

盈趣科技早在2016年就开始谋划国际化布局,在2018年成功上市前,公司就已经在境外设立了香港地区盈趣、马来西亚盈趣、加拿大盈趣、马来西亚模具和匈牙利盈趣5家控股子公司。设立这些境外子公司,一方面顺应了公司全球化战略发展需要,更好满足了当地客户的需求;另一方面积极响应国家建设"一带一路"号召,为持续推进公司国际化进程,布局全球智能制造产业链市场奠定了基础。

2023年,为更有效地应对国际经贸摩擦,公司在持续建设马来西亚智造基地、匈牙利智造基地的基础上,开展墨西哥智造基地布局。项目总投资额达5000万美元,公司将通过在墨西哥购置土地、新建厂房、购置设备等投资,建设墨西哥智造基地,以更贴近北美消费市场本土化多样化的客户需求,进一步提升公司国际市场竞争力和面对未来贸易风险的应对能力。

(二)盛屯矿业布局印尼,稳定镍矿原料自给能力

盛屯矿业2024年8月13日宣布,其全资子公司宏盛国际资源有限公司通过现金收购方式间接获得友山镍业29.25%的股份。此次交易完成后,宏盛国际将间接持有友山镍业65%的股权。

友山镍业项目位于印尼北马鲁古省中哈马黑拉县纬达贝工业园(IWIP)内,周边拥有丰富的红土镍矿资源,采购红土镍矿通过RKEF(回转窑-矿热炉)工艺加工成镍铁或低冰镍,镍铁供应至下游进入不锈钢领域,低冰镍供应至下游动力电池原材料领域。

通过此次境外投资,盛屯矿业进一步完善钴、镍、铜、锌等有色金属业务版块,进一步扩大业务规模,增加并稳定原料自给能力,增强了上市公司核心竞争力。

(三)金牌橱柜海外投资,构建在地市场供产销一体化模式

早在2019年,金牌橱柜通过厂房租赁的方式在泰国设立北揽府工厂,帮助公司海外业务在2020年至2022年期间实现营收复合增长率约50%。

2023年10月,金牌橱柜新加坡子公司与关联方共同出资400万美元,认购美国室内设计服务商Collov

股份，以强化北美市场竞争力，并借助Collov的技术优势提升其在北美定制家居市场的设计效率和服务能力。

2024年1月，金牌橱柜发布公告，拟投资7亿美元建设泰国（罗勇府）生产基地，购置土地、建造厂房、购置机器设备等，开展定制家居产品相关业务。由于定制家居属于非标品，无法通过存货方式快速响应需求，只有建立完整的属地化供应保障体系，方可满足属地化服务要求和快速响应能力。通过东南亚制造基地，金牌橱柜构筑了本土供应链，构建海外市场供产销的一体化循环，为海外市场持续发展提供保障。

总体看，金牌橱柜主打的海外市场包括北美市场（以美国、加拿大为主）、东南亚市场（包括泰国、马来西亚、新加坡等）以及澳大利亚市场。公司通过在海外建设卫星工厂，既满足了海外客户的个性化需求，也降低了成本。

（四）安井食品国际化布局，进一步开拓市场

2021年3月29日，安井食品宣布以约273万英镑的自有资金收购英国食品企业Oriental Food Express Limited（以下简称"Oriental Food"）57.5%的股份，并同步增资250万英镑，总计投入约523万英镑。收购完成后，安井食品最终持有标的企业约70%的股份。Oriental Food主要生产与销售冷冻火锅肉卷、冷冻水饺、冷冻小笼包等速冻食品，市场主要面向英国等欧洲地区。

通过本次境外收购投资，安井食品进一步贴近当地市场与满足华人客户对速冻食品的需求，拓展了公司在英国乃至欧洲的市场业务，进一步提升了公司的品牌认知度和国际化水平。

综上，由于当前国际政治经济形势越来越复杂多变，厦门企业"走出去"对外投资，从动因看，已从出于自身国际化战略布局转向更积极有效应对国际经贸摩擦、构建在地产供销一体化网络布局等因素；从目的地看，已从越南、马来西亚等东南亚地区逐渐拓展至欧美等国家和地区，"走出去"对外投资目的地范围不断拓展；从行业领域看，制造业及物流、贸易等行业投资仍为主导，但生物科技、新能源新材料等新兴产业领域的投资已初露端倪。

四、面临的挑战与问题

（一）风险挑战

目前，全球经济面临下行压力，企业"走出去"不确定性因素增加，全球投资保护主义大幅增加，许多国家采取多种手段保护本国的优势技术，部分国家开始收紧外资安全审查相关政策，全球跨境投资监管趋严。许多发达国家纷纷加强外商投资审查，将关键基础设施、关键技术、敏感数据等领域的外商投资纳入审查范围，并以保护国家安全为由，对外商投资进行限制。因此，企业"走出去"和对外投资面临着前所未有的风险和挑战。

1.政治风险

政治风险是"走出去"企业海外投资必须首先考虑和防范的风险。其具体表现形式呈现国别差异，包括东道国或地区战争风险、内乱风险、政权更迭风险（政党轮换）、对华关系紧张和政府违约与征收等。如美国等国家随着实体经济疲弱，贸易保护已扩散到光伏等行业，亚洲部分国家对纺织品出口的贸易保护也

有所抬头，增加了厦门市光伏新能源、纺织服装等相关领域企业的"走出去"投资风险。据市贸促会开展的厦门企业"走出去"专题调研结果，有7.5%的调研企业反映因遭受中美经贸摩擦影响，被迫将部分产线转移至东南亚地区布局。

2.税务风险

企业对东道国或地区税法规则不熟悉、企业内部缺乏熟悉高水平国际化专业税务人才等多种因素，容易导致"走出去"企业在税务方面面临各种合规风险，具体表现为对税制调研不周全、外账票据不规范、税收优惠缺保障、境外个税查补多、税务检查应对弱、税收争议难解决等。如部分"走出去"企业出于提升绩效考核效果，过分关注利润而节税倾向较突出，在某些税务法规模糊地带自行制定税务筹划，以提高净利润，为税务风险埋下了隐患。

3.外汇风险

外汇风险源于外汇制度导致的企业投资风险，常见为货币汇率变动导致汇兑损失或投资地外汇管制导致的企业境外资金难回收。外汇风险可以分为交易风险、折算风险、经济风险和外汇管制风险4类。交易风险产生自汇率变动导致的企业未来现金流量不确定，以及国际金融市场借贷活动中因汇率变动导致的企业损失；折算风险与财务报表折算相关，汇率变动可导致会计账面价值变动，从而影响企业财务状况和经营成果；经济风险指汇率变动影响企业未来经济活动，如成本、价格、竞争力，从而影响企业盈利能力与竞争力；外汇管制风险源自部分国家或地区尤其是发展中国家对境外投资者有货币兑换、账户设立、资金跨境等限制要求，导致"投出难""收回难"，增加企业的资金流动成本与现金流管理难度。

4.法律风险

西方法律重视雇员、社区等相关利益主体，"走出去"企业也应该关注共同利益主体的权利保护。企业若未充分了解当地雇佣法律法规及政策，很容易在跨境用工过程中出现侵犯劳工合法权益、违反对外籍员工入境工作规定、违法裁员等法律风险。出现用工法律风险后，企业会面临罚款、赔偿、诉讼等情况，甚至产生生产停滞、声誉受损等严重后果，不利于企业在当地长期稳定经营。此外，许多国家当地的社区组织力量较强，如一些法律规定矿业投资项目必须征得本地土著和原著居民同意，对环境保护等也有严格的法律要求，企业需高度重视以避免风险。

（二）问题短板

1."走出去"投资规模较小

2023年，厦门对外中方协议投资额12.62亿美元，与青岛、杭州、宁波等先进地区相比，厦门企业"走出去"投资规模还较小，与上述3个城市相差3.25亿~24.18亿美元（图21-5）。

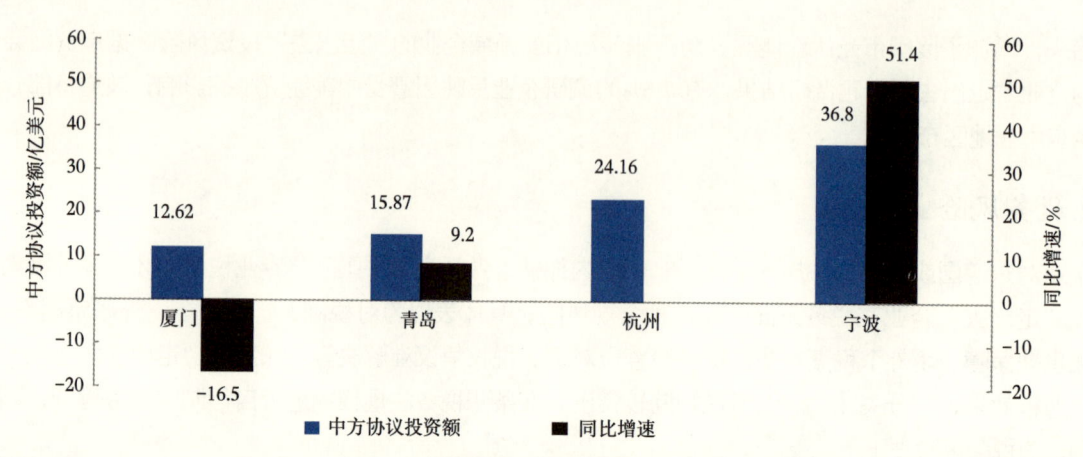

图 21-5　2023 年厦门与 3 个城市新批境外投资额比较

注：杭州增速无数据。
数据来源：课题组收集整理。

2.企业自身能力和水平还有待提升

一是风险管理能力不足。许多"走出去"企业往往对当地市场合规管理规则、法律风险防范、资金流动监控制度等了解不够充分，也缺乏对投资项目进行全面的尽职调查、风险评估和预案制定；据相关调研[1]，超过 41% 的境外投资企业没有在投资过程中建立常态化的风险评估机制和预警机制，导致企业违反规则、遭受经济损失和面临法律制裁的风险增加。二是企业国际化人才支持不足。企业普遍既缺乏通晓国际法律和商业惯例的国际化高级经营管理人才，同时在投资目的地的本地人才招募不足、本地化的生产经营管理团队建设不够。据中国贸促会发布的《2023 年度中国企业对外投资现状及意向调查报告》，近八成的受访企业在东道国投资及生产经营过程中遇到过合规问题，人才缺乏成为企业对外投资过程中最担心遇到的问题。三是缺乏境外经贸合作区等厦门企业牵头建设的"抱团走出去"园区载体。截至 2024 年底，由厦门企业牵头建设的境外经贸合作区、境外工业区等园区载体尚未实现零的突破。

3.市场环境有待完善

跨境投资涉及复杂的法律、财务、税务等专业问题，需要水平较高的专业服务业企业来提供相应服务，且随着近年来厦门企业"走出去"步伐不断加快，对于跨境金融、法律、财税等高端服务的需求较为迫切。但对比上海、北京、广东、宁波等先进地区，厦门专业服务业企业中有开展涉外金融、法律、财务、物流等跨境业务的企业数量不多，专业化水平有待提升。

4.政策支持及政府服务力度有待加大

与深圳、宁波等先进地区相比，厦门支持企业"走出去"对外投资的补助力度较弱（详见表 21-1），在前期费用支持、贷款贴息支持、对外投资合作促进支持等多个方面缺乏相应补助。此外，由于企业在海外投资过程中，常需要派遣员工到当地进行项目管理和运营，也需要境外员工入境进行必要的学习汇报等

---

[1] 李晓东.浅析企业境外投资风险监控和预警机制[J].现代商业,2023(13):93-96。

交流，员工在不同口岸出入境过程中，常遇到包括签证申请流程复杂、审批时间长、资料要求严格等问题，从而影响企业人员出入境的效率和便利性。

表21-1 厦门与深圳、宁波对外投资支持政策比较

项目	厦门	深圳	宁波
前期费用支持项目		√	
贷款利息贴息支持		√	√
境外经贸合作区补助	√	√	√
海外投资保险费用补助	√	√	√
境外投资公共服务平台补助	√		√
对外投资合作促进活动			√
政策来源	《2024—2025年度厦门市中央外经贸发展专项资金管理办法（征求意见稿）》	《深圳市商务局〈关于推动对外投资合作高质量发展的若干措施〉实施细则》	《宁波市商务局 宁波市财政局关于印发宁波市走出去扶持资金实施办法的通知》

资料来源：课题组收集整理。

五、对策建议

（一）提升企业"走出去"能力与水平

1.建立完善的风险评估与预警机制

加强对国际政治、经济、法律等风险的评估与预警，鼓励企业围绕境外投资前、投资中、投资退出全过程设立专业的风险预警预报团队，建立预警预报机制。支持"走出去"企业聘请第三方境外投资评估机构，定期对一段时间内的企业境外投资风险预警防范的执行情况进行考核与评价，并给予相应的法律、财务等方面的针对性改进建议。推动商务、税务等相关部门定期组织开展境外安全防范专题培训、境外税收法律法规宣传培训等活动，帮助企业提升各类海外风险应对和突发事件处置等工作能力。

2.强化企业合规体系建设

借鉴深圳建设合规师培训示范基地举措，推动由中国贸促会商法中心、厦门市贸促会等相关机构共建企业合规师培训示范基地，系统开展合规师专业培训及人才认证，为"走出去"企业培养合规管理需要的专业人才。支持市贸促会持续开展企业国际化经营合规风险排查行动，围绕关税及贸易救济措施、数据保护等多个领域及风险点，为重点行业"走出去"企业出具"一对一"合规风险评估报告，助力企业建立健全自身合规体系。

3.鼓励企业本土化经营管理

支持企业加大当地员工招聘力度，组建本地化的经营管理团队，制定符合当地习惯的规章制度。引导企业加强了解当地的文化、法律、政策等背景信息，及时掌握当地市场情况，制定有效的经营策略，以及

适合当地市场需求的品牌战略与市场战略。推动企业多参与当地社会活动，积极融入当地社会，增加企业在当地的知名度和影响力。支持企业加强与当地供应商、合作伙伴的合作，建立互惠互利的关系。大力引育一批国际化人才，支持高校院所结合自身办学实际，鼓励开设"走出去"企业亟须的跨国经营相关课程。搭建校企国际人才信息交流渠道，鼓励来华留学生服务本市"走出去"企业，加强鼓励和支持专业服务企业引进国际化高端人才。

（二）提升专业服务业的跨境服务能力

1.提升跨境金融服务

加大对"走出去"企业在人民币跨境结算、境外贷款和财务顾问等方面的金融服务力度。鼓励中资银行与东道国银行在人民币支付清算、资金拆借等方面开展合作。推动政企银合作，争取政策性、开发性、商业性金融机构和各类股权投资机构为企业"走出去"项目提供中长期信贷、专项优惠贷款、专项建设基金等支持，进一步发挥政策性出口信用保险机构作用，鼓励商业保险机构开发适合"走出去"企业及市场需求的新险种。支持符合条件的金融机构扩大海外网点布局，倡导银团贷款、共担风险、共享利益，创新推出更多跨境和离岸金融产品。支持境内金融机构助力企业赴境外上市、发行债券。

2.加大海外知识产权保护

发挥国家海外知识产权纠纷应对指导中心厦门分中心的作用，积极拓展海外纠纷应对服务网络，加快构建海外知识产权重大事件快速响应机制。办好"一带一路"知识产权检察综合保护论坛、闽台知识产权圆桌会议等活动，大力推动国际经贸知识产权合作与交流。紧抓海丝中央法务区建设机遇，深入推进知识产权要素供给侧结构性改革，积极探索建设知识产权海外维权服务基地，推动建设一批海外知识产权维权案例库、法律法规库、专家库等项目，持续加大对"走出去"企业海外知识产权维权援助力度，提升服务质量。

3.加强涉外法律服务

支持本市法律服务机构加快全球布局，借鉴上海及深圳前海等地先进经验，推动在自贸试验区开展区内中外律师事务所互派法律顾问、中外律师事务所联营工作试点，提高境外法律服务能力。鼓励境外知名仲裁及争议解决机构在厦设立业务机构，支持厦门仲裁委员会在境外设立分支机构，发挥海丝中央法务区建设优势，探索建立调解、仲裁、诉讼相衔接的涉外商事纠纷一站式解决机制，打造企业"走出去"法律服务首选地。

4.增强财务咨询全球服务

鼓励会计、税务、咨询等专业服务机构在人才引进、业务培训、海外布点等方面加大力度，为厦门"走出去"企业在绿色转型，碳中和及环境、社会和公司治理（ESG）等领域提供服务支持。发挥好国际知名咨询等专业服务机构作用，支持本土会计、税务、咨询等专业服务机构通过国际并购、加盟合作、联合经营等方式构建国际网络，开展跨境服务。

5.增强跨境物流服务

持续强化本市交通运输物流企业国际化能力建设，通过推进物流行业数字化和智能研发应用，为"走出去"企业提供全球物流解决方案，打造安全可靠高效的全球服务网络。加强供应链物流服务保障，支持本市建发等龙头企业为"走出去"企业提供供应链物流服务，鼓励有条件的企业持续优化海外物流布局，加大物流仓储服务业境外投资。

6.支持检验检测认证机构国际化

支持本市检验检测认证企业参与国际合格评定标准规则制定，推进中外标准互认，打造国际知名的合格评定机构品牌。鼓励国际知名检验检测认证机构在厦设立分支机构，推动检验检测认证服务与"走出去"项目紧密对接，助力提升产品和服务的质量。

（三）优化对外投资合作营商环境

1.完善政策体系

对标更高标准国际规则，聚焦投资自由化便利化、知识产权保护、公平竞争、商事争端解决等领域，加快建立与国际通行规则相衔接的制度体系，探索建立与更大力度改革开放相匹配的政策支持体系。借鉴深圳、宁波等地举措，把握《2024—2025年度厦门市中央外经贸发展专项资金管理办法》修订时间窗口，增补实施前期费用支持、贷款贴息支持、对外投资合作促进支持等补助，进一步提高企业"走出去"的全过程费用支持力度。明确"走出去"重点支持领域，引导和鼓励企业把价值链中下游环节、对要素价格敏感环节、需要贴近消费市场的生产环节等领域逐步转移至境外，把研发结算等价值链高端环节和核心业务留下来。

2.完善"走出去"综合服务

建设"走出去"综合信息平台与公共服务平台，为企业"走出去"提供市场资讯、法规标准、检测认证、法律咨询、财务顾问、合规风险提示及预警等市场准入服务和专业商务服务。加快推进海外联络点建设，借鉴新加坡经验，支持建发、象屿等国有企业充分发挥物流业务优势在海外建设布局办事处和联络点，为意向"走出去"的厦门企业提供物流保障等服务，协助意向企业对周边地区营商环境开展投资项目前期分析评估和调查，持续建设完善欧洲、非洲、东南亚等海外投资目的地的海外投资贸易联络点布局，鼓励海外联络点与当地行业协会及知名企业开展友好交流活动。集聚一批高水平的"走出去"专家人才队伍，为本市企业"走出去"提供政策解读、业务培训、投资咨询等公共服务。引导和鼓励高校、智库及各类社会组织开展跨领域、跨部门研究和学术交流，为"走出去"企业提供国别研究、决策咨询等服务。

3.持续便利出入境人员往来

借鉴青岛等地开辟APEC商务卡加急办证绿色通道举措，定期梳理办卡流程、持续压缩办卡时间，推动APEC商务卡办理手续更加便捷。进一步加大144小时厦门口岸免签，以及对于持24小时内国际联程机票，经高崎机场过境前往第三国或地区的国际转国际出入境旅客，可免办边检手续，直接免签过境等便利境外人员入境政策的宣传力度，为企业开展对外投资合作等国际商务拓展提供便利。

4.优化跨境资金相关政府服务

借鉴日本经验,鼓励政策性金融机构为"走出去"企业加大提供海外投资保险、长期低息贷款等产品及服务。加强跨部门会商,优化行政许可流程,进一步提高外汇登记效率,简化展业流程,提高工作效率。持续推进厦门自贸试验区的境外投资便利化创新改革,借鉴上海,积极探索在厦门自贸试验区开展境外投资综合服务试点。完善跨境投资全生命周期相关税务服务,推动税务局打造"外语人才+骨干专家"的释疑团队,对海外投资政策变化较频繁的国家及地区,及时更新政策要点,确保跨境纳税人对投资地涉税政策应知快知。提升"税路通·鹭税畅行"服务内容,进一步畅通跨境税务争议解决机制,协助"走出去"企业与东道国税务机关磋商境外税收争议,积极维护企业合法权益。

(四)建好用好"走出去"平台载体

1.加强与金砖及"一带一路"共建国家的经贸合作

依托"一带一路"倡议,紧抓金砖创新基地建设机遇,充分发挥厦门电子信息、机械装备、生物医药等产业与金砖及"一带一路"共建国家产业互补优势,支持构建厦门与金砖及"一带一路"共建国家的产业导入型跨境产业园,利用原产地证规避贸易摩擦和拓宽国际市场。支持企业通过国际并购、战略合作、绿地投资等多种方式加大投资合作力度,利用东南亚等地区水电及劳动力成本优势,以及非洲、中亚等"一带一路"及共建地区矿产资源丰富优势,提高厦门新能源、纺织服装、机械装备等产业的全球竞争力和话语权。

2.推动国际产能合作与园区建设

加大境外经贸合作区建设支持力度,促进"走出去"企业集群式发展。对园区内的基础设施建设、公共服务平台建设以及入驻园区的企业技术工人培训等费用给予一定的资金支持,适度对园区头几年的实际投入费用给予一定的限额补贴。推动厦门信保为境外经贸合作区建园和入园企业提供对外投资保险、全流程信用风险管理等产品和服务。支持赴非洲投资的境外合作区企业向国家开发银行及其下属的中非发展基金申请中小企业专项贷款服务。

3.建好用好国际投资交流平台

支持新组建的"走出去"服务联盟充分发挥作用,把握好"投洽会"等机遇,积极组织各类"走出去"论坛、展会和洽谈会等各种形式的投资合作交流活动,加快推动厦门企业的品牌、项目和资本"走出去"。办好"海联会客厅——厦企出海 行稳致远"等企业出海护航系列活动,组织银行保险等金融机构、省域外法查明中心、熟悉国际法律及国际商事争端相关业务的律所等机构代表,就产业链供应链区域化布局带来的机遇与挑战、新兴市场国别风险分析及应对建议、新兴市场国家投资法律风险识别与防范等主题与"走出去"企业进行定期或不定期的沟通交流。

4.充分发挥侨商侨联作用

通过境外驻华驻厦机构、友好城市商会、华侨团体等组织加强"走出去"行业企业间联系,大力推动在我国香港地区、东南亚、美国等厦门企业"走出去"投资目的地设立厦门企业或福建企业民间商协会,凝聚力量提升"走出去"企业与当地政府的沟通协调能力。推动厦门市出口工业企业境外设厂分享交流会定期常态化举办，鼓励已在境外设厂的厦门出口工业企业与拟"走出去"企业交流分享投资目的地投资环境考察情况、融入当地社会人文、招工用工、产业链供应链、法律和税务等重要信息。

参考文献

［1］网易.对话前摩根大通CEO黄国滨：出海不是可选项，是必选项，生死之战［EB/OL］.（2023-11-06）［2024-12-13］.https://www.163.com/dy/article/IISNG18B05118O92.html.

［2］光明网.中国企业"走出去"怎么看（当前中国经济问答）［EB/OL］.（2024-12-10）［2025-01-07］.https://baijiahao.baidu.com/s?id=1818005534168763395&wfr=spider&for=pc.

［3］金融界.新华述评：中国企业"走出去"意义重大［EB/OL］.（2024-12-10）［2025-01-03］.https://baijiahao.baidu.com/s?id=1817980904665397993&wfr=spider&for=pc.

［4］厦门日报.刚刚，厦门最新发布！改革开放这一年［EB/OL］.（2024-12-23）［2025-01-10］.https://baijiahao.baidu.com/s?id=1819205403779294401&wfr=spider&for=pc.

课题指导：彭朝明　黄光增
课题组长：李　婷
课题组成员：黄光增　林汝辉　龚小玮
　　　　　　牛永青　姜耘时
课题执笔：李　婷

第二十二章

厦门提升企业应对碳关税能力研究

一、碳关税概述

（一）碳关税概念

碳关税是指主权国家或地区针对特定进口产品的碳排放征收的特别关税，其目的是使进口商品与国内商品承担同等的碳排放成本。与一般关税类似，碳关税的征收发生在商品进口环节，不同的是其征税基础是商品在生产过程中的碳排放量，因此碳关税兼具气候政策与贸易措施的双重属性。

（二）欧美等发达经济体推进碳关税的战略意图

碳关税是世界上首个将气候变化与国际贸易捆绑在一起的新机制，是发达国家收割"低碳红利"、遏制新兴经济体发展的利器，本质是以气候治理为名的绿色贸易壁垒。欧美等发达经济体率先推行碳关税制度，主要有以下4方面战略意图：

一是保护本土产业市场竞争力。欧美旨在利用碳关税在国际市场上的影响力，促使欧式、美式或欧美标准的产业技术、产品装备等贸易出口，通过绿色规则与标准打压出口国成本优势，从而推动全球产业链供应链重新转移或回流，加速产业回迁并摆脱对外依赖，增强产业链韧性，以此维护境内产业竞争力。

二是加速推动经济绿色复苏。欧盟计划将碳税收入注入欧盟"下一代欧盟"复兴计划，美国计划将75%的碳税筹集收入用于投资碳密集型行业，推动传统行业的绿色化、数字化转型。欧美通过碳关税试图加速以脱碳、零碳、负碳技术为核心的科技攻关，在低成本实现深度脱碳的同时，打造新的经济增长极。

三是率先争夺国际规则话语权。碳关税本身就是一种环保标准的输出，欧美等发达经济体在"碳关税"上发力，旨在争夺全球应对气候变化的主导权，领导"碳中和"时代全球应对气候变化行动以及国际贸易规则制定。碳关税主导的气候与贸易新秩序的最终建立，将单方面改变国际贸易游戏规则，颠覆全球贸易体系、产业格局、分工体系，并通过强化国际传导推动欧美气候与贸易标准的输出，巩固欧美在全球碳市场的核心地位，由此发起针对新兴经济体的新型绿色贸易壁垒。

四是占据地缘政治博弈高地。当前，全球地缘政治博弈加剧，贸易摩擦、去全球化潮流暗涌，国际竞争与区域合作并存。欧美碳关税除了考量经济自给自足策略，通过技术武器化、气候舆论化、经济安全化、贸易政治化来转移内部矛盾、破解发展困境以及提升自身政治和经济稳定性，进而借用气候行动之名占据全球可持续发展议题的道德高地。

二、欧美等主要经济体碳关税进展

（一）欧盟碳关税——碳边境调节机制

1.立法进程

欧盟碳边境调节机制（CBAM）最早可以追溯到2009年欧盟的碳关税计划，旨在解决欧盟碳泄漏的问题。欧盟碳边境调节机制先后经过欧洲议会、欧盟理事会等机构的多次协商。2021年7月14日，欧盟委员会通过了CBAM立法草案提案，标志着欧盟碳关税正式走入立法程序。2022年12月13日，欧盟委员会、欧盟理事会和欧洲议会达成临时协议，确定建立碳边境调节机制。2023年5月，欧洲议会和欧盟理事会作为共同立法者，正式签署了欧盟碳边境调节机制的最终法案，标志着CBAM法案的所有立法程序已经完成。2023年5月16日，CBAM法规在欧盟官方公报上公布，10月1日，CBAM正式进入试运行阶段。

2.主要内容

一是实施时间。CBAM设置过渡期，过渡期为2023年10月1日—2025年12月31日。在过渡期内，相关企业进口产品无须缴纳碳关税，但需每季度履行报告义务，报告内容包括进口产品的数量、碳排放量以及在原产国支付的碳价，以便欧盟监测和报告进口商品的碳排放情况，为碳关税的合理定价提供事实依据。在过渡期，申报人若未如期申报或未完整申报，对未申报的碳排放量按10~50欧元/吨进行罚款。2026年1月1日起，欧盟将正式开征"碳关税"。

二是涵盖行业范围。分阶段扩大产品覆盖范围。CBAM的首批覆盖行业包括钢铁、水泥、铝、化肥、电力和氢6个行业。后续将对更多产品进行评估，并视情况分阶段纳入，目标是2030年前扩展至欧盟碳交易体系覆盖的所有行业。

三是碳关税计算方法。参照欧盟碳市场价格，针对进口商品的碳排放量进行征税，进口商按照1吨碳排放量等于1张进口许可凭证来为涵盖的货物购买CBAM进口许可。CBAM碳关税计算公式如下：

CBAM碳关税=（欧盟碳市场碳价−出口国碳价）×（产品碳排放量−欧盟同类产品企业获得的免费排放额度）

关于欧盟碳市场碳价，以每周的欧盟排放交易体系（ETS）配额在拍卖平台上的平均收盘价确定，对于拍卖平台上无拍卖安排的日历周，CBAM证书的价格应由最近有拍卖周平均收盘价确定；如果进口产品已在原产国有效支付了碳价，申报人可申请抵扣。

关于产品碳排放量，产品碳排放量（吨或兆瓦时）=进口产品质量（吨或兆瓦时）×进口产品碳排放强度（吨CO_2/吨或吨CO_2/兆瓦时），CBAM不仅对二氧化碳（CO_2）排放进行核算，对于化肥和铝行业还需要分别对氧化亚氮（N_2O）和全氟化碳（PFCs，是CF_4和C_2F_6等的统称）进行核算。其中，关于进口产品碳排放强度，如果出口国有碳排放强度数据，便以此为准，没有数据以文献为准；如果两者皆没有，欧盟提供了两套方案，即出口国10%企业的平均碳排放强度和欧盟5%企业的平均碳排放强度。

关于免费排放额度，欧盟将从2026—2033年，逐年降低免费排放额度，免费排放额度将分别减少至98%、95%、90%、78%、52%、39%、27%、14%，直至2034年完全取消CBAM覆盖部门的免费排放额度。

四是设置豁免情景。可扣除欧盟同类产品获得的免费碳配额以及进口商品在其原产国已支付碳价对应的额度。同时，欧盟碳排放权交易体系已覆盖的，或已与欧盟签订协议，拟将欧盟碳排放权交易体系与本国或地区的碳排放权交易体系联通的国家或地区其出口到欧盟的商品也无须遵照CBAM规则缴纳碳关税。

（二）美国碳关税——清洁竞争法案

1. 立法进程

近年来，美国先后提出《拯救我们的未来法案》《美国胜利法案》《市场选择法案》《能源创新和碳红利法案》等联邦层面碳边境调节机制或碳关税议案，但都未进入众议院或参议院表决，始终未能在全国层面达成统一立法。2022年6月7日，美国民主党参议员怀特豪斯向参议院提交《清洁竞争法案》(以下简称CCA法案)，向外界展示了美版碳关税的雏形，但提交之后就再无进展。2023年12月6日，怀特豪斯向参议院再次提交了该法案。在拜登政府的重视和部分共和党人的"妥协"之下，美国对碳关税的态度从"不希望欧盟实施碳关税"转变为"积极筹划本国碳关税"，美国的立法者已经把"碳关税"视作一个战略手段，帮助美国产业"收割"碳优势，增强竞争力。CCA法案立法进程虽然取得了一些进展，但具体的实施细节和时间表仍然存在不确定性。

2. 主要内容

一是设置基准线，按照碳排放量"相对值"征税。CCA法案规定由美国财政部负责统计被征税产品的平均碳排放量，并以此作为碳排放量基准线，对超过基准线的进口产品征税。CCA碳关税计算公式如下：

CCA碳关税=（进口产品碳排放量—美国产品平均碳排放量基准线）×碳价（每年叠加5%）

关于美国产品平均碳排放量基准线，草案计划在2025—2028年期间，每年下调该基准线2.5个百分点；2029年以后，加快下调幅度，每年下调该基准线5个百分点。

关于碳价，将按照每吨CO_2排放以55美元的价格征税，该价格将每年上浮5个百分点。

二是分阶段扩大行业覆盖范围。CCA法案中，2024—2025年碳关税初始的覆盖行业主要是碳密集型行业，如化石燃料、精炼石油产品、石化产品、钢铁、铝、玻璃、化肥、氢气等初级产品。2026年后，碳关税覆盖范围会逐渐向下游产业延伸，即对所使用的上述一定量初级产品的加工产品征税，如一台机床在制造过程中使用了500磅的钢铁原料，美国进口该机床时将对其征收相应的碳关税。

三是对进口商和国内生产商同时征税。上述征税原则不仅适用于进口产品，也适用于美国国内产品。由于美国国内没有统一的碳排放权交易系统，这条规定主要是为了弥补美国国内缺乏统一碳定价的缺陷，将碳定价、碳关税机制"合二为一"。

（三）其他发达经济体碳关税进展

碳关税作为以碳排放为核心的新型贸易措施，正在受到越来越多发达经济体的推崇。除欧盟和美国外，英国、加拿大、日本等国也相继宣布正在研究或计划实施碳关税相关政策。2023年12月，英国政府正式

第二十二章 厦门提升企业应对碳关税能力研究

宣布自2027年起将实施英国碳边境调节机制，初步涵盖的产品大类包括铝、水泥、陶瓷、化肥、玻璃、氢气、钢铁，具体设计和交付细节将在2024年通过开展公开意见征询来决定。同时，英国积极推动七国集团（G7）共同组建碳关税联盟。加拿大寻求与其北美合作伙伴及欧盟围绕碳关税开展战略合作。日本试图推动建立美欧日三方碳边境调节机制框架。欧美等发达经济体在碳关税政策上的政治共识渐趋一致，不排除未来组建碳关税联盟的可能。

三、欧美碳关税对厦门产业影响分析及应对短板

当前，欧盟CBAM已进入过渡期，美国等其他经济体碳关税还未正式实施，欧盟CBAM初期覆盖的钢铁、水泥、铝、化肥、电力和氢六大行业，基本不涉及厦门重点打造的"4+4+6"现代化产业体系，因此短期内对厦门产业发展影响较小。但从长期看，根据欧盟CBAM法案，CBAM在过渡期后将逐步增加纳入行业，最终目标是纳入玻璃、造纸、有色金属、化工、电子产品等所有欧盟碳市场覆盖行业。如果未来更多行业被纳入欧盟碳关税征收范围，特别是如果以G7为代表的发达经济体普遍跟进欧盟碳关税政策，携手打造碳关税联盟，将对厦门产业发展带来风险挑战。

（一）影响厦门制造业出口的国际竞争力

欧盟等西方发达经济体碳关税制度的施行，将增加厦门出口企业成本，影响企业对外出口，进而削弱企业国际竞争力。一是将增加碳关税成本。欧美绿色发展起步较早，相比厦门，其制造业碳强度较低。欧盟CBAM与欧盟碳市场挂钩，2023年欧盟碳市场价格最高上涨至超过100欧元/吨，尽管进口商直接承担欧盟CBAM证书费用，但该部分成本大概率会被转移至出口企业，因此厦门相关行业的出口企业将需要缴纳一笔价格不菲的碳关税。二是将增加相关咨询服务成本。欧盟CBAM要求出口企业向欧盟提供产品碳排放数据，企业需要进行独立的碳排放核查或接受欧盟的核查机构进行核查，企业为此需向核查机构支付相关核查费用。同时，企业聘请第三方服务机构开展应对碳关税准备工作等辅导服务均需承担费用成本。如在调研中，厦顺铝箔反映公司聘请通标标准公司开展内部员工碳关税相关培训，为此支付培训费用10多万元。三是将增加经营管理成本。企业为减少碳排放，加快绿色转型，需增配人员队伍，开展技术研发，实施技术改造或设备更新升级，为此需加大相关投入。同时，福建省绿电交易电价在煤电基准电价基础上上浮约2分/千瓦时，通过购买绿电降低企业碳排放的成本也较高。

（二）刺激厦门制造业向绿色能源丰富地区转移

近年来，国内外各类大型制造业企业均加快推动产业链供应链绿色转型。绿色能源资源已成为重要的基础设施，是未来地方营商环境评判的重要标准和招商引资竞争的重要工具。国内企业已开始抢占绿色能源资源，制造业出现向西部绿色能源富集地区转移的趋势，如宁德时代依托宜宾丰富的水电资源，在宜宾建设电池零碳工厂，工厂80%以上的用能来自水电；厦顺铝箔与云南铝业控股子公司涌鑫铝业合资成立涌顺铝业，利用涌鑫铝业自身优质绿色清洁水电铝资源，提升水电铝加工一体化产业价值链，提高公司可持续发展能力。而厦门受区域能源禀赋和土地资源等限制，风电受制于生态红线与环境保护约束；地热能规模较小，不具备发电价值；潮汐能受制于航运以及大型设备、技术、管道铺设等因素影响，短时期内无法利用；水电受水资源匮乏制约，难以发展核电、风电、潮汐能、地热能等能源，只有太阳能、生物质能

（垃圾发电）具有一定潜力，绿色能源资源禀赋先天不足，满足企业对绿色能源需求的压力增大，不利于重点用能企业增资扩产和重点用能项目招商引资。

（三）不利于厦门国际商贸物流业发展

根据统计数据，厦门外贸依存度约为120%，对外依存度高，欧盟、美国等西方发达经济体是厦门最主要的外贸出口国家（地区）。即将正式实施的欧盟CBAM覆盖的六大行业中，2022年厦门钢铁出口额约200亿元，铝及其制品出口约115亿元，出口金额分别排在厦门外贸出口主要商品的第五、第12位。欧盟碳关税的实施，将降低相关产品出口规模。同时，如果未来欧盟CBAM覆盖行业和实施碳关税国家进一步扩容，对厦门国际商贸物流业的负面影响将进一步加大。

（四）各级应对碳关税能力不足

作为一项新晋实施的贸易政策，加之欧盟CBAM初期覆盖行业与厦门主导产业关联不大，政府和行业企业对欧盟CBAM等碳关税政策的碳数据采集、产品碳足迹计算、碳关税计算与抵扣等诸多方面政策要求，普遍存在了解程度不够、准备工作不足等情况。政府层面缺乏低碳企业、低碳产品等各领域标准规范，缺乏鼓励企业开展碳排放核查、碳中和认证等方面扶持政策，对重点企业碳排放监测覆盖面不够，全市仅89家重点企业厦门市碳排放智能管理云平台，在产品碳足迹认证等公共服务平台建设、碳关税宣传培训、绿色低碳科技人才培养等服务提供方面，还有提升空间。多数企业没有专门的能源管理部门，部分企业反映企业节能降碳进入相对瓶颈期，企业在低碳产品认证、碳排放管理等方面基础薄弱，自身碳排放数据资料不全、排放家底不清，也缺乏既熟悉欧盟CBAM等碳关税政策，又具备碳排放核算管理能力等方面的专业人才。

四、对策建议

厦门应抓住当前欧盟CBAM等碳关税还处于过渡运行期阶段的有利时机，保持战略定力，积极主动作为，大力推动制造业绿色转型，加快构建绿色多元的能源供应体系，持续推进制造业企业内外贸联动发展，不断强化应对碳关税等新型贸易壁垒的能力建设，引导企业加快推进绿色低碳发展，不断增强可持续发展能力，助力实现"双碳"目标，助推经济社会高质量发展。

（一）锚定方向，大力推动制造业绿色转型升级

一是持续优化产业结构。促进主导产业低碳发展，以数字化、网络化、智能化为转型方向，改造提升电子、机械等传统优势产业，优化产业发展层次，整体提升高附加值产品和产业环节比重，降低产业能耗和碳排放强度。不断壮大战略性新兴产业，培育引进绿色低碳领域创新性高精尖企业，支持引导新能源、新材料等能耗较大的新兴产业应用绿色低碳技术，提高能效水平。推动产业低碳协同发展，高标准组团式推动环马銮湾工业区、同翔工业基地、翔安航空工业区等综合产业基地建设，强化电子信息、装备制造、新材料、新能源等行业耦合发展，鼓励龙头企业联合上下游企业、行业间企业开展协同降碳行动。

二是深入推进节能降碳。在高耗能行业实施清洁生产审核，大幅提升产业清洁化水平。开展化工、工业涂装等重点行业能效对标行动，系统梳理能效低于基准水平的重点企业名单，针对性组织实施节能降碳

改造升级行动。鼓励工业企业改造现有原辅材料、生产工艺、污染处理等环节，向生产绿色化、清洁化、高效化方向升级。加强再生资源循环利用，规划建设再生资源回收体系，深入推进厦门国家"城市矿产"示范基地建设，提升资源回收利用率。鼓励企业再制造再利用，支持废旧汽车、废旧工程机械、废旧机床等产品零部件再制造，支持第三方认证机构开展再制造产品认证。

三是积极推行绿色制造。鼓励产业园区使用绿色清洁能源，补全完善园区内产业的绿色链条，采用能源资源综合利用生产模式，积极创建国家级、省级绿色园区。大力推行绿色设计和轻量化制造，促进生产制造环节原材料节约。强化绿色工厂动态化管理，引导企业进一步提标改造，开展绿色制造技术创新及集成应用，创建一批国家级绿色工厂。鼓励行业龙头企业在供应链整合、创新低碳管理等关键领域发挥引领作用，将绿色低碳理念贯穿于产品设计、原料采购、生产、运输、储存、使用、回收处理全过程，构建绿色低碳供应链。

（二）突出重点，加快构建绿色多元能源供应体系

一是推进化石能源高效利用。优化煤炭利用方式，加大落后燃煤锅炉和燃煤小热电退出力度，加快华夏电力一期机组等容量替代项目建设，新建煤电机组能耗达到国际先进水平。推进工业窑炉使用电、天然气，不断提高高污染燃料锅炉淘汰标准。鼓励工业企业建设天然气分布式能源站，加快燃气公司储气设施建设，扩大天然气使用比例。

二是大力发展清洁能源。大力发展光伏、生物质能等可再生能源，推进整区屋顶分布式光伏开发试点项目。优化垃圾焚烧发电项目，提高生物质发电装机年发电小时数。依托厦门大学嘉庚创新实验室比较优势，推动绿色氢能研发应用，支持发展高效电解水制氢和垃圾制氢。

三是打造新型电力系统。以特高压、超高压为骨干网架，加大与漳州、莆田等开展核电、海上风电等清洁电力的合作，推动清洁电力资源大范围优化配置。推进微电网等智慧能源项目建设，逐步在工业园区、数据中心等能源消费密集区域推广应用。有序发展储能，推进抽水蓄能电站建设，探索市场化氢能新型储能试点应用。打造局部微电网、充（换）电站、储能与电网智能互动的虚拟电厂平台。

（三）畅通渠道，持续推进企业内外贸联动发展

一是支持企业创新开拓外贸市场。培育一批以工业为龙头、工贸结合的具有国际竞争力的企业。积极发展"产业带+跨境电商"模式，促进优势特色产业和跨境电商等新业态新模式融合，完善厦门品牌出海门户网站功能建设，支持企业通过跨境电商出海拓展市场。发挥本地商协会海外联络点作用，依托世贸中心协会、中日商务理事会厦门联络办公室等多双边机制和平台作用，加强"一带一路"共建国家地区、东盟和RCEP成员国布局，拓展国际经贸网络。

二是推动企业积极融入国内循环。梳理适合出口转内销业务的外贸企业，支持企业加强技术改造、产品研发、标准制定等，从贴牌生产向原创设计和自有品牌转型，促进内贸市场发展。支持企业利用淘宝、京东、抖音、小红书等各类线上平台，采取网络销售、直播带货等新兴营销模式，开拓国内市场。鼓励企业参加中国进出口商品交易会、国际消费品博览会等境内国际性展会，组织外贸出口产品"进商超、进市场、进步行街、进社区"，积极拓展内贸销售渠道。

三是降低企业内外贸市场转换综合成本。鼓励企业加强质量认证标准等的国际衔接，通过自我声明或委托第三方机构进行相关质量评价等方式发展"三同"（即同线同标同质）产品。推动合格评定结果国际

互认，简化出口转内销相关强制性产品认证程序。推进高质量跨境电商平台建设，培育运营模式与国际接轨的国内商品交易市场。积极招引国内外知名展会项目，落地更多品牌展会，搭建内外贸一体化会展促进平台。

（四）夯实基础，不断强化应对碳关税能力建设

一是加强培训宣传与交流合作。根据欧盟CBAM等国外碳关税新进展、新情况，持续广泛开展针对行业企业、政府部门等的学习培训。围绕碳数据采集、产品碳足迹计算、碳定价、碳关税计算与抵扣等碳关税重点领域，举办专题培训、能力建设和产业对接活动，增强政府部门、企业、公众实践碳关税的意识和能力。积极寻求与国际组织、其他国家或地区的合作，共同研究应对碳关税的策略，通过国际地区合作，为企业及时了解国际碳关税政策的最新动态、调整出口策略提供参考。强化企业在应对碳关税中的主体地位，支持施耐德、ABB、国贸等在厦碳管理领先企业，以及厦顺铝箔等已参与欧盟碳关税企业，开展经验交流和分享，带动全市涉外企业、制造业企业等重点群体提升应对碳关税能力和水平。

二是建立碳关税工作推进机制。明确牵头部门，建立跨部门协调机制，推动各相关部门共同参与，整体推进碳关税相关工作。整合梳理现有已出台的扶持政策，查缺补漏，细化支持应对碳关税的具体措施，出台企业自主开展碳排放核查、碳中和认证等的扶持奖励政策，支持企业进行绿色技术研发和创新，帮助企业降低绿色转型成本。借鉴广州等地经验，鼓励金融机构创新推出"碳关税保险"等绿色金融产品，支持外贸企业应对欧盟碳关税风险。完善园区、企业等低碳零碳评价标准和技术规范，推进相关标准国际衔接。推动绿电省间交易，积极引入全国各地绿电资源，满足企业逐步增长的绿电需求，降低企业绿电使用成本。

三是加强碳排放统计监测。成立全市碳排放统计核算工作组，充分对接国家碳排放统计核算方法，加强重点行业领域能源消费统计，开展统计调查监测。完善重点企业碳排放统计制度，推动企业加强碳排放统计监测及服务能力建设。拓展厦门市碳排放智能管理云平台应用范围，探索建立覆盖工业、交通、建筑等多领域的市级碳排放智能管理平台，通过平台实现政府与企业对碳排放实时精准监测、信息对称双向管理，提升碳排放精细化管理水平。通过第三方机构进行企业碳排放定期核查，以保证数据的真实性和可靠性，为企业应对碳关税提供数据支持。

四是开展产品碳足迹标识认证。依托厦门产权交易中心建设碳足迹公共服务平台，开展全市产品碳足迹标识认证，为企业提供产品碳足迹核算、认证等一站式服务，选取典型行业开展一批产品碳足迹核算示范。积极引进一批碳核查、碳足迹标识认证、碳关税等专业咨询服务机构，健全涉碳服务业态。支持本市专业服务机构积极拓展涉碳服务范围，提升服务能力，提高品牌知名度。鼓励企业通过节能降碳、碳交易、购买绿电等方式降低产品碳足迹。拓展产品碳足迹应用场景，严格执行碳足迹产品政府采购需求标准，加快建立"碳普惠"等公众参与机制，引导消费者优先购买和使用碳足迹较低的产品。

五是强化科技人才支撑。聚焦化石能源清洁低碳利用、可再生能源大规模利用、氢能等重点领域，加强基础研究和应用研究。加强高效储能、二氧化碳捕集运输封存运用、海洋蓝碳等绿色低碳关键技术攻关。培育组建一批节能减碳和新能源技术产品研发等方面的高水平科技创新平台，持续推进嘉庚创新实验室、鹭江创新实验室等创新平台建设。大力推进绿色低碳高端技术和科研成果转化。深化人工智能等数字技术应用，拓展"环保+能源""环保+金融"。将碳统计、碳管理等职业培训纳入全市职业技能培训体系。鼓励在厦高校开设碳关税相关课程，支持在厦有条件的高校院所开展碳关税相关人才培养和社会服务，加强碳人才培育与管理。

参考文献

[1]庞军,常原华.欧盟碳边境调节机制对我国的影响及应对策略[J].可持续发展经济导刊,2023(Z1):32-35.

[2]欧盟委员会.欧盟碳边境调节机制法规[Z].欧盟官方公报(第66期),2023-05.

[3]澎湃新闻.紧随欧盟,英国也要开征碳关税,哪些出口产品受冲击?[EB/OL].(2023-12-20)[2025-01-11]. https://www.thepaper.cn/newsDetail_forward_25723611.

[4]任艳红,倪微琪,顾思婷,等.西方发达国家碳壁垒政策对中国的影响及应对策略[J].环境保护,2024,42(7):103-114.

[5]厦门市人民政府.厦门市2023年国民经济和社会发展计划执行情况与2024年国民经济和社会发展计划草案[R/OL].(2024-01-11)[2025-01-11].http://xm.gov.cn/zfgb/99833604.

课题指导:彭朝明　戴松若
课题组长:董世钦
课题组成员:林　红　张振佳　梁子升
　　　　　　林　静　林　敏　黄彩霞
课题执笔:董世钦

第五篇　民生福祉篇

第二十三章

厦门推动环境、社会和治理（ESG）发展思路研究

环境、社会和治理（ESG）理念兼顾保护生态环境、履行社会责任与提高治理水平，与中国式现代化发展目标高度契合，已成为推动我国可持续发展的重要途径和抓手。厦门ESG发展在全国处于领先水平，ESG生态资源相对完备，具备发展ESG的扎实基础和特色优势。但是，厦门ESG发展缺少顶层设计，生态体系有待完善，提级发展有待加速，需要突出环境、社会、治理三大重点，加强统筹协调，着力提高ESG社会认知程度，增强ESG生态服务保障，提升ESG企业实践能力。

一、ESG的概念内涵和实践价值

（一）ESG的概念内涵

1.ESG发展的政策理念

ESG是环境（environmental）、社会（social）和治理（governance）的缩写，2004年在联合国契约组织（UNGC）撰写的《在乎者赢》（Who Cares Wins）的研究报告中首次提出，呼吁将ESG因素纳入企业和金融机构的经营和投融资决策中。基于ESG评级，投资者可以通过观测企业ESG绩效，评估其投资行为和企业（投资对象）在促进经济可持续发展、履行社会责任等方面的贡献。经过20年的发展，ESG成为在价值创造中统筹兼顾经济效益、社会效益和环境效益，促进经济、社会和环境可持续发展，推动绿色低碳转型和公平正义转型的理念，与中国式现代化发展目标高度契合，已成为推动我国可持续发展的重要途径和抓手。

ESG在发展过程中已突破最初的投资领域和企业范畴，形成企业ESG与城市ESG，两者相辅相成、相互促进。企业ESG是在传统财务分析的基础上，通过环境、社会、治理3个维度考察企业的中长期发展潜力。这种做法旨在寻找既能创造股东价值，又能创造社会价值，且具有持续成长能力的投资标的。近年来，全球越来越多的国家和地区已将ESG因素纳入上市公司非财务绩效的评估要素，使得上市公司的ESG信息披露与ESG风险治理成为监管机构、投资者及资本市场关注的重点。在这一背景下，越来越多的组织及研究机构开始在城市级别的宏观层面创新ESG工具的应用，以帮助城市探索到适合自身高质量发展的新型模式。

城市ESG的概念源于企业的ESG。城市ESG基于"软性要素量化决策"策略，对城市竞争力进行更立

| 第二十三章 | 厦门推动环境、社会和治理（ESG）发展思路研究 |

体化的思考，为持续提供优质服务和创造价值奠定了可持续且具有弹性的基础。这种策略转变了过往过分依赖固定资产投资，忽视环境、社会、治理等非传统衡量要素的现象，引入了对这些要素的量化评估，并根据评估结果对当地政府、企事业单位及相关社会部门进行有针对性的提升。这种立体化的城市竞争力展示有助于增强城市对人才、资本、企业的吸引力。ESG在城市治理领域的应用，旨在对城市发展规划政策的制定与实施、城市基础设施建设、社会福利的落地等做出引导与贡献，推动城市向更加可持续、公正和包容的方向发展。"企业ESG"与"城市ESG"理念对比见表23-1。

表23-1 "企业ESG"与"城市ESG"理念对比

	企业ESG	城市ESG
核心理念	通过ESG风险控制，向市场展示企业可持续的稳定成长性	通过ESG表现提高，向市场展示城市更立体、更多维的竞争力
工作目标	优化企业投资决策与财务表现	促进城市全生命周期的可持续高质量发展
工作方法	指标搭建、量化披露、重要性分析、投资决策、投后管理、资产退出	指标搭建、量化披露、重要性分析、分阶段提升路径、规划举措匹配
环境（E）关注点	环保政策的限制要求、碳排放相关的税负支出、气候引发的资产贬值和成本变化、环境引发的金融系统风险、环境导致的市场偏好和技术改变	城市温室气体减排绩效、城市土地利用变化情况、城市绿色技术创新投入水平、城市环境风险应对能力、城市污染和垃圾管理效率
社会（S）关注点	劳工生产中的安全事件、对劳工权利的重视不足、项目引发的群体性争议事件、人力资源培养的能力短缺、对消费者体验感的下降	城市消费环境与可负担性、社会劳动力水平和经济贡献力、城市对外形象及品牌建设、文体旅领域的供给端品质、社会组织发展水平
治理（G）关注点	违规操作导致的企业丑闻监管和披露法规指引、管理层与董事会的统一性收入分配差距过大、股东多样性和参与度不足	城市总体商务服务能力、城市企业家精神表现、城市绿色基建和智慧基建发展水平、城市运营绩效和市场主体活跃性、融资便利度、绿色金融创新水平
客户群体	金融机构、政府、企业	政府、平台公司、发展商、集团总部、高校、园区景区管委会
服务内容	企业ESG信息披露报告、EHS尽职调查、企业碳排放核算、供应商审计、企业战略咨询	城市ESG战略规划、碳排放核查及认证评级、社会政策建议报告、产业绿色转型专项规划、绿色开发及施工管理、园区绿色运营专项规划等

资料来源：《ESG引领下的西部城市再出发——新型城市竞争力策略研究白皮书》，2023。

ESG理念在实践应用过程中逐渐形成ESG信息披露、ESG评价体系、ESG投资三大关键环节。在ESG信息披露方面，证监会对上市公司的信息披露规则进行了明确，2021年，证监会发布《公开发行证券的公司信息披露内容与格式准则第2号——年度报告的内容与格式（2021年修订）》，新增"环境和社会责任"章节，鼓励企业主动披露积极履行社会责任的工作情况；2022年，证监会发布《上市公司投资者关系管理工作指引》，要求上市公司主动向投资者沟通企业ESG相关信息。深圳证券交易所、上海证券交易所则出台了更为细化的信息披露指引要求，均提出将履行社会责任的披露情况纳入上市公司信息披露工作考核内容，重点关注是否主动披露环境、社会责任和公司治理履行情况，报告内容是否充实、完整等。在ESG评价体系方面，中国经济信息社联合中国企业改革与发展研究会、首都经济贸易大学等单位共同发布《企业ESG评价体系》团体标准，建立了一套既接轨国际又符合中国国情的ESG评价体系。部分地区也开始对ESG评价业务进行初步规范，例如，中国（天津）自由贸易试验区管理委员会发布《企业ESG评价指南（试行版）》，提出了一套以环境、产品、员工、供应链、社区、ESG管理、公司治理为一级指标，下设24项二级指标的ESG评价指标体系。在ESG投资方面，我国将绿色发展理念融入G20议题，并将"建立绿色金融体系"写入规划。2016年，由中国人民银行等七部委联合发布的《关于构建绿色金融体系的指导意见》标志着我国开始构建系统性的绿色金融政策框架。2021年，中国人民银行、发展改革委、证监会印发《绿色债券支持项目目录（2021年版）》，实现了各类绿色债券评估标准之间，以及与中国其他绿色金融（如绿色信贷）标准的统一。

2.ESG生态的多元主体

ESG生态体系由政府部门、实体企业、资产管理机构、各类ESG专业服务机构等多元主体构成，如图23-1所示。

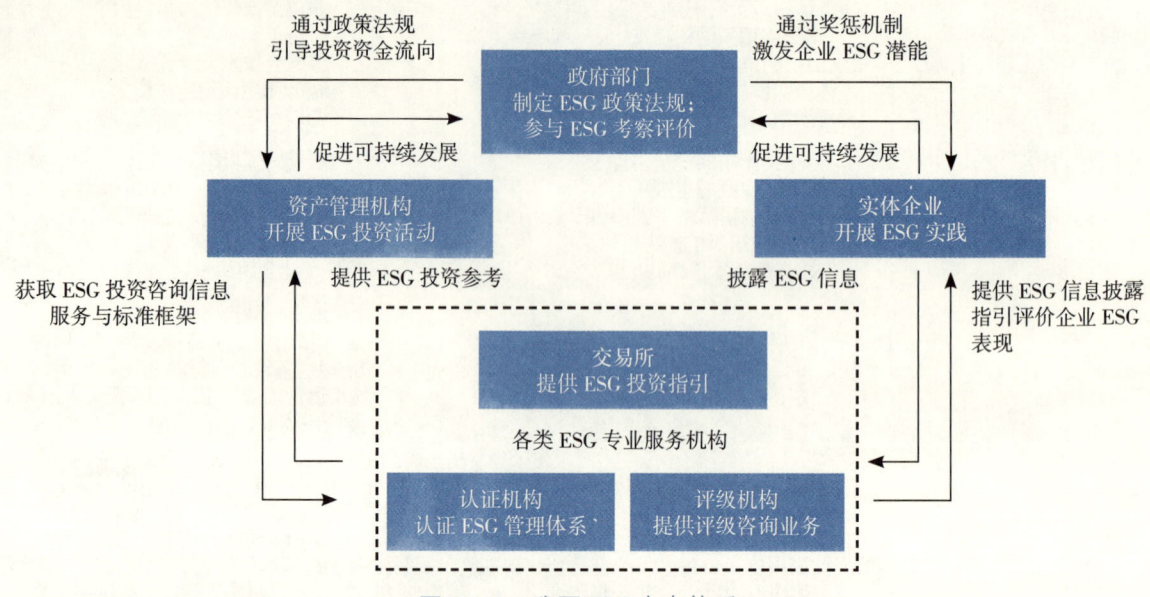

图 23-1 我国ESG生态体系

资料来源：《中国地方政府ESG评级指标体系研究报告（2023）》。

在全球ESG理念迅速发展和我国新时代高质量发展要求的背景下，我国ESG实践进入发展快车道。政府部门除发挥政策引导作用之外，还与评级机构、科研院所等展开合作，对我国ESG发展进行考察评价。企业的ESG实践是ESG生态体系中一切活动的基础，通过持续推动ESG理念融入企业的经营管理，不断提升社会责任和可持续发展工作的系统化、专业化水平。企业对ESG的重视以及自身拥有的ESG优势已成为企业未来的新型竞争优势。截至2024年底，签署联合国支持的负责任投资原则（PRI）的中资金融机构有208家，其中大部分为资产管理机构，5家中资保险机构签署了联合国可持续保险原则（PSI），5家机构签署了可持续蓝色经济金融原则。以社保和养老基金以及保险行业为代表的先行者主动将ESG融入投资决策，带动资本市场的资产管理机构适应市场需求，加大对ESG投资的重视。各类ESG专业服务机构在ESG生态体系中主要发挥中介作用，为其他主体提供信息参考，主要包括提供ESG投资指引的交易所、认证ESG管理体系的认证机构、提供评级咨询业务的评级机构。三大交易所（上海证券交易所、北京证券交易所、深圳证券交易所）积极引导ESG实践，注重发挥ESG在助力深化资本市场改革方面的积极作用。ESG管理体系认证能够公正客观地展现企业ESG管理能力，推进社会资本对获证企业的认可。ESG评级机构能够在投资决策分析过程中为投资者提供更全面完整的ESG信息。

3.ESG评级的应用场景

ESG评级体系主要有6个方面的应用场景，包括中央政府监管、地方政府对标、地方招商引资、公众参与和社会问责、国内企业ESG评级参考、涉外企业"走出去"，如图23-2所示。

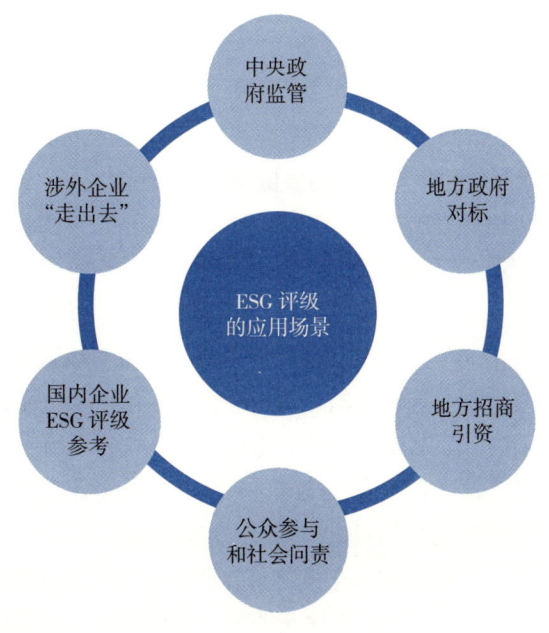

图23-2　ESG评级的应用场景

资料来源：《中国地方政府ESG评级指标体系研究报告（2023）》，课题组整理。

一是中央政府监管的依据。ESG评级体系提供了一种新的地方政绩考核模式，该评级体系可反映地方政府在实现可持续发展上的成效，有利于推进地方政府贯彻落实可持续发展思想和理念。同时可作为中央政府和上级监管部门制定相关政策方针的依据，为政府问责提供基本参考。二是地方政府的对标。该评级体系有助于地方政府在可持续发展方面找到对标和定位依据，激励地方政府间的良性竞争，推动政府加快转变发展理念和思路。同时有助于促进健康、高质量、可持续的地方政府模式在省级政府间的横向扩散，促进ESG理念、可持续发展理念的传播与实践。三是投资者的指引。ESG评级有助于企业与投资主体对地方治理基本情况进行了解，能够为投资者提供投资参考，从而提升地方政府债券对于国内外金融机构等投资者的吸引力，促进当地经济、社会、生态可持续发展。四是社会监督的来源。发布ESG评级报告，可以起到宣传、教育的作用，传播ESG发展理念，提升全社会对于可持续发展模式的认可度和参与度，全面发挥社会力量，促进社会健康、绿色、可持续发展。同时向社会提供一套针对地方城市ESG发展情况的量化数据指标参考，有助于民众、企业、媒体等社会主体更好地发挥社会监督和舆论监督的作用，促进政府施政水平和服务能力的提高。五是评级机构的参考。地方政府引领地方的发展，其ESG评级结果能够反映当地企业所在区域ESG基本情况，对地方政府进行系统、全面的ESG评级分析，其评级结果能够为评级机构对企业进行ESG评级时提供参考依据，作为分析当地公司ESG综合发展水平的参考。六是企业"走出去"的刚需。2024年是联合国全球契约组织提出环境、社会和治理（ESG）概念20周年，ESG早已等同于健康的企业经营，随着企业加速"走出去"，日趋严格的ESG信息披露成为刚需，越来越多的企业需要将ESG理念积极融入企业的核心战略和经营活动中，以助力企业参与全球产业链、供应链、价值链的分工合作。

（二）ESG的实践价值

党的二十届三中全会通过的《中共中央关于进一步全面深化改革、推进中国式现代化的决定》指出，要进一步全面深化改革的总目标；继续完善和发展中国特色社会主义制度，推进国家治理体系和治理能力现代化。聚焦建设美丽中国，加快经济社会发展全面绿色转型，健全生态环境治理体系，推进生态优先、节约集约、绿色低碳发展，促进人与自然和谐共生。可见，形成以"绿色价值"为核心的绿色治理体系是国家治理体系和治理能力现代化战略的重要推进形式。

ESG理念与我国新发展理念及新质生产力、高质量发展、共同富裕、"碳达峰碳中和"等重要战略目标高度契合，是推进可持续发展、加快发展方式绿色低碳转型的重要抓手和载体。深化和丰富ESG实践，对厦门加快城市发展转型、助力实现"双碳"目标，努力率先实现社会主义现代化具有重要的战略意义和实践价值。

一是有利于厦门构建新发展格局节点城市。当前，欧盟已准备实施碳边境调节机制（CBAM）和新电池法，美国、日本、加拿大和澳大利亚等发达国家也纷纷建立绿色贸易壁垒，西方跨国公司设置了供应商ESG准入条件，我国企业"走出去"面临着日趋严格的ESG信息披露（特别是环境信息披露）的要求。厦门加强ESG能力建设，做好碳足迹管理和碳排放披露，有助于提升企业在国际市场上的绿色竞争力，吸引外商投资、优化贸易结构、扩大制度型开放，加快构建新发展格局节点城市。

二是有利于厦门推动产业转型升级。ESG能够激发企业通过技术创新提高资源利用效率，推动传统优势产业向高端化、智能化、绿色化转型升级，加快新能源、新材料等战略性新兴产业发展，推动氢能储能等未来产业实现突破，带动绿色金融、咨询、评级、鉴证等现代服务业新业态发展，形成新质生产力，推动高质量发展。

三是有利于深化拓展生态文明厦门实践。厦门是习近平生态文明思想的重要孕育地和先行实践地，加快建立高质量ESG体系，有助于打造国际一流营商环境，激发市场主体绿色发展内生动力，促进企业绿色低碳转型，塑造城市形象，提升品牌价值，对建设美丽中国样板城市具有重要作用。

四是有利于创建"世界一流企业"。深化践行ESG是企业实现治理体系和治理能力现代化的必然要求，是加快建设世界一流企业的"必答题"。ESG实践有助于企业从治理、战略、指标和目标等角度加强管理，应对可持续发展问题，推动厦门优质企业向国内先进、国际一流方向迈进，增强企业应对环境和社会政策变化的韧性，提高企业可持续发展能力和水平。

二、厦门现有基础

（一）ESG实力处于国内上游

根据清华大学全球可持续发展研究院发布的《中国地方政府ESG评级指标体系研究报告（2023）》，厦门ESG发展在全国处于领先水平，2016—2020年厦门城市ESG评级为A级或AA级。分维度来看，厦门环境维度整体水平较高，连续5年保持在AA级，生态环境和社会发展水平较高，环境质量、生态系统、气候变化等方面表现突出；厦门社会维度呈现波动趋势，连续5年保持在BBB级以上，2018—2019年表现为A级，社会基本需求、福利基础与发展机会较好；厦门治理维度虽有所下滑，但也连续5年保持在BBB级以上，2016年和2018年表现为AA级，地方治理与公共服务供给能力与可持续发展综合水平基础良好。具体见表23-2。

表23-2　厦门2016—2020年城市ESG评级结果

维度	2016年	2017年	2018年	2019年	2020年
城市评级	A	A	AA	A	A
环境评级	AA	AA	AA	AA	AA
社会评级	BBB	BBB	A	A	BBB
治理评级	AA	A	AA	BBB	BBB

资料来源：《中国地方政府ESG评级指标体系研究报告（2023）》，课题组整理。

（二）ESG生态资源相对完备

厦门市委、市政府高度重视推动上市公司的ESG规范和标准化，ESG相关监管框架逐步完善，行业协会和专业机构也在积极推动ESG标准的制定和实施，由政府部门、行业协会、专业机构共同搭建的ESG咨询服务公共平台，持续为企业提供政策解读、风险评估、信息披露、个性辅导等综合服务，厦门ESG生态资源相对完备。从2016年开始，厦门A股上市公司已在企业社会责任报告（CSR）中披露环境相关信息和社会责任履行情况。2024年6月，厦门出台了《关于加快绿色金融发展的实施意见》，着力引导银行业保险业完善绿色金融组织架构和激励约束机制，探索金融资源与生态价值转化路径，完善绿色金融监管评价体系。厦门上市公司协会积极推动行业自律管理和规范运作，推进上市公司ESG信息披露和现代企业的制度建设与健康发展。厦门银行专门制定《2024—2026年可持续发展（ESG）战略规划》，将可持续发展理念融入公司发展战略、经营管理活动中，以监管引领绿色金融发展。容诚厦门等专业服务机构、中诚信绿金等ESG投资人服务平台，持续提供专业的ESG评级服务，促进企业规范ESG信息披露和提升ESG管理水平。作为改革开放的先行城市，厦门已累计吸引64个《财富》世界500强公司在厦投资，与"一带一路"共建国家和地区在产业投资、商事服务、科技创新、能源资源等重要领域开展深入合作，全面与国际接轨，能够为推进ESG建设提供重要牵引。

（三）ESG企业实践稳步推进

厦门企业积极践行ESG理念，涌现出一批ESG卓越实践，推进环境信息依法披露，累计超过500家企业在"企业环境信息依法披露系统"上完成年度环境信息依法披露报告。厦门上市公司广义的ESG信息披露（包括CSR报告、ESG报告和可持续发展报告）数量和占比逐年增加。2020—2024年，厦门A股上市公司中分别有7家、11家、16家、19家和24家披露了ESG相关信息，披露率由2020年的12.3%提高至2024年的35.8%，ESG评价逐年向好（图23-3）。

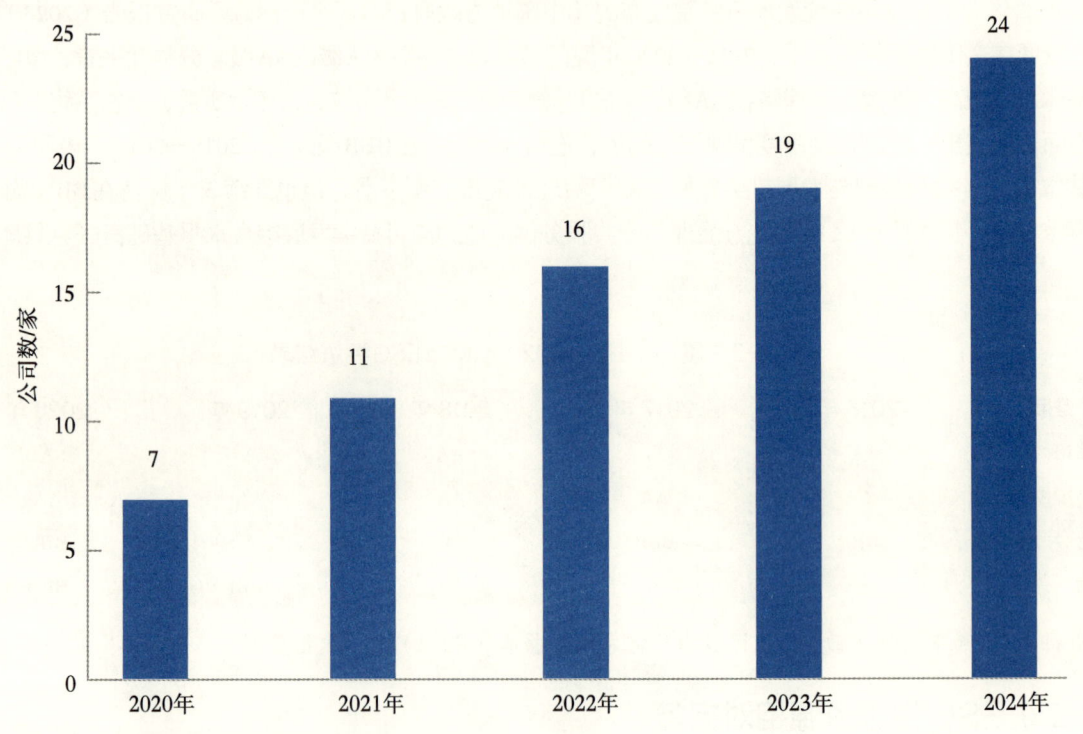

图23-3 2020—2024年厦门A股上市公司单独披露ESG/CSR报告情况

数据来源：厦门上市公司协会，课题组整理。

随着国家"双碳"目标的提出，厦门逐步形成以外资企业、国有企业为引领，大型上市公司为中坚，中小型企业跟进的雁阵格局。外资企业示范引领，如国际权威指数机构MSCI（明晟）将ABB的ESG评级上调到最高的AAA级（全球仅5%企业获评），通过ABB全球"零排放愿景计划"，ABB厦门工业中心"碳中和"园区示范基地项目落成。国有企业先行先试，建发、国贸、象屿等国有企业相继发布ESG报告或可持续发展报告，国贸集团和厦门钨业入选2022年《财富》"中国ESG影响力榜"，象屿集团入选"2023中国企业ESG优秀案例"。民营企业发展迅速，2023年厦门民营企业100强中，有25家制定了ESG战略规划，64家参与捐赠等公益活动，各项慈善公益捐赠达75.3亿元。2021—2024年，新增国家级绿色工厂60家、绿色供应链管理企业10家。

（四）ESG绿色投资不断拓展

厦门已出台一揽子绿色金融支持政策，不断丰富绿色金融产品和服务，支持绿色产业发展。如厦门钨业参投规模5亿元的绿能产业基金，重点投向ESG领域。人保财险厦门市分公司落地全国首例服务基层社区碳汇交易ESG专属保险，为全国首例垃圾分类碳汇交易项目提供风险保障；落地福建省首单绿色企业ESG专属保险，为企业提供全方位风险减量服务；落地全国首单蓝碳交易财产安全保险，助力防范蓝碳交易中产权登记转让前的不确定风险；积极对接兴业银行启动"绿色信贷＋绿色保险"和"绿色建筑性能保险"的合作探索。厦门产权交易中心建设完成"厦绿融"数字化绿色金融系统，积极构建厦门绿色企业和绿色项目的集成方阵，打造数字化绿色金融服务的"厦门模式"。全国首个农业碳汇交易平台落地厦门，完成首批茶园碳汇交易，创新"农业碳汇＋乡村振兴"模式，打造美丽乡村"厦门样板"。

（五）ESG研究人才走在前列

厦门拥有ESG研究高地优势，厦门国家会计学院和厦门大学在ESG研究，特别是在ESG信息披露研究领域走在全国前列。一些专家学者既通晓ESG信息披露的国际前沿动态，又深度参与我国可持续披露准则制定工作，容诚会计师事务所在ESG咨询和鉴证领域也位居国内同业前列，可为厦门践行ESG理念和披露可持续发展报告提供智力支持。根据猎聘《ESG人才吸引力洞察报告2023》大数据，上海、北京、深圳、广州、厦门、杭州、成都等城市ESG新发职位的数量居于全国前列，厦门对ESG岗位人才的吸引也明显高出全行业整体水平。

三、厦门面临的困境和问题

（一）规划缺失，ESG政策分散乏力

厦门缺少ESG发展顶层设计，尚未建立跨部门的ESG统筹协调机制。政府、企业及社会公众对ESG认知有待深化，将ESG简单地等同于"环境保护""信息披露"，存在"ESG增加成本负担""只有上市公司才需要"等认识误区，尚未认识到ESG可带来的巨大市场机遇和对文明城市建设的巨大促进作用。此外，厦门已出台的环境、社会、治理等政策分散在各领域，未在ESG框架下整合，缺少促进ESG发展的专项政策。

（二）业态初雏，ESG生态体系欠佳

厦门的ESG生态体系处于初级阶段，实践ESG理念、披露ESG信息，需要与之相配套的服务业态，如咨询、鉴证和评级服务，而厦门的ESG服务业态还很不发达，尤其是缺少国际资质的与碳足迹管理和碳排放鉴证相关的认证机构和鉴证机构。厦门ESG报告披露率虽逐年提升，但尚未建立完善信息披露常态化机制。此外，厦门在ESG人才培养方面也还有很大的改进空间。

（三）转型缓慢，ESG提级发展不高

虽然厦门ESG发展在全国处于领先水平，但与深圳、宁波等计划单列市相比，厦门ESG提级发展缓慢，尤其在社会评级和治理评级维度上还有很大的提升空间（表23-3）。同时，厦门的企业ESG转型缓慢，ESG能力有待进一步提升，如企业尚未建立编制ESG报告所需的底层数据系统，未能对温室气体信息进行有效的收集、验证、分析和利用，董事会和管理层还没有真正建立治理和管理ESG议题的专门机构、专门人员、专门流程，未能有效开展企业战略和商业模式对环境和社会政策变化的韧性分析，未能将环境风险和社会风险有效纳入企业风险系统，未能有效制定与ESG相关的指标和目标。

表 23-3　其他计划单列市 2016—2020 年城市ESG评级结果

维度	深圳					宁波				
	2016年	2017年	2018年	2019年	2020年	2016年	2017年	2018年	2019年	2020年
城市评级	AA	AA	AA	AA	AA	A	A	AA	AA	AA
环境评级	A	A	A	A	A	A	A	AA	AA	AA
社会评级	AAA	AAA	AAA	AAA	AAA	A	A	A	A	A
治理评级	AAA	AAA	AAA	AAA	AAA	AA	AA	AA	AA	AA

维度	青岛					大连				
	2016年	2017年	2018年	2019年	2020年	2016年	2017年	2018年	2019年	2020年
城市评级	A	A	A	A	A	BBB	BBB	BBB	BBB	BBB
环境评级	A	A	A	A	A	A	A	A	AA	AA
社会评级	BBB	BBB	BBB	A	A	BBB	BBB	BBB	BBB	BBB
治理评级	A	AA	A	AA	AA	BB	BB	BB	B	B

资料来源：《中国地方政府ESG评级指标体系研究报告（2023）》，课题组整理。

四、国内外的先进经验和趋势

（一）国际先进经验

在全球气候变化日益严重的当下，环境、社会和治理（ESG）因素被越来越多地纳入全球城市的发展规划中。具体到国际城市的实践，加拿大多伦多市作为全球城市ESG实践的翘楚在政策、金融和实践上展现了丰富的经验与洞见。多伦多市采取了一种全方位的ESG策略，将负责任的行动注入每一个角落，如决策管理、债务发行、基础设施投资和内部运营等，旨在塑造一个具备可持续性和韧性的城市基础，以持续提供优质的服务和价值（表23-4）。在环境方面，多伦多市将环境管理纳入日常工作活动之中，并设定了到2050年前实现净零排放的目标，将房屋与建筑、能源、交通及废弃物作为城市环境治理的四大重要领域。该市已成功发行了总值达5亿美元的绿色债券，以资助环境友好的项目。此外，通过透明的ESG信息披露报告，该市也提高了其在全球范围内的环境保护知名度、透明度和关注度。在社会方面，2020年多伦多市成为首个发行社会债券的加拿大政府机构，这一举动在全国范围内推动了社会福利和包容性目标的进一步实施。多伦多市通过提供一系列24小时的市政服务，保障市民的日常需求与城市运转，并充分意识到社区的多样性及重要作用，鼓励、引导社区积极参与城市的社会、文化和政治生活。在治理方面，多伦多市致力于在全组织范围内融入治理因素，所有外部投资经理都是联合国负责任投资原则（UN PRI）的签署者，这进一步强化了多伦多市对治理透明度的承诺。市内的投资活动受到安大略省法规以及市议会批准的投资政策的引导和约束。该市的投资政策将ESG因素纳入其投资理念、政策以及实施程序之中。这种全面策略将ESG行动注入城市的每一个角落，持续提供优质的服务和价值，促使城市基于自身远景目标全方位提升自身管理与服务体系建设，从而提升了城市的长远竞争力。

表 23-4　多伦多市ESG发展实质性指标

环境	社会	治理
气候变化 韧性	人权 社会包容性 社会赋权和进步 经济包容性	责任治理实践 财务治理 行为与信任 风险管理 网络安全和隐私 包容性和多样性 健康和福祉 人才吸引 参与和保留 数字化 责任采购和供应商多元化
社会责任金融		
社会责任投资		

资料来源：《多伦多市ESG报告》，2020。

（二）国内先进经验

随着全球对ESG（环境、社会和治理）理念的日益重视，我国各地也在积极探索ESG发展路径。2024年以来，上海、北京、苏州三市接连出台ESG发展政策，从城区视角大力推广ESG理念并开展相关工作，成为区域ESG发展的风向标。上海注重提升涉外企业ESG能力和水平。上海商务委员会正式发布《加快提升本市涉外企业环境、社会和治理（ESG）能力三年行动方案（2024—2026年）》，以涉外企业国际化高质量发展需求为导向，通过企业ESG能力提升行动、ESG市场增效赋能行动和ESG服务体系优化行动，积极推动上海市涉外企业加快提升ESG能力和水平，打造既符合国际通行标准又兼具中国特色的企业ESG标准体系。北京强调ESG高质量发展政策体系的完善。北京市发展改革委印发《北京市促进环境社会治理（ESG）体系高质量发展实施方案（2024—2027年）》，以强化信息披露为核心，以ESG生态体系建设为基础，以评级体系高水平特色化发展为支撑，以丰富和深化ESG实践为动力，以试点示范为引领，以构建科学有效的监管体系为保障，旨在充分发挥ESG体系的重要作用，有效激发企业可持续发展内生动力，促进城市高质量发展，努力将北京建设成为ESG发展全国高地和国际代表性城市。苏州侧重于具体产业和项目的推进。苏州工业园区也发布了《苏州工业园区ESG产业发展行动计划》（以下简称《行动计划》）和《苏州工业园区关于推进ESG发展的若干措施》（以下简称《若干措施》）的配套方案。《行动计划》聚焦"优化空间布局、培育经营主体、促进创新发展、深化融合应用、扩大开放合作、营造发展生态"六大工程，从鼓励应用实践、支持产业发展、形成发展合力3个方面出发，支持ESG发展，在ESG政策支持、载体供应、运营支持等方面持续创新，积极构建ESG产业生态体系。为了落实《行动计划》，苏州工业园区推出《若干措施》，成为全国首个推出具体行动措施的地区。《若干措施》涵盖三大方面和12项核心条款，旨在鼓励应用实践，支持产业发展并形成合力，包括一系列具体的政策支持措施，尤其是设置了多项资金奖励，这在其他城市的相关文件中并未得到强调。此外，苏州还构建了民营企业ESG生态体系，树立全国ESG行动标杆。苏州市工商联、市委金融办、市发展改革委、市国资委、市市场监管局五部门联合印发《构建民营企业ESG生态体系相关重点工作的实施方案》，以服务民营企业高质量可持续发展为落脚点，推动构建苏州民营企业ESG生态体系。同时，正式发布了《新能源行业ESG信息披露指南（征求意见稿）》及《新能源行业ESG评价指南（征求意见稿）》，首次专门针对新能源行业发布了基础性、通用性标准，为新能源产业链各环节企业提供标准化的信息披露和评价依据。

虽然3个城市出台的政策方案各有侧重，但3个城市都制定了旨在完善ESG信息披露和评级标准的具体行动计划，强调了构建ESG生态体系的重要性及多元主体共同参与形成合力推动经济、社会、环境可持续高质量发展的ESG建设目标，为此提出了促进ESG产业化、聚集化、规模化的具体措施，以及鼓励促进ESG国内国际的协同发展。

（三）ESG发展趋势和重点

综上，从推动城市ESG发展到企业ESG发展，在制定和实施有效的ESG政策时，环境层面的绿色低碳发展、社会层面的文明城市建设和治理层面的数智化转型都是ESG发展的趋势和重点。在环境层面，应瞄准现代化产业体系的绿色发展需求，以推进新型工业化为抓手，完善绿色产业体系，推动实现生产过程清洁化、资源利用循环化、能源消耗低碳化、产品供给绿色化、产业结构高端化，激发绿色生产力，持续推动绿色低碳发展。在社会层面，应全面关注民生福利，促进社会公平和包容，鼓励企业和市民践行社会责任，进一步提升公共服务水平，不断提升企业和市民的文明程度。在治理层面，应以数智化手段赋能ESG管理，加强信息透明度，实现绿色化和数智化的深度融合，不断提升ESG的管理能力。

五、思路和建议

（一）发展思路

充分发挥厦门综合改革试点优势，突出环境、社会、治理三大重点，以提高ESG社会认知程度为基础，建立ESG工作推进机制，完善相关政策支持，落地实施一批ESG创新试点；以增强ESG生态服务保障为支撑，加快推动能源绿色转型，创新ESG金融服务和产品，培育壮大ESG专业服务机构，加快引聚ESG专业人才；以提升ESG企业实践能力为重点，强化ESG信息披露，提升企业ESG能力建设，努力将厦门建设成为ESG发展全国示范城市，助推厦门经济社会高质量发展。

（二）对策建议

1.加强统筹，提高ESG社会认知程度

一是建立ESG工作推进机制。参照上海、苏州等地做法，成立厦门市促进ESG发展工作领导小组，明确牵头部门，建立跨部门协调机制，推动各相关部门共同参与，整体推进ESG工作。设立ESG发展咨询委员会，组织高校院所、第三方智库、重点企业共同参与，针对ESG工作重点、发展路径等提供专业建议。

二是完善ESG相关政策支持。制订ESG发展行动计划，整合梳理现有已出台的扶持政策，查缺补漏，细化支持ESG发展的具体措施，对规范披露ESG报告的企业、符合条件的新落户ESG项目、举办各类ESG重点活动等按规定给予支持。充分发挥经济特区立法权优势，积极推动ESG立法研究。结合综改第二批授权事项清单，针对企业ESG信息披露涉及的碳排放权、用能权、用水权、排污权等事项，策划生成一批改革事项，发挥ESG对资源环境要素配置、市场交易的作用。

三是建设ESG公共平台及试点示范区。依托厦门产权交易中心建设碳足迹公共服务平台，开展产品碳

| 第二十三章 | 厦门推动环境、社会和治理（ESG）发展思路研究 |

足迹标识认证，为企业提供产品碳足迹核算、认证等一站式服务。探索在火炬高新区或自贸试验区等条件相对成熟的园区建设ESG试点示范区，对接国际经贸规则和ESG国际标准，先行落地实施一批ESG创新试点政策，并逐步推广。

四是加强ESG宣传推广。举办ESG专题培训、能力建设和产业对接活动，增强政府部门、社会、企业实践ESG的意识和能力。发布全市ESG优秀案例和榜单，树立ESG实践标杆示范。支持优秀企业积极参与国内外ESG评选活动，展示ESG案例和经验做法。依托厦门国家会计学院和厦门大学在ESG研究领域的优势地位，举办"中国ESG大会"，邀请国内外政界、学界、业界等参与，发布ESG研究成果与发展报告，打造具有国际影响力的ESG品牌活动。

2.市场驱动，增强ESG生态服务保障

一是加快推动能源绿色转型。大力发展光伏、生物质能等可再生能源，推进整区屋顶分布式光伏开发试点项目。依托厦门大学嘉庚创新实验室，推动绿色氢能研发应用及设备开发。加强与漳州、莆田等开展核电、海上风电等清洁电力的合作，提高绿色清洁电力保障能力。有序发展新型储能，推动市场化新型储能试点应用。推进微电网等智慧能源项目建设，逐步在工业园区、数据中心等能源消费密集区域推广应用。

二是持续创新ESG金融服务和产品。鼓励金融机构按照市场化原则，为ESG评级高的企业提供利率优惠或简化业务流程。鼓励金融机构参与符合ESG理念的国际建设项目，提供信贷、股权、债权等多元化融资渠道。支持符合条件的金融机构和企业发行ESG债券。支持ESG表现良好的企业发行上市。推动设立ESG主题股权投资基金，积极吸引践行ESG理念的公募基金管理公司、银行理财公司、保险公司、私募投资基金等机构在厦落地。

三是培育壮大ESG专业服务机构。大力引进一批国内外知名会计师事务所、ESG评级机构、温室气体鉴证和认证机构，健全ESG服务业态。支持本市专业服务机构积极拓展ESG服务范围，提升服务能力，提高品牌知名度。动态推出本市ESG专业服务机构信息，加强与企业对接。强化行业监管，引导ESG专业服务机构规范发展。加强本市ESG相关单位与国内外知名机构组织等交流合作，推动厦门ESG生态体系扩容。

四是加快引聚ESG专业人才。支持行业协会、社会组织和机构，开展ESG领域相关培训及活动，将ESG职业培训纳入全市职业技能培训体系。鼓励有条件的高校院所开展ESG人才培养和社会服务。鼓励在厦高校开设ESG课程，培养ESG专业人才。支持相关机构和企业发起设立厦门市ESG学会（智库端）、协会（业界端）等组织，促进行业自律和专业化发展，吸引高层次ESG人才集聚，加强人才培育与管理。

3.突出重点，提升ESG企业实践能力

一是强化ESG信息披露。鼓励国有企业、上市公司、金融公司、涉外企业等重点企业，率先按照财政部制定的可持续披露准则以及三大交易所颁布的可持续发展报告监管指引，编制和披露高质量的ESG信息。鼓励企业积极参与国内外ESG评级，对在国内外主流ESG评级中获得A级（含）以上级别的企业，给予奖励。发挥国有企业ESG带头先行作用，研究将ESG信息披露及评级情况纳入国有企业对外采购、招标等考量因素。

二是提升企业ESG能力建设。鼓励企业将ESG纳入治理体系和战略规划，建立相应的ESG组织机构和管理目标，建立健全ESG管理体系。推动厦门国家会计学院、厦门大学、中国科学院城市环境研究所等研究机构联合绿色服务、高端商务服务等专业服务机构组建ESG联盟，为企业开展ESG赋能。支持ABB、建

发、国贸、象屿、厦钨等在厦ESG建设领先企业开展经验交流和分享，带动全市企业提升ESG能力和水平。推动蚂蚁集团等机构为厦门小微企业开展绿色评级，助力小微企业绿色发展。支持引导相关机构建设公益性、简易、轻量化ESG信息管理与披露系统，更好服务中小微企业和社会组织ESG信息披露与自我评价。

三是打造行业ESG实践样板。鼓励火炬高新区、厦门科学城等新兴产业聚集区的新能源、新材料、生物医药等高技术企业先行先试，激励创新型企业率先开展ESG自愿披露，对ESG评价较好的企业给予创新研发、财税金融方面的优惠支持，率先打造一批高技术企业最佳ESG实践案例，形成行业践行ESG的试点示范。

参考文献

［1］清华大学全球可持续发展研究院.中国地方政府ESG评级指标体系研究报告（2023）［R］.2023-12-05.

［2］AECOM,腾讯数字孪生,腾讯研究院.ESG引领下的西部城市再出发——新型城市竞争力策略研究白皮书［R］.2023-02-10.

［3］新财富杂志.北上苏先行，区域性ESG迎来历史性探索！央地政策如何相辅相成？各地区ESG现状如何？|智库［EB/OL］.（2024-07-28）［2025-02-12］.https://mp.weixin.qq.com/s/dVdeiJImH91BqjY4TRpVzA.

课题指导：彭朝明　戴松若　黄光增
课题组长：牛永青
课题组成员：戴松若　黄光增　黄彩霞
　　　　　　林　静　董世钦
课题执笔：黄光增　牛永青　董世钦
　　　　　林　静

第二十四章

厦门加快碳交易市场建设研究

建设碳交易市场是以习近平同志为核心的党中央做出的重要决策，是推动实现碳达峰目标与碳中和愿景的重要政策工具，厦门推进碳交易工作是深化拓展生态文明建设"厦门实践"，加快建设美丽中国样板城市的必然要求。

一、碳交易概述

碳排放权交易简称碳交易，其源于1997年通过的《京都议定书》，是指允许将碳排放权当作商品放到市场上买卖，买方通过向卖方支付一定金额从而获得一定数量的二氧化碳排放权，从而形成了二氧化碳排放权的交易。碳交易是利用市场机制控制和减少温室气体排放、推动经济发展方式绿色低碳转型的一项重要制度创新。

国内碳交易分为配额交易和自愿减排交易两大类，两者通过自愿减排抵消机制联动发展。配额交易是指在碳排放总量控制下，由碳排放管理主管部门分配的，允许重点排放单位在规定的时间内向大气排放温室气体（主要是二氧化碳）的额度。碳配额代表了允许排放的最大数量。自愿减排交易是指企业、机构或个人在没有强制性要求的情况下，采取措施减少或避免温室气体的排放，并将减排量转化为可交易的碳资产，涉及可再生能源、海洋碳汇、林业碳汇、甲烷利用、节能增效等多个领域。

二、碳交易市场现状

（一）国际碳交易市场格局

早在1997年全球100多个国家就签署了《京都议定书》，该条约规定了发达国家的减排义务。截至目前，还未形成全球范围内统一的碳交易市场。国际碳交易市场可以简单地分为配额交易市场和自愿交易市场。工业、电力、建筑是各国碳交易市场重点纳入减排的行业。国际碳交易体系主要分布在欧洲、东南亚和北美洲地区。全球发展较为成熟的5个碳市场，分别是欧盟碳排放权交易体系、新西兰碳市场、美国区域温室气体减排行动、美国加利福尼亚总量和交易机制以及韩国碳市场。欧盟碳交易市场在全球主要碳市场中占据绝对主导地位，美国未形成统一的碳交易体系，韩国是东亚地区第一个启动全国统一碳交易市场的国家。国际上成熟的碳市场大都已经开展了免费和有偿分配相结合的实践。

由于西方发达国家先手优势，国际上西方发达国家决定碳排放额度分配、价格等，在碳交易过程中拥有主动权。同时，碳资源已经成为世界上重要的经济资源。中国作为当前碳排放大国，推动减排是大势所趋，建立中国碳交易市场有利于提升中国在碳资源定价上的话语权，在未来国际竞争中掌握主动权。

（二）国内碳交易市场现状

我国在碳交易市场建设过程中，学习借鉴了欧盟等国外先进碳交易市场建设经验，并通过先行开展地方碳交易试点，积累经验，再推进全国碳交易市场建设。

1.从地方试点市场过渡到全国统一碳交易市场

碳交易市场建设从地方试点起步，2013年起，我国先后在北京、上海、天津、重庆、湖北、广东、深圳、福建8个省市开展碳交易试点。2021年7月，全国碳交易市场正式启动，主管部门为生态环境部，今后国家不再批复地方碳交易市场试点。自2018年国务院机构改革之后，新组建的生态环境部承接了原来国家发展改革委的应对气候变化和减排职责，负责制定全国碳排放权交易及相关活动的技术规范，加强对碳排放配额分配、温室气体排放报告与核查的监督管理。

专栏1：我国碳交易市场的发展历程

筹备阶段（2002—2012年）：主要通过《京都协议书》建立的清洁发展机制（CDM）项目产生的核证减排量（CER）参与国际交易。2011年国家发展改革委发布《关于开展碳排放权交易试点工作的通知》，允许开展碳交易试点，试点地区包括北京、天津、上海、深圳、重庆5个城市与广东、湖北两省。

试点市场启动阶段（2013—2020年）：2014年底，《碳排放权交易管理暂行办法》出台，首次明确了全国统一碳交易市场的基本框架，我国各个碳排放交易试点依次开展。2016年，我国第八个碳交易试点——福建碳市场开市。各试点市场除配额交易外，还可使用国家核证自愿减排量（CCER）抵消碳排放，建立国内核证减排市场。但由于CCER呈现出自愿减排交易量少、个别项目不规范、供需不平衡等特征，于2017年3月被暂停项目备案，存量CCER仍可在市场交易。

全国统一碳交易市场建设阶段（2021年至今）：2021年7月16日，全国碳交易市场正式启动上线交易，我国碳交易市场的工作重心由地方试点示范转向打造全国统一碳交易市场。全国碳配额交易市场由湖北碳排放权交易中心负责注册登记、上海环境能源交易所负责交易结算。

截至2024年底，全国碳交易市场配额累计成交量6.3亿吨，累计成交额430.33亿元，其中2024年全年配额成交量1.89亿吨，成交额181.14亿元，交易规模持续扩大。交易价格稳中有升，年底收盘价为97.49元/吨，较2023年底上涨22.75%。

2.形成"配额交易为主，自愿减排交易为辅"的交易格局

一是配额交易。目前，国内碳交易市场配额分配方式为免费发放，政府主管部门把相应配额分配给每家控排企业，企业根据自身的排放情况可以相互买卖交易，当企业的配额富余时，就可以在碳市场售卖；当企业的配额不足时，就需要在市场上购买。目前配额交易采用登记与交易区分管理的方式运作，由湖北碳排放权交易中心负责注册登记，上海环境能源交易所负责交易结算。覆盖行业范围为发电行业，后续将逐步扩大行业范围。

二是自愿减排交易。它是配额交易的一种补充，通过抵消机制与配额交易进行联动，国家碳交易市场规定抵消比例不能超过企业应清缴碳配额的5%。原有的8个地方试点碳市场都可以进行自愿减排交易。国家审定的自愿减排项目类型主要是可再生能源，以风电、光伏、水电项目为主。由于市场前期不成熟，国家于2017年3月暂停自愿减排项目备案，存量项目仍可在市场交易。2023年国家重启自愿减排交易，发布第一批4类自愿减排项目方法学（造林碳汇、并网光热发电、并网海上风力发电、红树林营造）。2024年1月，全国温室气体自愿减排交易市场启动仪式在北京举行。目前自愿减排交易由国家应对气候变化战略研究和国际合作中心负责注册登记，由北京绿色交易所负责交易结算。

3.国内沿海地区积极探索海洋碳汇交易

随着"双碳"目标持续推进，海洋碳汇功能越来越受到人们关注，巩固提升海洋碳汇是我国实现碳中和目标的有力支撑。海洋碳汇交易是碳自愿减排交易的重要内容，将海洋碳汇转化为可交易的碳信用，是一种促进减排和增加碳汇的市场机制，是实现海洋生态产品价值的重要途径。

专栏2：关于海洋碳汇

海洋碳汇作为碳汇的重要内容，是指通过海洋生态系统吸收大气中的二氧化碳，并将其固定在海洋中的过程。海洋碳汇的类型包括红树林、盐沼、海草床、浮游植物、大型藻类和贝类等。

我国海洋碳汇发展潜力巨大。目前，国际认可、可交易的海洋碳汇生态系统是红树林、滨海盐沼和海草床，我国同时拥有这3种碳汇资源。按全球平均值估算，我国三大海洋生态系统的年碳汇量为126.88万吨至307.74万吨二氧化碳。《中国蓝碳蓝皮书2024》提出，我国拥有大量的潜在储备海洋碳汇资源，海洋碳汇能力呈增长趋势，预计将以平均每年约2%的速度增长，到2035年将增长至41.2亿吨。

一是国家大力支持海洋碳汇发展。党的十八大以来，我国的海洋碳汇建设工作集中在制度建设、基础科研、监测调查评估与标准化体系建设、交易核算理论与实践等方面。2020年"双碳"目标提出后，海洋碳汇的制度建设进入新阶段。《2030年前碳达峰行动方案》要求"开展森林、草原、湿地、海洋、土壤、冻土、岩溶等碳汇本底调查、碳储量评估、潜力分析，实施生态保护修复碳汇成效监测评估"。2021年1月，生态环境部发布的《关于统筹和加强应对气候变化与生态环境保护相关工作的指导意见》，要求积极推进海洋及海岸带等生态保护修复与适应气候变化协同增效，实质指向了大力发展海洋碳汇。自然资源部办公厅于同年7月发布了《关于建立健全海洋生态预警监测体系的通知》，提出实施海洋碳汇监测评估。2022年自然资源部批准发布《海洋碳汇核算方法》行业标准。2023年国家重启温室气体自愿减排交易，将包括海洋红树林营造在内的碳汇纳入全国温室气体自愿减排交易。

二是多个沿海地区探索海洋碳汇交易。近年来，山东、江苏、浙江、广东、海南等省积极先行先试，探索海洋碳汇产品价值实现方式，在碳汇核算、产品交易、蓝碳基金、质押贷款等方面进行有益尝试。例如，2023年3月，浙江省发布《浙江省海洋碳汇能力提升指导意见》，探索发展海洋蓝碳，持续提升生态系统碳汇量。

> 专栏3：各地探索海洋碳汇交易实践案例
>
> 2016年12月，威海南海新区启动国家海洋碳汇研发基地建设，推动海洋碳汇交易核算及碳汇渔业发展；2021年5月，深圳大鹏区生态环境局编制完成全国首个《海洋碳汇核算指南》，构建了滨海地区海洋碳汇核算方法；2021年6月，湛江完成我国首笔红树林碳汇交易项目，交易的二氧化碳减排量达5880吨；2021年7月，厦门设立全国首个海洋碳汇交易平台和蓝碳基金，并完成首笔碳汇交易，交易的二氧化碳减排量达2000吨；2022年1月，福建省连江县完成全国首宗海洋渔业碳汇交易项目15000吨；2022年6月，海南国际碳排放权交易中心完成首个红树林蓝碳生态产品交易，并在香港发行蓝色债券和可持续发展债券；2024年7月，黄河入海口首笔海洋生态修复碳汇在宁波完成交易。

由于存在交易权属不明晰、成熟公认的标准和方法学还未确立、交易机制和法规不完善、缺少经济效益等问题，国内海洋碳汇交易仍处于探索阶段。在我国公开报道的蓝碳交易项目中仅广东湛江的红树林造林项目得到了VCS（国际自愿碳标准项目）认证，具有一定国际认可度，而其他项目基本属于公益行为。

（三）国内碳交易市场发展趋势

2024年5月1日正式施行的《碳排放权交易管理暂行条例》为国内碳市场运行管理提供了明确的法律依据，提振了碳交易市场参与方的信心。2024年9月，生态环境部发布工作方案，积极稳妥推进水泥、钢铁、电解铝等行业全国碳排放权交易市场建设，为市场发展提供了有力保障。2024年上半年国内碳价持续走高，突破百元关口，碳市场扩容信号渐强。根据《中国碳市场建设成效与展望（2024）》预测，到2030年底，全国碳市场配额成交均价预计突破200元/吨，国家核证自愿减排量（CCER）成交均价预计上升至150元/吨。

一是全国碳交易市场行业覆盖范围将逐步扩大。"十五五"期间全国碳交易市场逐步纳入更多行业，同时扩大配额拍卖比例、完善配套制度标准。2025年3月，全国碳交易市场首次扩围，新增钢铁、水泥、铝冶炼3个行业。将市场参与者扩大到其他行业主体，将大幅提升碳交易市场覆盖的碳排放总量、配额交易量、配额交易额，合理碳价也更易形成，市场活跃度有望得到改善，倒逼更多高碳排行业企业采取低碳转型措施。

二是市场稳定机制将逐步建立。《碳排放权交易管理暂行条例》将市场调节需要作为制定碳排放配额总量和分配方案的重要考虑因素，开展市场调控，平衡市场供需，防止碳价格失控等市场风险，为保障碳交易市场健康平稳有序运行提供法律保障。配额交易将适时引入有偿分配并逐步提升有偿分配比例，使碳价更真实地反映碳减排成本，更好地发挥市场机制作用，同时也提升中国碳交易市场在国际碳定价中的话语权。

三是碳价长期趋势偏强。受政策影响，如全国碳交易市场履约时间安排由两年一履约变成一年一履约，增加了市场对碳配额的需求，从而推高碳价。2024年9月，全国碳排放配额（CEA）收盘价从月初的92.42元/吨到月末突破百元关口，单日涨跌幅最高超5%。长期来看，随着未来社会单位减排成本边际增长，碳价将随之上涨。

四是金融等相关机构也将加快参与到碳交易市场中。2024年4月中国人民银行等七部门联合发文，提出进一步加强金融支持碳排放权交易市场建设的措施，与碳排放权挂钩的金融产品、交易方式、交易主体将更加丰富。长期来看，大型银行、保险等金融机构有望优先加入，其他交易主体如专业碳资产公司、大型生产制造企业等也将适时加入。

三、厦门推进碳交易的意义

做好碳配额强制交易工作，创新推进海洋碳汇交易等碳自愿减排交易市场建设，对厦门深化国家生态文明试验区建设，打造更多的厦门实践、厦门范例，推进经济社会全面绿色低碳转型，努力实现碳达峰碳中和目标具有重要意义。

一是落实国家战略部署的必然要求。近年来在国家出台的《中共中央 国务院关于完整准确全面贯彻新发展理念做好碳达峰碳中和工作的意见》《中共中央 国务院关于加快建设全国统一大市场的意见》《中共中央 国务院关于全面推进美丽中国建设的意见》等重要政策文件中，都对发展碳交易、建设碳交易市场进行了安排部署，地方积极融入全国碳交易市场建设，不断完善政策体系，加快推进碳交易工作是地方政府职责所在。

二是有利于深化拓展生态文明建设"厦门实践"。厦门是习近平生态文明思想的重要孕育地和先行实践地，碳交易市场作为生态文明制度建设的重要组成部分，有助于构建约束和激励并举的生态文明制度体系，推进生态文明建设改革创新，形成市场化的生态环境治理机制，助力美丽中国样板城市建设。

三是有利于推动产业绿色低碳转型。通过督导厦门相关企业参与国家碳配额强制交易，有利于压实企业碳减排主体责任。同时，通过建设碳自愿减排交易市场，引导未参加碳配额强制交易的企业通过碳汇交易等方式，获得主动碳减排经济激励，促进绿色低碳产业投资，推动产业向绿色低碳转型升级。

四是有助于提升外向型经济竞争力。厦门是高度外向型经济，外向度达118%左右，正重点发展新能源电池等行业。当前，发达国家正在酝酿实施绿色贸易为代表的新型贸易壁垒。欧盟碳关税即将进入实施阶段，将对从境外进口的电力、钢铁、氢等行业特定产品额外征收碳边境调节费用，欧盟新电池法案要求出口到欧洲的电池产品需提供产品碳足迹等信息，苹果等全球产业链上的龙头企业开始要求产品供应链各环节逐步实现碳中和等。通过引导厦门企业参与碳交易市场，有利于企业摸清碳排放现状，减少产品碳足迹，增强企业对外贸易竞争力，加快构建新发展格局。

四、厦门现状

（一）发展基础

一是积极参与碳配额强制交易市场。有效引导华夏电力、瑞新热电、同集热电等10多家重点排放单位参加国家、福建省配额强制交易，按时完成碳排放数据上报、配合碳排放报告现场核查、碳配额履约清缴等工作。

二是创新推进海洋、农业碳汇等碳自愿减排交易。依托厦门产权交易中心，搭建全国首个海洋、农业碳汇交易平台。截至2024年12月，厦门产权交易中心累计完成海洋碳汇交易19万吨，农业碳汇交易31万吨；累计完成水土保持碳汇交易38万吨，跨区域交易服务覆盖宁夏、云南、湖北、河南、山西等地。同时，完成"闽宁协作"首次农业碳汇交易、首批2000吨金砖国家核证碳减排交易等碳汇交易，与国内多地检察院、法院合作，创新开展"生态司法+碳汇交易"。

三是具备海洋碳汇技术人才优势。厦门重点涉海高校、科研院所在红树林碳汇、滨海湿地蓝碳、海洋微生物碳汇、海水养殖碳汇以及国际学术交流等方面开展了大量基础性、应用性工作，在国内外具有一定影响力，海洋碳汇开发技术也走在全国前列。厦门大学作为海洋负排放国际大科学计划的牵头单位，将在我国打造海洋碳负排放国际示范基地，争取建立海洋负排放技术规范和国际标准；自然资源部第三海洋研究所已联合北京市企业家环保基金会等机构完成《温室气体自愿减排项目方法学 红树林营造（CCER-14-002-V01）》，该方法学已于2023年10月24日经生态环境部发布。

（二）挑战困难

1.现阶段国内碳排放统计核算体系尚不健全

尽管国内碳交易市场已成为全球覆盖温室气体排放量规模最大的碳市场，减排成效逐步显现，但业内专家认为，国内碳交易市场依然处于相对初级阶段，目前全国碳交易市场数据质量参差不齐，数据透明度也较低，尚未建立统一规范的碳排放统计核算体系。与碳排放权挂钩的金融产品应用的政策法规尚不健全，碳金融产品仍然面临可推广性、可复制性较差等问题，这给厦门开展碳交易活动带来一定挑战。

2.碳配额强制交易对厦门节能降碳作用有限

厦门仅10多家企业纳入全国、福建省碳交易市场。当前国家正推动建设全国统一的碳交易市场，已不再批复新的城市开展地方性碳配额强制交易工作。因此，厦门在开展碳配额强制交易方面，并无主动发挥空间，除10多家企业外，剩下大量的企业、园区、社区、楼宇等减排主体，可通过碳汇交易等自愿减排交易方式激发碳减排积极性。

3.海洋、农业碳汇等自愿减排交易规模有待扩大

海洋碳汇、农业碳汇等自愿减排交易都还处于探索起步阶段，与海洋碳汇交易相关的规范、技术、标准等尚未形成体系，存在机制不完善、市场参与度还不高等问题。同时，海南、青岛等地也在积极推进海洋碳汇交易等工作，面临与其他城市的竞争。

五、对策建议

（一）渐进式参与碳配额强制交易市场

建议生态部门按照国家、福建省部署，持续做好企业碳排放数据上报、配合碳排放报告现场核查、督促碳配额履约清缴等工作。充分利用数智化技术手段保障数据质量，严惩重罚违法行为。建立信用记录制度，将重点排放单位等交易主体、技术服务机构受到行政处罚等信息纳入国家有关信用信息系统。同时，需持续关注国家下一步推动碳交易市场扩行业、扩领域的方向，提早摸清厦门可能新增的企业名单信息，推动相关企业提早谋划，不断增强碳排放数据管理、碳资产交易管理等方面的能力，推动引进第三方碳资产管理等机构，为更好参与全国、福建省碳交易市场做好准备。

（二）打造海洋碳汇等碳自愿减排交易试点

积极向国家争取将厦门列为碳汇交易综合服务试点。围绕落实新综改、建设国家级绿色金融改革创新试验区等目标任务，在做好参与全国碳配额交易市场的同时，抓住机遇，发挥优势，直面各地推进海洋碳汇等碳自愿减排交易的激烈竞争，主动作为，打造以海洋碳汇交易为龙头，农业碳汇交易、垃圾分类碳交易、水土保持碳汇交易等为补充的"1+N"碳交易市场，力争将厦门建设为国家区域性碳汇交易中心。

（三）推动形成市场化交易体系

一是推动形成碳汇交易市场化运行机制。建议由生态部门牵头，市场监督管理部门等配合，发挥厦大、海洋三所等研究优势，制定出台海洋碳汇核算技术、方法学等标准，建立完善项目申报、经营、核证等程序，加强对海洋碳汇等碳自愿减排交易项目的规范化管理，推动形成碳汇交易市场化运行机制。

二是做大做强产权交易中心。积极争取生态环境部、自然资源部、金融监管总局等部委支持，推动厦门海洋碳汇交易平台和农业碳汇交易平台在全国范围内开展交易活动，做大碳自愿减排交易市场规模。加大厦门产权交易中心对外宣传力度，吸引周边及国内碳汇项目买卖需求方、交易服务方等要素资源在厦集聚交易，扩大全国影响力。

三是加强市场监管力度。建立健全市场监管机制，加强对市场参与方以及第三方技术服务机构的监管，通过严格的监管，防止市场操纵、欺诈等不当行为，保护市场参与方的合法权益，确保市场公平、透明和规范，提升市场信心。

（四）不断完善政策联动机制

不断完善全市"1+N"碳达峰政策体系方案，加强部门统筹协调，开展厦门市绿色项目的标准制定、评估认证、信息披露等基础性工作，合力推进厦门经济社会绿色低碳转型。财政部门加大对海洋碳汇等碳自愿减排交易市场建设的支持力度；资规部门加大生态系统保护修复力度，加快出台生态系统碳汇能力巩固提升实施方案等；生态部门强化多部门联合监管，健全碳排放数据质量管理工作机制，加快落实碳普惠体系建设方案，建设碳普惠平台等；金融部门鼓励金融机构开发碳汇金融产品，支持企业参与合规碳交易，开展碳排放权、用能权、排污权等绿色权益抵质押融资业务，探索建立绿色金融与碳交易市场的联动机制；市、区相关部门及媒体机构加强碳交易市场的培训与宣传，通过举办讲座、研讨会等活动，普及碳交易知识，提升公众对碳交易市场的认知和环保意识，推动各方共同参与碳交易市场建设。

（五）培育壮大碳汇新兴产业

一是发展海洋碳汇等监测评估产业。依托厦门海洋高新技术产业园区，引进相关企事业单位，培育发展卫星遥感监测技术与数据产品开发、在线监测装备研发与应用、碳汇核算评估服务等企业。

二是探索开展产品碳足迹标识认证。依托厦门产权交易中心，以数字化为抓手推进厦门市碳足迹公共服务平台建设，开展全市产品碳足迹标识认证，为包括新能源电池产业在内的出口型、制造型企业提供产品碳足迹核算、认证等一站式服务，推动企业开展碳排放现状调查，积极参与碳交易，减少产品碳足迹，提升应对欧盟碳关税、电池法案等国际贸易碳壁垒的能力。

三是加强国际交流与合作。搭建碳汇新兴产业国际交流与合作平台，学习借鉴国际先进经验，加强碳汇技术、政策和规则等领域的研究合作，推动开展碳汇示范性项目建设，探索建设区域性国际化海洋碳汇

交易市场，提升厦门在全球绿色发展中的地位和影响力。

参考文献

[1]浙江省发改委.省发展改革委 省自然资源厅 省生态环境厅关于印发《浙江省海洋碳汇能力提升指导意见》的通知[EB/OL].（2023-03-06）[2025-01-20].http://zhengce.zj.gov.cn/policyweb/httpservice/showinfo.do?infoid=51837245307f4b208f65c2995a762982.

[2]高金智库.中国碳市场发展历程、问题及建议[EB/OL].（2023-08-10）[2025-01-20].https://www.163.com/dy/article/IBQ03KOF0519C65J.html

[3]刘艳.福建首个碳足迹数字化认证平台在厦启动：全国海洋碳汇交易和水土保持碳汇交易实现"双开门红"[N].厦门日报，2025-01-07（A01）.

课 题 指 导：彭朝明　戴松若
课 题 组 长：林　红
课题组成员：戴松若　董世钦　梁子升
　　　　　　肖凌欣　王成龙　姜耘时
课 题 执 笔：林　红　董世钦

第二十五章

厦门探索城乡融合新路径研究

一、厦门现状

（一）城乡产业融合发展动力逐渐加强

城乡产业加快壮大。2024年，厦门农林牧渔业总产值2024.75亿元，增长9%。引种台湾特色水果，调整水果种植结构，"翔安胡萝卜""同安紫长茄""军营红西红柿"等一批蔬菜区域公用品牌加快培育。厦门同安闽台农业融合发展（种子种苗）产业园建设加快推进，百利种苗、翔安虾苗基地、海沧棠潮园艺暨班纳利花卉加快壮大。鑫美园采摘园、赤土社、大帽山境、澳头等乡村旅游加快发展。同安区莲花镇获评全国首批乡村旅游重点镇，军营村入选全国"建党百年红色旅游百条精品线路"。

（二）城乡基础设施承载能力明显提升

建成轨道1、2、3号线，翔安大桥建成通车，第三东通道开工建设，轨道交通6号线林华段全线轨通，3号线南延段、4号线、6号线集同段建设有序推进，地铁站点公交接驳线全覆盖，成为全国第三个公共交通"一码多乘"城市。山海健康步道林海线全线贯通。筼筜湖、东南部海域分别获评全国美丽河湖、美丽海湾优秀案例。打造"厦门垃圾分类模式"3.0升级版，生活垃圾分类考评连续22个季度位列全国大城市第一，"四化"（制度化、常态化、系统化、信息化）海漂垃圾治理机制获全国推广。建成厦门东部垃圾焚烧发电厂三期、前场水质净化厂扩建等项目。城乡环卫一体化已覆盖全市所有乡镇农村，农村生活垃圾实现日产日清和百分百无害化处理，农村环卫作业管理机制不断完善，农村环卫工作质量标准日趋常态化。岛外区域5G无线网络配套加快建设，实现农村地区光纤100兆全覆盖，实现农村有线电视"村村通"向"户户通"升级。

（三）城乡公共服务均等化水平不断提升

厦门六中同安校区等9所普通高中建成投用，入选国家基础教育教师队伍建设改革试点。"名校跨岛"持续推进，双十中学翔安校区初中部、实验小学翔安校区和外国语学校集美校区等一批名校在岛外的校区建成投用。加快推进二中集美校区、六中同安校区和五缘实验学校同安校区等岛外校区项目建设。城区学校和乡村学校100%建立对口帮扶关系或教育共同体。获批全国健康城市建设试点，4个国家区域医疗中心引入新技术200余项，填补100余项区域医疗技术空白。厦门市海沧区马銮湾医院、厦门市环东海域医院、四川大学华西厦门医院等布局在岛外，镇卫生院、村卫生所实现全覆盖。城乡文化融合加快推进。举办世界田联钻石联赛、第二十一届市运会等重大赛事活动，厦门马拉松荣获全球首个特别贡献奖。按照服务人口和服务半径两个尺度，与岛外新城建设同步配套建设文化场馆设施，推进文化体育资源向镇（街）、村（居）延伸覆盖，促进基层文化体育设施全覆盖。

（四）农业转移人口市民化有序推进

近年来，厦门市进一步推进户籍制度改革，全面放开放宽重点群体落户限制，简化申办手续，推动非户籍人口在城市落户，规范户籍人口规范化管理，以居住证为载体推动基本公共服务覆盖未落户常住人口，不断提升农业转移人口市民化水平。城乡居民收入稳步提高。2024年，厦门城镇居民人均可支配收入76118元，增长4.4%；厦门农村居民人均可支配收入36345元，增长6.3%。

（五）城乡融合发展体制机制创新加快推进

整合农业生产发展专项资金、乡村振兴市级奖补资金、农村污水治理奖补资金等，确保投入力度不断增强、总量持续增长。帮扶机制加快完善。建立"1+1"精准帮扶机制，由1家市直机关事业单位、1家国有企业挂钩联系1个集体经济薄弱村，开展产业帮扶、就业帮扶。科技特派员机制不断完善。选派市直机关企事业单位和区直单位干部组建常态化驻村工作队，全市共有1400多名科技特派员在一线开展科技服务。

二、存在问题

（一）城乡融合产业支撑能力有待增强

带动力强、成长性高、行业优势明显的优强企业较少，配套企业不够，企业间配套协作不密切。产业集群中，产业链较短，大多处于价值链中低端，供应链衔接不紧密。受农业产业链条短、农产品深加工不足的制约影响，乡村向城市供给农产品，附加值十分有限。乡村产业的经营主体普遍存在小规模分散经营、产品附加值不高、抗风险能力弱等问题。农业企业和集体经济组织的发展模式较为滞后，新型经营主体对农户的辐射带动作用还不够明显，"龙头企业＋合作社＋农户"的利益联结机制还有待探索。

（二）乡村生活宜居尚需提升

乡村发展条件依然落后，乡村空心化和人口老龄化依然存在。乡村生活品质总体不高，留不住人，造成乡村人口流出比较普遍，吸引优秀人才服务乡村的客观条件仍较缺乏。

（三）农业转移人口市民化质量有待提高

城市人才、农业专业化人才的入乡路径还未被有效打通，乡村留下的大量老人、儿童等不能有效支撑农业现代化发展。公共服务配套改革不够完善，制约市民化成本分担机制的建立，农业转移人口融入城市社会程度尚需提升。城中村、老旧小区依然存在，制约了市民化质量的提升。

（四）城乡融合发展体制机制创新有待加强

城乡要素平等交换和公共资源均衡配置仍存在制度性障碍。农村产权制度固化和农民产权意识的薄弱，致使乡村地区长期存在土地资源赋闲、非正规流转、用途空间冲突等问题。新型投融资、住房保障、土地、社保、财税等方面的体制机制有待探索。城乡治理体系亟待完善、能力亟待提升。

三、厦门城乡融合的新路径

（一）培育城乡融合产业链

一是培育区级产业链。增强城乡三次产业、同次产业之间的内在联系，把现代农业、新型工业与现代服务业有机结合起来，提升农业在整个价值链中的贡献度。推进不同类型、不同环节城乡产业链延伸整合，促进农业生产、加工、物流、研发和服务相互融合，推动产前、产中、产后一体化发展。发挥比较优势，海沧区、集美区、同安区、翔安区岛外4个区重点发展2~3条产业链。海沧区重点发展物流、生物医药、集成电路等产业链，集美区重点发展机械、软件和信息服务业、文化休闲旅游等产业链，翔安区重点发展平板显示、空港经济、都市型农业等产业链，同安区重点发展轻工食品、文化旅游、都市型农业等产业链。

二是培育城乡新型业态模式。鼓励网络直播、在线娱乐、网络零售等新型业态发展，创造更多灵活就业岗位。因地制宜培育发展乡村民宿、农耕体验、康养休闲等新模式。鼓励发展"中央厨房+冷链配送+物流终端""中央厨房+快餐门店""健康数据+营养配餐+私人定制"等新型加工业态。加快培育"一村一品一店"示范村，打造农产品地方特产馆，开展公益助农直播。

三是提升产业就业承载能力。推动传统产业与信息化、网络化融合，逐步实现转型升级，打通产业链的堵点和断点，延伸拓展上下游产业，构建面向新型农村大学生的就业结构，围绕主导产业个性需求，完善生产辅助功能，完善高端生活职能，强化专业配套服务，健全商务服务中心、研发培训、金融法律、文化会展、社会服务设施、旅游度假等综合配套服务，构建产业生态圈，创造农村人口就业岗位。通过开发网络直播等"新个体经济"，积极开辟新的生产服务领域和行业，创造新农村人口就业岗位。强化"新经济"谋划与整合，通过产业融合创造出新的业态及职业岗位，引导资源要素向更高的价值环节配置与集聚，为农村人口就业增长提供更具关联性的产业体系。

四是把农村旅游作为产业来发展。依托美丽宜居乡村、特色田园乡村、传统村落建设，培育一批乡村民宿村、乡村旅游重点村，串联一批精品休闲线路，着力构建全域乡村旅游新格局。加强乡村休闲旅游产品开发，拓展亲子体验、特色民宿、房车营地、创意田园景观、农业节庆等休闲项目，推进乡村休闲旅游业特色化、多样化、差异化发展。加快乡村民宿村提档升级，进一步提升民宿试点村服务品质、丰富经营业态，示范带动乡村民宿精品项目连线成片。

五是大力发展村集体经济。鼓励村集体通过改造村办公用房、会堂、旧校舍、厂房、仓库等各类闲置或低效集体资产，积极发展休闲观光农业、农家乐休闲旅游和民宿等乡村旅游项目。鼓励村集体利用留用地和存量房产，建设投资商业用房、标准厂房、停车场等经营性物业。鼓励村级集体经济组织依托海洋、沙滩等特色资源，大力发展海上游乐、海滨旅游等海洋经济项目。鼓励村级集体经济组织积极引进优质产业项目，参与农贸市场、科技创业园、田园综合体等载体建设，发展创意农业、农产品电子商务等农村新产业新业态。

六是推动两岸农业融合发展。办好海峡两岸农产品检验检疫技术厦门中心，巩固厦门两岸农产品贸易集散中心地位。完善厦台两地农业组织交流合作机制，支持两岸共同建设研究机构、开拓国内外市场，培育海峡农业品牌。提升对台渔业交流水平，加快建设欧厝对台渔业基地和高崎水产品集散与交易中心。对台湾农业专业技术人员职业资格（非准入类）在厦实施单向采认。建设厦门同安闽台农业融合发展产业园。加强闽台蔬菜种子种苗育种、生产、人才及信息对接合作，打造两岸农业深度融合的重要载体和示范窗口。

（二）加快推进乡村振兴

一是加强乡村建设。强化村庄规划引领。因地制宜编制"多规合一"实用性村庄规划，合理确定村庄布局和规模。推动城乡基础设施和公共服务设施统筹布局，完善乡村民生设施配套。规划预留建设用地机动指标，保障村民居住、农村公共公益设施、零星分散的乡村文旅设施及农村新产业新业态等用地。加强村庄空间管控。加强4类村庄分类指引，盘活利用闲置宅基地等低效建设用地，探索宅基地依法自愿有偿退出机制。农村村民住宅建设实行区域分类管控制度，在保障农村村民"户有所居"的前提下，依法依规划定禁建区、限建区、适建区。提升农村高颜值建设。立足厦门农村地区的特色和优势，优化林地布局，加强各类林地建设，构建生态景观。加强农用地整治，发展特色种植业，深化农业面源污染防治。保护村庄传统的地形地貌、河湖水系等自然环境，延续村庄传统空间格局。

二是加强乡村基础设施建设。持续推进基础设施向村覆盖、往户延伸，加快实现城乡基础设施统一规划、统一建设、统一管护。持续建设"四好农村路"，实施农村客运公交化改造。完善乡村供水格局，持续巩固城乡居民同质饮水。推进新一轮农网改造提升，加快乡村绿色能源站试点。适度超前建设充电基础设施，更好地支持新能源汽车下乡。因地制宜推进燃气下乡。全面推动快递进村，基本实现"村村通"。完善乡村防灾减灾基础设施。

三是加强乡村公共服务建设。推进城乡教育均衡发展。积极引入优质资源，深化合作办学，开展乡村温馨校园建设。完善乡村幼儿园布局，确保适龄儿童就近入园。统筹城乡师资配置，推动城镇优秀教师、校长向乡镇学校、薄弱学校流动。持续推进健康乡村建设。加快基层医疗卫生机构能力提升项目建设，配齐乡镇卫生院、社区卫生服务中心必备的设施设备。完善"区级医院+基层医疗卫生机构"融合发展的区域医疗卫生共同体。推动优质医疗资源扩容下沉，打造30分钟乡村健康医疗服务圈。推进乡村文化传承发展。在推动城乡融合发展的过程中，应更加注重乡村文化的传承和保护。同时，结合现代科技和创意产业，推动乡村文化的创新与发展，打造具有地方特色的乡村文化品牌，提升乡村文化软实力。加强科技创新。加大科技创新投入，引导科技创新资源向乡村倾斜，培育乡村科技创新平台和载体。

四是促进生态文明建设。坚持绿色发展理念，强化生态文明建设在城乡融合中的重要地位。加大对乡村生态环境的保护和生态修复力度，推进农业绿色化、低碳化、循环化发展，打造宜居宜业宜游的特色美丽乡村。

（三）促进农村社区建设

一是促进农村社区资源活化。挖掘山水、土地、文化、旅游等在地资源，推进农村社区空间活化、要素活化、场景活化、产业活化，实施土地综合整治、大地景观塑造和美丽宜居乡村建设，推动农商文旅体融合发展。鼓励农村集体经济组织以村民入股、集体出资、专业运营方式，共同开发乡村闲置资源，壮大农村集体经济实力。

二是促进农村社区商业繁荣。围绕"全龄全时全新"多元消费需求，大力发展夜间经济、周末经济、云端经济。大力发展农村社区"商业+旅游""农村社区商业+文创""农村社区商业+康养""农村社区商业+居家""农村社区商业+教育"等新业态。

三是完善农村社区治理体系。围绕提升农村社区治理科学化、精细化、智能化水平，健全农村社区自治机制，搭建农村社区协商平台，发展农村社区共治主体，推动政府治理同社会调节、居民自治良性互动。推动城市基层党组织体系向农村社区延伸，持续深化有农村社区党组织引领、有党员示范带头、有服务阵地保障、有经费支撑和党建引领小区治理制度化的"四有一化"建设。

（四）把城市活动引到乡村开展

一是文化旅游活动进乡村。利用厦门乡村自然风光秀丽、文化旅游资源丰富的优势，持续在农村举办"丰收节""桐花节""采摘节""乡村音乐节""乡村故事会"等文化体验活动。同时大力开发农村户外拓展基地，不断探索出更多有意义的主题活动，增添游客户外生活体验，吸引更多游客选择在厦门农村依托户外拓展基地游玩。强化节庆拉动、农旅互动，让农村资源"动"起来、农村文化"活"起来、农村旅游"热"起来，持续吸引外来人口到厦门乡村旅游消费。

二是培训活动进乡村。把党员培训课堂搬到田间地头，推进技能培训进乡村，提升本领促发展。利用厦门乡村民宿优势，把厦门城市原有的主题培训引到农村举办，不断提升厦门农村吸引力。

三是把城里人引到乡村消费。推行"乡村合伙人"模式，引导城里人"入伙"乡村，引导项目、资金、市民下乡进村。鼓励农村大力发展农家乐、乡村民宿、农家院、生态园、农庄、乡村咖啡馆等产品，为城市人群提供餐饮、茶饮、棋牌娱乐、住宿和各类体验等消费服务，吸引城市人口到厦门农村消费。

（五）推进要素资源双向流动

一是建立城乡劳动力有序流动机制。畅通劳动力和人才社会性流动渠道，健全统一规范的人力资源市场体系，建立协调衔接的劳动力、人才流动政策体系和交流合作机制，推动城乡人才顺畅流动。拓宽农民增收渠道，促进农民收入持续增长，持续缩小城乡居民生活水平差距，完善农民工资性收入增长环境，推动形成平等竞争、规范有序、城乡统一的劳动力市场，统筹推进农村劳动力转移就业和就地创业就业。改善乡村人才待遇，促进职称评定和工资待遇等向乡村教师、医生倾斜，推进城市教文卫体等工作人员定期服务乡村。同时支持有技能、有管理经验的农民工等人员返乡入乡创业，建立科研人员入乡兼职兼薪和离岗创业制度，允许入乡就业创业人员在原籍地或就业创业地落户并依法享有相关权益。

二是探索农村集体建设用地入市。在符合规划和用途管制前提下，完善农村集体经营性建设用地出让、租赁、入股机制，实现与国有土地同等入市、同权同价。鼓励不同村庄将集体经营性建设用地定向集中使用，完善土地增值收益分享机制，建立完善集体建设用地建设租赁性住房机制，发展新型农村社区。探索建立城市规划边界范围外农村集体建设用地入市试点，慎重稳妥推进农民住房财产权抵押、担保、转让，探索推广将农村闲置农民住房通过集体经济组织盘活利用，发展民俗旅游和乡村休闲养生养老产业。完善农村集体经营性建设用地出让、出租、作价出资（入股）、转让、抵押等配套制度，健全土地增值收益分享机制。深入实施"亩均绩效"改革，建立同权同价、流转顺畅、收益共享的农村集体经营性建设用地入市制度，优先用于工商业发展。

三是开拓乡村建设多元化融资渠道。加大涉农财政支出，提高地方土地出让收益用于农业农村比例。

引导金融机构按照市场化原则，在依法合规、风险可控的前提下，下沉服务重心、加强信贷支持，同时扩大农村资产抵押担保融资范围，鼓励有条件的地区设立市场化运作的担保机构。设立农业产业投资基金、农业私募股权投资基金和农业科技创业投资基金，通过以奖代补、贷款贴息、风险补偿等方式，对符合条件的农业项目加大金融帮扶。鼓励工商资本与村集体、新型农业经营主体建立多层次合作模式，培育一批集体经济强村。

（六）加快推进农民市民化进程

一是健全本地户籍农民进城落户保障机制。建立农村集体经济组织成员转移备案证制度，为进城落户农民发放农村集体经济组织成员转移备案证，保障进城落户农民原享有的土地承包经营权、宅基地使用权和房屋所有权、村经济合作社（股份经济合作社）中的集体资产收益分配权权益。建立农民进城就业服务机制，提高农民进城务工组织程度。

二是提升农业转移人口融入城市能力。持续实施农民工职业技能提升计划，统筹发挥企业、职业院校等作用，强化农业转移人口职业技能培训和职业教育，提高其在城市稳定就业能力。聚焦用工矛盾突出行业，强化企业主体作用，面向新生代农民工等持续大规模开展以大数据智能化为重点的职业技能培训。鼓励职业院校扩大农业转移人口招生规模，健全农民工学历教育学分认定机制。加强对农业转移人口的权益保护，提高农民工科学文化和文明素质，帮助农业转移人口及其随迁家属尽快适应城市生活。

三是健全农业转移人口市民化配套政策。建立农业转移人口市民化奖励机制，统筹使用市级激励引导转移支付资金，重点支持吸纳农业转移人口落户多的区，提高区政府吸纳农业转移人口落户积极性。完善转移支付办法，加大市级财政均衡性转移支付中常住人口因素权重。建立财政性建设资金对吸纳农业转移人口较多的区基础设施投资的补助机制。制定市级配套政策，重点支持保障性住房、市政公用设施、公共服务设施、环境基础设施的建设运行和维护。充分考虑人口规模因素特别是进城落户人口数量，科学测算和合理安排城镇新增建设用地规模。

（七）完善城乡融合发展体制机制

一是深化农村集体产权制度改革。开展农民对集体资产股份继承、赠予、有偿退出改革试点。加快农村产权交易市场体系建设，逐步实现农村集体资产全部进场交易。在现有改革的基础上，进一步深化农村集体产权制度改革，探索建立更加公平、合理、有效的集体资产分配和收益机制，保障农民合法权益。

二是完善投入机制。鼓励工商资本投资农民参与度高、受益面广、适合产业化经营的领域，构建农民与工商资本利益共同体。积极引导国有企业参与农业农村现代化产业项目和农村基础设施建设。

三是完善帮扶机制。探索集体经济强村与弱村建立集体联合产权，促进集体收益增效、产业项目增量、幸福指数增倍、村居环境增颜、组织建设增能。

四是完善科技特派员机制。从集中在第一产业投放科技特派员人才向一二三产业拓展。选派更多的掌握农业现代技术、具有科技引领作用的高层次专家科技特派员参与城乡融合。

五是创新农村人才培养机制。鼓励引导高校毕业生回乡创业兴业，统筹实施高校毕业生服务基层项目。加大农民职业技能培训力度，加快培养职业农民。

参考文献

[1]刘国利.乡村振兴战略下城乡融合发展机制研究[J].山东农业工程学院学报，2023（1）：22-26.

[2]石莹莹.乡村振兴背景下城乡融合发展研究[J].乡村科技，2023（18）：29-32.

[3]范根平.中国式现代化视域下城乡融合发展的理与路[J].河海大学学报（哲学社会科学版），2024（4）：27-36.

[4]宋洪远，唐文苏.高质量完善城乡融合发展体制机制：实践进路与路径优化[J].中国农业大学学报（社会科学版），2024（5）：5-19.

课题指导：彭朝明　黄光增　彭梅芳
课题组长：刘飞龙
课题组成员：林　静　林汝辉　陈国清
　　　　　　林　敏　林永杰
课题执笔：刘飞龙

第二十六章

厦门推动对口支援高质量发展对策建议

开展对口支援工作，是以习近平同志为核心的党中央做出的重大战略部署，是推动我国全面建成小康社会的重要政治任务，也是厦门服务构建新发展格局、打造新发展格局节点城市、新发展理念示范城市的应有之义。

多年来，厦门的对口支援工作始终坚持高站位、高标准，出台有力的政策举措，构建强实效的推进体系，各项工作取得显著成就。面对新时期的新形势，厦门要按照国家、省里有关开展对口支援的战略部署，紧紧围绕新时期西藏工作"稳定、发展、生态、强边"四件大事，以及"依法治疆、团结稳疆、文化润疆、富民兴疆、长期建疆"治疆方针，聚焦对口支援工作中的重大问题，把对口支援工作摆在更加突出的位置来谋划思考，提出新时期推动厦门对口支援工作思路，提高对口支援工作的针对性和实效性，推动厦门对口支援高质量发展。本课题对口支援地区包括西藏的左贡县和新疆的吉木萨尔县。

一、厦门对口支援工作成效

近年来，厦门始终把对口支援作为重大政治任务和政治责任，紧紧围绕产业发展、基础设施、社会事业、文化交流、人才培养等重点领域，在人力、物力、财力和智力等方面给予受支援地区鼎力支持和无私援助，为推动受支援地区经济发展、社会和谐稳定、群众脱贫致富等各项事业全面进步注入了强大动力。

（一）总体情况

厦门市分别于1994年、1999年开始对口援藏、援疆工作。一是对口援藏方面，1994年以来，厦门市着力加强产业援藏，着力聚焦民生援藏，着力创新智力援藏，扎实推进对口援藏工作取得显著成果，国企援藏创新有为，民生帮扶成效明显，乡村振兴亮点突出。厦门市共拨付市级财政援助资金6.94亿元，其中2016年至2024年援助左贡县4.28亿元。"十四五"期间，每年安排4014万元财政资金支持左贡县经济社会全面发展，2024年厦门市对口支援左贡县经费合计6289万元。2016年以来，厦门市先后选派8名党政干部、56名专技人才组成第六批、第七批、第八批援藏工作队赴左贡县接续开展对口支援工作。目前，厦门市在西藏左贡支援的干部人才共计16人。全国援藏两次推广厦门援藏经验做法，厦门援藏已成为全国援藏的先进典型和模范援藏队伍。二是对口援疆方面，1999年以来，厦门市扎实推进对口援疆工作，牢牢抓好援疆项目管理，全力提供人才智力支持，用心做好民生保障帮扶，积极推动特色产业发展，为受援地区社会安全稳定和高质量发展贡献厦门力量。累计投入财政援疆资金13.8亿元，"十三五"期间，投入财政援疆资金5.7亿元；"十四五"期间，投入财政援疆资金6.1亿元。实施项目163个，项目经费"80%面向民生、80%面向基层"，选派援疆干部人才238名。2021年，在国家发展改革委组织的"十三五"援疆绩效综合考核评价中获评"先进典型"。

（二）运行机制

近年来，厦门对口支援运行机制逐步完善。一是完善市对口支援工作领导小组机制。特别是2021年9月以来，完善以市委主要领导为组长，市政府主要领导为第一副组长，市委、市政府分管领导为副组长，各相关单位主要领导和援藏、援疆工作队领队为组员的工作机制，明确领导小组下设对口支援工作办公室并设在市发展改革委，形成了上下统一、前后一致、市区部门联动、全员动员参与的对口支援大格局。二是建立党政领导互访机制。每年各级党委政府主要领导定期前往对口支援地区对接推进工作，根据重点任务分工，明确对方所需和我方所能两张清单，专项对接对口支援工作。三是建立部门、区级对口支援工作机制。按照"受援地所需、厦门所能、支援见效"的原则，各部门、区级单位主动对接左贡县、吉木萨尔县，实施厦左共创援藏新模式、对口支援吉木萨尔县工作举措，从落实结对帮扶、加大资金支持、充实国企支援等方面，完善对口支援工作机制。

（三）支援成效

1994年以来，厦门在产业、人才、民生、文化交流等方面对口支援取得较大成效。

1.在产业支援方面

一是支持产业园建设。支持左贡县建设夯达产业园，累计投入资金4000余万元，2023年实现产值1682万元，占全县工业总产值的65%，带动全县2000余户超1万人实现间接就业。推动吉木萨尔北庭工业园建设，2023—2024年落地项目18个，建成投产项目4个，实现产值38.7亿元，获得"全国农产品加工创业基地"等称号。二是支持商贸业发展。支持受援地区组团来厦参展，2023年吉木萨尔县在厦成功签约1个投资额5亿元项目。三是协助当地招商引资成效显著。引进西鸽酒庄落地左贡县，规划投资1亿元。引进三众食用菌种植有限公司，推动羊肚菌产业发展成为吉木萨尔县拳头产业。四是出台消费帮扶政策。2023年起每年将左贡县、吉木萨尔县特色产品纳入厦门市工会采购推荐目录。五是扶持特色产业。在吉木萨尔县投入2200万元支持南部山区旅游产业发展，打造民族团结游园、胥家泉民宿街等项目。在厦设立北庭文化暨吉木萨尔农特产品展销中心，支持双公圣村中药烘干厂、大有镇食用菌基地等项目建设。

2.在人才支援方面

采取双向挂职、两地培训、委托培养和组团式支教、支医等方式，挑选厦门市优秀干部、专业技术人才、企业管理人才外派挂职，将先进理念、技术、经验传播到受援地区。2021年以来，先后选派15名党政干部、107名专技人才开展对口支援工作。积极推动规划、国企等专技人才在受援地任实职、担实责。组织受援地区干部人才来厦开展培训学习，2021年以来共培训干部和人员2000余人。

3.在民生支援方面

一是医疗支援。选派15名医护人员，开展"组团式"医疗援藏，推动左贡县人民医院医疗管理规范化，打造了县域医改的"雪域高原样板"；通过师带徒传承、业务培训、教学查房、巡回讲座等方式，支持援疆医生开展"造血式"支援。投入2535万元完善基层医疗卫生服务体系，建设厦门援疆临床技能培训基地等。二是教育支援。创新"精准教育帮扶"机制，制定《"十四五"援助左贡县教育发展人才提升行动"师带徒"培训工作方案》，实行"厦门教研、精准左贡"模式；组建援疆名师工作站、"创客空间"实验室，帮助吉木萨尔县中职学校在全国技能大赛中屡创佳绩。

4.在文化交流方面

广泛开展两地文化交流。组织左贡县基层干部、教师、青少年、致富带头人、国企人员等来厦交流、研学、培训。近两年来，共组织5批170名基层干部来厦培训。组织左贡县青少年来厦参加"逐梦山海·一鹭向前"夏令营活动；推动鼓浪屿管委会和吉尔木萨县政府签约开展"友好世遗"深化合作，实施"小白鹭飞北庭"文化工程，推动"厦马"牵手"天马"，带动旅游业发展；建设闽疆艺术家创作交流基地，打造全疆知名的文化交流基地。

（四）支援方式

重点采取政府相关部门、国有企业、社会力量等支援方式。

一是政府相关部门。厦门6个区、发改、科技、教育、卫健等多个市级部门、多个街道（镇）等积极参与对口支援。2021年以来，厦门市各区与左贡县乡镇续签结对共建协议10份、与吉木萨尔县乡镇签订结对共建协议10份。新签订学校共建协议6份、文化交流合作协议4份、民族团结村镇共建协议4份、企业与乡镇共建协议2份。二是国有企业。厦门开创了全国地市国企参与对口支援工作的先河，从夏商、轻工、港务、轨道等国企选派4批18人次赴左贡县、吉木萨尔县，帮助当地政府理清产业发展思路、完善国企管理制度，成为厦门产业支援工作的特色亮点。三是社会力量。广泛动员各类企业、社会团体、福利机构和爱心人士赴受援地区参与对口支援。如促成左贡县政府与厦门民企签署合作协议，帮助左贡打造集高原葡萄种植、红酒酿造和销售于一体的特色产业链，打造青藏高原葡萄酒标杆品牌。

（五）相关政策

国家层面，制定了《关于进一步动员社会各方面力量参与扶贫开发的意见》《关于进一步加强东西部扶贫协作工作的指导意见》《动员全社会力量共同参与消费扶贫的倡议》等一系列政策；厦门层面，制定了《厦门市2024年对口支援工作方案的通知》《2022年对口支援新疆吉木萨尔县工作方案的通知》《2022年对口支援西藏左贡县工作方案的通知》等政策文件，这些政策有力地促进了厦门对口支援工作发展。

二、先进城市对口支援经验做法

近年来，天津、深圳、上海、北京、杭州等国内部分先进城市，在推动对口支援方面取得不少成效，其经验做法值得学习借鉴。

（一）在产业支援方面

1. 天津：坚持完善产业合作机制

一是在特色产业扶持上提档升级。加大对口地区农产品初加工及精深加工扶持力度，帮助发展特色林果、民族手工、科技大棚等特色产业项目。围绕打造旅游专列、航班专线，帮助建设文化旅游村、培育精品民宿和星级农家乐等。二是在龙头企业引育上提档升级。设立产业扶持资金，持续深化"龙头企业+基地+合作社+农户"发展模式，在甘肃、新疆和田等重点帮扶地区打造"羊产业"基地。持续深化"津企陇上行"等品牌活动，鼓励引导企业到结对地区参与产业发展。三是在园区载体共建上提档升级。进一步完善园区共建机制，推动结对地区加强产业园区载体的统筹规划和提升建设，支持已建成园区完善配套、提升能级。

2. 深圳：推行"深喀产业互促共兴"行动

深圳充分发挥产业、技术、人才、科技创新等优势，以及喀什资源禀赋和区位优势，推行"深喀产业互促共兴"行动，积极探索"研发+生产""生产+营销"等合作形式，助力喀什打造文化旅游、商贸物流、新能源、现代农业等产业。一是持续创新科创模式。2010年以来，创新打造"1+N"双创基地管理模式，深圳援疆孵化了上千家企业，带动产业超过百亿元。二是持续创新招商模式。联合相关部门走访洽谈对接商协会、企业598家，邀请375家企业赴喀考察，签约项目106个，总投资超过260亿元。三是深化新能源产业合作。与深圳能源集团、华润电力等共同探索"绿电+重卡""绿电+氢"等低碳发展模式示范项目建设。四是深化文旅合作。支持喀什推进莫尔寺遗址保护开发建设，支持慕士塔格冰川旅游基础设施建设，支持南头古城与喀什古城签订合作交流备忘录。五是深化物流合作。推动喀什综合保税区与深圳盐田综合保税区结对共建，推动大湾区企业布局新疆市场，"跨境电商+中欧班列""跨境电商+货运包机""跨境电商+多式联运"等多种物流模式蓬勃发展。

3. 杭州：全产业链打造

一是全产业链打造。杭州在对口支援中，注重打造全产业链，以推动受援地产业的整体发展。例如，杭州钱塘区投入资金打造甘孜州理塘县牦牛全产业链，从养殖、加工到销售，形成闭环生产，有效提升了当地牦牛产业的附加值。二是产业合作提升工程。杭州实施"农特产业""旅游业""硒品入杭""浙企入恩"四大产业合作提升工程，将受援地打造成杭州特色农副产品供应基地、杭州游客旅游目的地、浙江产业梯度转移首选地，有力推动了受援地产业优势的形成。三是产业园区共建。杭州与受援地共建产业园区，推动当地产业集聚发展。例如，与协作地区签订合作项目累计3925个，推进平台共建，累计投资18.85亿元，支持协作地区在杭设立"飞地"平台，发展"飞地"经济。

（二）在民生支援方面

1. 杭州：提升社会领域合作温度

杭州以持续擦亮"最具幸福感城市"金名片为牵引，高质量实施公共服务支援工程。深入开展义务教育、职业教育、高等教育合作交流，恩施职院与杭州职院合作共建电梯工程技术班特色学科，推动两地

62对学校建立对口合作关系，两地教育部门互访、教师交流、线上教研互动达3600人次以上。杭州市肿瘤医院与恩施州中心医院建立合作伙伴关系，选派专家协助提高恩施核医学科的专科建设；杭州妇幼保健院选派14名专家驻点恩施州妇幼保健院开展帮扶，恩施州妇幼保健院选派24名医务人员到杭州妇幼保健院进修学习。

2. 深圳：推行"强基惠民智慧赋能"行动

深圳援疆通过实施"强基惠民智慧赋能"行动，围绕推动完善公共服务和社会保障两大支柱，坚持将援疆资金的80%以上用于基层，用于民生。充分发挥医疗"组团式"支援效能，采取"带土移植"、"院包科"及专科联盟等方式，全方位推动受援医院管理改进、人才培养、科研培训等整体提升。开展各类学术讲座、技术培训532次，主持紧急抢救549人次，累计服务19234人次。

坚持教育优先发展，深入推进深喀"千校手拉手"活动，共选派166名骨干教师赴深圳交流学习，组建对口支援的4所高中教研联盟中心组，积极构建"产业需求＋职业发展＋未来规划"的和田职教模式。45名援疆教育人才结对帮带当地教师360人，培训教师1.76万余人次。

3. 北京：创造医疗援疆新模式

一是深化医疗援疆，创造"和田模式"。"母婴向未来"、"幸福母亲"和"雨露春芽"计划，为和田广大妇女儿童撑起了保护伞，新建儿科、急诊、感染性疾病等专科联盟，实现"京和"两地资源共享。2020年以来，北京市共派出222名援疆医生，开展临床诊疗11.5万人次，手术近5700台。二是深化"组团式"教育支援。涵盖学前教育、义务教育、职业教育、高等教育全学段。在教师能力培养、学校内涵式发展等各方面，不断探索工作新模式和方法策略，发挥辐射引领作用，与当地教师结成师徒对子430对。

（三）在人才支援方面

1. 天津：完善人力资源支援机制

一是推动干部人才交流常态化。持续深化互派干部挂职、学访培训、实地调研等交流工作。优先选派教育医疗、基层治理、园区建设、产业技术等领域专业技术人才。二是推动农业科技帮扶精准化。实施"科技帮扶提升"工程，推广"科技特派员＋项目＋示范基地"模式，将科技服务精准导入良种引育、精深加工、检疫检测等产业全链条。探索"互联网＋"科技帮扶新模式，持续推广"津科帮扶"科技平台。三是坚持完善劳务协作机制。持续深化稳岗就业。细化完善西部地区务工人员在津交通、生活、培训、子女教育补贴等政策措施，优先安置优秀务工人员落户。持续深化就近就业。支持结对地区在产业园区、基础设施、农村人居环境等帮扶项目建设和管护中开展以工代赈，帮助开发乡村公益性岗位。持续深化输转就业。进一步完善劳务协作对接机制，加大有组织劳务输转力度。组织国有、民营大中型企业加大岗位开发力度，鼓励结对地区劳动力来津就业。持续深化技能培训。鼓励在津务工结对地区劳动力参加职业技能培训。在主导产业特色突出、基础条件较好的乡村振兴重点帮扶县探索建设公共实训基地，组织乡村振兴带头人培训。

2. 杭州：聚焦人才合作精度

针对恩施州高端人才缺乏、引进和留住人才困难的实际，充分发挥杭州人才聚集度高、创新活力足等优势，坚持人才支援和当地人才开发并重，通过实施"人才交流行动"和"头雁培育行动"两大工程，拓宽干部交流、人才培育、智力帮扶渠道，打造一支留得住、用得上、带不走的人才队伍。聚焦乡镇主职抓乡村振兴能力提升，组织92名乡镇长、8个州级乡村党支部书记赴杭州学习"千万工程"经验；聚焦创新发展，恩施州在杭州等地实施了14个人才培训项目，集中培训干部1226人次以及科技应用与创新人才185人次。聚焦专技创富带头人，杭州为恩施培训教师、医生4300余人次，创业致富带头人2000名以上。

3. 深圳：推行"深喀人才奔涌成长"行动

喀什地区人才基础薄弱、人才储备不足，人才制约当地经济社会高质量发展的问题尤为突出。深圳援疆紧扣受援地高质量发展主题，借助建设粤港澳大湾区高水平人才高地的重大机遇，充分发挥深圳人才资源优势，做深做实团结凝聚和教育引导人才工作，全方位培养、引进、用好人才。在创新人才援疆机制、深化"组团式"智力援疆、探索柔性援疆新途径、搭建人才交流互动平台等方面狠下功夫，通过实施"深喀人才奔涌成长"行动，推动受援地打造最有吸引力、凝聚力的人才高地。

（四）在文化交流方面

1. 深圳：推行"深喀文旅融合振兴"行动

充分利用深圳文化资源优势，实施"深喀文旅融合振兴"行动，以喀什"文化惠民"工程为着力点，推动和服务"文化润疆"工程，着力深化深喀两地文旅融合、全面交流、深度交融，打造了一批文化润疆"深圳品牌"。大力支持助推深喀两地文旅融合发展的优秀文艺精品创作，先后支持拍摄《喀什古丽》《阳光照耀塔什库尔干》等电影，支持创作文旅图书《发现喀什之美》等一大批助推文旅发展的文化艺术精品，创作"时代楷模"塔吉克族护边员拉齐尼·巴依卡英雄事迹音乐剧《拉齐尼·巴依卡》，支持举办"遇见·冬日喀什"冬季旅游系列活动之深圳国际摄影大展历届精品展等。

2. 北京：强化文化品牌效应

一是精准对接。在"文化润疆"工程中，北京市根据和田地区的实际情况，推动了一系列文化项目的实施，包括完善和田文化中心"三馆一院"建设、举办"我们的中国梦·中华文化耀和田"首都文化月活动等，有效提升了当地公共文化服务水平。

二是创新形式。通过举办网络摄影及微视频大赛、邀请受援地文化团队来京交流演出、设立分馆等方式，搭建起文化交流的平台，促进了各民族文化的广泛交往、全面交流、深度交融。同时，将传统文化与现代科技相结合，创作出了一批具有民族特色的文化产品。

三是打造品牌。通过打造"我们的中国梦·中华文化耀和田"等一系列具有影响力的文化活动和文化项目，提升了北京文化的影响力和知名度。在新疆和田与喀什地区举行文化惠民演出、非遗项目展示、文化交流和公共文化调研活动，以"大舞台""大展台""大讲堂""大调研"形式，向新疆地区各族人民传递中华优秀传统文化的魅力。

3.杭州：创新文化表现形式

一是挖掘地方特色文化。杭州在对口文化支援中注重挖掘和展示对口支援地区的特色文化，如甘孜州的藏族文化、阿克苏市的维吾尔族文化等。通过挖掘这些文化资源，帮助对口支援地区打造了一批具有地方特色的文化品牌。

二是创新文化表现形式。杭州在对口文化支援中注重科技赋能，将传统文化与现代元素相结合，通过数字化、网络化等手段提升文化传播的效率和效果，打造了一系列新颖的文化产品和文化项目，推动对口支援地区文化产业的创新发展。

三是打造文化交流品牌。杭州与对口支援地区共同策划和举办了一系列具有影响力的文化交流品牌活动，如"最美家庭走亲交流""杭阿马拉松"等，提升了杭州和对口支援地区的文化影响力和美誉度。

（五）在支援机制创新方面

1.天津：坚持完善组织领导机制

一是持续强力推动。专题召开市委常委会会议和市政府常务会议，制定助力结对地区实现巩固拓展脱贫攻坚成果同乡村振兴有效衔接的实施方案，明确工作目标、重点任务和工作要求。

二是持续保持态势。发挥人才支援、产业帮扶等专项工作组的作用，完善领导小组统一领导、各专项工作组专责推动、各成员单位各区主责落实的工作机制。根据结对关系优化调整方案，加强工作衔接，做好项目资产交接。

三是持续跟进督导。坚持完善援受双方各级党委政府、职能部门间协调联动机制，修订完善东西部协作和对口支援资金项目管理办法。将东西部协作和对口支援成效评价考核结果纳入各区和相关市级部门年度绩效考评。

2.深圳：创新支援合作模式与机制

一是"特区+老区"对口支援模式。深圳与对口支援地区共同探索"特区+老区"对口支援新模式，通过优势互补、互利共赢的方式实现共同发展。这种模式不仅促进了深圳与对口支援地区的经济联系，也加深了双方的文化交流和情感认同。

二是"1+16+N"常态化对口支援合作机制。深圳建立了"1+16+N"常态化对口支援合作机制，即1个市级层面、16个区级层面以及多个社会组织和企业的共同参与。这种机制确保了支援工作的全面性和深入性，形成了政府引导、市场运作、社会参与的多元化支援格局。

三是推动社会力量广泛参与。深圳积极引导和鼓励社会力量参与对口支援工作，通过捐款捐物、志愿服务等多种形式为对口支援地区提供支持和帮助。

四是强化监督评估与成效反馈。建立了完善的监督评估机制，对支援合作项目的实施情况进行定期检查和评估。通过发现问题、及时整改等方式确保支援工作的质量和效果；强化成效反馈与宣传，注重收集和分析支援合作项目的成效反馈数据，通过宣传报道等方式向社会各界展示支援工作的成果和亮点。

三、存在问题

当前，厦门市对口支援工作虽然取得了较好成效，但对照中央和省里要求，对照先进城市对口支援经验做法，对照厦门对口支援高质量发展要求，还存在一些不容忽视的困难和问题。

（一）运行机制不够健全

一是对口支援工作机制有待完善。目前，市对口支援办要统筹多部门、多领域、多地区对口支援工作，与深圳、上海、杭州等城市相比，厦门市缺少对口支援专门工作机构，且对口支援工作人员少，不利于工作高效有序推动。二是项目管理机制有待健全。缺乏项目管理专业人才，个别援建项目前期准备工作不足，对项目事前、事中、事后全过程的监管力度不够。三是对口支援规划亟须加强。"十四五"期间，省里虽有出台对口支援新疆昌吉州、西藏昌都市经济社会发展规划，但厦门市没有出台相关对口支援规划，不利于厦门对口支援工作开展。

（二）合作领域有待深化

一是产业合作领域有待拓展。受支援地经济发展滞后，市场发育程度低，经济以传统种养业为主，特色产业培育渠道狭窄，大部分支援产业以种养殖业、加工业为主，制造业和服务业还显欠缺。二是民营企业合作仍需深化。目前企业合作以国企为主，民营企业参与较少。全社会支持民营企业参与对口支援的合力还没有形成，缺乏引导民营企业参与对口支援相关政策。三是人力资源合作仍需加强。在企业管理、旅游开发、农牧业技术等领域不同程度存在人才总量不足、专业技术人才短缺等问题。

（三）支援方式创新不足

一是重政府推动轻市场调节的情况客观存在。目前，厦门市对口支援仍以政府推动为主，工作推进依赖行政计划和命令，而借助企业和社会团体力量相对较少。二是支援渠道和形式相对单一。主要通过捐助捐物形式参与，市场调节作用发挥不够充分，资源力量整合不够。三是社会力量参与不足。特别是民营企业、社会组织、社会资本参与不足。

（四）发展环境尚需优化

一是政策支持有待加强。人才支援、产业支援、企业支援、项目管理等方面的政策有待进一步优化。缺乏人才、产业园区、产业招商、资金扶持等相关优惠政策，不利于厦门高质量推进对口支援工作。二是宣传方式有待创新。宣传报道不够创新，层次不够鲜明，宣传力度方式单一，缺乏宣传特色和亮点。

四、对策建议

完整准确贯彻新时代党的治疆治藏方略，准确把握新时代对口援疆援藏工作方向和重点，按照"政府引导、企业主体、市场运作、合作共赢"原则，立足西藏左贡县和新疆吉木萨尔县所需、厦门所能，学习借鉴先进城市对口支援经验做法，通过推动厦门经济、科技、人才、管理等优势与西藏左贡县和新疆吉木萨尔县资源、产业、空间等禀赋有机结合，优化对口支援机制、创新对口支援方式，推进特色产业合作、公共服务支援、人力资源合作、文化交流交往等领域高质量发展，实现西藏左贡县、新疆吉木萨尔县与厦门经济社会发展实现质的有效提升和量的合理增长，努力推动厦门对口支援工作高质量发展。

（一）优化对口支援机制

1.健全工作机制

借鉴深圳成立乡村振兴和协作交流局经验，建议成立厦门协作交流机构，贯彻落实党中央关于对口支援工作的方针政策，归口指导、协调全市对口支援工作，动员社会力量参与对口支援工作。建议在市对口支援办，成立人才支援、资金支持、产业帮扶、劳务协作、文化交流、项目协作等专项工作组，明确牵头责任部门，建立与对口支援地区相关职能部门联动机制，推动对口支援任务落实。

2.完善政策体系

一是研究制定相关政策。完善人才支援、产业支援、企业支援、资金管理等方面的政策，构建多层次、多领域的政策体系，为对口支援高质量发展提供政策保障。二是优化项目管理政策。发挥厦门市重点项目管理经验，结合左贡、吉木萨尔工作实际，制定《厦门市对口支援左贡县项目管理实施细则》，优化《厦门市对口支援吉木萨尔县项目管理实施细则》，从项目前期管理、项目建设管理、资金管理、竣工验收和资产管理、项目监督和绩效管理等方面，建立健全资金和项目全过程监管，确保项目资金使用安全高效。三是加大宣传支持力度。由厦门市委宣传部、市对口办牵头，充分发挥《厦门日报》、微信等媒体优势，采取举办专题展览、专题报道、巡回宣讲等方式，宣传厦门对口支援工作的主要成就、典型事例、先进人物，对优秀宣传人物和单位给予表彰和奖励。

3.制定相关规划

对标国家要求和厦门市经济社会发展"十四五""十五五"规划，结合受援地"十四五""十五五"规划，进一步理清资金支援、智力支援、民生支援、产业支援的工作思路，高起点谋划、高质量编制对口支援"十五五"规划、专项规划和年度计划，坚持统筹谋划、精准发力，坚持突出重点、协同推进，确保对口支援工作落到实处，取得实效，确保规划与计划有序衔接，切实发挥规划统领作用。

4.加强监督评估

充分发挥纪检监察监督、审计监督、财政绩效评价等多种督查手段的作用，建立支援资金、项目审计和追究制度，运用"制度+科技"，确保项目实施进度、质量效益和资金安全。对标国家对口支援绩效综合考核评价要求，建立以结果为导向的对口支援考核评估制度和指标。

（二）深化特色产业合作

坚持对口支援与互利合作相促进，全面拓展合作领域，着重在招商引资、旅游业、供应链、产业园区建设等方面加大合作，确保援受双方双向合作取得更大成效。

| 第二十六章 | 厦门推动对口支援高质量发展对策建议 |

1.加强商贸协作

借鉴温州市对口支援"商洽、商展、商会、商机"四商联动经验：一是加强消费帮扶。坚持"吉木萨尔、左贡资源，厦门市场"的消费帮扶原则，发挥厦门市场广阔和政府采购、工会采购优势，按照《厦门市消费帮扶工作推进方案》，积极对接厦门市商务局、国企和吉木萨尔、左贡企业，搭建产销对接平台。支持吉木萨尔、左贡在厦设立特色产品消费帮扶馆，在厦门国企超市、电商平台设立线上线下消费帮扶专柜。二是加大招商引资。厦门市援藏、援疆队要发挥厦门招商工作先进理念和经验做法，围绕吉木萨尔、左贡优势产业，以左贡葡萄酒、核桃油为代表特色农产品加工业和藏香猪为代表的现代畜牧业，以及吉木萨尔旅游业、煤电煤化工、机电装备制造、有色金属加工、农副产品精深加工等产业制定产业链招商攻坚行动，充分利用中国国际投资贸易洽谈会等各类招商渠道、平台和资源，着力引进一批符合吉木萨尔、左贡发展实际，投资规模大、行业带动性强、产业链延伸配套好的大项目和大企业到吉木萨尔、左贡投资兴业，为产业发展注入新动能。

2.加强旅游合作

借鉴杭州全产业链打造和天津市高质量推进文化旅游对口支援经验，立足左贡梅里雪山、美玉草原、茶马古道遗迹等高品质旅游资源和318、214国道贯穿左贡的区位优势，以及吉木萨尔泉子街镇和新地乡旅游核心区旅游资源，由厦门市援藏队、援疆队，厦门市文旅局牵头，厦门市旅游集团负责组建旅游"组团式"援藏援疆小组，协助吉木萨尔、左贡县文旅局招商引入重大旅游项目，在旅游资源宣传、市场互动、线路互通、政策互惠等领域开展合作，实现旅游资源、信息、产品等方面的共享。协助吉木萨尔、左贡出台《促进全域旅游发展实施意见》等文件，以藏族、维吾尔族文化为背景，建设精品民宿群、客博园、红色研学旅行基地等项目。以"旅游+产业"模式，推动吉木萨尔、左贡旅游提档升级，完善旅游管理，帮助受援地区打造旅游品牌和强化旅游服务。通过铁路专列、包机等方式引进团队，鼓励和引导游客到吉木萨尔、左贡旅游。争取厦门市文旅局、市资规局的支持，选派一批精通文旅资源普查和开发、文旅产业政策和发展规划制定、文旅产业项目招商引资、旅游规划的援藏干部人才。

通过引进旅游项目，打造旅游精品线路和专项产品，打造旅游品牌和强化旅游服务，引进文旅人才等帮助吉木萨尔、左贡实现从"旅游资源大县"向"旅游经济强县"跨越。

3.深化供应链合作

一是合作设立区域性供应链中心。坚持"立足供应链，服务产业链，创造价值链"原则，鼓励厦门供应链企业在吉木萨尔、左贡设立物流电子信息平台、区域性物流中心、地区分拨中心，推动自身服务能力与当地资源优势、发展需求有机结合，提供原辅材料采购供应、产成品分销、物流配送、供应链金融、信息咨询等一体化供应链服务，推动形成农产品、能源化工、金属矿产、新能源等商品供应链服务体系，完善左贡、吉木萨尔农副产品仓储保鲜冷链物流设施建设，助力吉木萨尔、左贡打造区域性供应链中心。

二是强化龙头企业带动。通过设立分公司、兼并收购、管理和品牌输出等方式，支持厦门龙头企业与吉木萨尔、左贡企业在项目建设、产业培育、供应链构建等方面深入合作。发挥建发、国贸、象屿三大供应链龙头优势，在吉木萨尔、左贡布局采购、分销、仓储、配送供应链协同平台，进一步加强数字化与智能化网络体系建设，不断结合行业发展需求，拓宽应用场景，完善智慧物流系统，打造数字化供应链服务体系，带动当地中小企业发展。

4.深化园区合作

一是加强双方园区对接合作。结合吉木萨尔、左贡产业基础、资源禀赋等，以产业园区为载体，引导资金、技术、人才聚集，突出地方特色，错位发展首位产业、首位产品，助力园区不断优化营商环境；加强两地产业匹配度分析，提升产业合作贴合度。引导龙头企业、国有企业入驻夯达、北庭产业园区，加大资金、技术、营销、市场帮扶力度，助力左贡县食品加工业和吉木萨尔县新能源新材料、能源和化工、铸造等特色产业做强做大。积极探索创新园区合作模式，支持厦门高校、科研院所与吉木萨尔、左贡企业开展产学研合作，促进科技创新成果产业化转化。

二是提升产业园区管理效能。鼓励厦门火炬高新区管委会、思明区工业园区管委会等，选派运营管理人才以"组团式"对口支援夯达产业园、北庭产业园运营团队，从优化营商环境、完善园区优惠政策、智慧园区建设、产业链招商等方面提升园区管理水平。

三是借鉴浙江、阿里地区"飞地经济"模式和拉萨经开区在北京、深圳、上海、南京、成都等地设立产业交流中心的成功经验，积极争取在拉萨经开区打造左贡飞地产业园，在厦门设立左贡产业交流中心，大力发展飞地经济。

（三）强化公共服务支援

始终把保障和改善民生作为厦门市对口支援工作的首要任务，扎实推进教育、医疗、社会治理支援，助力受援地建设成人民安居乐业的幸福美丽家园。

1.加强优质教育支援

充分发挥厦门教育优势资源，推动双方构建多层次、多领域、多形式的教育交流合作机制，实现教育资源共享、优势互补。鼓励双方开展幼儿园、中小学交流合作，坚持"请进来"与"走出去"相结合，组织中小学校长、骨干教师等开展多种形式交流培训。加强职业教育合作，通过双方现有实训基地培养一批高素质技能人才。支持吉木萨尔、左贡加强智慧教育建设，构建智慧校园、云端教研、空中课堂"三位一体"的智慧教育生态。利用现有的远程智慧课堂平台，开展援藏远程教学、研讨活动等。加强"援疆名师工作站"建设，落实"师带徒"培训工作方案，推进"扶师资、扶课堂、扶教研、扶科研"的全面帮扶。

2.推进医疗卫生支援

支持吉木萨尔县、左贡县加强县、乡、村三级医疗卫生体系建设，加大对左贡县人民医院新楼、藏医院改造提升工程、吉木萨尔县中医院科室建设的资金援助。支持吉木萨尔县、左贡开展医药发展、村医发展、医保改革、远程医疗等医改项目，提升医院服务管理水平。引导两地重点医院、重点科室间开展结对合作和医学科研合作，鼓励两地医疗机构进行数字医疗合作，联合打造"精准诊疗"和"智慧医疗"试点工程。鼓励设置医联体专家工作站，通过远程医疗等信息化手段，推动优质资源向基层延伸。

结合吉木萨尔县、左贡县医院实际专业需求，"组团式"选派医疗人才，为吉木萨尔、左贡提供优质医疗服务。定期组织医疗专家赴左贡、吉木萨尔开展业务交流，开展送医下乡活动，引导优质医疗资源向乡村延伸。

3.强化社会治理支援

借鉴厦门社会治理经验做法，提升对口地区公共服务和社会治理的数字化水平。一是协助提升政务服务能力。协助对口地区推进"最多跑一次"改革，推进政务服务、政府办公全流程网上办理、掌上办理，推进政府数字化转型加强和对口地区的政务协作。二是协助提升社会事业发展水平。围绕民生保障重点领域，协助对口地区发展智慧便捷的公共服务，在教育、医疗、养老、抚幼、文体、助残等方面推动数字化服务普惠应用。协助推进学校、医院、养老院等公共服务机构资源数字化，扩大配套数据信息开放共享和应用力度。协助推进智慧社区建设，依托社区数字化平台和线下社区服务机构，建设便民智慧服务圈，提供线上线下融合的社区生活服务、治理及公共服务。

（四）推进人力资源合作

1.加强党政干部挂职交流

加大双向交流、两地培训、跟岗挂职锻炼力度，按照国家、省市有关规定定期互派干部挂职交流，完成相关前方工作组干部人才轮换工作。健全有利于党政干部援派人才任实职、担实责、干实事的制度机制。依托厦门优质教育培训基地，支持对口地区各类党政干部人才赴厦门培训，推动提升对口地区党政干部人才的综合能力、专业能力、业务水平。

2.培育一批专业技术人员

支持受援地区开展柔性引才，完善"团队带团队""专家带骨干""师傅带徒弟"等人才培养机制，提升当地干部人才能力水平；完善人才支援体系，在继续巩固支医支教成果的基础上，强化结对双方在农业科技、文化服务、乡村规划、社会治理、园区管理、环境整治和经济管理等领域的人才协作；加强人才队伍建设，工作队会同协作地区，对援派人才工作上给予支持，生活上给予关心关爱，在同等条件下，对具有协作经历的专业技术人才评审高级职称予以适当倾斜。

3.健全劳务协作机制

完善异地转移就业对接机制，联合开展"点对点"劳务输送、线上线下专场招聘活动，建立长期稳定的劳务合作关系。强化培训、招聘、输转、稳岗全程闭环管理，确保对口地区在厦门务工人员"留岗有关怀、就业有帮扶、返岗有保障"。支持对口地区职业技能培训，定向组织对口地区职业院校学生来厦就业。借鉴厦门闽宁、厦临劳务协作就业奖补和职业技能培训奖补政策的成功经验，拟定厦门吉木萨尔、左贡劳务协作扶持政策，有序输送到厦门就业，实现稳定就业增收。提升援建项目吸纳就业能力，积极推动受援地劳动力在项目建设和运营中就业，帮助对口地区开展以工代赈。

（五）加强文化交流交往

1.扎实推进文化交流工作

推动厦门文化品牌进机关、进校园、进企业、进乡村，建设爱国主义教育基地。鼓励厦门市文博单位、爱国主义教育基地，赴受支援地区举办"特区精神"等专题展览、研讨和讲座活动；支持厦门市国有文艺院团、厦门市文联各协会艺术家，赴受支援地区开展南音、歌仔戏、高甲戏、歌舞剧等闽南文化演出；支持办好"天山马拉松""小白鹭飞北庭""厦吉文化美食节"等品牌文化交流活动。持续探索通过体育、旅游、美食、音乐等多种媒介，推进文化交融取得实效。

2. 强化青少年交流交往活动

深入开展两地青少年"手拉手"夏令营等活动，用好厦门红色资源、科普资源、文体资源，举办形式多样、双方参与的青少年交流交往活动。重点开展"追寻习近平总书记福建足迹"主题交流活动，实地学习习近平总书记在福建厦门工作期间的重要理念和生动实践。

3. 加强人员双向交流

组织相关镇街干部、社区工作人员、专家学者、行业带头人和优秀台青、创业模范等人员赴对口支援地区交流学习。组织受援地区基层干部（村民委员会主任、乡村妇联主任等）、乡村致富带头人、教师、医护人员、企业人员等来厦交流培训。支持各院校组织大学生赴对口支援地区见习交流，促进融合发展。支持厦门与吉木萨尔、左贡两地镇街、村居、企事业单位、医院、学校、社会组织、家庭等结对共建，广泛开展"走亲戚""交朋友""手拉手""结亲研学"等民族联谊活动，增强双向交流互动。

（六）发挥市场调节机制

1. 发挥市场主体作用

充分发挥企业的市场主体作用，强化企业作为对口支援的支撑力量，鼓励到对口地区开展兼并、重组和整合。鼓励厦门优势企业与受援地企业开展合作，集中引进厦门龙头企业、龙头项目，发挥大企业、大项目对受援地经济的带动作用，通过大手拉小手，多策并举，帮助受援地打造具有地方特色的龙头企业、明星企业。借鉴上海市对口支援经验，制定厦门对口支援专项资金资助社会力量参与对口帮扶相关措施，以及制定支持民营企业参与对口支援优惠政策，鼓励社会力量和民营企业投身对口支援行动，在农业发展、旅游合作、供应链合作、促进就业等方面持续用力。

2. 强化社会组织作用

一是积极推动社会组织参与对口支援。整合各方资源，重点以行业协会、学术团体、基金会、群众团体等竞争性和公益、非营利性组织为依托，构建开放的物资、人才信息交流平台与社会组织动员参与体系。借鉴上海市援藏经验，编制《社会力量参与支援公益项目需求》，由厦门市对口办、市民政局牵头，面向社会发布，鼓励社会组织、慈善组织、爱心人士申报公益项目，促进援助项目精准对接、有效落地。二是鼓励社会捐赠。在政策范围内组织动员厦籍企业、社会组织、慈善组织、爱心人士自愿捐赠。由厦门市委宣传部、市对口办、市民政局等牵头，对在对口支援捐赠工作中做出突出贡献的爱心单位和个人进行公开表彰，进一步激发全社会支持和参与对口支援慈善事业的热情。

3. 引导社会资本参与

通过政府与社会资本合作、产业投资引导基金等方式引入社会资本，发挥财政资金"四两拨千斤"的作用，支持产业、基础设施、民生等领域重点项目建设。通过投资补贴、税收优惠、用地保障、负面清单等手段，支持厦门民营企业和社会资本积极参与受支援地区发展建设。借助政策倾斜和引导、重大项目布局等手段，鼓励民营金融机构在受支援地区设立分支机构或优先满足支援协作项目的资金需求。

参考文献

[1] 王禹皓.中国特色对口支援机制：成就、经验与价值[J].管理世界，2022，38（6）：71-85.

[2] 张天悦.从支援到合作：中国式跨区域协同发展的演进[J].经济学家，2021（11）：82-90.

[3] 徐明.省际对口支援与地方政府支出结构[J].财经论丛，2023（4）：35-46.

课 题 指 导：彭朝明　黄光增
课 题 组 长：张振佳
课题组成员：彭朝明　林　红　董世钦
　　　　　　林汝辉　林永杰　许丽娟
课 题 执 笔：张振佳

后记

2024年,厦门市发展研究中心坚持以习近平新时代中国特色社会主义思想凝心铸魂,巩固主题教育成果,推进党纪学习教育,深化"三争行动",强化智库担当作为,着眼发展改革大局,聚焦重点领域和关键环节,高质量完成了一系列政策研究咨询成果,为市委、市政府及相关部门决策提供了有力支持。

本书汇聚了2024年度厦门市发展研究中心的部分研究成果,全面评述了2024年厦门经济社会发展状况,并对2025年发展前景进行了展望。在编撰本书的过程中,我们得到了厦门市市直部门及各区发改局等单位的大力协助,在此谨表示衷心的感谢!

本书观点仅代表厦门市发展研究中心对相关领域、相关问题的思考,用于学术交流和讨论,不代表政府的决策观点和政策倾向。书中涉及的统计和调查数据,由于来源不同,可能与实际有所出入,2024年全年的实际数据仍以厦门市统计局正式公布的数据为准。由于时间和水平有限,书中难免存在疏漏,敬请读者指正并见谅。

编著者
2025年4月